図解 13訂 危険物施設① 基準の早わかり

東京消防庁/監修　危険物行政研究会/編著

第1章　危険物規制の概要

1	規制概要のフロー	3
2	手続の種類	4
	1　各種申請手続き	4
	2　各種届出手続き	4
3	危険物の範囲	5
4	危険物の貯蔵及び取扱いの制限等	13
5	指定数量未満の危険物等の市町村条例への委任	14
6	危険物規制に係る適用除外事項	14
7	危険物施設の区分	14
8	設置許可申請	17
	1　申請手続き	17
	2　申請書類	18
9	変更許可	29
	1　申請手続き	29
	2　申請書類	29
10	仮使用申請	33
11	着工届	41
12	完成検査前検査	44
13	完成検査申請	50
14	危険物保安統括管理者	52
15	危険物保安監督者	55
16	危険物施設保安員	59
17	予防規程	60
18	保安検査	66
19	定期点検	73
20	自衛消防組織	79
21	品名・数量・指定数量の倍数変更	82
22	完成検査済証の再交付	84
23	危険物施設の譲渡又は引渡し	86
24	危険物施設の廃止	89
25	仮貯蔵・仮取扱い	91
26	その他（特例基準の適用）	93

第2章　製造所の基準

1 区分 ･･･ 97
2 規制範囲 ･･･ 97
3 危険物の取扱数量及び倍数 ･････････････････････････････ 97
　　1 塗料製造所の例 ････････････････････････････････ 97
　　2 工業薬品製造所の例 ･･･････････････････････････ 102
4 保安距離 ･･･ 104
5 保有空地 ･･･ 116
6 標識・掲示板 ･･･････････････････････････････････････ 120
7 建築物の階 ･･･ 122
8 建築物の構造 ･･･････････････････････････････････････ 123
9 屋根 ･･･ 127
10 防火設備 ･･･ 128
11 網入りガラス ･･･････････････････････････････････････ 129
12 床 ･･･ 130
13 採光・照明・換気設備 ･･･････････････････････････････ 131
14 自動強制排出設備 ･･･････････････････････････････････ 132
15 屋外の施設の囲い等 ･････････････････････････････････ 133
16 危険物を取り扱う機械器具等 ･････････････････････････ 136
17 温度測定装置 ･･･････････････････････････････････････ 139
18 加熱乾燥設備 ･･･････････････････････････････････････ 140
19 安全装置 ･･･ 141
20 電気設備 ･･･ 144
21 静電気除去設備 ･････････････････････････････････････ 161
22 避雷設備 ･･･ 163
23 20号タンク ･･ 164
24 配管 ･･･ 168
25 ポンプ等 ･･･ 192
26 高引火点危険物の製造所 ･････････････････････････････ 192
27 アルキルアルミニウム、アルキルリチウム、アセトアルデヒ
　 ド、酸化プロピレン等の危険物の製造所 ･････････････････ 194

第3章　一般取扱所の基準

1 区分 ･･･ 199
2 危険物の取扱数量及び倍数 ･･･････････････････････････ 199
　　1 非危険物製造の一般取扱所 ･････････････････････ 199
　　2 消費の一般取扱所 ･････････････････････････････ 199
　　3 充塡、詰替えの一般取扱所 ･････････････････････ 199
　　4 油圧、循環の一般取扱所 ･･･････････････････････ 199

5　洗浄作業・切削装置等の一般取扱所 ・・・・・・・・・・・・・・・・・・・・ 199

3　危政令第19条第1項の一般取扱所・・・・・・・・・・・・・・・・・・・・・・・・・・・ 200

4　危政令第19条第2項を適用することができる一般取扱所・・・・・・・ 201

1　危政令第19条第2項を適用することができる一般取扱所
の共通事項 ・・・ 201

2　吹付塗装作業等の一般取扱所 ・・・・・・・・・・・・・・・・・・・・・・・・・・・ 210

3　洗浄作業の一般取扱所 ・・・・・・・・・・・・・・・・・・・・・・・・・・・・・・・・・ 213

4　焼入れ作業等の一般取扱所 ・・・・・・・・・・・・・・・・・・・・・・・・・・・・・ 218

5　ボイラー等で危険物を消費する一般取扱所 ・・・・・・・・・・・・・・・ 223

6　充塡の一般取扱所 ・・・・・・・・・・・・・・・・・・・・・・・・・・・・・・・・・・・・・ 231

7　詰替えの一般取扱所 ・・・・・・・・・・・・・・・・・・・・・・・・・・・・・・・・・・・ 233

8　油圧装置等を設置する一般取扱所 ・・・・・・・・・・・・・・・・・・・・・・・ 240

9　切削装置等を設置する一般取扱所 ・・・・・・・・・・・・・・・・・・・・・・・ 245

10　熱媒体油循環装置を設置する一般取扱所 ・・・・・・・・・・・・・・・・ 248

11　蓄電池設備以外では危険物を取り扱わない一般取扱所 ・・・・・ 250

12　複数の異なった取扱形態を有する一般取扱所 ・・・・・・・・・・・・ 256

5　危政令第19条第3項を適用することができる一般取扱所・・・・・・・ 257

1　危規則第28条の61の一般取扱所 ・・・・・・・・・・・・・・・・・・・・・・・ 259

2　危規則第28条の62の一般取扱所 ・・・・・・・・・・・・・・・・・・・・・・・ 259

6　危政令第19条第4項を適用する一般取扱所・・・・・・・・・・・・・・・・・・ 260

資　　　　料

1　保安距離規制関連法令（抜すい）・・・・・・・・・・・・・・・・・・・・・・・・・・・ 265

学校教育法（265）　医療法（265）　児童福祉法（265）　身体障害者
福祉法（266）　生活保護法（267）　老人福祉法（267）　母子及び父
子並びに寡婦福祉法（269）　職業能力開発促進法（269）　地域に
おける医療及び介護の総合的な確保の促進に関する法律（270）
介護保険法（270）　障害者の日常生活及び社会生活を総合的に支援
するための法律（271）　文化財保護法（272）　重要美術品等ノ保
存ニ関スル法律（274）　高圧ガス保安法（275）　液化石油ガスの保安
の確保及び取引の適正化に関する法律（276）

2　電気設備に係る基準（抜すい）・・・・・・・・・・・・・・・・・・・・・・・・・・・・・ 276

電気設備に関する技術基準を定める省令（276）　電気設備の技術基
準の解釈について（277）　労働安全衛生法（310）　労働安全衛生法
施行令（311）　労働安全衛生規則（312）　機械等検定規則（313）
電気機械器具防爆構造規格（315）

本書の構成・特徴

　本書は、消防法令上の「製造所等の位置、構造及び設備の基準」を主とし、危険物規制の概要や手続きなどに関連するものを含め、図表等を駆使してその内容を正しく理解できるよう工夫して編集されています。

　また、危険物の規制に関する政令を逐条ごとに体系的にまとめる方法としましたが、規則、告示なども網羅し、更に関係する他の法令は資料として巻末に掲載しました。

　正しく使用していただくために、凡例を一読してから本書を活用されますようお願いいたします。

凡　例

　　法文の体裁、配字、用字等については、おおむね原文のとおりとしたが、読者の利用の便のため、次のような措置をした。

1　法令は、縦書きで公布施行されているが、本書が横組み体裁のため、引用した法令等の条文も横書きにして登載した。
2　用字は新字体に、数字はアラビア数字に改めた。
3　条文の項目の細別は、次によった。
　　　　条の番号　　第1条、第2条、第3条 ……
　　　　項の番号　　2、3、4 ……
　　　　号の番号　　(1)、(2)、(3) ……
　　　　号の細別　　イ、ロ、ハ ……
4　条文見出しは、条文の前にゴシック体で示した。法文の原文に付いている見出しは（　　）で、原文にはなく編者が付けたもの（例. 消防法）は〔　　〕でくくり区別している。
5　2項以上ある条文には、2項以下項番号が付いているが、法文の原文にあるものは、2、3……、原文にはなく編者が付けたもの（例. 消防法）は、②、③……として区別してある。
6　引用条文中、解説項目と関係のない部分は、項、号の一部を省略した場合がある。その場合、条文中に（前略）、（中略）等の表示は付していないので了承されたい。
7　引用条文中、編集の都合上、条文の見出しを「第9条第1項第14号」として当該条文を登載したものがある。
8　法文中、下記に掲げる語句は、次のように表示した。
　　　　左　→　左〔次〕　　　上欄　→　上〔左〕欄　　　　下欄　→　下〔右〕欄
9　本書に使用した法令名の略称は、次のとおりである。
　　　法　　……　消防法（昭和23年7月24日法律第186号）
　　　施行令　……　消防法施行令（昭和36年3月25日政令第37号）
　　　危政令　……　危険物の規制に関する政令（昭和34年9月26日政令第306号）
　　　危規則　……　危険物の規制に関する規則（昭和34年9月29日総理府令第55号）
　　　危告示　……　危険物の規制に関する技術上の基準の細目を定める告示（昭和49年5月1日自治省告示第99号）
　　　建基法　……　建築基準法（昭和25年5月24日法律第201号）
　　　建基令　……　建築基準法施行令（昭和25年11月16日政令第338号）
　　　建基則　……　建築基準法施行規則（昭和25年11月16日建設省令第40号）
10　計量単位のSI化による改正が、平成11年10月1日より施行されたため、従来の「10重量キログラム毎平方センチメートル」は「1メガパスカル」として表記してあります。

第 1 章 危険物規制の概要

第 1 章 危険物規制の概要

1 規制概要のフロー

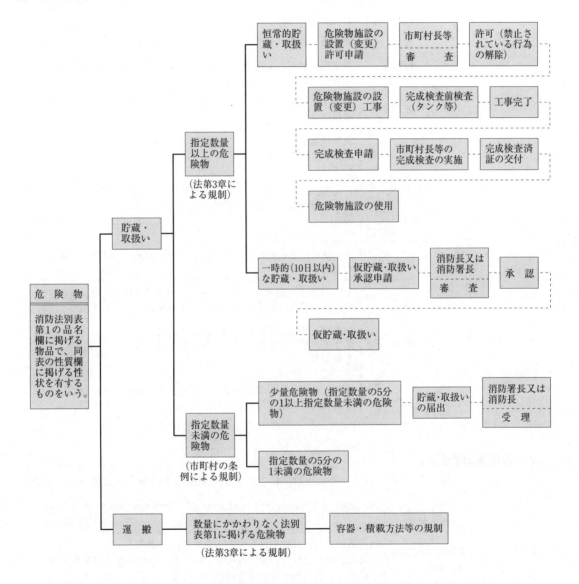

> **留意事項** (1) 指定数量とは、危政令別表第3の類別欄に掲げる類、同表の品名欄に掲げる品名及び同表の性質欄に掲げる性状に応じ、それぞれ同表の指定数量欄に定める数量とする。
> (2) 航空機、船舶、鉄道又は軌道による危険物の貯蔵、取扱い又は運搬は消防法の規制を受けず、それぞれ関係法令（航空法、船舶安全法、鉄道営業法、軌道法等）により規制されている。

❷ 手続の種類

1 各種申請手続き

消防法に定められている危険物関係の各種申請手続きを列挙すると次のとおりです。

手続き	項　目		内　　　容	根拠条項
許　可	設　　置		製造所等を設置する場合	法第11条第1項
	変　　更		製造所等の位置、構造又は設備を変更する場合	
承　認	仮貯蔵・仮取扱い		指定数量以上の危険物を、10日以内の期間、仮に貯蔵し、又は取り扱う場合	法第10条第1項ただし書
	仮 使 用		変更工事に係る部分以外の部分の全部又は一部を仮に使用する場合	法第11条第5項ただし書
検　査	完成検査前	タンク本体	液体危険物タンクについて水圧又は水張検査を受けようとする場合	法第11条の2第1項
		基　礎地　盤	1,000kℓ 以上の屋外タンク貯蔵所において基礎・地盤検査、溶接部の検査を受けようとする場合	
		溶接部		
	完　　成		設置又は変更の許可を受けた製造所等が完成した場合	法第11条第5項
	保安	定　期	1万kℓ 以上の屋外タンク貯蔵所、特定移送取扱所にあって保安検査を受けようとする場合	法第14条の3第1項
		臨　時	1,000kℓ 以上の屋外タンク貯蔵所にあって、不等沈下等の事由が発生して保安検査を受けようとする場合	法第14条の3第2項
認　可	作　成又は変　更		法令に指定された製造所等において、予防規程を作成又は変更する場合	法第14条の2第1項

2 各種届出手続き

消防法に定められている危険物関係の各種届出手続きを列挙すると次のとおりです。

届出項目	内　　　容	根拠条項
製造所等の譲渡又は引渡し	製造所等の譲渡又は引渡しがあったときは、譲受人又は引渡しを受けた者は許可を受けた者の地位を継承し、遅滞なく届け出なければならない	法第11条第6項
危険物の品名・数量又は指定数量の倍数の変更	製造所等の位置、構造、設備を変更しないで、貯蔵又は取り扱う危険物の品名、数量又は指定数量の倍数を変更しようとする者は、変更しようとする日の10日前までに届け出なければならない	法第11条の4第1項
製造所等の廃止	製造所等の用途を廃止した場合、当該施設の所有者、管理者又は占有者は遅滞なく届け出なければならない	法第12条の6

	同一事業所において特定の製造所等を所有し、管理し、又は占有する者は危険物保安統括管理者を定め遅滞なく届け出なければならない。これを解任したときも同様とする	法第12条の7第2項
危険物保安統括管理者の選任・解任		
危険物保安監督者の選任・解任	特定の製造所等の所有者、管理者又は占有者は危険物保安監督者を定めた場合は遅滞なく届け出なければならない。これを解任したときも同様とする	法第13条第2項

❸ 危険物の範囲

根拠条文 法

〔用語の定義〕

第2条 この法律の用語は左〔次〕の例による。

⑦ 危険物とは、別表第1の品名欄に掲げる物品で、同表に定める区分に応じ同表の性質欄に掲げる性状を有するものをいう。

別表第1（第2条、第10条、第11条の4関係）

類別	性質	品名
第1類	酸化性固体	1 塩素酸塩類 2 過塩素酸塩類 3 無機過酸化物 4 亜塩素酸塩類 5 臭素酸塩類 6 硝酸塩類 7 よう素酸塩類 8 過マンガン酸塩類 9 重クロム酸塩類 10 その他のもので政令で定めるもの 11 前各号に掲げるもののいずれかを含有するもの
第2類	可燃性固体	1 硫化りん 2 赤りん 3 硫黄 4 鉄粉 5 金属粉 6 マグネシウム 7 その他のもので政令で定めるもの 8 前各号に掲げるもののいずれかを含有するもの 9 引火性固体
第3類	自然発火性物質及び禁水性物質	1 カリウム 2 ナトリウム 3 アルキルアルミニウム 4 アルキルリチウム 5 黄りん 6 アルカリ金属（カリウム及びナトリウムを除く。）及びアルカリ土類金属 7 有機金属化合物（アルキルアルミニウム及びアルキルリチウムを除く。） 8 金属の水素化物 9 金属のりん化物

備 考

1 酸化性固体とは、固体（液体（1気圧において、温度20度で液状であるもの又は温度20度を超え40度以下の間において液状となるものをいう。以下同じ。）又は気体（1気圧において、温度20度で気体状であるものをいう。以下同じ。）以外のものをいう。以下同じ。）であつて、酸化力の潜在的な危険性を判断するための政令で定める試験において政令で定める性状を示すもの又は衝撃に対する敏感性を判断するための政令で定める試験において政令で定める性状を示すものであることをいう。

2 可燃性固体とは、固体であつて、火炎による着火の危険性を判断するための政令で定める試験において政令で定める性状を示すもの又は引火の危険性を判断するための政令で定める試験において引火性を示すものであることをいう。

3 鉄粉とは、鉄の粉をいい、粒度等を勘案して総務省令で定めるものを除く。

4 硫化りん、赤りん、硫黄及び鉄粉は、備考第2号に規定する性状を示すものとみなす。

5 金属粉とは、アルカリ金属、アルカリ土類金属、鉄及びマグネシウム以外の金属の粉をいい、粒度等を勘案して総務省令で定めるものを除く。

6 マグネシウム及び第2類の項第8号の物品のうちマグネシウムを含有するもの

		10 カルシウム又はアルミニウムの炭化物 11 その他のもので政令で定めるもの 12 前各号に掲げるもののいずれかを含有するもの
第4類	引火性液体	1 特殊引火物 2 第1石油類 3 アルコール類 4 第2石油類 5 第3石油類 6 第4石油類 7 動植物油類
第5類	自己反応性物質	1 有機過酸化物 2 硝酸エステル類 3 ニトロ化合物 4 ニトロソ化合物 5 アゾ化合物 6 ジアゾ化合物 7 ヒドラジンの誘導体 8 ヒドロキシルアミン 9 ヒドロキシルアミン塩類 10 その他のもので政令で定めるもの 11 前各号に掲げるもののいずれかを含有するもの
第6類	酸化性液体	1 過塩素酸 2 過酸化水素 3 硝酸 4 その他のもので政令で定めるもの 5 前各号に掲げるもののいずれかを含有するもの

にあつては、形状等を勘案して総務省令で定めるものを除く。

7　引火性固体とは、固形アルコールその他1気圧において引火点が40度未満のものをいう。

8　自然発火性物質及び禁水性物質とは、固体又は液体であつて、空気中での発火の危険性を判断するための政令で定める試験において政令で定める性状を示すもの又は水と接触して発火し、若しくは可燃性ガスを発生する危険性を判断するための政令で定める試験において政令で定める性状を示すものであることをいう。

9　カリウム、ナトリウム、アルキルアルミニウム、アルキルリチウム及び黄りんは、前号に規定する性状を示すものとみなす。

10　引火性液体とは、液体（第3石油類、第4石油類及び動植物油類にあつては、1気圧において、温度20度で液状であるものに限る。）であつて、引火の危険性を判断するための政令で定める試験において引火性を示すものであることをいう。

11　特殊引火物とは、ジエチルエーテル、二硫化炭素その他1気圧において、発火点が100度以下のもの又は引火点が零下20度以下で沸点が40度以下のものをいう。

12　第1石油類とは、アセトン、ガソリンその他1気圧において引火点が21度未満のものをいう。

13　アルコール類とは、1分子を構成する炭素の原子の数が1個から3個までの飽和1価アルコール（変性アルコールを含む。）をいい、組成等を勘案して総務省令で定めるものを除く。

14　第2石油類とは、灯油、軽油その他1気圧において引火点が21度以上70度未満のものをいい、塗料類その他の物品であつて、組成等を勘案して総務省令で定めるものを除く。

15　第3石油類とは、重油、クレオソート油その他1気圧において引火点が70度以上200度未満のものをいい、塗料類その他の物品であつて、組成を勘案して総務省令で定めるものを除く。

16　第4石油類とは、ギヤー油、シリンダー油その他1気圧において引火点が200度以上250度未満のものをいい、塗料類その他の物品であつて、組成を勘案して総務省令で定めるものを除く。

17　動植物油類とは、動物の脂肉等又は植物の種子若しくは果肉から抽出したもの

であつて、一気圧において引火点が250度未満のものをいい、総務省令で定めるところにより貯蔵保管されているものを除く。

18　自己反応性物質とは、固体又は液体であつて、爆発の危険性を判断するための政令で定める試験において政令で定める性状を示すもの又は加熱分解の激しさを判断するための政令で定める試験において政令で定める性状を示すものであることをいう。

19　第5類の項第11号の物品にあつては、有機過酸化物を含有するもののうち不活性の固体を含有するもので、総務省令で定めるものを除く。

20　酸化性液体とは、液体であつて、酸化力の潜在的な危険性を判断するための政令で定める試験において政令で定める性状を示すものであることをいう。

21　この表の性質欄に掲げる性状の2以上を有する物品の属する品名は、総務省令で定める。

危政令

（危険物の指定数量）

第1条の11　法第9条の4の政令で定める数量（以下「指定数量」という。）は、別表第3の類別欄に掲げる類、同表の品名欄に掲げる品名及び同表の性質欄に掲げる性状に応じ、それぞれ同表の指定数量欄に定める数量とする。

別表第3（第1条の11関係）

類別	品　名	性　　　質	指定数量
第1類		第1種酸化性固体	キログラム50
		第2種酸化性固体	300
		第3種酸化性固体	1,000
第2類	硫化りん		キログラム100
	赤りん		100
	硫黄		100
		第1種可燃性固体	100
	鉄粉		500
		第2種可燃性固体	500
	引火性固体		1,000
第3類	カリウム		キログラム10
	ナトリウム		10
	アルキルアルミニウム		10

備　考

1　第1種酸化性固体とは、粉粒状の物品にあつては次のイに掲げる性状を示すもの、その他の物品にあつては次のイ及びロに掲げる性状を示すものであることをいう。

イ　臭素酸カリウムを標準物質とする第1条の3第2項の燃焼試験において同項第2号の燃焼時間が同項第1号の燃焼時間と等しいか若しくはこれより短いこと又は塩素酸カリウムを標準物質とする同条第6項の落球式打撃感度試験において試験物品と赤りんとの混合物の爆発する確率が50パーセント以上であること。

ロ　第1条の3第1項に規定する大量燃焼試験において同条第3項第2号の燃焼時間が同項第1号の燃焼時間と等しいか又はこれより短いこと及

類	品名	性状	指定数量
第3類	アルキルリチウム		10
		第1種自然発火性物質及び禁水物質	10
	黄りん		20
		第2種自然発火性物質及び禁水物質	50
		第3種自然発火性物質及び禁水物質	300
第4類	特殊引火物		リットル 50
	第1石油類	非水溶性液体	200
		水溶性液体	400
	アルコール類		400
	第2石油類	非水溶性液体	1,000
		水溶性液体	2,000
	第3石油類	非水溶性液体	2,000
		水溶性液体	4,000
	第4石油類		6,000
	動植物油類		10,000
第5類		第1種自己反応性物質	キログラム 10
		第2種自己反応性物質	100
第6類			キログラム 300

び同条第7項の鉄管試験において鉄管が完全に裂けること。

2　第2種酸化性固体とは、粉粒状の物品にあつては次のイに掲げる性状を示すもの、その他の物品にあつては次のイ及びロに掲げる性状を示すもので、第1種酸化性固体以外のものであることをいう。

　イ　第1条の3第1項に規定する燃焼試験において同条第2項第2号の燃焼時間が同項第1号の燃焼時間と等しいか又はこれより短いこと及び同条第5項に規定する落球式打撃感度試験において試験物品と赤りんとの混合物の爆発する確率が50パーセント以上であること。

　ロ　前号ロに掲げる性状

3　第3種酸化性固体とは、第1種酸化性固体又は第2種酸化性固体以外のものであることをいう。

4　第1種可燃性固体とは、第1条の4第2項の小ガス炎着火試験において試験物品が3秒以内に着火し、かつ、燃焼を継続するものであることをいう。

5　第2種可燃性固体とは、第1種可燃性固体以外のものであることをいう。

6　第1種自然発火性物質及び禁水性物質とは、第1条の5第2項の自然発火性試験において試験物品が発火するもの又は同条第5項の水との反応性試験において発生するガスが発火するものであることをいう。

7　第2種自然発火性物質及び禁水性物質とは、第1条の5第2項の自然発火性試験において試験物品がろ紙を焦がすもの又は同条第5項の水との反応性試験において発生するガスが着火するもので、第1種自然発火性物質及び禁水性物質以外のものであることをいう。

8　第3種自然発火性物質及び禁水性物質とは、第1種自然発火性物質及び禁水性物質又は第2種自然発火性物質及び禁水性物質以外のものであることをいう。

9　非水溶性液体とは、水溶性液体以外のものであることをいう。

10　水溶性液体とは、1気圧において、温度20度で同容量の純水と緩やかにかき混ぜた場合に、流動がおさまつた後も当該混合液が均一な外観を維持する

11　第1種自己反応性物質とは、孔径が9ミリメートルのオリフィス板を用いて行う第1条の7第5項の圧力容器試験において破裂板が破裂するものであることをいう。
12　第2種自己反応性物質とは、第1種自己反応性物質以外のものであることをいう。

留意事項　(1)　危険物であるか否かの判断は、その物品が法別表第1に掲げられている品名に該当するかどうか、また、該当する場合は、その物品が法別表第1に掲げられている性状をもっているかどうか、更に、性状が分からない場合には、その物品が危険物としての性状を有するかどうかの確認をするための政令で定められた試験を行い、その物品が一定以上の性状を示すかどうかにより決定される（危険物判定のフロー参照）。

危険物判定のフロー

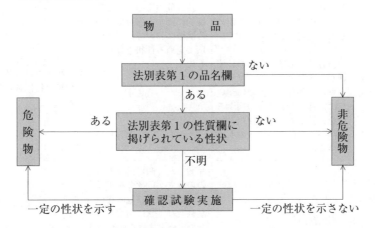

(2)　危険物に該当するかどうか、また、危険物に該当した場合の指定数量等について、法別表第1、危政令別表第3などをまとめると、次の表になる。

類別	性質	品名	危険物に該当するもの	指定数量
第1類	酸化性固体 1　固体とは液体又は気体以外のもの 2　液体とは1気圧温度20℃で液状であるもの又は温度20℃を超え40℃以下の間において液状となるもの 3　気体とは1気圧20℃で気体状であるもの	1　塩素酸塩類 2　過塩素酸塩類 3　無機過酸化物 4　亜塩素酸塩類 5　臭素酸塩類 6　硝酸塩類 7　よう素酸塩類 8　過マンガン酸塩類 9　重クロム酸塩類 10　その他のもので政令で定めるもの 〔過よう素酸塩類、過よう素酸、クロム・鉛又はよう素の酸化物、亜硝酸塩類、次亜塩素酸塩類、塩素化イソシアヌル酸、ペルオキソ二硫酸塩類、ペル	品名（左）欄に掲げるもののうち、危政令第1条の3並びに危険物の試験及び性状に関する省令で定める試験において、同条で定める性状を有するもの	第1種酸化性固体（危政令別表第3備考第1号で定める試験において、同備考第1号に定める性状を有するもの）　50kg 第2種酸化性固体（危政令別表第3備考第2号で定める試験において、同備考第2号に定める性状を有するもののうち第1種酸化性固体以外のもの）　300kg 第3種酸化性固体（第

第1類	(1〜3について以下同じ)	┌オキソほう酸塩類┐ 11 前各号に掲げるもののいずれかを含有するもの		1種酸化性固体又は第2種酸化性固体以外のもの）	1,000kg
第2類	可燃性固体	1 硫化りん 2 赤りん 3 硫黄	品名（左）欄に掲げるもの		100kg
		4 鉄粉（目開きが53μmの網ふるいを通過するものが50%未満のものを除く）			500kg
		5 金属粉（アルカリ金属、アルカリ土類金属、鉄、マグネシウム、銅、ニッケル以外の金属の粉で目開きが150μmの網ふるいを通過するものが50%未満のものを除く） 6 マグネシウム（目開きが2mmの網ふるいを通過しない塊状のもの、直径が2mm以上の棒状のものを除く） 7 その他のもので政令で定めるもの（現在は、定められていない） 8 前各号に掲げるもののいずれかを含有するもの（マグネシウムを含有するものについては、目開きが2mmの網ふるいを通過しない塊状のもの、直径が2mm以上の棒状のものを除く）	品名（左）欄に掲げるもののうち、危政令第1条の4第1項から第3項まで及び危険物の試験及び性状に関する省令で定める試験において、同条同項で定める性状を有するもの	第1種可燃性固体（危政令別表第3備考第4号で定める試験において、同備考第4号に定める性状を有するもの）	100kg
				第2種可燃性固体（第1種可燃性固体以外のもの）	500kg
		9 引火性固体	品名（左）欄に掲げるもののうち、危政令第1条の4第4項及び危険物の試験及び性状に関する省令で定める試験において、1気圧において引火点が40℃未満のもの及び固形アルコール		1,000kg
第3類	自然発火性物質及び禁水性物質	1 カリウム 2 ナトリウム 3 アルキルアルミニウム 4 アルキルリチウム	品名（左）欄に掲げるもの		10kg
		5 黄りん			20kg
		6 アルカリ金属（カリウム及びナトリウムを除く）及びアルカリ土類金属 7 有機金属化合物（アルキルアルミニウム及びアルキルリチウムを除く） 8 金属の水素化物 9 金属のりん化物 10 カルシウム又はアルミニウムの炭化物	品名（左）欄に掲げるもののうち、危政令第1条の5並びに危険物の試験及び性状に関する省令で定める試験において、同条で定める性状を有するもの	第1種自然発火性物質及び禁水性物質（危政令別表第3備考第6号で定める試験において同備考第6号に定める性状を有するもの）	10kg
				第2種自然発火性物質及び禁水性物質（危政令別表第3備考第7号で定める試験において	

類	品名		性状		区分	指定数量
第3類	自然発火性物質及び禁水性物質	11 その他のもので政令で定めるもの（塩素化けい素化合物） 12 前各号に掲げるもののいずれかを含有するもの			同備考第7号に定める性状を有するもののうち第1種自然発火性物質及び禁水性物質以外のもの)	50kg
					第3種自然発火性物質及び禁水性物質（第1種又は第2種自然発火性物質及び禁水性物質以外のもの)	300kg
第4類	引火性液体(第3石油類、第4石油類及び動植物油類にあっては、1気圧において、温度20℃で液状である液体に限る)	1 特殊引火物	ジエチルエーテル、二硫化炭素のほか、1気圧において発火点が100℃以下のもの又は引火点が-20℃以下で沸点が40℃以下のもの	引火点は、危政令第1条の6並びに危険物の試験及び性状に関する省令で定める試験により測定されたものをいう。以下同じ		50ℓ
		2 第1石油類	アセトン、ガソリンのほか、1気圧において引火点が21℃未満のもの		非水溶性液体（水溶性液体以外のもの。以下同じ）	200ℓ
					水溶性液体（1気圧において、20℃で同容量の純水と緩やかにかき混ぜた場合に、流動がおさまった後も当該混合液が均一な外観を維持するもの。以下同じ）	400ℓ
		3 アルコール類	1分子を構成する炭素の原子数が1個から3個までの飽和1価アルコール（変性アルコールを含む）で、次のものを除く 1 上記のアルコールの含有量が60%未満の水溶液 2 可燃性液体量が60%未満であって、引火点及び燃焼点（タグ開放式引火点測定器による燃焼点をいう。以下同じ）がエチルアルコールの60%水溶液の引火点及び燃焼点を超えるもの			400ℓ
		4 第2石油類	灯油、軽油のほか、1気圧において引火点が21℃以上70℃未満のもので、次のものを除く		非水溶性液体	1,000ℓ

12　第1章　危険物規制の概要

第4類	引火性液体（第3石油類、第4石油類及び動植物油類にあっては、1気圧において、温度20℃で液状である液体に限る）	4　第2石油類	○可燃性液体量が40％以下であって、引火点が40℃以上、燃焼点が60℃以上のもの	水溶性液体	2,000ℓ
		5　第3石油類	重油、クレオソート油のほか、1気圧において引火点が70℃以上200℃未満のものをいい、次のものを除く ○可燃性液体量が40％以下のもの	非水溶性液体	2,000ℓ
				水溶性液体	4,000ℓ
		6　第4石油類	ギヤー油、シリンダー油のほか、1気圧において引火点が200℃以上250℃未満のものをいい、次のものを除く ○可燃性液体量が40％以下のもの		6,000ℓ
		7　動植物油類	動物の脂肉等又は植物の種子若しくは果肉から抽出した油で、1気圧において引火点が250℃未満のものをいい、次により貯蔵保管されているものを除く ○危規則第1条の3第7項に基づきタンク、容器で貯蔵保管されているもの		10,000ℓ
第5類	自己反応性物質	1　有機過酸化物 2　硝酸エステル類 3　ニトロ化合物 4　ニトロソ化合物 5　アゾ化合物 6　ジアゾ化合物 7　ヒドラジンの誘導体 8　ヒドロキシルアミン 9　ヒドロキシルアミン塩類 10　その他のもので政令で定めるもの（金属のアジ化物、硝酸グアニジン、1－アリルオキシ－2・3－エポキシプロパン、4－メチリデンオキセタン－2－オン） 11　前各号に掲げるもののいずれかを含有するもの 　次のものを除く (1)　過酸化ベンゾイルの含有量が35.5％未満のもので、でんぷん粉、硫酸カルシウム二水和物又はりん酸一水素カルシウム二水和物との混合物 (2)　ビス（4－クロロベンゾイル）パーオキサイドの含有量が30％未満のもので、不活性の固体との混合物 (3)　過酸化ジクミルの含有量	品名(左)欄に掲げるもののうち、危政令第1条の7並びに危険物の試験及び性状に関する省令で定める試験において、同条で定める性状を有するもの	第1種自己反応性物質（危政令別表第3備考第11号で定める試験において同備考第11号に定める性状を有するもの）	10kg
				第2種自己反応性物質（第1種自己反応性物質以外のもの）	100kg

第5類	自己反応性物質	が40%未満のもので、不活性の固体との混合物 (4) 1・4－ビス（2－ターシャリブチルパーオキシイソプロピル）ベンゼンの含有量が40%未満のもので、不活性の固体との混合物 (5) シクロヘキサノンパーオキサイドの含有量が30%未満のもので、不活性の固体との混合物		
第6類	酸化性液体	1 過塩素酸 2 過酸化水素 3 硝酸 4 その他のもので政令で定めるもの（ハロゲン間化合物） 5 前各号に掲げるもののいずれかを含有するもの	品名（左）欄に掲げるもののうち、危政令第1条の8並びに危険物の試験及び性状に関する省令で定める試験において、同条で定める性状を有するもの	300kg

(3) 試験を適用した場合に、2以上の類の性状を示す危険物（「複数性状物品」という。）の属する類、品名は、次のように定められている（危規則第1条の4）。

物品が示す複数の性状	該当する類、品名
第1類（酸化性固体）及び第2類（可燃性固体）の危険物の性状を有するもの	第2類第8号の品名に該当する危険物
第1類（酸化性固体）及び第5類（自己反応性物質）の危険物の性状を有するもの	第5類第11号の品名に該当する危険物
第4類（引火性液体）及び第5類（自己反応性物質）の危険物の性状を有するもの	
第2類（可燃性固体）及び第3類（自然発火性物質及び禁水性物質）の危険物の性状を有するもの	第3類第12号の品名に該当する危険物
第3類（自然発火性物質及び禁水性物質）及び第4類（引火性液体）の危険物の性状を有するもの	

4 危険物の貯蔵及び取扱いの制限等

根拠条文 法

〔危険物の貯蔵・取扱いの制限等〕
第10条第1項 指定数量以上の危険物は、貯蔵所（車両に固定されたタンクにおいて危険物を貯蔵し、又は取り扱う貯蔵所（以下「移動タンク貯蔵所」という。）を含む。以下同じ。）以外の場所でこれを貯蔵し、又は製造所、貯蔵所及び取扱所以外の場所でこれを取り扱つてはならない。ただし、所轄消防長又は消防署長の承認を受けて指定数量以上の危険物を、10日以内の期間、仮に貯蔵し、又は取り扱う場合は、この限りでない。

14 第1章 危険物規制の概要

〔罰則〕
第41条、第45条

留意事項　危険物は、危政令別表第3に掲げる指定数量以上の量を貯蔵し、又は取り扱うことは、一般的に禁止されているが、許可等を受ければ、その貯蔵、取扱いは可能である。

5 指定数量未満の危険物等の市町村条例への委任

根拠条文　法」

〔指定数量未満の危険物等の貯蔵・取扱いの基準等〕
第9条の4　危険物についてその危険性を勘案して政令で定める数量（以下「指定数量」という。）未満の危険物及びわら製品、木毛その他の物品で火災が発生した場合にその拡大が速やかであり、又は消火の活動が著しく困難となるものとして政令で定めるもの（以下「指定可燃物」という。）その他指定可燃物に類する物品の貯蔵及び取扱いの技術上の基準は、市町村条例でこれを定める。
②　指定数量未満の危険物及び指定可燃物その他指定可燃物に類する物品を貯蔵し、又は取り扱う場所の位置、構造及び設備の技術上の基準（第17条第1項の消防用設備等の技術上の基準を除く。）は、市町村条例で定める。

留意事項　指定数量未満の危険物及び指定可燃物その他指定可燃物に類する物品を貯蔵し、又は取り扱う場合の基準は、各市町村の条例で規定されている。本書は、指定数量以上の危険物を貯蔵し、又は取り扱う施設の位置、構造、設備等について述べるものである。

6 危険物規制に係る適用除外事項

根拠条文　法」

〔適用除外〕
第16条の9　この章の規定は、航空機、船舶、鉄道又は軌道による危険物の貯蔵、取扱い又は運搬には、これを適用しない。

留意事項　航空機、船舶、鉄道又は軌道による危険物の貯蔵、取扱い又は運搬は消防法第3章の規定が適用されず、他法令により規制されている。ただし、外部の施設からの給油等を行う場合についてまで適用を除外されるものではない。

7 危険物施設の区分

根拠条文　法」

〔危険物の貯蔵・取扱いの制限等〕
第10条

③　製造所、貯蔵所又は取扱所においてする危険物の貯蔵又は取扱は、政令で定める技術上の基準に従つてこれをしなければならない。

④　製造所、貯蔵所及び取扱所の位置、構造及び設備の技術上の基準は、政令でこれを定める。

〔罰則〕

第43条、第45条

危政令

（貯蔵所の区分）

第2条　法第10条の貯蔵所は、次のとおり区分する。

(1)　屋内の場所において危険物を貯蔵し、又は取り扱う貯蔵所（以下「屋内貯蔵所」という。）

(2)　屋外にあるタンク（第4号から第6号までに掲げるものを除く。）において危険物を貯蔵し、又は取り扱う貯蔵所（以下「屋外タンク貯蔵所」という。）

(3)　屋内にあるタンク（次号から第6号までに掲げるものを除く。）において危険物を貯蔵し、又は取り扱う貯蔵所（以下「屋内タンク貯蔵所」という。）

(4)　地盤面下に埋没されているタンク（次号に掲げるものを除く。）において危険物を貯蔵し、又は取り扱う貯蔵所（以下「地下タンク貯蔵所」という。）

(5)　簡易タンクにおいて危険物を貯蔵し、又は取り扱う貯蔵所（以下「簡易タンク貯蔵所」という。）

(6)　車両（被牽引自動車にあつては、前車軸を有しないものであつて、当該被牽引自動車の一部が牽引自動車に載せられ、かつ、当該被牽引自動車及びその積載物の重量の相当部分が牽引自動車によつてささえられる構造のものに限る。）に固定されたタンクにおいて危険物を貯蔵し、又は取り扱う貯蔵所（以下「移動タンク貯蔵所」という。）

(7)　屋外の場所において第2類の危険物のうち硫黄、硫黄のみを含有するもの若しくは引火性固体（引火点が零度以上のものに限る。）又は第4類の危険物のうち第1石油類（引火点が零度以上のものに限る。）、アルコール類、第2石油類、第3石油類、第4石油類若しくは動植物油類を貯蔵し、又は取り扱う貯蔵所（以下「屋外貯蔵所」という。）

（取扱所の区分）

第3条　法第10条の取扱所は、次のとおり区分する。

(1)　専ら給油設備によつて自動車等の燃料タンクに直接給油するため危険物を取り扱う取扱所及び給油設備によつて自動車等の燃料タンクに直接給油するため危険物を取り扱うほか、次に掲げる作業を行う取扱所（以下これらの取扱所を「給油取扱所」という。）

イ　給油設備からガソリンを容器に詰め替え、又は軽油を車両に固定された容量4,000リットル以下のタンク（容量2,000リットルを超えるタンクにあつては、その内部を2,000リットル以下ごとに仕切つたものに限る。ロにおいて同じ。）に注入する作業

ロ　固定した注油設備から灯油若しくは軽油を容器に詰め替え、又は車両に固定された容量4,000リットル以下のタンクに注入する作業
(2)　店舗において容器入りのままで販売するため危険物を取り扱う取扱所で次に掲げるもの
　　　イ　指定数量の倍数（法第11条の4第1項に規定する指定数量の倍数をいう。以下同じ。）が15以下のもの（以下「第1種販売取扱所」という。）
　　　ロ　指定数量の倍数が15を超え40以下のもの（以下「第2種販売取扱所」という。）
(3)　配管及びポンプ並びにこれらに附属する設備（危険物を運搬する船舶からの陸上への危険物の移送については、配管及びこれに附属する設備）によって危険物の移送の取扱いを行う取扱所（当該危険物の移送が当該取扱所に係る施設（配管を除く。）の敷地及びこれとともに一団の土地を形成する事業所の用に供する土地内にとどまる構造を有するものを除く。以下「移送取扱所」という。）
(4)　前3号に掲げる取扱所以外の取扱所（以下「一般取扱所」という。）

留意事項　指定数量以上の危険物を貯蔵し、又は取り扱う場合は、原則として、危政令で定める施設区分に従い、それぞれの技術上の基準に適合していなければならない。

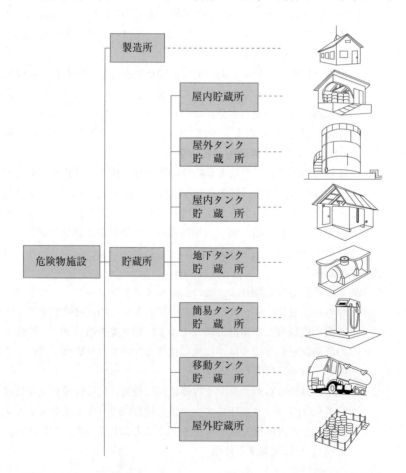

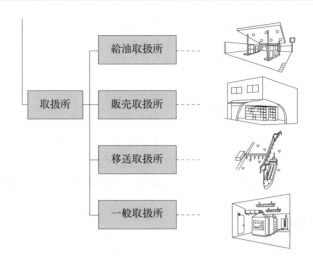

8 設置許可申請

1 申請手続き
(根拠条文) 法

〔製造所等の設置、変更等〕
第11条 製造所、貯蔵所又は取扱所を設置しようとする者は、政令で定めるところにより、製造所、貯蔵所又は取扱所ごとに、次の各号に掲げる製造所、貯蔵所又は取扱所の区分に応じ、当該各号に定める者の許可を受けなければならない。製造所、貯蔵所又は取扱所の位置、構造又は設備を変更しようとする者も、同様とする。
(1) 消防本部及び消防署を置く市町村（次号及び第3号において「消防本部等所在市町村」という。）の区域に設置される製造所、貯蔵所又は取扱所（配管によつて危険物の移送の取扱いを行うもので政令で定めるもの（以下「移送取扱所」という。）を除く。）　当該市町村長
(2) 消防本部等所在市町村以外の市町村の区域に設置される製造所、貯蔵所又は取扱所（移送取扱所を除く。）　当該区域を管轄する都道府県知事
(3) 一の消防本部等所在市町村の区域のみに設置される移送取扱所　当該市町村長
(4) 前号の移送取扱所以外の移送取扱所　当該移送取扱所が設置される区域を管轄する都道府県知事（2以上の都道府県の区域にわたつて設置されるものについては、総務大臣）
⑤ 第1項の規定による許可を受けた者は、製造所、貯蔵所若しくは取扱所を設置したとき又は製造所、貯蔵所若しくは取扱所の位置、構造若しくは設備を変更したときは、当該製造所、貯蔵所又は取扱所につき市町村長等が行う完成検査を受け、これらが前条第4項の技術上の基準に適合していると認められた後でなければ、これを使用してはならない。ただし、製造所、貯蔵所又は取扱所の位置、構造又は設備を変更する場合において、当該製造所、貯蔵所又は取扱

18　第1章　危険物規制の概要

所のうち当該変更の工事に係る部分以外の部分の全部又は一部について市町村長等の承認を受けたときは、完成検査を受ける前においても、仮に、当該承認を受けた部分を使用することができる。

〔罰則〕
第42条、第45条

留意事項　危険物を設置しようとする場合は、申請書及び添付図書（2参照）を所在地を管轄する行政庁に提出し、許可を受けた後、工事を行い、工事完了後行政庁の行う完成検査に合格して初めて危険物施設を使用することが可能となる。

2　申請書類

根拠条文　危政令

（設置の許可の申請）

第6条　法第11条第1項前段の規定により製造所、貯蔵所又は取扱所（以下「製造所等」という。）の設置の許可を受けようとする者は、次の事項を記載した申請書を、同項各号に掲げる区分に応じ当該各号に定める市町村長、都道府県知事又は総務大臣（以下「市町村長等」という。）に提出しなければならない。

⑴　氏名又は名称及び住所並びに法人にあつては、その代表者の氏名及び住所

⑵　製造所等の別及び貯蔵所又は取扱所にあつては、その区分

⑶　製造所等の設置の場所（移動タンク貯蔵所にあつては、その常置する場所）

⑷　貯蔵し、又は取り扱う危険物の類、品名及び最大数量

⑸　指定数量の倍数

⑹　製造所等の位置、構造及び設備

⑺　危険物の貯蔵又は取扱いの方法

⑻　製造所等の着工及び完成の予定期日

2　前項の申請書には、製造所等の位置、構造及び設備に関する図面その他総務省令で定める書類を添付しなければならない。

8 設置許可申請 19

設置計画から使用開始まで

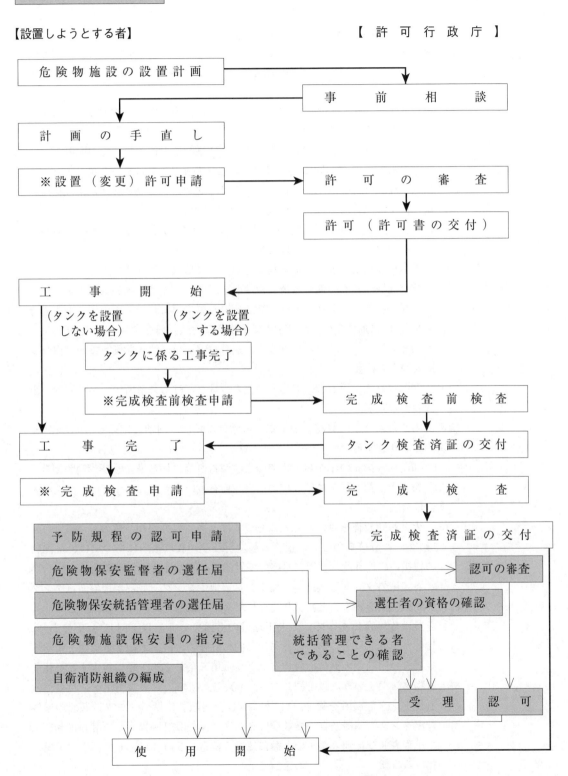

※印の手続きは、申請手数料が必要である（法第16条の4、危政令第40条参照）。

根拠条文 危規則

（設置の許可の申請書の様式及び添付書類）

第4条 令第6条第1項の規定による製造所、貯蔵所又は取扱所（以下「製造所等」という。）の設置の許可の申請書は、別記様式第2又は第3によるものとする。

2 令第6条第2項の製造所等の位置、構造及び設備に関する図面は、次の事項を記載した図面とする。

(1) 当該製造所等を含む事業所内の主要な建築物その他の工作物の配置

(2) 当該製造所等の周囲の状況（屋内給油取扱所（令第17条第2項に規定する屋内給油取扱所をいう。以下同じ。）にあつては、建築物の屋内給油取扱所の用に供する部分以外の部分の構造及び用途を含む。）

(3) 当該製造所等を構成する建築物その他の工作物及び機械器具その他の設備の配置（製造所又は一般取扱所にあつては、工程の概要を含む。）

(4) 当該製造所等において危険物を貯蔵し、又は取り扱う建築物その他の工作物及び機械器具その他の設備（給油取扱所にあつては、第25条の4第1項各号及び第27条の3第3項各号（第27条の5第1項においてその例による場合を含む。）に掲げる用途に供する建築物及び附随設備を含む。）の構造

(5) 当該製造所等に設ける電気設備、避雷設備並びに消火設備、警報設備及び避難設備の概要

(6) 緊急時対策に係る機械器具その他の設備を設ける製造所等にあつては、当該設備の概要

3 令第6条第2項の総務省令で定める添付書類は、同項で定めるもののほか、次のとおりとする。

(1) 別記様式第4のイからルまでの当該製造所等に係る構造及び設備明細書

(2) 第1種、第2種又は第3種の消火設備を設けるものにあつては、当該消火設備の設計書

(3) 火災報知設備を設けるものにあつては、当該火災報知設備の設計書

(3の2) 令第7条の3に掲げる製造所及び一般取扱所にあつては、危険物の取扱いに伴う危険要因に対応して設置する設備等に関する書類

(4) 特定屋外タンク貯蔵所（岩盤タンク、地中タンク（底部が地盤面（タンクの周囲に土を盛ることにより造られた人工の地盤（以下「人工地盤」という。）を設ける場合にあつては、人工地盤の上面をいう。以下同じ。）下にあり、頂部が地盤面以上にあつて、タンク内の危険物の最高液面が地盤面下にある縦置きの円筒型の液体危険物タンク（令第8条の2第1項に規定する液体危険物タンクをいう。以下同じ。）をいう。以下同じ。）及び海上タンクに係る屋外タンク貯蔵所を除く。）にあつては、当該特定屋外タンク貯蔵所の屋外貯蔵タンクの基礎及び地盤並びにタンク本体の設計図書、工事計画書及び工事工程表並びに別表第1の上欄に掲げる構造及び設備に応じて同表の下欄に掲げる書類

(4の2) 準特定屋外タンク貯蔵所（岩盤タンク、地中タンク及び海上タン

クに係る屋外タンク貯蔵所を除く。）にあつては、当該準特定屋外タンク貯蔵所の屋外貯蔵タンク（以下「準特定屋外貯蔵タンク」という。）の基礎及び地盤並びにタンク本体の設計図書及び別表第1の上欄に掲げる構造及び設備に応じて同表の下欄に掲げる書類

(5) 岩盤タンクに係る屋外タンク貯蔵所にあつては、当該岩盤タンクのタンク本体及び坑道、配管その他の設備の設計図書、工事計画書及び工事工程表並びに地質・水文調査書

(6) 地中タンクに係る屋外タンク貯蔵所にあつては、当該地中タンクの地盤及びタンク本体の設計図書、工事計画書及び工事工程表並びに別表第1の上欄に掲げる構造及び設備に応じて同表の下欄に掲げる書類（基礎に関し必要な資料を除く。）

（6の2） 海上タンクに係る屋外タンク貯蔵所にあつては、当該海上タンクのタンク本体及び定置設備（海上タンクを同一場所に定置するための設備をいう。以下同じ。）その他の設備の設計図書、工事計画書及び工事工程表

(7) 移送取扱所にあつては、工事計画書、工事工程表並びに別表第1の2の上欄に掲げる構造及び設備に応じて同表の下欄に掲げる書類

(8) 前号の工事計画書には申請に係る構造及び設備に応じて別表第1の2の中欄に掲げる事項を記載すること。

（申請書等の提出部数）

第9条 第4条第1項及び第5条第1項の許可の申請書、第5条の2の承認の申請書、第6条及び第6条の4の検査の申請書並びに第7条及び第7条の3の届出書の提出部数は、それぞれ2部（特定屋外タンク貯蔵所及び準特定屋外タンク貯蔵所に係る申請書（第4条第1項の許可及び第5条第1項の許可（令第8条の2の3第2項に掲げる事項に係るものに限る。）の申請書並びに第6条の4の検査（水張検査又は水圧検査に係るものを除く。）の申請書に限る。）については3部）とする。

(留意事項) 申請書等の提出部数は原則として2部であるが、特定屋外タンク貯蔵所及び準特定屋外タンク貯蔵所については、次のものが3部となっている。

ア 設置許可申請書
イ タンク本体、基礎地盤に係る変更許可申請書
ウ タンク本体、基礎地盤に係る完成検査前検査申請書

22 第1章 危険物規制の概要

主な申請書の記載例

様式第2（第4条関係）
（危規則）

危険物 ~~製造所~~ ~~貯蔵所~~ 取扱所 設置許可申請書

				○ 年 ○ 月 ○ 日	
	殿				
		申請者　○○市○○町1−3−5			
		住　所　　　　　　　　　　　（電話○○−○○○○）			
		氏　名 ○○病院　院長　○○○○			

設 置 者	住　　　所	○○市○○町1−3−5		電話○○−○○○○	
	氏　　　名	○○病院　院長　○○○○			
設　置　場　所		○○市○○町3−5−2			
設置場所の地域別		防　火　地　域　別		用　途　地　域　別	
		防火地域		商業地域	
製　造　所　等　の　別		取扱所	貯蔵所又は取扱所の区分	一般取扱所	
危険物の類、品名（指定数量）、最大数量		第4類第2石油類(灯油)　10,000ℓ	指定数量の倍数	10	
位置、構造及び設備の基準に係る区分		令　第　19　条　第　2　項　　　　　　　（規　則　第 28 条 の 57 第 2 項）			
位置、構造、設備の概要		地下1階ボイラー室に暖房用ボイラーを設置する			
危険物の貯蔵又は取扱方法の概要		暖房用ボイラー2基を設置し、燃料は別許可の地下タンク貯蔵所からサービスタンク(容量500ℓ)へ送油し、灯油1日最大で10㎘消費する。			
着　工　予　定　期　日		許可後即日	完成予定期日	○年○月○日	
そ　の　他　必　要　な　事　項					
※　受　付　欄		※　経　過　欄		※　手　数　料　欄	
		許可年月日　許可番号			

備考　1　この用紙の大きさは、日本産業規格Ａ4とすること。
　　　2　この設置許可申請書は、移送取扱所以外の製造所等に用いるものであること。
　　　3　法人にあつては、その名称、代表者氏名及び主たる事務所の所在地を記入すること。
　　　4　品名(指定数量)の記載については、当該危険物の指定数量が品名の記載のみでは明確でない場合に（　）内に該当する指定数量を記載すること。
　　　5　位置、構造及び設備の基準に係る区分の欄には、適用を受けようとする危険物の規制に関する政令の条文を記入すること。危険物の規制に関する規則の適用条文の記載がさらに必要な場合は（　）内に記載すること。
　　　6　※印の欄は、記入しないこと。

8 設置許可申請 23

主な申請書の記載例

様式第４のイ（第４条、第５条関係）
（危規則）

ボイラーを建築物に設ける場合

~~製　造　所~~
一般取扱所　構 造 設 備 明 細 書

事　業　の　概　要				総　合　病　院					
危険物の取扱作業の内容				灯油ボイラー２基を暖房用として用いる					
製造所（一般取扱所）の敷　地　面　積							2,500		㎡
建築物の構造	階　　　　数		地上24階地下２階建ての地下１階部分	建築面積	200　㎡		延べ面積	200　㎡	
	壁	延焼のおそれのある外壁	－	柱	鉄筋コンクリート造　70mm	床		鉄筋コンクリート造　70mm	
		その他の壁	鉄筋コンクリート造　70mm	は　　り	〃	屋　　根		〃	
	窓		無	出 入 口	特定防火設備	階　　段		－	
建築物の一部に製造所（一般取扱所）を設ける場合の建築物の構造		階　数	24/2	建築面積	1,000　㎡	延べ面積		19,000　㎡	
		建築物の構造概要		鉄骨鉄筋コンクリート造					
製造（取扱）設備の概要			A社製　　C型ボイラー　　（C－02） 　〃　　　D型ボイラー　　（D－003） B社製　　送油ポンプ　　0.75kW　安全増防爆構造 　〃　　　返油ポンプ　　　　　〃						
令第九条第一項第二十号のタンクの概要				サービスタンク（500ℓ）１基					
配　　　　　　管			配管用炭素鋼鋼管20A～40A、防食テープ巻	加 圧 設 備		－			
加 熱 設 備			ボイラー２台	乾 燥 設 備		－			
貯 留 設 備			貯留設備２ケ所	電 気 設 備		ポンプ、フロートスイッチ一安全増防爆構造、その他標準仕様			
換気、排出の設備			換気設備	静電気除去設　　　備		有			
避 雷 設 備			有	警 報 設 備		自動火災報知設備			
消 火 設 備			第３種粉末消火設備（全域方式）・第５種粉末ABC消火器×１						
工事請負者住 所 氏 名			関東ボイラー（株）　　東京都江戸川区船堀３－２－５　　　電話（3688）1126						

備考　1　この用紙の大きさは、日本産業規格Ａ４とすること。
　　　2　建築物の一部に製造所（一般取扱所）を設ける場合の建築物の構造の欄は、該当する
　　　　場合のみ記入すること。
　　　3　令第９条第１項第20号のタンクにあつては、構造設備明細書（様式第４のハ、様式
　　　　第４のニ又は様式第４のホ）を添付すること。

24 第1章 危険物規制の概要

主な申請書の記載例

様式第4のイ（第4条、第5条関係）
（危規則）

非常用発電設備を設ける場合

~~製　造　所~~
一般取扱所 **構 造 設 備 明 細 書**

事 業 の 概 要	事務所・ホテル・物品販売店舗・飲食店舗・駐車場						
危険物の取扱作業の内容	非常電源用発電設備1基を4階に設置。地下タンク（100,000ℓ-3基、700,000ℓ-2基）からサービスタンク（1,950ℓ）にA重油を送油し、発電設備で消費する。						
製造所（一般取扱所）の敷　地　面　積	20,000　　　　m²						
建築物の構造	階　　　　数	地上4階	建築面積	150　m²	延べ面積	150　m²	
	壁	延焼のおそれのある外壁	－	柱	鉄骨	床	鉄筋コンクリート
		その他の壁	ALC	は　り	鉄筋コンクリート	屋　根	〃
	窓		－	出 入 口	特定防火設備	階　段	－
建築物の一部に製造所（一般取扱所）を設ける場合の建築物の構造	階　数	35/5	建築面積	14,000　m²	延べ面積	400,000 m²	
	建築物の構造概要		S造、SRC造、RC造				
製造（取扱）設備の概要	発電機 　非常用ガスタービン発電設備　定格出力4,800kW　6,000kVA　電圧6,600V 　燃料消費量　2,020ℓ/h 　潤滑油量　　370ℓ（消費量0.2ℓ/h）						
令第九条第一項第二十号のタンクの概要	燃料小出槽 　容量　1,950ℓ 　材質　SS400　角形タンク 　板厚　底板t=6.5、側板t=3.2、屋根板t=4.5						
配　　　管	配管用炭素鋼管（SGP）		加 圧 設 備	送油・返油ポンプ			
加 熱 設 備	－		乾 燥 設 備	－			
貯 留 設 備	ためます		電 気 設 備	電気設備の技術基準による。			
換気、排出の設備	機械式吸排気設備（貫通部PFD）		静電気除去設備	－			
避 雷 設 備	あり（JIS A 4201）		警 報 設 備	自動火災報知設備			
消 火 設 備	第3種窒素消火設備・第4種大型消火器×1・第5種粉末消火器×1						
工事請負者住所氏名	横浜市〇〇区　〇〇-〇〇-〇 　　　　　　　　〇〇電気工業（株）			電話　〇〇-〇〇〇〇			

備考　1　この用紙の大きさは、日本産業規格A4とすること。
　　　2　建築物の一部に製造所（一般取扱所）を設ける場合の建築物の構造の欄は、該当する
　　　　場合のみ記入すること。
　　　3　令第9条第1項第20号のタンクにあっては、構造設備明細書（様式第4のハ、様式
　　　　第4のニ又は様式第4のホ）を添付すること。

❽ 設置許可申請　25

主な申請書の記載例

様式第4の二（第4条、第5条関係）　　平屋建以外の建築物に設ける屋内タンクの場合
（危規則）

屋内タンク貯蔵所構造設備明細書

事　業　の　概　要			非常用発電機用の燃料を貯蔵する。			
タンク専用室の構造	壁	延焼のおそれのある外壁	鉄筋コンクリート造	床	鉄筋コンクリート造	
		その他の壁	鉄筋コンクリート造	出入口	特定防火設備（しきい高さ　20 cm）	
	屋　　　根		―	その他	15.8 ㎡	
建築物の一部にタンク専用室を設ける場合の建築物の構造	階　数	3	設置階	1	建築面積	192.8 ㎡
	建築物の構造概要			鉄筋コンクリート造		
タンクの構造、設備	形　　状		角形タンク	常圧 ・ 加圧（　　　　kPa）		
	寸　　法		横2,400mm×縦1,200mm×高さ1,900mm	容　量	内容積　5,472ℓ 空間容積　472ℓ(8.6%) 容積　　5,000ℓ	
	材質、板厚		SS400　底板・側板　6mm、　屋根板　4.5mm			
	通　気　管	種　別		数	内径又は作動圧	
		無弁通気管			32　mm kPa	
	安全装置	種　別		数	作　動　圧	
		―		―	kPa	
	液量表示装置		フロート式液面計	引火防止装置	有 ・ 無	
注入口の位置			遠方注入口（別添図面の位置）	注入口付近の接地電極	有 ・ 無	
ポンプ設備の概要			ギヤーポンプ1基を基礎台の上にアンカーボルト4本で固定する。			
採光、照明設備			電灯1（安全増防爆）	換気、排出の設備	自然換気設備	
配　　　　管			SGP（送油配管15A、返油配管26A）を使用し、ねじ込みで接続後、錆止め塗装する。			
消　火　設　備			第4種大型消火器20型1 第5種粉末消火器10型1	警報設備	―	
工事請負者住所氏名			㈱○○建設　東京都大田区○○○ー○ー○ー○ 責任者　○○　○○　　　　　電話 03（○○○○）○○○○			

備考　1　この用紙の大きさは、日本産業規格A4とすること。
　　　2　建築物の一部にタンク専用室を設ける場合の建築物の構造の欄は、該当する場合のみ記入すること。

26　第1章　危険物規制の概要

主な申請書の記載例

様式第4のホ（第4条、第5条関係）　　　ＳＦ二重殻タンクの直埋設の場合
（危規則）

地下タンク貯蔵所構造設備明細書

事 業 の 概 要	ボイラーで消費する一般取扱所の燃料として貯蔵する。				
タ ン ク の 設 置 方 法	タンク室　　・　　直埋設　　・　　漏れ防止				
タ ン ク の 種 類	鋼製タンク・強化プラスチック製二重殻タンク・鋼製二重殻タンク・鋼製強化プラスチック製二重殻タンク				
タンクの構造、設備	形　　　　　状	横置円筒型	常圧・加圧（　　　kPa）		
	寸　　　　　法	内径 2,400mm　胴長 1,839mm　鏡出 466mm	容　量	実容量　11,051ℓ　空間容積 1,051ℓ（9.51%）　容量　10,000ℓ	
	材 質 、 板 厚	鋼板（SS400）　　胴板厚9mm　　鏡板厚8mm			
	外 面 の 保 護	気層部：プライマー処理後、FRP層2mm以上　液相部：錆止め塗装後、FRP層2mm以上			
	危険物の漏れ検知設備又は漏れ防止構造の概要	フロート式遠隔漏えい検知装置			
	通　　気　　管	種　　別	数	内径又は作動圧	
		無弁通気管	1	50　mm　kPa	
	安 全 装 置	種　　別	数	作　動　圧	
		—	—	kPa	
	可 燃 性 蒸 気回 収 設 備	有（　　　ベーパーリカバリー装置　　　）・無			
	液 量 表 示 装 置	フロート式自動液面計	引火防止装置	有・無	
タンク室又はタンク室以外の基礎、固定方法の概要	基礎は鉄筋コンクリート造厚さ300mmとし、90mm×9mmの鋼帯を2本設け、径20mmのアンカーボルトにてタンクを固定する。				
注 入 口 の 位 置	遠方注入口（別添図面のとおり）	注入口付近の接地電極	有・無		
ポ ン プ 設 備 の 概 要	ギヤーポンプ1台をポンプ室の基礎台にアンカーボルトで固定する。				
配　　　　　　　管	ポリエチレン被覆鋼管を使用し、接続部分は溶接後、タールエポキシ塗布の上に防食テープを巻く。				
電　気　設　備	電気設備技術基準により施工する。				
消　火　設　備	第5種（粉末ABC消火器3.5kg）×2				
工 事 請 負 者住 所 氏 名	○○工業（株）　東京都江東区○－○－○　　　　　　　　　　　　　　電話 03（○○○○）○○○○				

　　備考　1　この用紙の大きさは、日本産業規格A4とすること。
　　　　　2　「直埋設」とは、二重殻タンクをタンク室以外の場所に設置する方法（地下貯蔵タ
　　　　　　ンクを危険物の漏れを防止することができる構造により地盤面下に設置する方法を除
　　　　　　く。）をいう。
　　　　　3　「鋼製強化プラスチック製二重殻タンク」とは、令第13条第2項第2号イに掲げる
　　　　　　材料で造つた地下貯蔵タンクに同項第1号ロに掲げる措置を講じたものをいう。

8 設置許可申請　27

主な申請書の記載例

様式第4のホ（第4条、第5条関係）　　鋼製タンクのタンク室設置の場合
（危規則）

地下タンク貯蔵所構造設備明細書

事　業　の　概　要		発電機で消費する一般取扱所の燃料として貯蔵する。			
タンクの設置方法		タンク室　・　直埋設　・　漏れ防止			
タンク　の　種　類		鋼製タンク・強化プラスチック製二重殻タンク・鋼製二重殻タンク・鋼製強化プラスチック製二重殻タンク			
タンクの構造、設備	形　　　　状	横置円筒型		常圧・加圧（　　　　kPa)	
	寸　　　　法	内径 1,500mm 胴長 3,840mm 鏡出 291mm	容　　量	実容量　7,450ℓ 空間容積 450ℓ(6.04％) 容量　7,000ℓ	
	材　質、板　厚	鋼板（SS400)	胴板厚6mm	鏡板厚6mm	
	外　面　の　保　護	ショットブラスト、プライマー処理後、FRP層2mm			
	危険物の漏れ検知設備又は漏れ防止構造の概要	タンク室の四隅に漏えい検知管を設置する。			
	通　気　管	種　　別	数	内径又は作動圧	
		無弁通気管	1	32　　mm 　　kPa	
	安　全　装　置	種　　別	数	作　動　圧	
		―	―	kPa	
	可燃性蒸気回収設備	有（　　　　　　　　　　　）・無			
	液量表示装置	フロート式液面計	引火防止装置	有・無	
タンク室又はタンク室以外の基礎、固定方法の概要		基礎、側壁、上部は鉄筋コンクリート造厚さ300mmとし、100mm×9mmの鋼帯を4本設け、径24mmのアンカーボルトにてタンクを固定する。タンク室内の隙間には乾燥砂を充填する。			
注　入　口　の　位　置		直上注入	注入口付近の接地電極	有・無	
ポンプ設備の概要		ギヤーポンプ1台を屋外の基礎台上に設置する。			
配　　　　管		ポリエチレン被覆鋼管を使用し、接続部はねじ込み式とする。接続部は防食テープを巻く。			
電　気　設　備		電気設備技術基準により施工する。			
消　火　設　備		第5種（粉末ABC消火器3.5kg）×2			
工　事　請　負　者 住　所　氏　名		○○工業（株）　東京都江東区○－○－○ 　　　　　　　　　　　電話03（○○○○）○○○○			

備考　1　この用紙の大きさは、日本産業規格A4とすること。
　　　2　「直埋設」とは、二重殻タンクをタンク室以外の場所に設置する方法（地下貯蔵タンクを危険物の漏れを防止することができる構造により地盤面下に設置する方法を除く。）をいう。
　　　3　「鋼製強化プラスチック製二重殻タンク」とは、令第13条第2項第2号イに掲げる材料で造つた地下貯蔵タンクに同項第1号ロに掲げる措置を講じたものをいう。

委任状の記載例

委　任　状

　私は、　　市　　町　　丁目　　番地　　　　　株式会社取締役社長
を代理人と定め　　市　　　丁目　　　番地に　　　　　　　を設置することに
ついて下記の権限を委任いたします。

記

　危険物の規制に関する法令の規定による次の申請手続に関すること。

1　設置許可申請

2　完成検査前検査申請

3　完成検査申請

4　変更許可申請

5　品名・数量・指定数量の倍数変更届

6　　市　　町　丁目　　番　号　㊞○㊝　を復代理人として指定する
こと。（復代理人を指定しない場合は不要）

　　　　　　　　　　　　　　　　　　　　　　　　年　　　月　　　日

　　　　　　　　住所　　市　　　町　　　丁目　　　番地
　　　　　　　　氏名　○　　○　株式会社
　　　　　　　　　　　取締役社長　　○　○　○

9 変更許可 29

9 変更許可

1 申請手続き

根拠条文 法

〔製造所等の設置、変更等〕

第11条 製造所、貯蔵所又は取扱所を設置しようとする者は、政令で定めるところにより、製造所、貯蔵所又は取扱所ごとに、次の各号に掲げる製造所、貯蔵所又は取扱所の区分に応じ、当該各号に定める者の許可を受けなければならない。製造所、貯蔵所又は取扱所の位置、構造又は設備を変更しようとする者も、同様とする。

　(1) 消防本部及び消防署を置く市町村（次号及び第3号において「消防本部等所在市町村」という。）の区域に設置される製造所、貯蔵所又は取扱所（配管によつて危険物の移送の取扱いを行うもので政令で定めるもの（以下「移送取扱所」という。）を除く。）　当該市町村長

　(2) 消防本部等所在市町村以外の市町村の区域に設置される製造所、貯蔵所又は取扱所（移送取扱所を除く。）　当該区域を管轄する都道府県知事

　(3) 一の消防本部等所在市町村の区域のみに設置される移送取扱所　当該市町村長

　(4) 前号の移送取扱所以外の移送取扱所　当該移送取扱所が設置される区域を管轄する都道府県知事（2以上の都道府県の区域にわたつて設置されるものについては、総務大臣）

　⑤ 第1項の規定による許可を受けた者は、製造所、貯蔵所若しくは取扱所を設置したとき又は製造所、貯蔵所若しくは取扱所の位置、構造若しくは設備を変更したときは、当該製造所、貯蔵所又は取扱所につき市町村長等が行う完成検査を受け、これらが前条第4項の技術上の基準に適合していると認められた後でなければ、これを使用してはならない。ただし、製造所、貯蔵所又は取扱所の位置、構造又は設備を変更する場合において、当該製造所、貯蔵所又は取扱所のうち当該変更の工事に係る部分以外の部分の全部又は一部について市町村長等の承認を受けたときは、完成検査を受ける前においても、仮に、当該承認を受けた部分を使用することができる。

〔罰則〕

第42条、第45条

留意事項 許可を受けた危険物施設を変更する場合、変更許可申請の手順及び申請先は設置許可申請に準じて行われる（前**8** 1参照）。

2 申請書類

根拠条文 危政令

（変更の許可の申請）

第7条 法第11条第1項後段の規定により製造所等の位置、構造又は設備の変更

の許可を受けようとする者は、次の事項を記載した申請書を市町村長等に提出しなければならない。

 (1) 氏名又は名称及び住所並びに法人にあつては、その代表者の氏名及び住所

 (2) 製造所等の別及び貯蔵所又は取扱所にあつては、その区分

 (3) 製造所等の設置の場所（移動タンク貯蔵所にあつては、その常置する場所）

 (4) 変更の内容

 (5) 変更の理由

2 前項の申請書には、製造所等の位置、構造又は設備の変更の内容に関する図面その他総務省令で定める書類を添付しなければならない。

危規則

（変更の許可の申請書の様式及び添付書類）

第5条 令第7条第1項の規定による製造所等の位置、構造又は設備の変更の許可の申請書は、別記様式第5又は第6によるものとする。

2 令第7条第2項の製造所等の位置、構造又は設備の変更の内容に関する図面は、次の事項を記載した図面とする。

 (1) 当該製造所等を含む事業所内の主要な建築物その他の工作物の配置

 (2) 当該製造所等の周囲の状況（屋内給油取扱所にあつては、建築物の屋内給油取扱所の用に供する部分以外の部分の構造及び用途を含む。）

 (3) 当該製造所等を構成する建築物その他の工作物及び機械器具その他の設備の配置（製造所又は一般取扱所にあつては、工程の概要を含む。）

 (4) 当該製造所等において危険物を貯蔵し、又は取り扱う建築物その他の工作物及び機械器具その他の設備（給油取扱所にあつては、第25条の4第1項各号及び第27条の3第3項各号（第27条の5第1項においてその例による場合を含む。）に掲げる用途に供する建築物及び附随設備を含む。）のうち、変更に係るものの構造

 (5) 当該製造所等に設ける電気設備、避雷設備並びに消火設備、警報設備及び避難設備のうち、変更に係るものの概要

 (6) 緊急対策に係る機械器具その他の設備を設ける製造所等にあつては、当該設備のうち、変更に係るものの概要

3 令第7条第2項の総務省令で定める添付書類は、同項で定めるもののほか、次のとおりとする。

 (1) 変更に係る部分を記載した別記様式第4のイからルまでの当該製造所等に係る構造及び設備明細書

 (2) 第1種、第2種又は第3種の消火設備を変更するものにあつては、当該消火設備の設計書

 (3) 火災報知設備を変更するものにあつては、当該火災報知設備の設計書

 (3の2) 令第7条の3に掲げる製造所及び一般取扱所において危険物の取扱いに伴う危険要因に対応して設置する設備等について変更するものにあつ

ては、当該設備等に関する書類

(4) 特定屋外貯蔵タンク（岩盤タンク、地中タンク及び海上タンクを除く。）の基礎若しくは地盤又はタンク本体を変更するものにあつては、当該変更に係る部分を記載した設計図書、工事計画書及び工事工程表並びに別表第1の上欄に掲げる構造及び設備に応じて同表の下欄に掲げる書類

(4の2) 準特定屋外貯蔵タンク（岩盤タンク、地中タンク及び海上タンクを除く。）の基礎若しくは地盤又はタンク本体を変更するものにあつては、当該変更に係る部分を記載した設計図書及び別表第1の上欄に掲げる構造及び設備に応じて同表の下欄に掲げる書類

(5) 岩盤タンクのタンク本体又は坑道、配管その他の設備を変更するものにあつては、当該変更に係る部分を記載した設計図書、工事計画書及び工事工程表

(6) 地中タンクの地盤又はタンク本体を変更するものにあつては、当該変更に係る部分を記載した設計図書、工事計画書及び工事工程表並びに別表第1の上欄に掲げる構造及び設備に応じて同表の下欄に掲げる書類（基礎に関し必要な資料を除く。）

(6の2) 海上タンクのタンク本体又は定置設備その他の設備を変更するものにあつては、当該変更に係る部分を記載した設計図書、工事計画書及び工事工程表

(7) 移送取扱所にあつては、変更に係る部分を記載した工事計画書、工事工程表並びに別表第1の2の上欄に掲げる構造及び設備に応じて同表の下欄に掲げる書類

(8) 前号の工事計画書には変更申請に係る構造及び設備に応じて別表第1の2の中欄に掲げる事項を記載すること。この場合においては、変更前と変更後とを対照しやすいように記載しなければならない。

留意事項　危険物施設の変更に伴い予防規程、自衛消防組織等の変更が必要となる場合があるので、留意する。

変更の許可と同時に仮使用の承認も申請できるので、この場合は後述の「10仮使用申請」を参照する。

32　第1章　危険物規制の概要

変更計画から使用開始まで

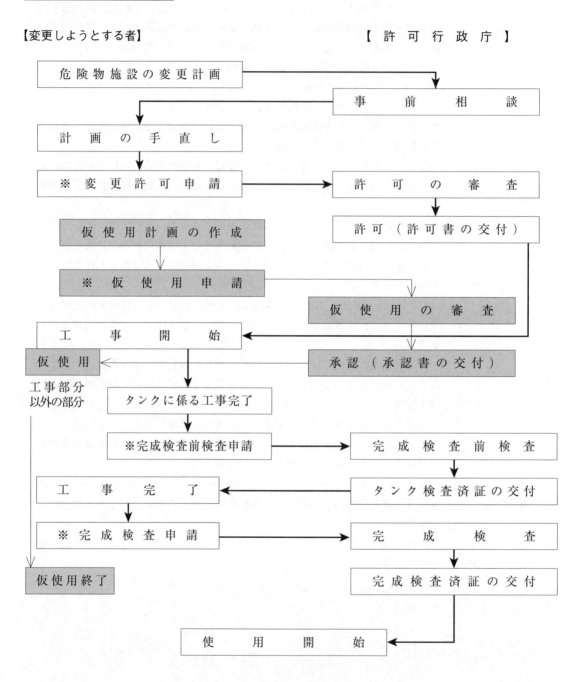

※印の手続きは、申請手数料が必要である（法第16条の4、危政令第40条参照）。

🔟 仮使用申請 33

🔟 仮使用申請

(根拠条文) **法**

〔製造所等の設置、変更等〕

第11条第5項　第1項の規定による許可を受けた者は、製造所、貯蔵所若しくは取扱所を設置したとき又は製造所、貯蔵所若しくは取扱所の位置、構造若しくは設備を変更したときは、当該製造所、貯蔵所又は取扱所につき市町村長等が行う完成検査を受け、これらが前条第4項の技術上の基準に適合していると認められた後でなければ、これを使用してはならない。ただし、製造所、貯蔵所又は取扱所の位置、構造又は設備を変更する場合において、当該製造所、貯蔵所又は取扱所のうち当該変更の工事に係る部分以外の部分の全部又は一部について市町村長等の承認を受けたときは、完成検査を受ける前においても、仮に、当該承認を受けた部分を使用することができる。

〔罰則〕

第42条、第45条

(留意事項)　変更工事に係る部分以外の部分（一部又は全部）について、許可行政庁（許可申請先）の承認を受けた場合は、変更許可の完成検査を受ける前においても、承認を受けた部分を仮に使用することができる。

(根拠条文) **危規則**

（仮使用の承認の申請）

第5条の2　法第11条第5項ただし書の製造所等の仮使用の承認を受けようとする者は、別記様式第7の申請書に変更の工事に際して講ずる火災予防上の措置について記載した書類を添えて同条第1項各号に掲げる区分に応じ当該各号に定める市町村長、都道府県知事又は総務大臣（以下「市町村長等」という。）に提出しなければならない。

（変更の許可及び仮使用の承認の同時申請）

第5条の3　法第11条第1項後段の規定による製造所等の位置、構造又は設備の変更の許可及び同条第5項ただし書の製造所等の仮使用の承認を同時に申請しようとする者は、第5条第1項及び前条の規定にかかわらず、別記様式第7の2又は第7の3の申請書によつて行うことができる。

(留意事項)　仮使用の承認対象となる範囲は、「製造所等の変更の工事に係る部分以外の部分の全部又は一部」とされている。

変更の工事に係る部分とは、実際に工事を行う箇所と、当該工事を行うのに必要な部分とである（図10-1参照）。

図10-1

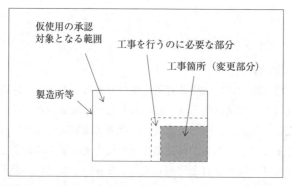

〔例〕1
一の変更許可で、当該変更工事を2以上の部分に分割し実施する場合

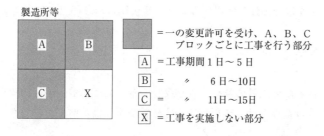

上記の例の場合、次の要領で仮使用が可能である。

工事部分	仮使用可能部分
A	B+C+X
B	C+X
C	X

A、B、C、Xのすべての部分の工事を行う場合は、X部分の工事を行う時点で、製造所等の全体の使用が不可能となる。

〔例〕2
一の製造所等において、設備機器の配置、関連性等を勘案し相互に区分される場合、複数の部分で変更工事を同時期に行うことができ、かつ変更工事が終了した部分の完成検査をすることにより、工事が終了した部分から使用する場合

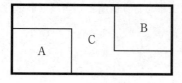

A：変更工事部分
B：変更工事部分
C：変更工事を行わない部分

(1) 複数の変更工事について、それぞれ変更許可を行う場合
　ア　工期が重複する複数の変更工事の場合

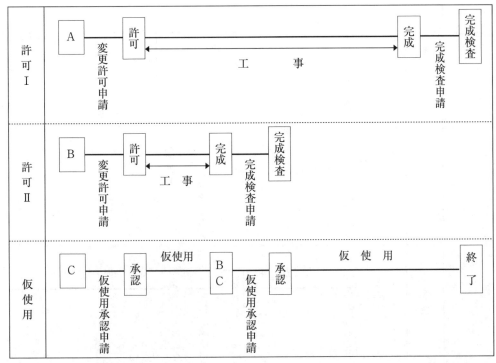

(ア) A部分及びB部分ごとの変更許可申請について、それぞれ許可Ⅰ及び許可Ⅱを受けるとともに、変更部分以外のC部分の仮使用承認申請を行う。この場合、変更許可申請の時期は同時期である必要はないが、A、B部分の変更工事の工程等を明確にした工事計画書が必要となる。
　　※　仮使用承認申請は、許可Ⅰと許可Ⅱの両方の変更許可申請に係るものであることから、「変更の許可年月日及び許可番号」は、許可Ⅰ、許可Ⅱ両方のものを記入する。
(イ) B部分の工事終了後、当該部分の完成検査を申請し、完成検査済証の交付を受ける。
(ウ) B部分及びC部分の仮使用承認申請を行い承認を受ける。
　　※　先行して完成したB部分について新たに仮使用をする場合は、既に承認されている仮使用に代えて、新たにB部分及びC部分の仮使用承認申請を行わなければならない。また、仮使用承認申請は、許可Ⅰに係るものであることから「変更の許可年月日及び許可番号」は、許可Ⅰのものを記入する。

イ　工期の重複しない複数の変更工事の場合

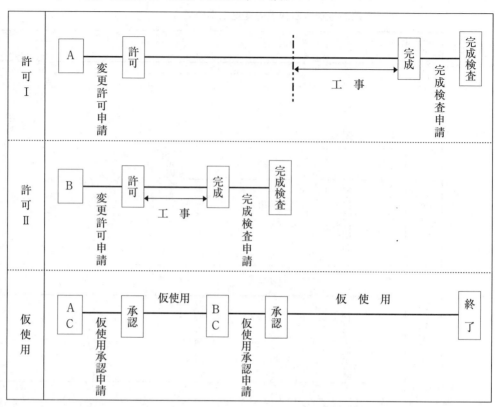

(ｱ) A部分及びB部分ごとの変更許可申請について、それぞれ許可Ⅰ及び許可Ⅱを受けるとともに、許可Ⅱの変更工事部分以外の部分（A部分及びC部分）の仮使用承認申請を行う。この場合、許可申請の時期は同時期である必要はない。
　　※　仮使用承認申請は、許可Ⅱに係るものであることから「変更の許可年月日及び許可番号」は、許可Ⅱのものを記入する。
(ｲ) B部分の工事終了後、当該部分の完成検査を申請し、完成検査済証の交付を受ける。
(ｳ) A部分の工事を開始する前に、B部分及びC部分の仮使用承認申請を行い承認を受ける。
　　※　先行して完成したB部分について新たに仮使用をする場合には、既に承認されている仮使用に代えて、新たにB部分及びC部分の仮使用承認を受けなければならない。また、仮使用承認申請は、許可Ⅰに係るものであることから「変更の許可年月日及び許可番号」は、許可Ⅰのものを記入する。
(ｴ) A部分の工事終了後、当該部分の完成検査を申請し、完成検査済証の交付を受ける。

(2) 変更許可を受けた後、工期の途中で当該変更工事のうち、先に完成した区別できる部分を使用する必要が生じた場合

図10-2

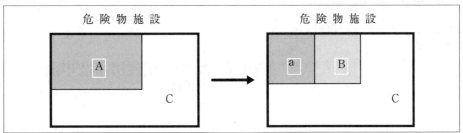

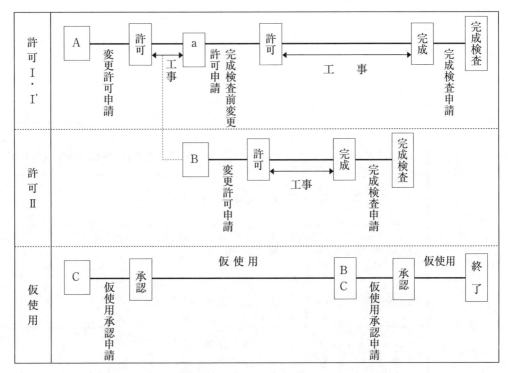

←――――→ 工期

(ア) A部分を一の変更許可申請で許可Ⅰを受けるとともに、変更部分以外のC部分の仮使用承認申請を行い承認を受ける。

(イ) B部分の工事が先に終了することになり、当該部分について先に使用する必要が生じた場合、許可Ⅰの工事範囲をa部分に縮小（許可a）する完成検査前の変更許可申請し、許可Ⅰ'を受けるとともに、B部分について新たな変更許可申請を行い、許可Ⅱを受ける。

B部分の工事終了後、当該部分の完成検査を申請し、完成検査済証の交付を受ける。

(ウ) B部分及びC部分の仮使用承認申請を行い承認を受ける。

※ 先行して完成したB部分について新たに仮使用承認を受ける場合は、既に承認されている仮使用に代えて、新たにB部分及びC部分の仮使用承認申請を行わなければならない。また、仮使用承認申請は、許可Ⅰ'に係るものであることから「変更許可年月日及び許可番号」は、許可Ⅰ'のものを記入する。

(エ) a部分の工事終了後、当該部分の完成検査を申請し、完成検査済証の交付を受ける。

38　第1章　危険物規制の概要

仮使用承認申請書の記載例

様式第7（第5条の2関係）
（危規則）

危険物 _{製造所} ~~貯蔵所~~ _{取扱所} 仮使用承認申請書

			○年 ○月 ○日
殿			
	申請者 　住　所 ○○市○○町5-1-9　　（電話　　　）		
	氏　名 ○○製薬(株) 東京工場長　○○○○		
設　置　場　所	○○市○○町5-1-9		
製 造 所 等 の 別	製　造　所	貯蔵所又は取扱所の区分	
変更許可申請年月日	○年 ○月 ○日		
変更の許可年月日 及 び 許 可 番 号	○年 ○月 ○日 第 ○　○ 号		
仮 使 用 の 承 認 を 申 請 す る 部 分	別 添 図 面 の と お り		
※ 受 付 欄	※ 経 過 欄		※ 手 数 料 欄
	承認年月日 承 認 番 号		

備考　1　この用紙の大きさは、日本産業規格A4とすること。
　　　2　法人にあつては、その名称、代表者氏名及び主たる事務所の所在地を記入すること。
　　　3　変更の許可前にこの申請を行おうとする場合にあつては変更許可申請年月日の欄に、
　　　　　変更の許可後にこれを行おうとする場合にあつては変更の許可年月日及び許可番号の欄
　　　　　にそれぞれ記入し、いずれか記入しない欄には斜線を入れること。
　　　4　※印の欄は、記入しないこと。

⓾ 仮使用申請 39

変更許可及び仮使用承認申請書の記載例

様式第7の2 （第5条の3関係）
（危規則）

危険物 ~~製造所~~ ~~貯蔵所~~ 取扱所 変更許可及び仮使用承認申請書

				○ 年 ○ 月 ○ 日
	殿			
		申請者　　○○市○○町2-1-3		
		住　所　　　　（電話○○-○○○○）		
		氏　名　○○石油(株)東京支店長○○○○		

設　置　者	住　所	○○市○○町2-1-3	電話 ○○-○○○○	
	氏　名	○○石油(株)東京支店長○○○○		
設　置　場　所		○○市○○町2-1-3		
設置場所の地域別		防　火　地　域　別	用　途　地　域　別	
		防火地域	商業地域	
設置の許可年月日及び許　可　番　号		○　年　○　月　○　日	第　○○　号	
製　造　所　等　の　別		取扱所	貯蔵所又は取扱所の区分	給油取扱所
危険物の類、品名（指定数量）、最大数量		第4類　第1石油類（ガソリン）30,000ℓ 第2石油類（灯油・軽油）60,000ℓ	指定数量の倍数	210
位置、構造及び設備の基準に係る区分		令　第　17　条　　　　第　1　項 （規則第　　条　第　　項）		
変　更　の　内　容		事務室・整備室の改築		
変　更　の　理　由		老朽化と販売スペースの拡充のため		
着　工　予　定　期　日		許可後即日	完　成　予　定　期　日	着工後○日
その他必要な事項				
※　受　付　欄		※　経　過　欄	※　手　数　料　欄	
		許可年月日 許可番号		

仮使用の承認を申請する部分	別添図面のとおり		
※　受　付　欄	※　経　過　欄	※　手　数　料　欄	
	承認年月日 承認番号		

備考　1　この用紙の大きさは、日本産業規格A4とすること。
　　　2　この申請書は、移送取扱所以外の製造所等について、変更許可申請と仮使用承認申請を同時に行う場合に用いるものであること。
　　　3　法人にあっては、その名称、代表者氏名及び主たる事務所の所在地を記入すること。
　　　4　品名（指定数量）の記載については、当該危険物の指定数量が品名の記載のみでは明確でない場合に（　）内に該当する指定数量を記載すること。
　　　5　位置、構造及び設備の基準に係る区分の欄には、適用を受けようとする危険物の規制に関する政令の条文を記入すること。危険物の規制に関する規則の適用条文の記載がさらに必要な場合は（　）内に記載すること。
　　　6　※印の欄は、記入しないこと。

40 第1章 危険物規制の概要

様式第7の3（第5条の3関係）
（危規則）

移送取扱所変更許可及び仮使用承認申請書

〇年〇月〇日

殿

申請者　〇〇区〇〇町4－1－9
住　所　　　　　　（電話〇〇－〇〇〇〇）
氏　名　〇〇（株）取締役社長〇〇〇〇

設置者	住　　　所	〇〇市〇〇町4－1－9		電話 〇〇－〇〇〇〇	
	氏　　　名	〇〇（株）取締役社長〇〇〇〇			
変　更　の　内　容		変　更　前	変　更　後	変　更　の　理　由	
設置場所	起　　点	貯蔵基地内払出ポンプ	同　左	敷地拡張のため	
	終　　点	西地区給油配管	南西地区給油配管	〃	
	経　過　地	西側エプロン地区、ヘッダー	南側エプロン地区、ヘッダー	〃	
配　　管	延　　長	5.5　km	7.0　km	敷地拡張に伴う経路変更	
	外　　径	410.5　mm	415.5　mm	〃	
	条　　数	2　条	2　条	〃	
設置の許可年月日及び許可番号		〇　年　〇　月　〇　日　　　第　〇〇　号			
危険物の類、品名（指定数量）及び化学名又は通称名		第4類第1石油類（200ℓ）原油	第4類第1石油類（200ℓ）原油		
指　定　数　量　の　倍　数		20,000倍	25,000倍	敷地拡大に伴う取扱量の増加	
危　険　物　の　移　送　量		4,000 kℓ/日	5,000 kℓ/日	〃	
ポンプの種類等	種類・型式	横型渦巻ポンプ	同　左	機種変更のため	
	全　揚　程	10　m	12　m	〃	
	吐　出　量	1,500 kℓ/時	1,700 kℓ/時	〃	
	基　　数	1　基	1　基	〃	
その他の位置、構造及び設備					
着　工　予　定　期　日		許可後即日			
完　成　予　定　期　日		着工後〇日			
その他必要な事項		ローディングアーム取替			

※　受　付　欄	※　経　過　欄	※　手　数　料　欄
	許可年月日 許可番号	

仮使用の承認を申請する部分	別添図面のとおり	
※　受　付　欄	※　経　過　欄	※　手　数　料　欄
	承認年月日 承認番号	

備考　1　この用紙の大きさは、日本産業規格A4とすること。
　　　2　この申請書は、移送取扱所について、変更許可申請と仮使用承認申請を同時に行う場合に用いるものであること。
　　　3　法人にあつては、その名称、代表者氏名及び主たる事務所の所在地を記入すること。
　　　4　設置場所の欄中、起点及び終点の欄には、起点又は終点の事業所名を併記し、経過地の欄には、配管系が設置される市町村名を記入すること。
　　　5　品名（指定数量）の記載については、当該危険物の指定数量が品名の記載のみでは明確でない場合に（　）内に該当する指定数量を記載すること。
　　　6　※印の欄は、記入しないこと。
　　　7　総務大臣に申請する場合は、収入印紙（消印をしないこと。）をはり付けること。

11 着工届

11 着工届 41

根拠条文 **法**

〔工事着手の届出〕

第17条の14　甲種消防設備士は、第17条の5の規定に基づく政令で定める工事を
しようとするときは、その工事に着手しようとする日の10日前までに、総務省
令で定めるところにより、工事整備対象設備等の種類、工事の場所その他必要
な事項を消防長又は消防署長に届け出なければならない。

〔罰則〕

第44条

〔消防設備士〕

第17条の5　消防設備士免状の交付を受けていない者は、次に掲げる消防用設備
等又は特殊消防用設備等の工事（設置に係るものに限る。）又は整備のうち、
政令で定めるものを行つてはならない。

（1）　第10条第4項の技術上の基準又は設備等技術基準に従つて設置しなければ
ならない消防用設備等

（2）　設備等設置維持計画に従つて設置しなければならない特殊消防用設備等

〔罰則〕

第42条

施行令

（消防設備士でなければ行つてはならない工事又は整備）

第36条の2第1項　法第17条の5の政令で定める消防用設備等又は特殊消防用設
備等の設置に係る工事は、次に掲げる消防用設備等（第1号から第3号まで及
び第8号に掲げる消防用設備等については電源、水源及び配管の部分を除き、
第4号から第7号まで及び第9号から第10号までに掲げる消防用設備等につい
ては電源の部分を除く。）又は必要とされる防火安全性能を有する消防の用に
供する設備等若しくは特殊消防用設備等（これらのうち、次に掲げる消防用設
備等に類するものとして消防庁長官が定めるものに限り、電源、水源及び配管
の部分を除く。次項において同じ。）の設置に係る工事とする。

（1）　屋内消火栓設備

（2）　スプリンクラー設備

（3）　水噴霧消火設備

（4）　泡消火設備

（5）　不活性ガス消火設備

（6）　ハロゲン化物消火設備

（7）　粉末消火設備

（8）　屋外消火栓設備

（9）　自動火災報知設備

（9の2）　ガス漏れ火災警報設備

⑽　消防機関へ通報する火災報知設備

⑾　金属製避難はしご（固定式のものに限る。）

⑿　救助袋

⒀　緩降機

留意事項　危険物施設に設置する消防用設備等（消火器、漏電火災警報器を除く。）の工事に着手する場合には、10日前までにその種類、工事場所を消防長又は消防署長に届け出なければならない。

11 着工届 43

着工届の記載例

様式第1号の7 （第33条の18関係）
（消防法施行規則）

工事整備対象設備等着工届出書

〇 年 〇 月 〇 日

消防長（消防署長）（市町村長）殿

届 出 者

住 所 〇〇市〇〇町〇-〇-〇

氏 名 〇〇防災株式会社 〇〇〇〇

工 場 の 場 所	〇〇市〇〇町〇-〇-〇				
工 事 を 行 う 防火 対 象 物 の 名 称	〇〇化学株式会社〇〇工場				
工事整備対象設備等の種類	第3種消火設備（泡消火設備）				

工事整備対象設備等の工事施工者

	住　　　　　　所	〇〇市〇〇町〇〇〇　　　　　　電話（〇〇〇）〇〇〇〇				
	氏　　　　　　名 （法人の場合は名称 及び代表者氏名）	〇〇防災株式会社代表取締役社長　〇〇〇〇				

消防設備士	免　状　の 種類及び指定区分	種類等	交付知事	交付年月日		講習受講状況	
						受講地	受講年月
				交付番号			
		⑪・乙 種2類	〇〇 都道府⑪	〇年〇月〇日 第 〇〇 号		〇〇 都道府⑪	〇年〇月

工 事 の 種 別	① 新設　　　 2 増設　　　 3 移設　　　 4 取替え 5 改造　　　 6 その他		
着 工 予 定 日	〇 年 〇 月 〇 日	完成予定日	〇 年 〇 月 〇 日
受　　　　付　　　　欄※		経　　過　　欄※	

備考 1 この用紙の大きさは、日本産業規格A4とすること。
　　 2 工事の種別の欄は、該当する事項を〇印で囲むこと。
　　 3 ※印の欄は、記入しないこと。

44　第1章　危険物規制の概要

🔢 完成検査前検査

根拠条文　法

〔製造所等の完成検査前検査〕

第11条の2　政令で定める製造所、貯蔵所若しくは取扱所の設置又はその位置、構造若しくは設備の変更について前条第1項の規定による許可を受けた者は、当該許可に係る工事で政令で定めるものについては、同条第5項の完成検査を受ける前において、政令で定める工事の工程ごとに、当該製造所、貯蔵所又は取扱所に係る構造及び設備に関する事項で政令で定めるもの（以下この条及び次条において「特定事項」という。）が第10条第4項の技術上の基準に適合しているかどうかについて、市町村長等が行う検査を受けなければならない。

②　前項に規定する者は、同項の検査において特定事項が第10条第4項の技術上の基準に適合していると認められた後でなければ、当該特定事項に係る製造所、貯蔵所若しくは取扱所の設置又はその位置、構造若しくは設備の変更の工事について、前条第5項の完成検査を受けることができない。

③　第1項に規定する者は、同項の検査において第10条第4項の技術上の基準に適合していると認められた特定事項に係る製造所、貯蔵所若しくは取扱所の設置又はその位置、構造若しくは設備の変更の工事につき、前条第5項の完成検査を受けるときは、当該特定事項については、同項の完成検査を受けることを要しない。

危政令

（完成検査前検査）

第8条の2　法第11条の2第1項の政令で定める製造所、貯蔵所又は取扱所は、液体の危険物を貯蔵し、又は取り扱うタンク（以下「液体危険物タンク」という。）を有する製造所等（容量が指定数量以上の液体危険物タンクを有しない製造所及び一般取扱所を除く。）とする。

2　法第11条の2第1項の政令で定める工事は、液体危険物タンク（製造所又は一般取扱所に係る工事にあつては、容量が指定数量以上の液体危険物タンク）の設置又は変更の工事とする。

3　法第11条の2第1項の政令で定める工事の工程は、次の各号に掲げる工事の工程とし、同項の製造所、貯蔵所又は取扱所に係る構造及び設備に関する事項で政令で定めるものは、当該工事の工程ごとに、当該各号に定めるものとする。

(1)　屋外タンク貯蔵所の液体危険物タンク（岩盤内の空間を利用する液体危険物タンク（以下「岩盤タンク」という。）を除く。）で、その容量が1,000キロリットル以上のものの基礎及び地盤に関する工事（底部が地盤面下にあり、頂部が地盤面以上にある液体危険物タンクその他の特殊な構造を有するものとして総務省令で定める液体危険物タンク（以下この条、第8条の4及び第11条において「特殊液体危険物タンク」という。）にあつては、基礎及び地

盤に関する工事に相当するものとして総務省令で定める工事）の工程　当該
液体危険物タンクの構造及び設備に関する事項のうち第11条第1項第3号の
2に定める基準（特殊液体危険物タンクにあつては、当該基準に相当するも
のとして総務省令で定める基準）に適合すべきこととされる事項（以下「液
体危険物タンクの基礎及び地盤に関する事項」という。）

(2)　前号の液体危険物タンクに配管その他の附属設備を取り付ける前の当該
タンクのタンク本体に関する工事の工程　当該液体危険物タンクの構造及び
設備に関する事項のうち第11条第1項第4号に定める基準（水張試験（水以
外の適当な液体を張つて行う試験を含む。以下同じ。）又は水圧試験に関す
る部分に限るものとし、特殊液体危険物タンクにあつては、当該基準に相当
するものとして総務省令で定める基準とする。）に適合すべきこととされる
事項（以下「液体危険物タンクの漏れ及び変形に関する事項」という。）並
びに当該液体危険物タンクの構造及び設備に関する事項のうち同項第4号の
2に定める基準（同号の試験のうち真空試験その他の総務省令で定める試験
に関する部分を除くものとし、特殊液体危険物タンクにあつては、当該基準
に相当するものとして総務省令で定める基準とする。）に適合すべきことと
される事項（以下「液体危険物タンクの溶接部に関する事項」という。）

(3)　屋外タンク貯蔵所の岩盤タンクのタンク本体に関する工事の工程　当該
岩盤タンクの構造及び設備に関する事項のうちタンク本体の安定性に係る基
準として総務省令で定める基準に適合すべきこととされる事項（以下「岩盤
タンクのタンク構造に関する事項」という。）

(4)　液体危険物タンク（第1号及び前号に掲げるものを除く。）に配管その他の
附属設備を取り付ける前の当該タンクのタンク本体に関する工事の工程　当
該液体危険物タンクの構造及び設備に関する事項のうち第9条第1項第20号、
第11条第1項第4号、第12条第1項第5号、第13条第1項第6号、第14条第
6号、第15条第1項第2号、第17条第1項第8号若しくは第2項第2号又は
第19条第1項に定める基準（水張試験又は水圧試験に関する部分に限るもの
とし、アルキルアルミニウム、アルキルリチウムその他の総務省令で定める
危険物（以下この条において「アルキルアルミニウム等」という。）を貯蔵し、
又は取り扱う移動タンク貯蔵所の液体危険物タンクにあつては、第15条第1
項第2号に定める基準に相当するものとして総務省令で定める基準とする。）
に適合すべきこととされる事項

4　前項の規定にかかわらず、次の各号に掲げる液体危険物タンクの設置又は変
更の工事については、当該各号に定める規定は適用しない。

(1)　液体危険物タンクの設置又は変更の工事で、当該液体危険物タンクについ
て高圧ガス保安法第56条の3第1項、第2項若しくは第3項の規定による特
定設備検査に合格したもの、同法第56条の6の14第2項（同法第56条の6の
22第2項において準用する場合を含む。）の規定により特定設備基準適合証の
交付を受けたもの、労働安全衛生法（昭和47年法律第57号）第38条第1項、
第2項若しくは第3項の規定による検査に合格したもの又は同法第44条第1
項若しくは第2項の規定による検定に合格したもの　前項第2号（液体危険

物タンクの漏れ及び変形に関する事項に係る部分に限る。）又は同項第4号の規定

(2)　液体危険物タンクの変更の工事のうち、タンクの底部に係る工事（タンクの側板に係る工事を含むものを除く。）で、当該変更の工事の際行われた法第14条の3第1項又は第2項の規定による保安に関する検査により、当該液体危険物タンクの溶接部に関する事項が、第11条第1項第4号の2に定める基準に適合していると認められたもの　前項第2号（液体危険物タンクの溶接部に関する事項に係る部分に限る。）の規定

(3)　液体危険物タンクの設置又は変更の工事で、当該液体危険物タンクについて国際海事機関が採択した危険物の運送に関する規程に定める基準（水圧試験に関する部分に限る。）に適合している旨の総務省令で定める表示がされているもの　前項第4号の規定

5　液体危険物タンクの基礎及び地盤に関する事項についての完成検査前検査を基礎・地盤検査と、液体危険物タンクの漏れ及び変形に関する事項並びに第3項第4号に定める事項についての完成検査前検査のうち、第9条第1項第20号、第11条第1項第4号、第12条第1項第5号、第13条第1項第6号、第14条第6号、第15条第1項第2号、第17条第1項第8号若しくは第2項第2号又は第19条第1項の水張試験又は水圧試験（アルキルアルミニウム等を貯蔵し、又は取り扱う移動タンク貯蔵所の液体危険物タンクにあつては、第15条第1項第2号の水圧試験に相当するものとして総務省令で定める試験）に係るものをそれぞれ水張検査又は水圧検査と、液体危険物タンクの溶接部に関する事項についての完成検査前検査を溶接部検査と、岩盤タンクのタンク構造に関する事項についての完成検査前検査を岩盤タンク検査という。

6　完成検査前検査を受けようとする者は、総務省令で定めるところにより、市町村長等に申請しなければならない。この場合においては、前条第2項の規定を準用する。

7　市町村長等は、完成検査前検査を行つた結果、第3項各号に定める事項が、製造所にあつては第9条、貯蔵所にあつては第11条から第15条まで、取扱所にあつては第17条及び第19条にそれぞれ定める技術上の基準（完成検査前検査に係るものに限る。）に適合すると認めたときは、当該完成検査前検査の申請をした者に通知（水張検査又は水圧検査にあつては、タンク検査済証の交付）をするものとする。

第8条の2の2　水張検査又は水圧検査は、市町村長等以外の他の行政機関も行うことができる。この場合においては、前条第6項及び第7項の規定を準用する。

危規則

（完成検査前検査より除かれる試験）
第6条の2の5　令第8条の2第3項第2号の総務省令で定める試験は、第20条の9に定める試験とする。

12 完成検査前検査 47

（完成検査前検査の申請時期）

第6条の5 令第8条の2第6項の規定により完成検査前検査を受けようとする者は、次の各号に掲げる検査の区分に応じ、当該各号に定める時期に市町村長等に申請しなければならない。ただし、法第14条の3の規定による保安に関する検査の申請書を提出している等の場合は、この限りでない。

(1) 基礎・地盤検査　特定屋外貯蔵タンクの基礎及び地盤に関する工事（地中タンクである特定屋外貯蔵タンクにあつては地盤に関する工事、海上タンクである特定屋外貯蔵タンクにあつては定置設備の地盤に関する工事）の開始前

(2) 溶接部検査　特定屋外貯蔵タンクのタンク本体に関する工事の開始前

(3) 水張検査又は水圧検査　液体の危険物を貯蔵し、又は取り扱うタンクに配管その他の附属設備を取り付ける前

(4) 岩盤タンク検査　岩盤タンクのタンク本体に関する工事の開始前

留意事項　設置又は変更許可を受けた危険物施設で液体の危険物を貯蔵し、又は取り扱うタンクを設ける場合は、危険物施設全体の完成検査を受ける前に、完成検査前検査として次の内容の検査をそれぞれ受けなければならない。

なお、製造所又は一般取扱所のユニットに組み込まれた状態（周辺機器等が接続され、塗装等の処理が施されたもので、そのままの状態では水張試験又は水圧試験の実施が困難なもの）で輸入されるもので、海外の公正かつ中立な検査機関による危政令第9条第1項第20号の水張試験又は水圧試験と同等以上の試験において、漏れ又は変形しないものであることが、当該試験機関の検査報告書により確認できる場合は、危政令第9条第1項第20号の技術上の基準（水張試験又は水圧試験に関する部分に限る。）への適合性について、当該検査報告書を活用することにより、市町村長等による水張検査又は水圧検査を実施して差し支えないものであること。

【海外の公正かつ中立な検査機関の例】
・　Loyd's Register（ロイズ・レジスター）
・　Germanisher Lloyd（ジャーマニッシャー・ロイド）
・　Underwriters Laboratories Inc.（ユー・エル）
・　SGS（エス・ジー・エス）
・　TÜV（テュフ）
・　Bureau Veritas（ビューロ・ベリタス）

完成検査前検査

	検査を受ける 工事の工程 〔危政令第8条の2第3項〕	検 査 事 項	検 査 の 種 類 （危政令第8条の 2第5項）	試 験 内 容
特定屋外タンク貯蔵所	タンクの基礎及び地盤に関する工事の工程	基礎及び地盤に関する事項	基礎・地盤検査	平板載荷試験 標準貫入試験等 （危規則第20条の 3）
	タンク本体に配管等を取り付ける前の工事の工程	溶接部に関する事項	溶接部検査	放射線透過試験 磁粉探傷試験等 （危規則第20条の 7・8）
		漏れ・変形に関する事項	水張検査又は水圧検査	水張試験又は水圧試験 （危政令第11条第 1項第4号）
※上記以外の液体タンク	タンク本体に配管等を取り付ける前の工事の工程	漏れ・変形に関する事項	水張検査又は水圧検査	水張試験又は水圧試験 （危政令第11条第 1項第4号）

※　製造所及び一般取扱所の容量が指定数量未満の液体危険物タンクは、完成検査前検査の対象から除かれるものであること。

12 完成検査前検査 49

完成検査前検査（タンク検査の場合）の申請書の記載例

様式第13（第6条の4関係）
（危規則）

危険物 ~~製造所~~ ~~貯蔵所~~ 取扱所 完成検査前検査申請書

○ 年 ○ 月 ○ 日

殿

申 請 者
住 所 ○○市○○町2−5（電話○○−○○○○）
　　　　　　　　　　　代表取締役
氏 名 ○○（株）社長 ○○○○

設置者	住　　　所	○○市○○町2−5		電話○○−○○○○	
	氏　　　名	○○（株）代表取締役社長 ○○○○			
設 置 場 所		○○市○○町3−8			
製 造 所 等 の 別		取 扱 所	貯蔵所又は取扱所の区分	一般取扱所	
設置又は変更の許可年月日及び許可番号		○ 年○ 月○ 日　　第○○ 号			
タンク構造	形　　状	横置円筒型			
	寸　　法	全長○○、胴長○○内径○○、鏡出○○ mm	容量	内容積○○ℓ、容量○○ℓ空間容積○○（○○%）	
	材質記号及び板厚	ＳＳ400	胴○○mm鏡板○○mm		
タンクの最大常用圧力		常　　　　圧			kPa
検査の種類及び検査希 望 年 月 日		水圧 ○ 年 ○ 月 ○ 日			
タンクの製造者及び製 造 年 月 日		○○製作所（株） ○ 年 ○ 月 ○ 日			
製 造 所 等 の 完 成予 定 期 日		○ 年 ○ 月 ○ 日			
他法令の適用の有無		高圧ガス保安法		労働安全衛生法	
		無		無	
そ の 他 必 要 な 事 項					
※ 受 付 欄		※ 経 過 欄		※ 手 数 料 欄	
		検査年月日検 査 番 号			

備考　1　この用紙の大きさは、日本産業規格A4とすること。
　　　2　法人にあつては、その名称、代表者氏名及び主たる事務所の所在地を記入すること。
　　　3　設置又は変更の許可年月日及び許可番号の欄は、完成検査前検査の申請が設置の許可に係るものにあつては設置許可の年月日及び設置許可番号を、変更許可に係るものにあつては変更の許可年月日及び変更許可番号を記入すること。
　　　4　水張検査又は水圧検査以外の検査の申請をするときは、タンクの製造者及び製造年月日の欄は記入を必要としないこと。
　　　5　製造所等を管轄する市町村長等以外の行政機関に水張検査又は水圧検査の申請をするときは、設置者の欄、設置場所の欄、設置又は変更の許可年月日及び許可番号の欄は記入を必要としないこと。
　　　6　上記5の申請をするときは、タンクの構造明細図書を2部添付すること。
　　　7　※印の欄は記入しないこと。

50 第1章 危険物規制の概要

🔢 完成検査申請

(根拠条文) 法

〔製造所等の設置、変更等〕

第11条第5項 第1項の規定による許可を受けた者は、製造所、貯蔵所若しくは取扱所を設置したとき又は製造所、貯蔵所若しくは取扱所の位置、構造若しくは設備を変更したときは、当該製造所、貯蔵所又は取扱所につき市町村長等が行う完成検査を受け、これらが前条第4項の技術上の基準に適合していると認められた後でなければ、これを使用してはならない。ただし、製造所、貯蔵所又は取扱所の位置、構造又は設備を変更する場合において、当該製造所、貯蔵所又は取扱所のうち当該変更の工事に係る部分以外の部分の全部又は一部について市町村長等の承認を受けたときは、完成検査を受ける前においても、仮に、当該承認を受けた部分を使用することができる。

〔罰則〕

第42条、第45条

危政令

（完成検査の手続）

第8条 法第11条第5項の規定による完成検査（以下「完成検査」という。）を受けようとする者は、その旨を市町村長等に申請しなければならない。

2　市町村長等は、前項の規定による申請があつたときは、遅滞なく、当該製造所等の完成検査を行わなければならない。

3　市町村長等は、完成検査を行つた結果、製造所にあつては第9条及び第20条から第22条まで、貯蔵所にあつては第10条から第16条まで及び第20条から第22条まで、取扱所にあつては第17条から第19条まで及び第20条から第22条までにそれぞれ定める技術上の基準（法第11条の2第1項の検査（以下「完成検査前検査」という。）に係るものを除く。）に適合していると認めたときは、当該完成検査の申請をした者に完成検査済証を交付するものとする。

4　前項の完成検査済証の交付を受けている者は、完成検査済証を亡失し、滅失し、汚損し、又は破損した場合は、これを交付した市町村長等にその再交付を申請することができる。

5　完成検査済証を汚損し、又は破損したことにより前項の申請をする場合は、申請書に当該完成検査済証を添えて提出しなければならない。

6　第3項の完成検査済証を亡失してその再交付を受けた者は、亡失した完成検査済証を発見した場合は、これを10日以内に完成検査済証の再交付をした市町村長等に提出しなければならない。

(留意事項)　設置又は変更の許可を受け、当該工事が完了した場合、危険物施設を使用する前に必ず完成検査を受け、完成検査済証の交付を受けなければ、当該危険物施設を使用することはできない。

13 完成検査申請 51

完成検査申請書の記載例

様式第8（第6条関係）
（危規則）

危険物 ~~製造所~~ ~~貯蔵所~~ 取扱所 完成検査申請書

<table>
<tr><td colspan="4" align="right">○ 年 ○ 月 ○ 日</td></tr>
<tr><td colspan="4">殿</td></tr>
<tr><td colspan="4">申　請　者　○○市○○町4－5－6
住　　所　　　　　　　（電話○○－○○○○）

氏　名　○○(株)代表取締役 ○○○○
　　　　　社　　長</td></tr>
</table>

<table>
<tr>
<td rowspan="2">設　置　者</td>
<td>住　　　所</td>
<td colspan="3">○○市○○町4－5－6　　　　　　　電話○○－○○○○</td>
</tr>
<tr>
<td>氏　　　名</td>
<td colspan="3">○○(株)代表取締役社長　○○○○</td>
</tr>
<tr>
<td colspan="2">設　置　場　所</td>
<td colspan="3">○○市○○町4－5－6</td>
</tr>
<tr>
<td colspan="2">製 造 所 等 の 別</td>
<td>取　扱　所</td>
<td>貯蔵所又は
取扱所の区分</td>
<td>給油取扱所
（船舶用）</td>
</tr>
<tr>
<td colspan="2">設置又は変更の許可
年月日及び許可番号</td>
<td colspan="3">○ 年 ○ 月 ○ 日　　第 ○ ○ 号</td>
</tr>
<tr>
<td colspan="2">製 造 所 等 の 完 成 期 日</td>
<td colspan="3">○ 年 ○ 月 ○ 日</td>
</tr>
<tr>
<td colspan="2">使 用 開 始 予 定 期 日</td>
<td colspan="3">○ 年 ○ 月 ○ 日</td>
</tr>
<tr>
<td colspan="2">※ 受 付 欄</td>
<td colspan="2">※ 経 過 欄</td>
<td>※ 手 数 料 欄</td>
</tr>
<tr>
<td colspan="2"></td>
<td colspan="2">検査年月日

検査番号</td>
<td></td>
</tr>
</table>

備考　1　この用紙の大きさは、日本産業規格A4とすること。
　　　2　この完成検査申請書は、移送取扱所以外の製造所等に用いるものであること。
　　　3　法人にあつては、その名称、代表者氏名及び主たる事務所の所在地を記入すること。
　　　4　※印の欄は、記入しないこと。

52　第1章　危険物規制の概要

14 危険物保安統括管理者

(根拠条文) 法

〔危険物の保安に関する業務を統括管理する者〕

第12条の7　同一事業所において政令で定める製造所、貯蔵所又は取扱所を所有し、管理し、又は占有する者で、政令で定める数量以上の危険物を貯蔵し、又は取り扱うものは、政令で定めるところにより、危険物保安統括管理者を定め、当該事業所における危険物の保安に関する業務を統括管理させなければならない。

② 　製造所、貯蔵所又は取扱所を所有し、管理し、又は占有する者は、前項の規定により危険物保安統括管理者を定めたときは、遅滞なくその旨を市町村長等に届け出なければならない。これを解任したときも、同様とする。

〔罰則〕

第44条

危政令

(危険物保安統括管理者を定めなければならない事業所等)

第30条の3　法第12条の7第1項の政令で定める製造所、貯蔵所又は取扱所は、第4類の危険物を取り扱う製造所、移送取扱所又は一般取扱所のうち、総務省令で定めるもの以外のもの（以下「指定施設」という。）とする。

2 　法第12条の7第1項の政令で定める数量は、指定施設において取り扱う第4類の危険物について、指定数量の3,000倍に相当する数量（移送取扱所にあつては、総務省令で定める数量）とする。

3 　法第12条の7第1項の危険物保安統括管理者は、当該事業所においてその事業の実施を統括管理する者をもつて充てなければならない。

危規則

(危険物保安統括管理者を定めなければならない事業所から除かれる製造所、移送取扱所又は一般取扱所)

第47条の4　令第30条の3第1項の総務省令で定める製造所、移送取扱所又は一般取扱所は、第60条第1号から第5号までに掲げるもの、特定移送取扱所以外の移送取扱所及び告示で定める特定移送取扱所とする。

(危険物保安統括管理者を定めなければならない移送取扱所に係る危険物の数量)

第47条の5　令第30条の3第2項の総務省令で定める数量は、指定数量とする。

(留意事項) (1) 同一事業所において特定な危険物施設を有する場合は、事業所全般にわたる危険物の保安に関する業務を統括管理する危険物保安統括管理者を定め許可行政庁へ届出なければならない。

危険物保安統括管理者を選任しなければならない事業所

対象となる製造所等	取り扱う危険物の数量等
製　　　　　造　　　　　所 一　般　取　扱　所 移　送　取　扱　所	第 4 類の危険物を指定数量の3,000倍以上取り扱う事業所 （移送取扱所は指定数量以上）

注　危規則第47条の 4 に規定するものは除く。

(2)　危険物保安統括管理者の要件

　　危険物保安統括管理者の資格は特に定められてはいないが、その業務の性格から、「その事業の実施を統括管理する者をもって充てる」こととされ、具体的には当該事業所の所長、工場長等管理監督的な地位にある者を指すものとして運用されている。

様式第19（第47条の6関係）

（危規則）

危険物保安統括管理者選任・解任届出書

〇 年 〇 月 〇 日

殿

届 出 者　〇〇市〇〇町2−3
住　所　　　　　（電話〇〇−〇〇〇〇）

氏　名　〇〇(株)東京工場長　〇〇〇〇

事 業 所 の 設 置 場 所 及　　び　　名　　称	〇〇市〇〇町2−3 〇〇(株)東京工場	
区　　　　　　　分	選　　　　　任	解　　　　　任
危険物統括管理保安者	氏　　　名	〇 〇 〇 〇	〇 〇 〇 〇
	選任・解任年月日	〇 年 〇 月 〇 日	〇 年 〇 月 〇 日
	職 務 上 の 地 位	工 場 長	
※ 受 付 欄	※ 備　　　　　　考	

備考　1　この用紙の大きさは、日本産業規格A4とすること。
　　　2　法人にあつては、その名称、代表者氏名及び主たる事務所の所在地を記入すること。
　　　3　※印の欄は、記入しないこと。

🔢 危険物保安監督者

(根拠条文) 法)

〔危険物の保安を監督する者〕
第13条 政令で定める製造所、貯蔵所又は取扱所の所有者、管理者又は占有者は、甲種危険物取扱者（甲種危険物取扱者免状の交付を受けている者をいう。以下同じ。）又は乙種危険物取扱者（乙種危険物取扱者免状の交付を受けている者をいう。以下同じ。）で、6月以上危険物取扱いの実務経験を有するもののうちから危険物保安監督者を定め、総務省令で定めるところにより、その者が取り扱うことができる危険物の取扱作業に関して保安の監督をさせなければならない。

② 製造所、貯蔵所又は取扱所の所有者、管理者又は占有者は、前項の規定により危険物保安監督者を定めたときは、遅滞なくその旨を市町村長等に届け出なければならない。これを解任したときも、同様とする。

③ 製造所、貯蔵所及び取扱所においては、危険物取扱者（危険物取扱者免状の交付を受けている者をいう。以下同じ。）以外の者は、甲種危険物取扱者又は乙種危険物取扱者が立ち会わなければ、危険物を取り扱つてはならない。

〔罰則〕
第42条、第44条、第45条

〔製造所等の使用停止命令〕
第12条の2第2項 市町村長等は、製造所、貯蔵所又は取扱所の所有者、管理者又は占有者が次の各号の一に該当するときは、当該製造所、貯蔵所又は取扱所について、期間を定めてその使用の停止を命ずることができる。

（3） 第13条第1項の規定に違反したとき。

〔罰則〕
第42条、第45条

危政令)

（危険物保安監督者を定めなければならない製造所等）
第31条の2 法第13条第1項の政令で定める製造所、貯蔵所又は取扱所は、製造所等のうち次に掲げるもの以外のものとする。

（1） 屋内貯蔵所又は地下タンク貯蔵所で、指定数量の倍数が30以下のもの（引火点が40度以上の第4類の危険物のみを貯蔵し、又は取り扱うものに限る。）

（2） 引火点が40度以上の第4類の危険物のみを貯蔵し、又は取り扱う屋内タンク貯蔵所又は簡易タンク貯蔵所

（3） 移動タンク貯蔵所

（4） 指定数量の倍数が30以下の屋外貯蔵所

（5） 引火点が40度以上の第4類の危険物のみを取り扱う第1種販売取扱所又は第2種販売取扱所

(6) 指定数量の倍数が30以下の一般取扱所（引火点が40度以上の第4類の危険
物のみを取り扱うものに限る。）で次に掲げるもの
イ　ボイラー、バーナーその他これらに類する装置で危険物を消費するもの
ロ　危険物を容器に詰め替えるもの

留意事項 (1)　危険物保安監督者の数については、製造所等の保安監督の責任を明確にするため
に、原則として、一の製造所等につき1人とすべきであるが、当該製造所等の態様、
規模、位置等からみて十分な保安の監督が可能な場合には、1人の危険物取扱者を
2以上の製造所等の危険物保安監督者とすることができる。

(2)　危険物保安監督者の選任要件である6月以上の危険物取扱いの実務経験とは、危
険物取扱者免状の交付を受けた後における実務経験のみに限られるものではない。
なお、乙種危険物取扱者は、製造所等における自らが取扱い、又はその取扱作業に
関して立ち会うことのできる類の危険物取扱いの実務経験をいう。

(3)　危険物施設に甲種又は乙種危険物取扱者免状の交付を受けている者がいても、こ
れらの者が現実に危険物保安監督者と定められなければ危険物保安監督者ではな
い。なお、危険物保安監督者を定めるとは、危険物施設の所有者等と当該選任され
る者との間に、意思の合致があり、当該危険物保安監督者となるべき者が当該危険
物施設において危険物取扱作業に関し保安の監督をすることが私法上確約される状
態をいう。

(4)　危険物保安監督者の選任にあたっては、その業務上、危険物施設保安員や危険物
取扱者、作業者等に指示を与え、保安に関し必要な監督業務や保安教育の実施を行
うことのできる適当な立場の者を選任すべきである。

15 危険物保安監督者 57

危険物保安監督者選任届出書の記載例

様式第20（第48条の3関係）
（危規則）

危険物保安監督者選任・解任届出書

<table>
<tr><td colspan="4" align="right">○ 年 ○ 月 ○ 日</td></tr>
<tr><td colspan="4">殿

届出者　○○市○○町５－４－１
住　所　　　　　　（電話○○－○○○○）

氏　名　○○(株)東京工場長　○○○○</td></tr>
</table>

<table>
<tr><td rowspan="2">設置者</td><td>住　　　所</td><td colspan="2">○○市○○町５－４－１　　　　電話○○－○○○○</td></tr>
<tr><td>氏　　　名</td><td colspan="2">○○(株)東京工場長　○○○○</td></tr>
<tr><td>製　造　所　等　の　別</td><td>製　造　所</td><td>貯蔵所又は
取扱所の区分</td><td></td></tr>
<tr><td>設置の許可年月日
及　び　許　可　番　号</td><td colspan="3">○　年　○　月　○　日　　　第　○○　号</td></tr>
<tr><td>設　置　場　所</td><td colspan="3">○○市○○町５－４－１</td></tr>
<tr><td>区　　　　　　　　分</td><td colspan="2">選　　　　　任</td><td>解　　　　　任</td></tr>
<tr><td rowspan="3">危険物保安監督者</td><td>氏　　　名</td><td>○　○　○　○</td><td>○　○　○　○</td></tr>
<tr><td>危険物取扱者
免状の種類</td><td>乙　種　第　４　類</td><td></td></tr>
<tr><td>選　任　・　解　任
年　　月　　日</td><td>○　年　○　月　○　日</td><td>○　年　○　月　○　日</td></tr>
<tr><td>※　受　付　欄</td><td colspan="3">※　備　　　　　　　考</td></tr>
<tr><td></td><td colspan="3"></td></tr>
</table>

備考　1　この用紙の大きさは、日本産業規格Ａ４とすること。
　　　2　法人にあつては、その名称、代表者氏名及び主たる事務所の所在地を記入すること。
　　　3　※印の欄は、記入しないこと。

58　第1章　危険物規制の概要

実務経験証明書の記載例

様式第20の2（第48条の3関係）
（危規則）

実 務 経 験 証 明 書

氏　　名	○　○　○　○
	（　　○ 年 ○ 月 ○ 日生）

取り扱った危険物	類　別	第　4　類	品　名	第 3 石 油 類

取り扱った期間	○ 年 ○ 月 ○ 日 から ○ 年 ○ 月 ○ 日 まで
	（　　○ 年 ○ 月）

製造所等の別 （該当するものを ○で囲むこと）	⬭製造所⬭　・　貯蔵所　・　取扱所

　　上記のとおり相違ないことを証明します。

　　　　証明年月日　　　　　　　　　　○ 年 ○ 月 ○ 日

　　　　事 業 所 名　　　　○○(株)

　　　　所 在 地　　　　○○市○○町5−4−1

　　　　証 明 者　　職　名　　東京工場長

　　　　　　　　　　氏　名　　○○○○

　　　　　　　　　　電話番号　○○○○（○○）○○○○

　　備考　この用紙の大きさは、日本産業規格A4とすること。

16 危険物施設保安員 59

16 危険物施設保安員

根拠条文 法

〔危険物施設保安員〕
第14条 政令で定める製造所、貯蔵所又は取扱所の所有者、管理者又は占有者は、危険物施設保安員を定め、総務省令で定めるところにより、当該製造所、貯蔵所又は取扱所の構造及び設備に係る保安のための業務を行わせなければならない。

危政令

（危険物施設保安員を定めなければならない製造所等の指定）
第36条 法第14条の政令で定める製造所、貯蔵所又は取扱所は、指定数量の倍数が100以上の製造所若しくは一般取扱所又は移送取扱所のうち、総務省令で定めるもの以外のものとする。

危規則

（危険物施設保安員等の設置対象から除かれる製造所、移送取扱所又は一般取扱所）
第60条 令第36条の総務省令で定める製造所、移送取扱所又は一般取扱所は、次のとおりとする。
(1) ボイラー、バーナーその他これらに類する装置で危険物を消費する一般取扱所
(2) 車両に固定されたタンクその他これに類するものに危険物を注入する一般取扱所
(3) 容器に危険物を詰め替える一般取扱所
(4) 油圧装置、潤滑油循環装置その他これらに類する装置で危険物を取り扱う一般取扱所
(5) 鉱山保安法の適用を受ける製造所、移送取扱所又は一般取扱所
(6) 火薬類取締法の適用を受ける製造所又は一般取扱所

留意事項 (1) 危険物施設のうち次の施設にあっては、危険物施設の保安・点検・安全管理のため危険物施設保安員を選任しなければならない。

危険物施設保安員を選任しなければならない製造所等

製 造 所 一 般 取 扱 所	指定数量の倍数が100以上の危険物を取り扱うもの
移 送 取 扱 所	すべて

注 危規則第60条に該当するものは除く。

(2) 危険物施設保安員の業務
危険物施設保安員の業務は、危規則第59条に定められている（次のア～カ）が、

その主たる業務は、危険物施設の保守・点検・安全管理である。また、危険物施設保安員の資格については特別な規定が設けられていないがその業務内容から当該施設の構造、設備に精通している者を選任すべきであり、更に危険物取扱者の免状交付を受けていることが望ましい。

ア　製造所等の構造及び設備を法第10条第4項の技術上の基準に適合するように維持するため、定期及び臨時の点検を行うこと。

イ　前号の点検を行ったときは、点検を行った場所の状況及び保安のために行った措置を記録し、保存すること。

ウ　製造所等の構造及び設備に異常を発見した場合は、危険物保安監督者その他関係のある者に連絡するとともに状況を判断して適当な措置を講ずること。

エ　火災が発生したとき又は火災発生の危険性が著しいときは、危険物保安監督者と協力して、応急の措置を講ずること。

オ　製造所等の計測装置、制御装置、安全装置等の機能が適正に保持されるようにこれを保安管理すること。

カ　前各号に掲げるもののほか、製造所等の構造及び設備の保安に関し必要な業務。

17 予防規程

(根拠条文) 法

〔予防規程〕

第14条の2　政令で定める製造所、貯蔵所又は取扱所の所有者、管理者又は占有者は、当該製造所、貯蔵所又は取扱所の火災を予防するため、総務省令で定める事項について予防規程を定め、市町村長等の認可を受けなければならない。これを変更するときも、同様とする。

② 　市町村長等は、予防規程が、第10条第3項の技術上の基準に適合していないときその他火災の予防のために適当でないと認めるときは、前項の認可をしてはならない。

③ 　市町村長等は、火災の予防のため必要があるときは、予防規程の変更を命ずることができる。

④ 　第1項に規定する製造所、貯蔵所又は取扱所の所有者、管理者又は占有者及びその従業者は、予防規程を守らなければならない。

⑤ 　第11条の5第4項及び第5項の規定は、第3項の規定による命令について準用する。

〔罰則〕

第42条、第45条

危政令

（予防規程を定めなければならない製造所等の指定）

第37条　法第14条の2第1項の政令で定める製造所、貯蔵所又は取扱所は、第7条の3各号に掲げる製造所等又は給油取扱所のうち、総務省令で定めるもの以

外のものとする。

(許可等の通報を必要とする製造所等の指定)

第7条の3 法第11条第7項（法第11条の4第3項において準用する場合を含む。）の政令で定める製造所、貯蔵所又は取扱所は、次に掲げる製造所等とする。

(1) 指定数量の倍数が10以上の製造所

(2) 指定数量の倍数が150以上の屋内貯蔵所

(3) 指定数量の倍数が200以上の屋外タンク貯蔵所

(4) 指定数量の倍数が100以上の屋外貯蔵所

(5) 移送取扱所

(6) 指定数量の倍数が10以上の一般取扱所（第31条の2第6号ロに規定するものを除く。）

危規則

(定期点検をしなければならない製造所等から除かれるもの)

第9条の2 令第8条の5の総務省令で定める製造所等は、次のとおりとする。

(1) 鉱山保安法（昭和24年法律第70号）第19条第1項の規定による保安規程を定めている製造所等

(2) 火薬類取締法（昭和25年法律第149号）第28条第1項の規定による危害予防規程を定めている製造所等

(予防規程に定めなければならない事項)

第60条の2 法第14条の2第1項に規定する総務省令で定める事項は、次項、第4項又は第6項に定める場合を除き、次のとおりとする。

(1) 危険物の保安に関する業務を管理する者の職務及び組織に関すること。

(2) 危険物保安監督者が、旅行、疾病その他の事故によつてその職務を行うことができない場合にその職務を代行する者に関すること。

(3) 化学消防自動車の設置その他自衛の消防組織に関すること。

(4) 危険物の保安に係る作業に従事する者に対する保安教育に関すること。

(5) 危険物の保安のための巡視、点検及び検査に関すること（第10号に掲げるものを除く。）。

(6) 危険物施設の運転又は操作に関すること。

(7) 危険物の取扱い作業の基準に関すること。

(8) 補修等の方法に関すること。

(8の2) 施設の工事における火気の使用若しくは取扱いの管理又は危険物等の管理等安全管理に関すること。

(8の3) 製造所及び一般取扱所にあつては、危険物の取扱工程又は設備等の変更に伴う危険要因の把握及び当該危険要因に対する対策に関すること。

(8の4) 第40条の3の3の2各号に定める措置を講じた給油取扱所にあつては、専用タンクへの危険物の注入作業が行われているときに給油又は容器への詰替えが行われる場合の当該危険物の取扱作業の立会及び監視その他保安のための措置に関すること。

（8の5）　第40条の3の6の2各号に定める措置を講じた給油取扱所にあつては、緊急時の対応に関する表示その他給油の業務が行われていないときの保安のための措置に関すること。

（8の6）　顧客に自ら給油等をさせる給油取扱所にあつては、顧客に対する監視その他保安のための措置に関すること。

⑼　移送取扱所にあつては、配管の工事現場の責任者の条件その他配管の工事現場における保安監督体制に関すること。

⑽　移送取扱所にあつては、配管の周囲において移送取扱所の施設の工事以外の工事を行う場合における当該配管の保安に関すること。

⑾　災害その他の非常の場合に取るべき措置に関すること。

（11の2）　地震が発生した場合及び地震に伴う津波が発生し、又は発生するおそれがある場合における施設及び設備に対する点検、応急措置等に関すること。

⑿　危険物の保安に関する記録に関すること。

⒀　製造所等の位置、構造及び設備を明示した書類及び図面の整備に関すること。

⒁　前各号に掲げるもののほか、危険物の保安に関し必要な事項

2　大規模地震対策特別措置法（昭和53年法律第73号）第3条第1項の規定により地震防災対策強化地域として指定された地域（以下「強化地域」という。）に所在する製造所等の所有者、管理者又は占有者（同法第6条第1項に規定する者を除く。次項において同じ。）が定める予防規程に係る法第14条の2第1項に規定する総務省令で定める事項は、前項各号に掲げる事項のほか、次のとおりとする。

⑴　大規模地震対策特別措置法第2条第3号に規定する地震予知情報及び同条第13号に規定する警戒宣言（以下「警戒宣言」という。）の伝達に関すること。

⑵　警戒宣言が発せられた場合における避難に関すること。

⑶　警戒宣言が発せられた場合における自衛の消防組織に関すること。

⑷　警戒宣言が発せられた場合における施設及び設備の整備及び点検その他地震による被害の発生の防止又は軽減を図るための応急対策に関すること。

⑸　大規模な地震に係る防災訓練に関すること。

⑹　大規模な地震による被害の発生の防止又は軽減を図るために必要な教育及び広報に関すること。

3　強化地域の指定の際現に当該地域に所在する製造所等の所有者、管理者又は占有者は、当該指定があつた日から6月以内に、当該製造所等に係る予防規程に、前項各号に掲げる事項を定めるものとする。

4　南海トラフ地震に係る地震防災対策の推進に関する特別措置法（平成14年法律第92号）第3条第1項の規定により南海トラフ地震防災対策推進地域として指定された地域（次項において「推進地域」という。）に所在する製造所等の所有者、管理者又は占有者（同法第5条第1項に規定する者を除き、同法第2条第2項に規定する南海トラフ地震（以下「南海トラフ地震」という。）に伴い発生する津波に係る地震防災対策を講ずべき者として同法第4条第1項に規定する南海トラフ地震防災対策推進基本計画で定める者に限る。次項において同じ。）が定める予防規程に係る法第14条の2第1項に規定する総務省令で定

める事項は、第1項各号に掲げる事項のほか、次のとおりとする。

⑴　南海トラフ地震に伴い発生する津波からの円滑な避難の確保に関すること。

⑵　南海トラフ地震に係る防災訓練に関すること。

⑶　南海トラフ地震による被害の発生の防止又は軽減を図るために必要な教育及び広報に関すること。

5　推進地域の指定の際現に当該地域に所在する製造所等の所有者、管理者又は占有者は、当該指定があつた日から6月以内に、当該製造所等に係る予防規程に、前項各号に掲げる事項を定めるものとする。

6　日本海溝・千島海溝周辺海溝型地震に係る地震防災対策の推進に関する特別措置法（平成16年法律第27号）第3条第1項の規定により日本海溝・千島海溝周辺海溝型地震防災対策推進地域として指定された地域（次項において、「推進地域」という。）に所在する製造所等の所有者、管理者又は占有者（同法第5条第1項に規定する者を除き、同法第2条第1項に規定する日本海溝・千島海溝周辺海溝型地震（以下「日本海溝・千島海溝周辺海溝型地震」という。）に伴い発生する津波に係る地震防災対策を講ずべき者として同法第4条第1項に規定する日本海溝・千島海溝周辺海溝型地震防災対策推進基本計画で定める者に限る。次項において同じ。）が定める予防規程に係る法第14条の2第1項に規定する総務省令で定める事項は、第1項各号に掲げる事項のほか、次のとおりとする。

⑴　日本海溝・千島海溝周辺海溝型地震に伴い発生する津波からの円滑な避難の確保に関すること。

⑵　日本海溝・千島海溝周辺海溝型地震に係る防災訓練に関すること。

⑶　日本海溝・千島海溝周辺海溝型地震による被害の発生の防止又は軽減を図るために必要な教育及び広報に関すること。

7　推進地域の指定の際現に当該地域に所在する製造所等の所有者、管理者又は占有者は、当該指定があつた日から6月以内に、当該製造所等に係る予防規程に、前項各号に掲げる事項を定めるものとする。

留意事項　⑴　危険物施設のうち、次の施設の所有者等は、危険物施設の災害防止及び災害発生時の対応を効果的に行うため、予防規程の制定が義務付けられている。当該予防規程は、許可行政庁の認可を受けなければならない。

予防規程を制定しなければならない製造所等

対象となる製造所等	貯蔵し、又は取り扱う危険物の数量
製　　　造　　　所	指定数量の倍数が10以上
屋　内　貯　蔵　所	指定数量の倍数が150以上
屋外タンク貯蔵所	指定数量の倍数が200以上
屋　外　貯　蔵　所	指定数量の倍数が100以上
給　油　取　扱　所	自家用屋外給油取扱所以外のもの

移　送　取　扱　所	すべて
一　般　取　扱　所	指定数量の倍数が10以上　〔危政令第31条の2第6号ロに規定するものを除く。〕

注　危規則第61条に該当するものは除く。

(2)　予防規程に定めなければならない事項は、危規則第60条の2に定められているが、具体的なまとめ方の例を次に示す。

予防規程のまとめ方の例

第1章　総　　則
　　　　目　的
　　　　予防規程の適用範囲
　　　　遵守義務
　　　　規程の作成、改正又は運用
　　　　保安業務管理委員会の設置
　　　　委員会の開催
　　　　審議事項
第2章　保安管理職務及び職務権限
　　　　保安統括管理者の権限及び業務
　　　　保安監督者　　　　〃
　　　　危険物取扱者　　　〃
　　　　施設保安員　　　　〃
　　　　保安監督代行者　　〃
　　　　従業員の遵守事項　〃
第3章　保安管理対策
　　　　保安管理組織の編成
　　　　危険物取扱基準(共通事項、部門別事項)
　　　　安全作業基準(共通事項、部門別事項)
　　　　機器の運転、操作要領
　　　　危険物取扱場所、火気使用取扱要領
　　　　工事業者管理基準
　　　　構内自動車運行要領
第4章　保安検査、点検の基準
　　　　定期検査基準(開放、気密、非破壊等)
　　　　定期点検基準
　　　　巡回、取扱点検基準
第5章　整備、補修の基準

　　　　定期整備計画
　　　　臨時設備使用計画
　　　　工事に伴う安全対策
　　　　部外者の厳守事項
第6章　保安教育、訓練
　　　　教育の実施計画
　　　　訓練の実施計画
　　　　消防機関への指導要請等
第7章　自衛消防活動対策
　　　　自衛消防活動要領（自衛消防組織）
　　　　休日、夜間における活動体制
　　　　緊急通報連絡基準
　　　　消防設備、資器材整備管理基準
　　　　非常時の応急措置（緊急停止基準、地震時装置停止基準）応援出場
第8章　震災予防措置
　　　　地震情報に基づく応急措置
　　　　地震時の応急対策
　　　　避難場所への対策
　　　　地震後の安全措置
第9章　記　　録
　　　　記録の作成及び保存（点検、検査及び訓練、教育等）
　　　　関係書類及び図面等の整備保管
第10章　雑　　則
　　　　細則の制定
　　　　罰　則

(3)　予防規程の作成単位

　　予防規程の作成単位の基本は、個々の製造所等ごとである。しかしながら、個々に作成するよりは、むしろ災害発生の関連性及び企業運営の有機性、一体性を勘案し、事業所単位を一の予防規程に集約させることが望ましいので、該当するすべての危険物施設を網羅した規程を作成するよう配慮する。

(4)　予防規程の集約

　　予防規程と消防計画及び防災計画とは、別に作成するものであるが、危険物を取り扱う工場又は事業所としての消防計画等は、予防規程の内容と深い関係を有することがあるので、震災対策として、予防規程に補完すべき事項を追加のうえ、変更認可を受けた予防規程を消防計画の内容に組み込んでも差し支えない。むしろその方が一体性を有し、総合的な防火管理規程となり効果的である。

17 予防規程

予防規程制定認可申請書の記載例

様式第26（第62条関係）
（危規則）

予防規程 制定 認可申請書
（変更）

		○ 年 ○ 月 ○ 日

殿

申　請　者　　○○市○○町1－2
住　　　所　　　　　　（電話○○－○○○○）
氏　　　名　　○○工業(株) 代表取締役社長 ○○○○

設 置 者	住　　所	○○市○○町1－2　　　　　　　　　電話○○－○○○○
	氏　　名	○○工業(株)代表取締役社長　○○○○
設　置　場　所		○○市○○町1－2

製 造 所 等 の 別	貯 蔵 所	貯蔵所又は取扱所の区分	屋内貯蔵所
設置の許可年月日及び許可番号	○ 年 ○ 月 ○ 日		第 ○○ 号
危険物の類、品名（指定数量）、最大数量	第4類第1石油類（200ℓ）40,000ℓ	指定数量の倍数	200
予防規程 作成 年月日（変更）	○ 年 ○ 月 ○ 日		
※ 受 付 欄	※ 備		考

備考　1　この用紙の大きさは、日本産業規格A4とすること。
　　　2　法人にあつては、その名称、代表者氏名及び主たる事務所の所在地を記入すること。
　　　3　品名（指定数量）の記載については、当該危険物の指定数量が品名の記載のみでは明確でない場合に（　）内に該当する指定数量を記載すること。
　　　4　※印の欄は、記入しないこと。

66　第1章　危険物規制の概要

18 保安検査

(根拠条文) 法

〔保安検査及びその審査の委託〕
第14条の3　政令で定める屋外タンク貯蔵所又は移送取扱所の所有者、管理者又は占有者は、政令で定める時期ごとに、当該屋外タンク貯蔵所又は移送取扱所に係る構造及び設備に関する事項で政令で定めるものが第10条第4項の技術上の基準に従つて維持されているかどうかについて、市町村長等が行う保安に関する検査を受けなければならない。
②　政令で定める屋外タンク貯蔵所の所有者、管理者又は占有者は、当該屋外タンク貯蔵所について、不等沈下その他の政令で定める事由が生じた場合には、当該屋外タンク貯蔵所に係る構造及び設備に関する事項で政令で定めるものが第10条第4項の技術上の基準に従つて維持されているかどうかについて、市町村長等が行う保安に関する検査を受けなければならない。
〔罰則〕
第44条

危政令

（保安に関する検査）
第8条の4　法第14条の3第1項の政令で定める屋外タンク貯蔵所又は移送取扱所は、特定屋外タンク貯蔵所で、その貯蔵し、若しくは取り扱う液体の危険物の最大数量が1万キロリットル以上のもの又は前条に規定する移送取扱所とする。
2　法第14条の3第1項の政令で定める時期は、次の各号に掲げる特定屋外タンク貯蔵所又は移送取扱所の区分に応じ、当該各号に定める時期とする。ただし、災害その他の総務省令で定める事由により、当該時期に法第14条の3第1項の保安に関する検査を行うことが適当でないと認められるときは、当該特定屋外タンク貯蔵所又は移送取扱所の所有者、管理者又は占有者の申請に基づき、市町村長等が別に定める時期とすることができる。
(1)　特定屋外タンク貯蔵所（次号及び第3号に掲げるものを除く。以下この号において同じ。）　完成検査（法第11条第1項前段の規定による設置の許可に係るものに限る。以下この項において同じ。）を受けた日又は直近において行われた法第14条の3第1項若しくは第2項の規定による保安に関する検査（以下この号において「前回の保安検査」という。）を受けた日の翌日から起算して8年（次のイ又はロに掲げる特定屋外タンク貯蔵所にあつてはそれぞれイ又はロに定める期間とし、次のイ及びロに掲げる特定屋外タンク貯蔵所のいずれにも該当する屋外タンク貯蔵所にあつては当該イ又はロに定める期間のうちいずれか長い期間とする。）を経過する日前1年目に当たる日から、当該経過する日の翌日から起算して1年を経過する日までの間
　　イ　総務省令で定める保安のための措置を講じている特定屋外タンク貯蔵所

当該措置に応じ総務省令で定めるところにより市町村長等が定める10年又は13年のいずれかの期間

ロ 総務省令で定める特殊の方法を用いて総務省令で定めるところにより測定された前回の保安検査の直近において行われた完成検査又は法第14条の3第1項若しくは第2項の規定による保安に関する検査から前回の保安検査までの間の液体危険物タンクの底部の板の厚さの1年当たりの腐食による減少量が総務省令で定める基準を満たす特定屋外タンク貯蔵所のうち、総務省令で定める保安のための措置を講じているもの　総務省令で定めるところにより当該測定された液体危険物タンクの底部の板の厚さの1年当たりの腐食による減少量及び前回の保安検査における液体危険物タンクの底部の板の厚さに基づき市町村長等が定める8年以上15年以内の期間

(2) 岩盤タンクに係る特定屋外タンク貯蔵所　完成検査を受けた日又は直近において行われた法第14条の3第1項若しくは第2項の規定による保安に関する検査を受けた日の翌日から起算して10年を経過する日前1年目に当たる日から、当該経過する日の翌日から起算して1年を経過する日までの間

(3) 特殊液体危険物タンクのうち総務省令で定めるものに係る特定屋外タンク貯蔵所　完成検査を受けた日又は直近において行われた法第14条の3第1項若しくは第2項の規定による保安に関する検査を受けた日の翌日から起算して13年を経過する日前1年目に当たる日から、当該経過する日の翌日から起算して1年を経過する日までの間

(4) 移送取扱所　完成検査を受けた日又は直近において行われた法第14条の3第1項の規定による保安に関する検査を受けた日の翌日から起算して1年を経過する日前1月目に当たる日から、当該経過する日の翌日から起算して1月を経過する日までの間

3 法第14条の3第1項の屋外タンク貯蔵所又は移送取扱所に係る構造及び設備に関する事項で政令で定めるものは、次の各号に掲げる特定屋外タンク貯蔵所又は移送取扱所の区分に応じ、当該各号に定める事項とする。

(1) 特定屋外タンク貯蔵所（次号に掲げるものを除く。）　液体危険物タンクの底部（特殊液体危険物タンクにあつては、総務省令で定める部分。以下この項、第6項及び第7項において同じ。）の板の厚さに関する事項及び液体危険物タンクの溶接部に関する事項（液体危険物タンクの底部に係るものに限る。第6項及び第7項において同じ。）

(2) 岩盤タンクに係る特定屋外タンク貯蔵所　岩盤タンクの構造及び設備に関する事項

(3) 移送取扱所　移送取扱所の構造及び設備に関する事項

4 法第14条の3第2項の政令で定める屋外タンク貯蔵所は、特定屋外タンク貯蔵所とする。

5 法第14条の3第2項の不等沈下その他の政令で定める事由は、液体危険物タンクの直径に対する当該液体危険物タンクの不等沈下の数値の割合が100分の1以上であることその他これに相当するものとして総務省令で定める事由とする。

68 第1章 危険物規制の概要

6 法第14条の3第2項の屋外タンク貯蔵所に係る構造及び設備に関する事項で政令で定めるものは、次の各号に掲げる特定屋外タンク貯蔵所の区分に応じ、当該各号に定める事項とする。

(1) 特定屋外タンク貯蔵所（次号に掲げるものを除く。）　液体危険物タンクの底部の板の厚さに関する事項及び液体危険物タンクの溶接部に関する事項

(2) 岩盤タンクに係る特定屋外タンク貯蔵所　岩盤タンクの構造及び設備に関する事項

7 法第14条の3第3項の屋外タンク貯蔵所に係る構造及び設備に関する事項で政令で定めるものは、液体危険物タンクの底部の板の厚さに関する事項、液体危険物タンクの溶接部に関する事項並びに岩盤タンクの構造及び設備に関する事項とする。

危規則

（保安に関する検査を受けなければならない時期の特例事由）

第62条の2　令第8条の4第2項ただし書の総務省令で定める事由は、次に掲げるものとする。

(1) 災害その他非常事態が生じたこと。

(2) 保安上の必要が生じたこと。

(3) 危険物の貯蔵及び取扱いが休止されたこと。

(4) 前号に掲げるもののほか、使用の状況（計画を含む。）等に変更が生じたこと。

2 前項第3号の危険物の貯蔵及び取扱いからは、次に掲げるものを除く。

(1) 消火設備又は保安のための設備の動力源の燃料タンクにおける危険物の貯蔵又は取扱い

(2) ポンプその他の潤滑油又は作動油を用いる機器における潤滑油又は作動油の取扱い（一の機器において取り扱う潤滑油又は作動油の数量が指定数量の5分の1未満である場合に限る。）

(3) 屋外タンク貯蔵所の配管の他の製造所等との共用部分における危険物の取扱い（当該他の製造所等における危険物の貯蔵又は取扱いに伴うものに限る。）

（保安のための措置）

第62条の2の2　令第8条の4第2項第1号イの総務省令で定める保安のための措置は、特定屋外貯蔵タンクの腐食等に対する安全性を確保するうえで有効な措置とし、次の各号のいずれかに該当するものとする。

(1) 特定屋外貯蔵タンクの腐食防止等の状況が次のイからトまでの全ての要件に適合するもの

イ　特定屋外貯蔵タンクの内部の腐食を防止するための告示で定めるコーティング又はこれと同等以上の措置を講じていること。

ロ　特定屋外貯蔵タンクの底部の外面の腐食を防止する措置を講じていること。

ハ　特定屋外貯蔵タンクの底部の板厚が適正であること。

　ニ　特定屋外貯蔵タンクに構造上の影響を与えるおそれのある補修又は変形がないこと。

　ホ　著しい不等沈下がないこと。

　ヘ　地盤が十分な支持力を有するとともに沈下に対し十分な安全性を有していること。

　ト　特定屋外貯蔵タンクの維持管理体制が適切であること。

(2)　危険物の貯蔵管理等の状況が次のイからヌまでの全ての要件に適合するもの

　イ　腐食の発生に影響する水等の成分を適切に管理していること。

　ロ　特定屋外貯蔵タンクに対し著しい腐食性を有する危険性を貯蔵しないこと。

　ハ　腐食の発生に著しい影響を及ぼす貯蔵条件の変更を行わないこと。

　ニ　特定屋外貯蔵タンクの底部の腐食率（底部の板が腐食により減少した値を板の経過年数で除した値をいう。以下同じ。）が１年当たり0.05ミリメートル以下であること。

　ホ　特定屋外貯蔵タンクの底部の外面の腐食を防止する措置を講じていること。

　ヘ　特定屋外貯蔵タンクの底部の板厚が適正であること。

　ト　特定屋外貯蔵タンクに構造上の影響を与えるおそれのある補修又は変形がないこと。

　チ　著しい不等沈下がないこと。

　リ　地盤が十分な支持力を有するとともに沈下に対し十分な安全性を有していること。

　ヌ　特定屋外貯蔵タンクの維持管理体制が適切であること。

(3)　特定屋外貯蔵タンクの腐食量（底部の板が腐食により減少した値をいう。）に係る管理等の状況が次のイからルまでの全ての要件に適合するもの

　イ　特定屋外貯蔵タンク底部の板厚予測値が適正と認められること。

　ロ　腐食の発生に著しい影響を及ぼす貯蔵条件の変更を行わないこと。

　ハ　特定屋外貯蔵タンクの底部の腐食率が１年当たり0.05ミリメートル以下であること。

　ニ　特定屋外貯蔵タンクの内部の腐食を防止するための告示で定めるコーティング又はこれと同等以上の措置を講じていること。

　ホ　危険物が加温貯蔵されていないこと。

　ヘ　特定屋外貯蔵タンクの基礎内部に浸透した水を排除するための措置が講じられていること。

　ト　特定屋外貯蔵タンクの底部の外面の腐食を防止する措置を講じていること。

　チ　特定屋外貯蔵タンクに構造上の影響を与えるおそれのある補修又は変形がないこと。

　リ　著しい不等沈下がないこと。

　　　　ヌ　地盤が十分な支持力を有するとともに沈下に対し十分な安全性を有していること。

　　　　ル　特定屋外貯蔵タンクの維持管理体制が適切であること。

　2　令第8条の4第2項第1号ロの総務省令で定める保安のための措置は、特定屋外貯蔵タンクが次の各号に掲げる要件を全て満たすための措置とする。

　　⑴　特定屋外貯蔵タンクの底部の外面の腐食の発生に影響を及ぼす基礎の変更及び底部の板の取替え等を行つていないこと。

　　⑵　特定屋外貯蔵タンクの内部の腐食を防止するための告示で定めるコーティング又はこれと同等以上の措置を講じていること。コーティングを講じていない特定屋外貯蔵タンクにあつては、屋根（浮き屋根を除く。）を有するものであつて腐食の発生に影響する水等の成分を適切に管理しており、かつ、告示で定める期間を通じて、当該タンクの内部へのコーティングの施工、貯蔵する危険物の変更等当該タンクの内部の腐食の発生に影響を及ぼす貯蔵条件の変更を行つていないこと。

　　⑶　危険物が加温貯蔵されていないこと。

　　⑷　特定屋外貯蔵タンクに構造上の影響を与えるおそれのある補修又は変形がないこと。

　　⑸　著しい不等沈下がないこと。

　　⑹　地盤が十分な支持力を有するとともに沈下に対し十分な安全性を有していること。

　　⑺　特定屋外貯蔵タンクの維持管理体制が適切であること。

（保安のための措置を講じている場合の市町村長等が定める期間等）

第62条の2の3　令第8条の4第2項第1号の総務省令で定めるところにより市町村長等が定める期間は、次のとおりとする。なお、当該期間は、令第8条第2項の完成検査（法第11条第1項前段の規定による設置の許可に係るものに限る。第62条の2の5において同じ。）を受けた日又は直近において行われた法第14条の3第1項若しくは第2項の規定による保安に関する検査を受けた日の翌日から起算して前条に規定する措置が講じられていると認められた後最初に受けるべき法第14条の3第1項の規定による保安に関する検査の日までとする。

　　⑴　令第8条の4第2項第1号イの総務省令で定めるところにより市町村長等が定める期間は、前条第1項第1号又は第2号に規定する保安のための措置が講じられていると認められるものにあつては、10年と、第3号に規定する保安のための措置が講じられていると認められるものにあつては、13年とする。

　　⑵　令第8条の4第2項第1号ロの総務省令で定めるところにより市町村長等が定める期間は、直近において行われた法第14条の3第1項又は第2項の規定による保安に関する検査（以下「前回の保安検査」という。）における液体危険物タンクの底板及びアニュラ板の厚さのそれぞれについてその最小値から告示で定める値を減じたものを第62条の2の5第1項で算出した値（当該液体危険物タンクがコーティングを講じていない場合は同項及び同条第2

項で算出した値）で除して得た値に相当する年数のうち最小のものとする。この場合において、一年未満の端数があるときはこれを切り捨て、当該年数が８年未満であるときは８年とし、15年を超えるときは15年とする。

2　前項の規定の適用を受けようとする者は、前条に規定する保安のための措置を講じている旨を記載した別記様式第26の２、別記様式第26の３、別記様式第26の４、別記様式第26の５又は別記様式第26の６の申請書を市町村長等に提出しなければならない。

（特殊液体危険物タンク）

第62条の２の７　令第８条の４第２項第３号の総務省令で定める特殊液体危険物タンクは、地中タンクとする。

（保安に関する検査を受けなければならない**特殊液体危険物タンクの部分**）

第62条の２の８　令第８条の４第３項第１号の総務省令で定める部分は、地中タンクの漏液防止板の部分とする。

（保安に関する検査を受けなければならない**事由**）

第62条の２の９　令第８条の４第５項の総務省令で定める事由は、次に掲げるものとする。

(1)　岩盤タンクに第22条の３第３項第５号の想定される荷重を著しく超える荷重が加えられることその他の危険物又は可燃性の蒸気の漏えいのおそれがあると認められること。

(2)　地中タンクに第22条の３の２第３項第５号ハの荷重を著しく超える荷重が加えられることその他の危険物又は可燃性の蒸気の漏えいのおそれがあると認められること。

留意事項　特定屋外タンク貯蔵所及び移送取扱所にあっては、当該危険物施設が法第10条第４項の技術上の基準に従って維持されているかどうかについて、許可行政庁の検査を一定期間ごとに受けなければならない。

　許可行政庁の検査の合理性、効率性を図るため、次のような自主検査の記録を確認している。

1　底部の溶接線を試験した結果

2　板厚を測定した記録

3　タンク板の経過年数に関する資料

4　タンクの沈下量と経年に相応した沈下量を測定した記録

5　隅角部の角度を測定した記録

6　底部の不陸及び凹凸状況を検査した記録

様式第27（第62条の3関係）
（危規則）

屋外タンク貯蔵所保安検査申請書

<table>
<tr><td colspan="4" align="right">○年　○月　○日</td></tr>
<tr><td colspan="4">　　　　　　殿

　　　　　　　　　申　請　者　○○市○○町1−3
　　　　　　　　　住　　所　　　　　（電話○○−○○○○）

　　　　　　　　　氏　　名　○○興産(株)工場長　○○○○</td></tr>
<tr><td rowspan="2">設置者</td><td>住　　　　所</td><td colspan="2">○○市○○町3−5　　　　　電話○○−○○○○</td></tr>
<tr><td>氏　　　　名</td><td colspan="2">○○興産(株)代表取締役社長　○○○○</td></tr>
<tr><td colspan="2">設　置　場　所</td><td>○○市○○町1−3</td><td>呼称又は
番　号　　No.5タンク</td></tr>
<tr><td colspan="2">設置の許可年月日
及び許可番号</td><td colspan="2">○年○月○日　第○○号</td></tr>
<tr><td colspan="2">貯蔵最大数量</td><td colspan="2">25,000 kℓ</td></tr>
<tr><td colspan="2">定期保安検査又は
臨時保安検査の別</td><td colspan="2">定期保安検査・<s>臨時保安検査</s></td></tr>
<tr><td colspan="2">設置に係る完成検査又は
直近の保安検査を受けた
年月日及び検査番号</td><td colspan="2">○年○月○日
第○○号</td></tr>
<tr><td colspan="2">検査希望年月日</td><td colspan="2">○年○月○日</td></tr>
<tr><td colspan="2">変更工事予定の有無</td><td colspan="2">有（完成予定期日　○年○月○日）・無</td></tr>
<tr><td colspan="2">※受付欄</td><td>※備　　考</td><td>※手数料欄</td></tr>
<tr><td colspan="2"></td><td></td><td></td></tr>
</table>

備考　1　この用紙の大きさは、日本産業規格A4とすること。
　　　2　法人にあつては、その名称、代表者氏名及び主たる事務所の所在地を記入すること。
　　　3　※印の欄は、記入しないこと。

19 定期点検

根拠条文 法

〔製造所等の定期点検等〕

第14条の3の2 政令で定める製造所、貯蔵所又は取扱所の所有者、管理者又は占有者は、これらの製造所、貯蔵所又は取扱所について、総務省令で定めるところにより、定期に点検し、その点検記録を作成し、これを保存しなければならない。

〔罰則〕

第44条

危政令

（定期に点検をしなければならない製造所等の指定）

第8条の5 法第14条の3の2の政令で定める製造所、貯蔵所又は取扱所は、第7条の3に規定する製造所等（第8条の3に規定する移送取扱所を除く。）及び次に掲げる製造所等のうち、総務省令で定めるもの以外のものとする。

(1) 危険物を取り扱うタンクで地下にあるもの（以下この条において「地下タンク」という。）を有する製造所

(2) 地下タンク貯蔵所

(3) 移動タンク貯蔵所

(4) 地下タンクを有する給油取扱所

(5) 地下タンクを有する一般取扱所

危規則

（定期点検をしなければならない製造所等から除かれるもの）

第9条の2 令第8条の5の総務省令で定める製造所等は、次のとおりとする。

(1) 鉱山保安法（昭和24年法律第70号）第19条第1項の規定による保安規程を定めている製造所等

(2) 火薬類取締法（昭和25年法律第149号）第28条第1項の規定による危害予防規程を定めている製造所等

（定期点検を行わなければならない時期等）

第62条の4 法第14条の3の2の規定による定期点検は、1年（告示で定める構造又は設備にあつては告示で定める期間）に1回以上行わなければならない。ただし、次の各号のいずれかに該当する場合には、市町村長等が点検を行うべき期限を別に定めることができる。

(1) 第62条の2第1項第1号に掲げる事由により、定期点検を行うことが困難であると認められるとき。

(2) 法第10条第4項の技術上の基準に適合していることを常時監視するための

装置の設置その他の必要な措置が講じられており、かつ、市町村長等が保安上支障がないと認めるとき。

2　法第14条の3の2の規定による定期点検は、法第10条第4項の技術上の基準に適合しているかどうかについて行う。

第62条の5　引火点を有する液体の危険物を貯蔵し、又は取り扱う屋外タンク貯蔵所（岩盤タンクに係る屋外タンク貯蔵所及び海上タンクに係る屋外タンク貯蔵所を除く。）で容量が1,000キロリットル以上1万キロリットル未満のものに係る定期点検は、前条の規定によるほか、令第8条第3項の完成検査済証（法第11条第1項前段の規定による設置の許可に係るものに限る。）の交付を受けた日若しくは直近において当該屋外貯蔵タンクの内部を点検（以下「内部点検」という。）した日又は法第14条の3第2項の保安に関する検査を受けた日から13年（当該屋外貯蔵タンクに第62条の2の2第1項第1号及び2号に規定する保安のための措置が講じられており、あらかじめ、その旨を市町村長等に届け出た場合には15年）を超えない日までの間に1回以上当該屋外貯蔵タンクの内部点検を行わなければならない。ただし、当該期間内に内部点検を行うことが困難な場合において、その旨を市町村長等に届け出たときは、2年に限り、当該期間を延長することができる。

2　前項括弧書に規定する届出は、別記様式第33又は別記様式第34の届出書によつて行わなければならない。

3　第1項の規定にかかわらず、同項に規定する屋外タンク貯蔵所について同項に規定する期間内に第62条の2第1項第3号に掲げる事由が生じ、市町村長等が保安上支障がないと認める場合には、当該屋外タンク貯蔵所の所有者、管理者又は占有者の申請に基づき、当該期間を市町村長等が定める期間延長することができる。

4　前項の申請は、別記様式第35の申請書に理由書その他の参考となるべき事項を記載した書類を添えて行わなければならない。

第62条の5の2　令第8条の5第1号、第2号、第4号及び第5号に掲げる製造所等に係る定期点検は、第62条の4の規定によるほか、告示で定めるところにより、令第13条第1項第1号に規定する地下貯蔵タンク（令第9条第1項第20号ハにおいてその例による場合及びこれを令第19条第1項において準用する場合並びに令第17条第1項第8号イ及び同条第2項第2号においてその例による場合を含む。以下この条において「地下貯蔵タンク」という。）及び令第13条第2項に規定する二重殻タンク（令第9条第1項第20号ハにおいてその例による場合及びこれを令第19条第1項において準用する場合並びに令第17条第1項第8号イ及び同条第2項第2号においてその例による場合を含む。以下この条において「二重殻タンク」という。）の強化プラスチック製の外殻の漏れの点検を行わなければならない。ただし、次の各号に掲げる地下貯蔵タンク若しくはその部分又は二重殻タンクの強化プラスチック製の外殻にあっては、この限りでない。

(1)　地下貯蔵タンク又はその部分のうち、次のイ又はロのいずれかに適合するもの

イ　二重殻タンクの内殻

ロ　危険物の微少な漏れを検知しその漏えい拡散を防止するための告示で定める措置が講じられているもの

(2)　二重殻タンクの強化プラスチック製の外殻のうち、当該外殻と地下貯蔵タンクとの間げきに危険物の漏れを検知するための液体が満たされているもの

2　前項の点検は、地下貯蔵タンク又は二重殻タンクの強化プラスチック製の外殻（以下この項において「地下貯蔵タンク等」という。）を有する製造所等について令第8条第3項の完成検査済証（法第11条第1項後段の規定による変更の許可（以下この条から第62条の5の4までにおいて「変更の許可」という。）に係るものについては、当該地下貯蔵タンク等の変更の許可に係るものに限る。）の交付を受けた日又は直近において当該地下貯蔵タンク等について前項の点検を行った日から、次の各号に掲げる区分に応じ、当該各号に定める期間を経過する日の属する月の末日までの間に1回以上行わなければならない。ただし、第62条の2第1項第1号に掲げる事由により、前項の点検を行うことが困難であると認められるときは、市町村長等が点検を行うべき期限を別に定めることができる。

(1)　地下貯蔵タンク　1年（完成検査を受けた日から15年を超えないもの又は危険物の漏れを覚知しその漏えい拡散を防止するための告示で定める措置が講じられているものにあっては3年）

(2)　二重殻タンクの強化プラスチック製の外殻　3年

3　前項の規定にかかわらず、当該期間内に当該地下貯蔵タンク又は二重殻タンクにおける危険物の貯蔵及び取扱いが休止され、かつ、市町村長等が保安上支障がないと認める場合には、当該地下貯蔵タンク又は二重殻タンクを有する製造所等の所有者、管理者又は占有者の申請に基づき、当該期間を当該市町村長等が定める期間延長することができる。

4　前項の申請は、別記様式第42の申請書に理由書その他の参考となるべき事項を記載した書類を添えて行わなければならない。

第62条の5の3　製造所等のうち地盤面下に設置された配管（以下この条において「地下埋設配管」という。）を有するものに係る定期点検は、第62条の4の規定によるほか、告示で定めるところにより、当該地下埋設配管の漏れの点検を行わなければならない。ただし、地下埋設配管又はその部分のうち、危険物の微少な漏れを検知しその漏えい拡散を防止するための告示で定める措置が講じられているものにあっては、この限りではない。

2　前項の点検は、地下埋設配管を有する製造所等について令第8条第3項の完成検査済証（変更の許可に係るものについては、当該地下埋設配管の変更の許可に係るものに限る。）の交付を受けた日又は直近において前項の点検を行った日から1年（完成検査を受けた日から15年を超えないもの又は危険物の漏れを覚知しその漏えい拡散を防止するための告示で定める措置が講じられているものにあっては3年）を経過する日の属する月の末日までの間に1回以上行わなければならない。ただし、第62条の2第1項第1号に掲げる事由により、前項の点検を行うことが困難であると認められるときは、市町村長等が点検を行

うべき期限を別に定めることができる。

3　前項の規定にかかわらず、当該期間内に当該地下埋設配管における危険物の取扱いが休止され、かつ、市町村長等が保安上支障がないと認める場合には、当該地下埋設配管を有する製造所等の所有者、管理者又は占有者の申請に基づき、当該期間を当該市町村長等が定める期間延長することができる。

4　前項の申請は、別記様式第43の申請書に理由書その他の参考となるべき事項を記載した書類を添えて行わなければならない。

第62条の5の4　移動タンク貯蔵所に係る定期点検は、第62条の4の規定によるほか、告示で定めるところにより、令第8条第3項の完成検査済証（変更の許可に係るものについては、当該移動貯蔵タンクの変更の許可に係るものに限る。）の交付を受けた日又は直近において当該移動貯蔵タンクの漏れの点検を行った日から5年を経過する日の属する月の末日までの間に1回以上当該移動貯蔵タンクの漏れの点検を行わなければならない。ただし、次の各号のいずれかに該当する場合には、市町村長等が点検を行うべき期限を別に定めることができる。

(1)　第62条の2第1項第1号に掲げる事由により、当該点検を行うことが困難であると認められるとき。

(2)　当該移動タンク貯蔵所の漏れを常時監視するための装置の設置その他の必要な措置が講じられており、かつ、市町村長等が保安上支障がないと認めるとき。

第62条の5の5　令第20条第1項第1号の規定により第3種の固定式の泡消火設備を設ける屋外タンク貯蔵所に係る定期点検は、第62条の4の規定によるほか、告示で定めるところにより、当該泡消火設備の泡の適正な放出を確認する一体的な点検を行わなければならない。

第62条の6　第62条の4から前条までの規定による点検は、危険物取扱者又は危険物施設保安員（第62条の5の2から第62条5の4までの規定による点検については、当該各条の告示で定めるところによる点検の方法に関する知識及び技能を有する者、前条の規定による点検については、泡の発泡機構、泡消火薬剤の性状及び性能の確認等に関する知識及び技能を有する者に限る。）が行わなければならない。

2　前項の規定にかかわらず、危険物取扱者の立会を受けた場合は、危険物取扱者以外の者（第62条の5の2から第62条の5の4までの規定による点検については、当該各条の告示で定めるところによる点検の方法に関する知識及び技能を有する者、前条の規定による点検については、泡の発泡機構、泡消火薬剤の性状及び性能の確認等に関する知識及び技能を有する者に限る。）が点検を行うことができる。

第62条の7　法第14条の3の2の規定による点検記録には、次の各号に掲げる事項を記載しなければならない。

(1)　点検をした製造所等の名称

(2)　点検の方法及び結果

(3)　点検年月日

（4） 点検を行つた危険物取扱者若しくは危険物施設保安員又は点検に立会つた危険物取扱者の氏名

第62条の8 前条に規定する点検記録は、次の各号に掲げる区分に応じ、それぞれ当該各号に定める期間これを保存しなければならない。

（1） 第62条の5第1項の規定による屋外貯蔵タンクの内部点検に係る点検記録　26年間（同項括弧書の期間の適用を受けた場合にあつては30年間）。ただし、当該期間内に同条第3項の規定により市町村長等が延長期間を定めた場合にあつては、当該延長期間を加えた期間

（2） 第62条の5の2第1項の規定による地下貯蔵タンク及び二重殻タンクの強化プラスチック製の外殻の漏れの点検に係る点検記録　3年間。ただし、当該期間内に同条第2項ただし書の規定により市町村長等が延長期間を定めた場合にあつては、当該延長期間を加えた期間

（3） 第62条の5の3第1項の規定による地下埋設配管の漏れの点検に係る点検記録　3年間。ただし、当該期間内に同条第2項ただし書の規定により市町村長等が延長期間を定めた場合にあつては、当該延長期間を加えた期間

（4） 第62条の5の4の規定による移動貯蔵タンクの漏れの点検に係る点検記録　10年間

（5） 前各号以外の点検記録　3年間

留意事項

（1） 危険物施設の多くは、法第10条第4項の技術上の基準に適合しているかどうかについて、1年に1回以上危険物施設の点検をしなければならない。ただし、災害その他非常事態による事由により危規則に定める期限までに行うことが困難であると認められるときは、市町村長等が点検を行うべき期限を別に定めることができる。また、常時監視するための装置の設置その他の必要な措置が講じられ、かつ、市町村長等が保安上支障がないと認める場合には、点検周期を合理化することができる。

　なお、引火性液体を貯蔵する特定屋外タンク貯蔵所については別に一定の期間ごとに内部開放点検を実施することになっている。

　定期点検の実施者は当該危険物施設における安全管理の実施面での責任者である危険物取扱者等とされており、点検を行った場合はその点検記録を作成し、保存することが義務付けられている。

表19-1　**定期点検を実施しなければならない危険物施設**

製造所等の区分	対象条件
製　　造　　所	①指定数量の倍数が10以上 ②地下タンクを有するもの
屋　内　貯　蔵　所	指定数量の倍数が150以上
屋外タンク貯蔵所	指定数量の倍数が200以上
屋　外　貯　蔵　所	指定数量の倍数が100以上
地下タンク貯蔵所	すべて
移動タンク貯蔵所	すべて

給　油　取　扱　所	地下タンクを有するもの
移　送　取　扱　所	すべて（配管の延長が15km を超えるもの又は配管に係る最大常用圧力が0.95MPa 以上で、かつ、配管の延長が7km 以上15km 以下のものを除く。）
一　般　取　扱　所	①指定数量の倍数が10以上 　（指定数量の倍数が30以下で引火点40℃以上の第4類危険物のみを容器に詰替える施設を除く。） ②地下タンクを有するもの

注　鉱山保安法に基づく保安規程及び火薬類取締法に基づく危害予防規程を定めるものを除く。

(2)　点検実施者

ア　危険物取扱者

イ　危険物施設保安員

ウ　その他の者（危険物取扱者の立会いのある場合に限る（危規則第62条の6）。）

(3)　点検記録の記載事項

次に掲げる事項を記載しなければならない（危規則第62条の7）。

ア　点検をした製造所等の名称

イ　点検の方法及び結果

ウ　点検年月日

エ　点検実施者の氏名（前(2)ウの場合は立ち会った危険物取扱者の氏名）

(4)　点検記録の保存期間

次の表のとおり規定している（危規則第62条の8）。

表19-2

点　検　記　録　区　分	保存期間
通常の点検記録 　（危規則第62条の7）	3年間
移動貯蔵タンクの漏れの点検に係る点検記録 　（危規則第62条の5の4）	10年間
容量1,000kℓ 以上1万kℓ 未満の屋外貯蔵タンクの内部点検記録（危規則第62条の5）	26年間

（保安のための措置を講じて、届出した場合）　　　　　　　　　　（30年間）

(5)　危規則第62条の4第1項第2号の「法第10条第4項の技術上の基準に適合していることを常時監視するための装置の設置その他の必要な措置」（以下「危規則第62条の4第1項第2号の措置」という。）及び危規則第62条の5の4第2号の「当該移動タンク貯蔵所の漏れを常時監視するための装置の設置その他の必要な措置」（以下「危規則第62条の5の4第2号の措置」という。）は、例えば、監視カメラ、各種計測システム等の装置を設置することにより、それぞれ法第10条第4項の技術上の基準に適合していること及び移動タンク貯蔵所の漏れを常時監視することが可能な場合を想定したものである。

(6) (5)に例示した装置の設置以外の措置として、法第10条第4項の技術上の基準に適合していることについて行う点検（以下「技術基準の点検」という。）や、移動タンク貯蔵所の漏れについて行う点検に関し、同等以上の効果を有する措置が講じられている場合は、常時監視するための装置の設置の場合と同等に取り扱って差し支えない。

(7) 危規則第62条の4第1項第2号の措置が技術基準の点検における一部の点検項目のみに係るもので、保安上支障がないと認められる場合にあっては、当該点検項目について、点検期限を別に定めることとして差し支えない。この場合、当該措置により点検を別に定めた項目以外の点検項目については、危規則第62条の4第1項本文の点検期限により定期点検を行うこと。

(8) 危規則第62条の4第1項第2号又は危規則第62条の5の4第2号に該当する場合として、市町村長等が点検期限を別に定める場合の当該点検期限については、それぞれ危規則第62条の4第1項第2号の措置又は危規則第62条の5の4第2号の措置の内容に応じて、市町村長等の判断により、保安上支障がない期限を定めること。

20 自衛消防組織

根拠条文 法

〔自衛消防組織の設置〕
第14条の4 同一事業所において政令で定める製造所、貯蔵所又は取扱所を所有し、管理し、又は占有する者で政令で定める数量以上の危険物を貯蔵し、又は取り扱うものは、政令で定めるところにより、当該事業所に自衛消防組織を置かなければならない。

危政令

（自衛消防組織を置かなければならない事業所）
第38条 法第14条の4の政令で定める製造所、貯蔵所又は取扱所は、指定施設とする。
2 法第14条の4の政令で定める数量は、第30条の3第2項に規定する数量とする。

（自衛消防組織の編成）
第38条の2 法第14条の4の規定による自衛消防組織（以下「自衛消防組織」という。）は、次の表の上〔左〕欄に掲げる事業所の区分に応じそれぞれ同表の中欄及び下〔右〕欄に掲げる数以上の人員及び化学消防自動車（指定施設である移送取扱所を有する事業所にあつては、総務省令で定める数以上の人員及び化学消防自動車）をもつて編成しなければならない。ただし、火災その他の災害のための相互応援に関する協定を締結している事業所については、総務省令で定めるところにより編成することをもつて足りるものとする。

事 業 所 の 区 分	人員数	化学消防自動車の台数
指定施設において取り扱う第4類の危険物の最大数量が指定数量の12万倍未満である事業所	5人	1 台
指定施設において取り扱う第4類の危険物の最大数量が指定数量の12万倍以上24万倍未満である事業所	10人	2 台
指定施設において取り扱う第4類の危険物の最大数量が指定数量の24万倍以上48万倍未満である事業所	15人	3 台
指定施設において取り扱う第4類の危険物の最大数量が指定数量の48万倍以上である事業所	20人	4 台

2　前項の化学消防自動車は、総務省令で定める消火能力及び設備を有するものでなければならない。

3　第1項の化学消防自動車には、消火活動を実施するために必要な消火薬剤及び器具を備えておかなければならない。

（危険物保安統括管理者を定めなければならない事業所等）

第30条の3　法第12条の7第1項の政令で定める製造所、貯蔵所又は取扱所は、第4類の危険物を取り扱う製造所、移送取扱所又は一般取扱所のうち、総務省令で定めるもの以外のもの（以下「指定施設」という。）とする。

2　法第12条の7第1項の政令で定める数量は、指定施設において取り扱う第4類の危険物について、指定数量の3,000倍に相当する数量（移送取扱所にあつては、総務省令で定める数量）とする。

3　法第12条の7第1項の危険物保安統括管理者は、当該事業所においてその事業の実施を統括管理する者をもつて充てなければならない。

危規則

（移送取扱所を有する事業所の自衛消防組織の編成）

第64条　令第38条の2第1項に規定する総務省令で定める人員数及び化学消防自動車の台数は、次のとおりとする。

(1)　指定施設である移送取扱所を有する事業所のうち移送取扱所以外の指定施設を有する事業所については、別表第5及び第6の人員数及び化学消防自動車の台数を合計した数。ただし、第65条第5号に規定する化学消防ポンプ自動車を置く事業所については、人員数5名及び化学消防自動車1台を減じた数とすることができる。

(2)　指定施設である移送取扱所のみを有する事業所については、別表第6の人員数及び化学消防自動車の台数。

（自衛消防組織の編成の特例）

第64条の2　令第38条の2第1項ただし書の総務省令で定める編成は、火災その他の災害のための相互応援に関する協定を締結しているすべての事業所を一の事業所と、当該すべての事業所の指定施設において取り扱う第4類の危険物の最大数量を一の事業所の指定施設において取り扱う第4類の危険物の最大数量とみなして同項本文の規定を適用した場合における人員及び化学消防自動車の台数とすることができる。ただし、相互応援に関する協定を締結している各事

業所の自衛消防組織は、少くとも当該事業所の指定施設において取り扱う第4類の危険物の最大数量に応じ、令第38条の2第1項の表に掲げる化学消防自動車の台数の2分の1以上の台数の化学消防自動車及び化学消防自動車1台につき5人以上の人員をもつて編成しなければならない。

（化学消防自動車の基準）

第65条　令第38条の2第2項の総務省令で定める化学消防自動車の消火能力及び設備の基準は、次のとおりとする。

　⑴　泡を放射する化学消防自動車にあつてはその放水能力が毎分2,000リットル以上、消火粉末を放射する化学消防自動車にあつてはその放射能力が毎秒35キログラム以上であること。

　⑵　泡を放射する化学消防自動車にあつては消火薬液槽及び消火薬液混合装置を、消火粉末を放射する化学消防自動車にあつては消火粉末槽及び加圧用ガス設備を車体に固定すること。

　⑶　泡を放射する化学消防自動車にあつては24万リットル以上の泡水溶液を放射することができる量の消火薬液を、消火粉末を放射する化学消防自動車にあつては1,400キログラム以上の量の消火粉末を備えておくこと。

　⑷　泡を放射する化学消防自動車の台数は、令第38条の2第1項の表に掲げる化学消防自動車の台数の3分の2以上とすること。

　⑸　指定施設である移送取扱所を有する事業所の自衛消防組織に編成されるべき化学消防自動車のうち、移送取扱所に係るものとして別表第6で算定される化学消防自動車は、第1号から第3号までに定める基準のほか、容量1,000リットル以上の水槽及び放水銃等を備えていること。

留意事項　自衛消防組織は、極めて大量の第4類危険物を取り扱う事業所において火災が発生した場合に、初期のうちに消火し、また、延焼拡大を防止するために事業者が自ら組織する消防の人的、物的組織の総合体であり、企業の社会的責任の見地から一般公設消防に対する補完として設置されるものであって、その規模に応じて化学消防自動車と人員並びに資器材を備えておかなければならない。

表20-1　**自衛消防組織を置かなければならない事業所**

対象となる製造所等	取り扱う危険物の数量等
製　　造　　所 一　般　取　扱　所	第4類の危険物を指定数量の3,000倍以上取り扱う事業所
移　送　取　扱　所	第4類の危険物を指定数量以上取り扱う事業所

注　危規則第47条の4に該当するものは除く。

21 品名・数量・指定数量の倍数変更

根拠条文 法

〔貯蔵又は取り扱う危険物の品名、数量又は指定数量の倍数変更の届出〕

第11条の4　製造所、貯蔵所又は取扱所の位置、構造又は設備を変更しないで、当該製造所、貯蔵所又は取扱所において貯蔵し、又は取り扱う危険物の品名、数量又は指定数量の倍数（当該製造所、貯蔵所又は取扱所において貯蔵し、又は取り扱う危険物の数量を当該危険物の指定数量で除して得た値（品名又は指定数量を異にする2以上の危険物を貯蔵し、又は取り扱う場合には、当該貯蔵又は取扱いに係るそれぞれの危険物の数量を当該危険物の指定数量で除して得た値の和）をいう。）を変更しようとする者は、変更しようとする日の10日前までに、その旨を市町村長等に届け出なければならない。

③　第11条第7項の規定は、同項に規定する製造所、貯蔵所又は取扱所につき第1項の届出があつた場合について準用する。

〔罰則〕

第44条

危政令

（通則）

第24条　法第10条第3項の製造所等においてする危険物の貯蔵及び取扱いのすべてに共通する技術上の基準は、次のとおりとする。

(1)　製造所等において、法第11条第1項の規定による許可若しくは法第11条の4第1項の規定による届出に係る品名以外の危険物又はこれらの許可若しくは届出に係る数量若しくは指定数量の倍数を超える危険物を貯蔵し、又は取り扱わないこと。

留意事項　危険物施設で、その位置、構造又は設備を変更しないで、貯蔵又は取り扱う危険物の品名・数量又は指定数量の倍数を変更する場合は、変更許可申請を行うことなく、変更届出書を、変更しようとする日の10日前までに、許可行政庁へ届け出なければならない。

21 品名・数量・指定数量の倍数変更 83

品名、数量又は指定数量の倍数変更届出書の記載例

様式第16（第7条の3関係）
（危規則）

危険物 ~~製造所~~ 貯蔵所 ~~取扱所~~ 品名、数量又は指定数量の倍数変更届出書

<table>
<tr><td colspan="5" style="text-align:right">○ 年 ○ 月 ○ 日</td></tr>
<tr><td colspan="5">殿</td></tr>
<tr><td colspan="5">届 出 者 ○○市○○町1－3
住　　所 　　　　　（電話○○－○○○○）
氏　　名 ○○工業（株）代表取締役社長○○○</td></tr>
<tr><td rowspan="2">設置者</td><td>住　　所</td><td colspan="3">○○市○○町1－3　　　　　　　　　電話○○－○○○○</td></tr>
<tr><td>氏　　名</td><td colspan="3">○○工業㈱代表取締役社長　○○　○</td></tr>
<tr><td colspan="2">設　置　場　所</td><td colspan="3">○○市○○町1－3</td></tr>
<tr><td colspan="2">設置の許可年月日及び
許　可　番　号</td><td colspan="3">○ 年 ○ 月 ○ 日　　　第 ○ ○ 号</td></tr>
<tr><td colspan="2">製 造 所 等 の 別</td><td>貯 蔵 所</td><td>貯 蔵 所 又 は
取扱所の区分</td><td>地下タンク貯蔵所</td></tr>
<tr><td rowspan="2">危険物の類、
品名（指定数
量）、最大数量</td><td>変更前</td><td>第4類第3石油類（重油）
（2,000ℓ）10,000ℓ</td><td rowspan="2">指 定
数量の
倍 数</td><td>5.0</td></tr>
<tr><td>変更後</td><td>第4類第2石油類（灯油）
（1,000ℓ）10,000ℓ</td><td>10.0</td></tr>
<tr><td colspan="2">変 更 予 定 期 日</td><td colspan="3">○ 年 ○ 月 ○ 日</td></tr>
<tr><td colspan="2">※ 受 付 欄</td><td colspan="3">※ 経 過 欄</td></tr>
<tr><td colspan="2"></td><td colspan="3"></td></tr>
</table>

備考　1　この用紙の大きさは、日本産業規格A4とすること。
　　　2　法人にあつては、その名称、代表者氏名及び主たる事務所の所在地を記入すること。
　　　3　品名（指定数量）の記載については、当該危険物の指定数量が品名の記載のみでは明確でない場合に（　）内に該当する指定数量を記載すること。
　　　4　※印の欄は、記入しないこと。

㉒ 完成検査済証の再交付

(根拠条文) 危政令

（完成検査の手続）
第8条

3 市町村長等は、完成検査を行つた結果、製造所にあつては第9条及び第20条から第22条まで、貯蔵所にあつては第10条から第16条まで及び第20条から第22条まで、取扱所にあつては第17条から第19条まで及び第20条から第22条までにぞれぞれ定める技術上の基準（法第11条の2第1項の検査（以下「完成検査前検査」という。）に係るものを除く。）に適合していると認めたときは、当該完成検査の申請をした者に完成検査済証を交付するものとする。

4 前項の完成検査済証の交付を受けている者は、完成検査済証を亡失し、滅失し、汚損し、又は破損した場合は、これを交付した市町村長等にその再交付を申請することができる。

5 完成検査済証を汚損し、又は破損したことにより前項の申請をする場合は、申請書に当該完成検査済証を添えて提出しなければならない。

6 第3項の完成検査済証を亡失してその再交付を受けた者は、亡失した完成検査済証を発見した場合は、これを10日以内に完成検査済証の再交付をした市町村長等に提出しなければならない。

(留意事項) 完成検査済証を紛失、汚損等をした場合は、当該完成検査済証の交付を受けた許可行政庁に、再交付の申請を行えば、完成検査済証の交付を受けることができる。

22 完成検査済証の再交付　85

再交付申請書の記載例

様式第12（第6条関係）
（危規則）

完成検査済証再交付申請書

<table>
<tr><td colspan="3" align="right">○ 年 ○ 月 ○ 日</td></tr>
<tr><td colspan="3">　　　　　　　　殿

申 請 者　〇〇市〇〇町5-3
住　所　　　　　　　（電話〇〇-〇〇〇〇）

氏　名　〇〇化成(株)〇〇支店長〇〇〇</td></tr>
<tr><td rowspan="2">設置者</td><td>住　　所</td><td>〇〇市〇〇町2-4-5　　　　　電話〇〇-〇〇〇〇</td></tr>
<tr><td>氏　　名</td><td>〇〇化成(株)代表取締役社長 〇 〇 〇 〇</td></tr>
<tr><td colspan="2">設 置 場 所</td><td>〇〇市〇〇町5-3</td></tr>
<tr><td colspan="2">製 造 所 等 の 別</td><td>貯 蔵 所　｜貯蔵所又は取扱所の区分｜地下タンク貯蔵所</td></tr>
<tr><td colspan="2">設置又は変更の許可
年月日及び許可番号</td><td>○ 年 ○ 月 ○ 日　　　第 ○ ○ 号</td></tr>
<tr><td colspan="2">設 置 又 は 変 更 の
完 成 検 査 年 月 日
及 び 検 査 番 号</td><td>○ 年 ○ 月 ○ 日　　　第 ○ ○ 号</td></tr>
<tr><td colspan="2">タ ン ク 検 査 年 月 日 及
び 検 査 番 号</td><td>○ 年 ○ 月 ○ 日　　　第 ○ ○ 号</td></tr>
<tr><td colspan="2">理　　　　　　　由</td><td>事務所移転時完成検査済証を亡失したため</td></tr>
<tr><td colspan="2">※ 受 付 欄</td><td>※ 経 　 過 　 欄</td></tr>
<tr><td colspan="2"></td><td>再交付年月日</td></tr>
</table>

備考　1　この用紙の大きさは、日本産業規格A4とすること。
　　　2　法人にあつては、その名称、代表者氏名及び主たる事務所の所在地を記入すること。
　　　3　※印の欄は、記入しないこと。

23 危険物施設の譲渡又は引渡し

根拠条文 法

〔製造所等の設置、変更等〕

第11条第6項 製造所、貯蔵所又は取扱所の譲渡又は引渡があつたときは、譲受人又は引渡を受けた者は、第1項の規定による許可を受けた者の地位を承継する。この場合において、同項の規定による許可を受けた者の地位を承継した者は、遅滞なくその旨を市町村長等に届け出なければならない。

〔罰則〕

第44条

留意事項 危険物施設の設置者が、所有権の移転又は管理権若しくは占有権の変更により、設置者名を変更しようとする場合は、譲渡又は引渡しを証明する書類（不動産の所有権を証明する謄本等の公文書、譲渡人及び譲受人双方連名による当該内容を示す私文書等）を添付して届け出る。

23 危険物施設の譲渡又は引渡し　87

譲渡又は引渡しを証明する書面の記載例

念　　書

Ⓕ　　Ⓝ（以下甲という。）とⒻ　　Ⓝ（以下乙という。）は、下記の一般取扱所の設置者の地位を甲から乙へ変更したことを、双方の諒解事項として確認する。

記

1　〇〇市〇〇町〇丁目〇番〇号

　　一般取扱所

　　設置許可番号　　〇〇第〇〇号

　　設置許可年月日　〇〇年〇月〇日

上記のとおり、この念書を作成し当事者双方下記に署名捺印する。

〇〇年〇月〇日

　　　　　〇〇市〇〇町〇丁目〇番〇号

　　　甲　Ⓕ　　Ⓝ　　　　　㊞

　　　　　〇〇市〇〇町〇丁目〇番〇号

　　　乙　Ⓕ　　Ⓝ　　　　　㊞

88　第1章　危険物規制の概要

譲渡引渡届出書の記載例

様式第15（第7条関係）
（危規則）

危険物 ~~製造所~~ ~~貯蔵所~~ 取扱所 譲渡引渡届出書

			○ 年 ○ 月 ○ 日
殿			
		届出者　○○市○○町23−5	
		住　所　　　　　　（電話○○−○○○○）	
		氏　名　○○工業(株)代表取締役社長　○○○○	

譲渡又は引渡を受けた者	住　　所	○○市○○町23−5		電話○○−○○○○
	氏　　名	○○工業(株)代表取締役社長　○○○○		
譲渡又は引渡をした者	住　　所	○○市○○町11−3		電話○○−○○○○
	氏　　名	○○(株)代表取締役社長　○○○○		
製造所等	設　置　場　所	○○市○○町16−3		
	製造所等の別	取　扱　所	貯蔵所又は取扱所の区分	一般取扱所
	設置の許可年月日及び許可番号	○ 年 ○ 月 ○ 日　　　第 ○ ○ 号		
	設置の完成検査年月日及び検査番号	○ 年 ○ 月 ○ 日　　　第 ○ ○ 号		
	危険物の類、品名（指定数量）、最大数量	第4類第4石油類（潤滑油）（6,000ℓ）10,800ℓ	指定数量の倍数	1.8
	譲渡又は引渡のあつた理由	経営計画の変更に伴い、○月○日所有権を移転した。		
	※　受　付　欄		※　経　過　欄	

備考　1　この用紙の大きさは、日本産業規格A4とすること。
　　　2　法人にあつては、その名称、代表者氏名及び主たる事務所の所在地を記入すること。
　　　3　品名（指定数量）の記載については、当該危険物の指定数量が品名の記載のみでは明確でない場合に（　）内に該当する指定数量を記載すること。
　　　4　※印の欄は、記入しないこと。
　　　5　譲渡引渡を証明する書類を添付すること。

24 危険物施設の廃止

根拠条文 法

〔製造所等の廃止の届出〕

第12条の6 製造所、貯蔵所又は取扱所の所有者、管理者又は占有者は、当該製造所、貯蔵所又は取扱所の用途を廃止したときは、遅滞なくその旨を市町村長等に届け出なければならない。

留意事項

1 用途の廃止とは、一時的な使用の休止ではなく、将来に向かって完全に製造所等としての機能を失わせることをいう。

2 廃止に際して、施設や設備の撤去は必要ないが、危険物が残存していないことを確認した後でなければ、廃止届を受理することはできない。

90 第1章 危険物規制の概要

廃止届出書の記載例

様式第17（第8条関係）
（危規則）

危険物 ~~製造所~~ 貯蔵所 ~~取扱所~~ **廃止届出書**

				○年 ○月 ○日
		殿		
		届出者		
		住　所　○○市○○町6－7　（電話○○－○○○○）		
		氏　名　○○商会○○支店長　○○○○		

設置者	住　　所	○○市○○町1－3－5　　　　　電話○○－○○○○		
	氏　　名	○○商会代表取締役社長　○○○○		
設　置　場　所		○○市○○町6－7		
設置の許可年月日及び許可番号		○年○月○日　　　第○○号		
設置の完成検査年月日及び検査番号		○年○月○日　　　第○○号		
製造所等の別		貯蔵所	貯蔵所又は取扱所の区分	地下タンク貯蔵所
危険物の類、品名（指定数量）、最大数量		第4類第2石油類（灯油）(1,000ℓ) 1,500ℓ	指定数量の倍数	1.5
廃止年月日		○年○月○日		
廃止の理由		事業所の拡張計画に伴い、廃止する。		
残存危険物の処理		タンク内の危険物は完全に抜き取り、タンク頂部まで水を充てんし、浮遊した危険物を除去する。		
※　受　付　欄		※　経　　過　　欄		

備考　1　この用紙の大きさは、日本産業規格A4とすること。
　　　2　法人にあっては、その名称、代表者氏名及び主たる事務所の所在地を記入すること。
　　　3　品名（指定数量）の記載については、当該危険物の指定数量が品名の記載のみでは明確でない場合に（　）内に該当する指定数量を記載すること。
　　　4　※印の欄は、記入しないこと。

25 仮貯蔵・仮取扱い

根拠条文 法

〔危険物の貯蔵・取扱いの制限等〕

第10条第1項 指定数量以上の危険物は、貯蔵所（車両に固定されたタンクにおいて危険物を貯蔵し、又は取り扱う貯蔵所（以下「移動タンク貯蔵所」という。）を含む。以下同じ。）以外の場所でこれを貯蔵し、又は製造所、貯蔵所及び取扱所以外の場所でこれを取り扱つてはならない。ただし、所轄消防長又は消防署長の承認を受けて指定数量以上の危険物を、10日以内の期間、仮に貯蔵し、又は取り扱う場合は、この限りでない。

〔無許可貯蔵等の危険物に対する措置命令〕

第16条の6 市町村長等は、第10条第1項ただし書の承認又は第11条第1項前段の規定による許可を受けないで指定数量以上の危険物を貯蔵し、又は取り扱つている者に対して、当該貯蔵又は取扱いに係る危険物の除去その他危険物による災害防止のための必要な措置をとるべきことを命ずることができる。

② 第11条の5第4項及び第5項の規定は前項の規定による命令について、第16条の3第5項の規定は前項の規定による必要な措置を命じた場合について、それぞれ準用する。

〔罰則〕

第41条、第45条

留意事項 (1) 10日以内に限り、指定数量以上の危険物を貯蔵し、又は取り扱う場合は、当該区域を管轄する消防署長又は消防長に承認申請を行い、承認を受けなければならない。

(2) 10日間の反復繰り返しの場合は、認められない。ただし、タンクコンテナによる仮貯蔵の場合については、台風、地震等の自然災害、事故等による船舶の入出港の遅れ、鉄道の不通等やむを得ない事由により、仮承認期間を過ぎても同一の場所で仮貯蔵を継続する必要が生じた場合は、繰り返して同一の場所で承認をすることができる。

92　第1章　危険物規制の概要

仮貯蔵・仮取扱い承認申請書の記載例

様式第1の2（第1条の6関係）
（危規則）

危険物 仮 貯 蔵 承認申請書
　　　　仮取扱い

殿	申 請 者 住　所　〇〇市〇〇町2-4（電話〇〇-〇〇〇〇） 氏　名　〇〇(株)社長 〇〇〇			○ 年 ○ 月 ○ 日	

危　険　物　の 所有者、管理者 又 は 占 有 者	住　所	〇〇市〇〇町2-4 　　　電話 〇〇〇〇（〇〇）〇〇〇〇		
	氏　名	〇〇(株)社長　〇〇〇		
仮貯蔵・仮取扱い の　　場　　所	所在地 ・ 名　称	〇〇市〇〇町2-6		
危険物の類、品名及び最大数量		第4類第3石油類 （絶縁油）3,000ℓ	指定数量 の 倍 数	1.5 倍
仮貯蔵・仮取扱いの方法		大型トランスに収納されている絶縁油を新たに精製した絶縁油と交換する。		
仮貯蔵・仮取扱いの期間		○ 年 ○ 月 ○ 日から ○ 年 ○ 月 ○ 日まで 10 日間		
管　理　の　状　況 （消火設備の設置状況を含む）		第4種1本及び第5種2本の粉末消火器を設置し、取扱時は危険物取扱者が立会う。		
現場管理責任者	住　所	〇〇市〇〇町12-4 　　　　緊急連絡先 〇〇〇（〇〇〇〇）〇〇〇〇		
	氏　名	〇〇建設(株) 〇〇〇〇 【危険物取扱者免状：㊒（種類：　乙種第3類　　）・無】		
仮貯蔵・仮取扱いの理由及び 期 間 経 過 後 の 処 理		短期的な絶縁油の取扱いで継続性がないことから、仮取扱の申請となった。抜き取った絶縁油は業者に引きとらせる。		
そ の 他 必 要 事 項				

※　受　付　欄	※　経　過　欄	※ 手 数 料 欄
	承認年月日 承 認 番 号	

備考　1　この用紙の大きさは、日本産業規格A4とすること。
　　　2　法人にあっては、その名称、代表者氏名及び主たる事務所の所在地を記入すること。
　　　3　案内図、配置図、平面図、構造図その他関係書類を添付すること。
　　　4　※印の欄は、記入しないこと。

26 その他（特例基準の適用）

根拠条文　危政令

（基準の特例）

第23条　この章の規定は、製造所等について、市町村長等が、危険物の品名及び最大数量、指定数量の倍数、危険物の貯蔵又は取扱いの方法並びに製造所等の周囲の地形その他の状況等から判断して、この章の規定による製造所等の位置、構造及び設備の基準によらなくとも、火災の発生及び延焼のおそれが著しく少なく、かつ、火災等の災害による被害を最少限度に止めることができると認めるとき、又は予想しない特殊の構造若しくは設備を用いることにより、この章の規定による製造所等の位置、構造及び設備の基準による場合と同等以上の効力があると認めるときにおいては、適用しない。

留意事項　(1)　危政令第23条の規定は、一定の条件に適合する場合には、危政令第3章の規定による製造所等（危険物施設）の位置、構造及び設備の基準について特例を認めることが規定されている。

(2)　特例基準の適用は、許可行政庁が、危険物の品名及び数量、危険物の貯蔵又は取扱いの方法並びに危険物施設の周囲の地形その他の状況等から判断して行うもので、次のア又はイによる客観的条件によるものである。

　ア　危政令第9条から第22条の基準によらなくても火災の発生及び延焼のおそれが著しく少なく、かつ、火災等の災害による被害を最少限度に止めることができると認めるとき。

　イ　予想しない特殊の構造若しくは設備を用いることにより、危政令第9条から第22条の規定による危険物施設の位置、構造及び設備の基準による場合と同等以上の効力があると認めるとき。

(3)　特例基準の適用は、許可行政庁の判断と責任において、危政令第3章の趣旨を損なうことなく、個別具体の事例において判断することが必要である。

　許可行政庁が恣意的な運用や不適切な運用をした場合には、行政の不均衡を生じ、社会に与える影響が大きいこともあり得るということを考慮し、公平かつ適正に運用する必要がある。

(4)　危政令第9条第2項、第3項、第10条第4項から第7項、第11条第3項から第6項や第19条第2項等の特例を適用する施設においては、法令により特例基準が示されており、危政令第23条の特例を適用する場合にはその適用に誤りのないよう注意しなければならない。

　例　危政令第23条の特例適用が不適当な例

　　・危規則第28条の57第2項のボイラー等の一般取扱所において、予想しない特殊の構造若しくは設備を用いることにより、危政令第23条の特例を適用して危険物を取り扱うタンクの容量の総計を指定数量以上として、危規則第28条の57第

2項のボイラー等の一般取扱所として許可すること。
・専ら吹付塗装作業等を行う一般取扱所において危規則第28条の55第2項第2号により、建築物の一般取扱所の用に供する部分の外壁は、耐火構造としなければならないが、一般取扱所の用に供する外壁の周囲に空地を確保することにより、危政令第23条の特例を適用し、その外壁を不燃材料とすることを許可すること（図26－1参照）。

図26－1　**特例を適用することができない例**

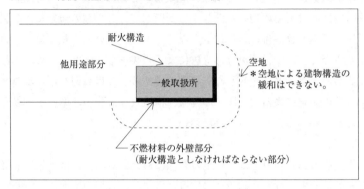

第 2 章 製造所の基準

第2章 光学系の基礎

第2章 製造所の基準

1 区分

製造所とは、最初に用いる原料が危険物であるか非危険物であるかを問わず、種々の作業工程を経て製造した最終製品が危険物である対象をいう。

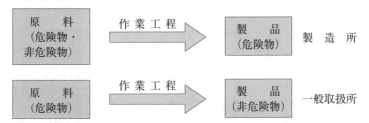

2 規制範囲

原則として、建物内に設置するものにあっては1棟、屋外に設置する場合にあっては、一連の工程をもって一の許可単位とする。

図2-1 **規制範囲の例**

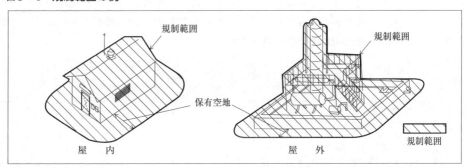

3 危険物の取扱数量及び倍数

指定数量以上の危険物を取り扱う場合の、取扱いに係る数量の計算基準については、法第10条第1項ただし書で仮貯蔵及び仮取扱いを「10日間」に限って認めている等の趣旨から、1日間の取扱行為に係る危険物の数量の合計とされている。

危険物の取扱数量及び倍数の算定は、製造される危険物の品名、数量等によって製造工程が単純なものから複雑なもの、製造日数が数日にわたるもの等様々なケースがあり、形式化することはできないので、実態に応じて具体的に算定する必要がある。

以下、算定に当たっての例を示す。

1 塗料製造所の例

塗料製造所のように危険物を原料として危険物を製造する製造所において、製造工程が1日で完了する場合は、製造工程ごとに原料に係る危険物と製品に係る危険物を比較し、指定数量の倍数の大きい方を1工程の取扱数量及び倍数とし、次により算定する。

(1) 同一危険物を繰り返して製造する場合

1工程の取扱倍数に1日当たりの繰り返した回数を乗じた数値をもって取扱倍数とする。なお、それ以外に製品の熟成等のため停滞がある場合には、当該停滞危険物の倍数を加えた数値をもって倍数とする。これを具体例によって示すと、図3－1のような装置、設備で、1工程に変性アルコール120ℓ、さく酸エチル230ℓ、トルエン230ℓ、ジオクチルフタレート40ℓ及び硝化綿カラーチップ120kgを原料として、硝化綿ラッカー700ℓを1日に2回製造し、容量1,400ℓの熟成タンク2基に1,400ℓずつ約1日停滞させ、容器に詰め替える製造所の場合は次のとおりである。

図3－1

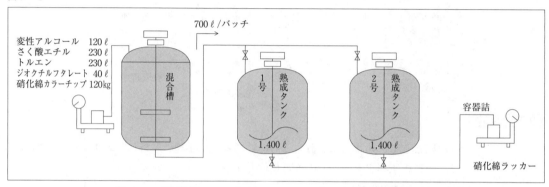

表3－1及び表3－2より、1バッチ当たりの原料危険物の取扱倍数と製品危険物の取扱倍数を比べると、原料危険物の取扱倍数が大きいので、これに1日当たり

表3－1 **工程で取り扱う危険物及び停滞危険物**

原料危険物			製造危険物			停滞危険物		
品　名	使用量	倍数	品　名	製造量	倍数	品　名	停滞量	倍数
変性アルコール （アルコール類）	120ℓ	0.3	硝化綿ラッカー （第1石油類 非水溶性）	700ℓ	3.5	硝化綿ラッカー （第1石油類 非水溶性）	1,400ℓ	7
さく酸エチル （第1石油類 非水溶性）	230ℓ	1.15						
トルエン （第1石油類 非水溶性）	230ℓ	1.15						
ジオクチルフタレート （第4石油類）	40ℓ	0.007						
硝化綿カラーチップ （第5類硝酸エステル類含有物 第2種自己反応性物質）	120kg	1.2						
倍数合計	－	3.81	倍数合計	－	3.5	倍数合計	－	7

機器内蔵危険物		
品　名	使用量	倍数
油圧作動油 （第4石油類）	300ℓ	0.05倍

表3-2　作業日別工程表

	1日目 午前　午後	2日目 午前　午後	3日目 午前　午後	4日目 午前　午後	5日目 午前　午後	6日目 午前　午後
1号タンク　混合	3.81　3.81		3.81　3.81		3.81　3.81	
移送						
熟成	7		7		7	
小分け						
2号タンク　混合		3.81　3.81		3.81　3.81		3.81　3.81
移送						
熟成		7		7		
小分け						
作動油	0.05 (3.81×2 +0.05)	0.05 (3.81×2 +7 +0.05)	0.05 (3.81×2 +7×2 +0.05)	0.05 (3.81×2 +7×2 +0.05)	0.05 (3.81×2 +7×2 +0.05)	0.05 (3.81×2 +7×2 +0.05)

の製造回数2回を乗じ、更に停滞危険物として熟成タンク内危険物と油圧作動油の倍数を加えた数値（3日目以降の数値）をもって、当該製造所の危険物取扱いに係る倍数とする。

$$(3.81 \times 2) + (7 \times 2) + 0.05 = 21.67（倍）$$

(2) 異種危険物を同一設備を用いて製造する場合

　同一設備を用いて1日に2種類以上の危険物を製造する場合は、前(1)の例により、各工程について、それぞれ原料危険物と製品危険物を比較して倍数の大きい方をもって当該工程の取扱倍数とし、これらを合計した数値をもって当該製造所の取扱倍数とする。

ア　1日に3工程で3種類の危険物を製造する例

図3-2

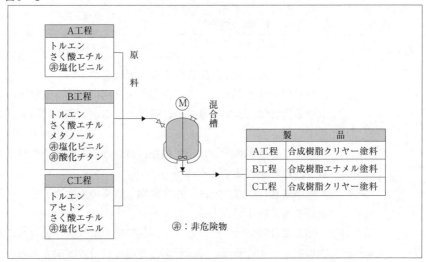

A、B及びC工程において、図3－2のような種類の危険物を原料として、危険物を製造するもので危険物を取り扱う製造所における取扱倍数を次の表3－3に整理すると、いずれも原料危険物より製造危険物の取扱倍数が大きく、3工程の製品危険物の取扱倍数の和は15となる。

表3－3 **工程で取り扱う危険物**

工 程	原 料 危 険 物			製 造 危 険 物		
	品　　名	使用量	倍数	品　　　名	製造量	倍数
A工程	ト ル エ ン (第 1 石 油 類 非 水 溶 性)	300ℓ	1.5	合成樹脂クリヤー塗料 (第 1 石 油 類 非 水 溶 性)	1,000ℓ	5
	さ く 酸 エ チ ル (第 1 石 油 類 非 水 溶 性)	300ℓ	1.5			
	倍数合計	－	3.0	倍数合計	－	5
B工程	ト ル エ ン (第 1 石 油 類 非 水 溶 性)	200ℓ	1	合成樹脂エナメル塗料 (第 1 石 油 類 非 水 溶 性)	1,000ℓ	5
	さ く 酸 エ チ ル (第 1 石 油 類 非 水 溶 性)	200ℓ	1			
	メ タ ノ ー ル (アルコール類)	250ℓ	0.625			
	倍数合計	－	2.625	倍数合計	－	5
C工程	ト ル エ ン (第 1 石 油 類 非 水 溶 性)	400ℓ	2	合成樹脂クリヤー塗料 (第 1 石 油 類 非 水 溶 性)	1,000ℓ	5
	ア セ ト ン (第 1 石 油 類 非 水 溶 性)	200ℓ	0.25			
	さ く 酸 エ チ ル (第 1 石 油 類 非 水 溶 性)	100ℓ	0.5			
	倍数合計	－	2.75	倍数合計	－	5

イ　日によって取り扱う危険物が異なる製造をする例

一定日間をサイクルとして、当該一定日間における危険物の取扱いが日によって異なる場合は、前アよりも更に複雑となるが、例えば図3－3のような設備を用いて、

(ｱ)　第1日目は図3－3に示す種類、数量の危険物等を原料として所要の工程を経て危険物を製造する。

(ｲ)　第2日目は、図3－3に示す種類、数量の危険物等を原料として所要の工程を経て危険物を製造する。

当該2日間をサイクルとして、危険物を取り扱う製造所における取扱倍数を次の表3－4に整理して計算すると第2日目の2.54となる。

3 危険物の取扱数量及び倍数

図3-3

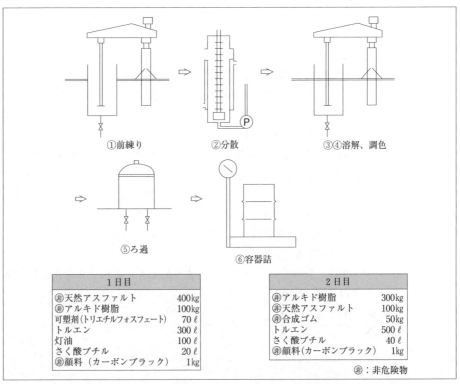

1日目	
㊹天然アスファルト	400kg
㊹アルキド樹脂	100kg
可塑剤(トリエチルフォスフェート)	70ℓ
トルエン	300ℓ
灯油	100ℓ
さく酸ブチル	20ℓ
㊹顔料(カーボンブラック)	1kg

2日目	
㊹アルキド樹脂	300kg
㊹天然アスファルト	100kg
㊹合成ゴム	50kg
トルエン	500ℓ
さく酸ブチル	40ℓ
㊹顔料(カーボンブラック)	1kg

㊹：非危険物

表3-4

日	原料危険物			製造危険物		
	品名	使用量	倍数	品名	製造量	倍数
1日目	トルエン (第1石油類 非水溶性)	300ℓ	1.5	合成樹脂エナメル塗料 (第2石油類 非水溶性)	985ℓ	0.985
	灯油 (第2石油類 非水溶性)	100ℓ	0.1			
	さく酸ブチル (第2石油類 非水溶性)	20ℓ	0.02			
	可塑剤 (第3石油類 非水溶性)	70ℓ	0.018			
	倍数合計	-	1.638	倍数合計	-	0.985
2日目	トルエン (第1石油類 非水溶性)	500ℓ	2.5	合成樹脂エナメル塗料 (第2石油類 非水溶性)	980ℓ	0.980
	さく酸ブチル (第2石油類 非水溶性)	40ℓ	0.04			
	倍数合計	-	2.54	倍数合計	-	0.980

2 工業薬品製造所の例

工業薬品製造所のように、危険物等を原料として危険物を製造するもので、当該製造の工程が2日以上にわたる場合は、製造工程ごとにそれぞれの日における取扱倍数を比較して最大となる日の倍数をもって、当該製造所の倍数とし、次により算定する。

(1) 同一設備を用いて同一危険物を製造する場合

工程中の取扱倍数が最大となる日の数値とする。ただし、工程が連続して行われ、設備内に常に危険物が停滞している製造所において瞬間最大停滞量の倍数が前記数値より大となる場合は、これを算定倍数とする。

図3-4のような工程で危険物A(第1石油類、水溶性)800ℓ、危険物B(第2石油類、水溶性)1,700ℓ、非危険物C20kgを反応させ、危険物D(第1石油類、水溶性)2,400ℓを製造する場合、製造工程が長く、製品を得るまでに3日を要し、第1日目は危険物Aと非危険物Cを反応させ、第2日目は危険物Bを加えた後、5,000ℓの水で希釈後ろ過調整を行い、第3日目には精留し製品とし小分け作業を行う(連続して稼働しない。)。

これを整理すると表3-5のようになり、これから最大倍数となるのは、第3日目の6倍である。

図3-4

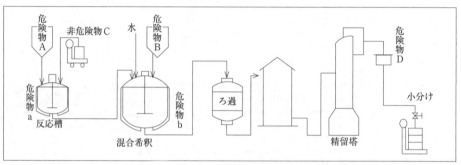

表3-5

日	原料危険物				製造危険物		
	品名	使用量	倍数	品名	使用量	倍数	
				品名	製造量	倍数	
第1日目	危険物A (第1石油類 水溶性)	800ℓ	2.0	-	-	-	危険物a (第1石油類 水溶性)	810ℓ	2.025
第2日目	-	-	-	危険物B (第2石油類 水溶性)	1,700ℓ	0.85	危険物b (第3石油類 水溶性)	7,510ℓ	1.88
第3日目	-	-	-	-	-	-	危険物D (第1石油類 水溶性)	2,400ℓ	6.0

注 当該工程を連続して行う場合、すなわち、反応、希釈、精留、小分けが同時に行われるものにあっては、原料及び製造危険物の取扱倍数の全部を合算することとなるので、危険物の取扱倍数は、9.91となる。

(2) 同一設備を用いて異なった危険物を製造する場合

各工程の最大取扱倍数を比較して最大となる日の数値とする。

図3-5のような設備を用いてニトロベンゼンとジニトロトルエンを繰り返して

製造する場合の例は、次のとおりである。

ア　ニトロベンゼンの製造
　(ｱ)　第1日目は、ベンゼン270ℓに濃硝酸220kgを加えてニトロ化する。
　(ｲ)　第2日目は、分液、脱酸及び水洗する。
　(ｳ)　第3日目は、真空蒸溜してニトロベンゼン255ℓを製造する。

イ　ジニトロトルエンの製造
　(ｱ)　第1日目は、トルエン230ℓに濃硝酸230kg及び濃硫酸350kgを加えてニトロ化し、ニトロトルエンとして、これを分液、洗浄する。
　(ｲ)　第2日目は、ニトロトルエンを更にニトロ化するため、濃硝酸230kg及び濃硫酸680kgを加えてジニトロトルエンとし、これを分液、沸騰水にて洗浄する。
　(ｳ)　第3日目は、ジニトロトルエンの結晶を水洗、乾燥してジニトロトルエン320kgを得る。

図3－5

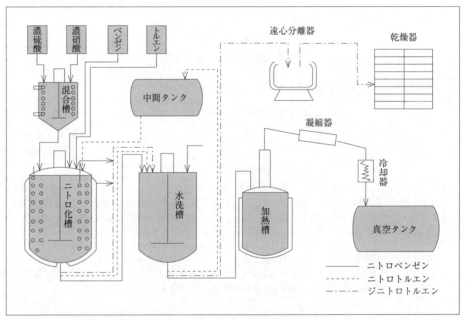

　製造工程を図3－5のように表現したものをフローシート（プロセスフローシート）といい、装置、設備の概要、物質の流れ反応工程等を分かりやすく記載することができる。
　これを整理すると表3－6のようになり、これから最大倍数となるのは、ジニトロトルエンを製造する工程の第3日目であり、したがって、当該製造所の取扱倍数は3.2となる。

104 第2章 製造所の基準

表3－6

日程・日		原料危険物等			製造危険物等		
		品　名　等	使用量	倍数	品　名　等	製造量	倍数
ニトロベンゼン製造	第1日目	ベンゼン（第1石油類非水溶性）	270ℓ	1.35	－	－	－
		濃硝酸（第6類）	220kg	0.73			
		第1日目倍数合計　（1.35＋0.73）＝2.08					
	第2日目	－	－	－	ニトロベンゼン〔第3石油類非水溶性〕	260ℓ	0.13
		第2日目倍数＝0.13					
	第3日目	－	－	－	ニトロベンゼン〔第3石油類非水溶性〕	255ℓ	0.1275
		第3日目倍数＝0.1275					
ジニトロトルエン製造	第1日目	トルエン（第1石油類非水溶性）	230ℓ	1.15	ニトロトルエン〔第3石油類非水溶性〕	220ℓ	0.11
		濃硝酸（第6類）	230kg	0.77			
		第1日目倍数合計　（1.15＋0.77）＝1.92					
	第2日目	ニトロトルエン〔第3石油類非水溶性〕	220ℓ	0.11	－	－	－
		濃硝酸（第6類）	230kg	0.77			
		第2日目倍数合計　（0.11＋0.77）＝0.88					
	第3日目	－	－	－	ジニトロトルエン〔第5類、第2種自己反応性物質〕	320kg	3.2
		第3日目倍数＝3.2					

注1　ニトロベンゼン製造の第1日目において、ニトロ化が終了し、ニトロベンゼンができているものであるが、この段階では危険物として単独に取り出していないこと等から製造危険物としての扱いはしない。

注2　ニトロベンゼン製造の第2日目において、当該工程における最終製品ではないが、分液の段階で危険物として位置付けられるものであることから倍数算定に当たって製造危険物として扱う。

注3　ジニトロトルエン製造の第1日目において、ニトロトルエンができ、これを単独に取り出していることから、倍数算定を行うに当たって取扱危険物とする。

注4　ジニトロトルエン製造の第2日目において、ニトロトルエンは、ジニトロトルエン製造の中間原料として存在することから、倍数算定に当たって原料危険物として扱う。

４ 保安距離

（根拠条文）　危政令

（製造所の基準）

第9条第1項　法第10条第4項の製造所の位置、構造及び設備（消火設備、警報設備及び避難設備を除く。以下この章の第1節から第3節までにおいて同じ。）の技術上の基準は、次のとおりとする。

(1)　製造所の位置は、次に掲げる建築物等から当該製造所の外壁又はこれに相当する工作物の外側までの間に、それぞれ当該建築物等について定める距離を保つこと。ただし、イからハまでに掲げる建築物等について、不燃材料（建築基準法（昭和25年法律第201号）第2条第9号の不燃材料のうち、総務省令で定めるものをいう。以下同じ。）で造つた防火上有効な塀を設けるこ

4 保安距離 105

と等により、市町村長等が安全であると認めた場合は、当該市町村長等が定めた距離を当該距離とすることができる。

イ　ロからニまでに掲げるもの以外の建築物その他の工作物で住居の用に供するもの（製造所の存する敷地と同一の敷地内に存するものを除く。）

10メートル以上

ロ　学校、病院、劇場その他多数の人を収容する施設で総務省令で定めるもの

30メートル以上

ハ　文化財保護法（昭和25年法律第214号）の規定によつて重要文化財、重要有形民俗文化財、史跡若しくは重要な文化財として指定され、又は旧重要美術品等の保存に関する法律（昭和8年法律第43号）の規定によつて重要美術品として認定された建造物

50メートル以上

ニ　高圧ガスその他災害を発生させるおそれのある物を貯蔵し、又は取り扱う施設で総務省令で定めるもの　　　　　　　総務省令で定める距離

ホ　使用電圧が7,000ボルトをこえ3万5,000ボルト以下の特別高圧架空電線

水平距離3メートル以上

ヘ　使用電圧が3万5,000ボルトをこえる特別高圧架空電線

水平距離5メートル以上

危規則

（不燃材料）

第10条　令第9条第1項第1号本文ただし書の総務省令で定める不燃材料は、建築基準法（昭和25年法律第201号）第2条第9号に掲げる不燃材料のうち、ガラス以外のものとする。

（学校等の多数の人を収容する施設）

第11条　令第9条第1項第1号ロ（令第10条第1項第1号（同条第2項においてその例による場合を含む。）、令第11条第1項第1号及び第1号の2（同条第2項においてその例による場合を含む。）並びに令第16条第1項第1号（同条第2項においてその例による場合を含む。）においてその例による場合並びに令第19条第1項において準用する場合を含む。）の総務省令で定める学校、病院、劇場その他多数の人を収容する施設は、それぞれ次のとおりとする。

(1)　学校教育法（昭和22年法律第26号）第1条に規定する学校のうち、幼稚園、小学校、中学校、義務教育学校、高等学校、中等教育学校、特別支援学校及び高等専門学校

(2)　医療法（昭和23年法律第205号）第1条の5第1項に規定する病院

(3)　劇場、映画館、演芸場、公会堂その他これらに類する施設で、300人以上の人員を収容することができるもの

(4)　次に掲げる施設であつて、20人以上の人員を収容することができるもの

イ　児童福祉法（昭和22年法律第164号）第7条第1項に規定する児童福祉施設

ロ　身体障害者福祉法（昭和24年法律第283号）第5条第1項に規定する身体

障害者社会参加支援施設

ハ　生活保護法（昭和25年法律第144号）第38条第１項に規定する保護施設（授産施設及び宿所提供施設を除く。）

ニ　老人福祉法（昭和38年法律第133号）第５条の３に規定する老人福祉施設又は同法第29条第１項に規定する有料老人ホーム

ホ　母子及び父子並びに寡婦福祉法（昭和39年法律第129号）第39条第１項に規定する母子・父子福祉施設

ヘ　職業能力開発促進法（昭和44年法律第64号）第15条の７第１項第５号に規定する障害者職業能力開発校

ト　地域における医療及び介護の総合的な確保の促進に関する法律（平成元年法律第64号）第２条第４項（第４号を除く。）に規定する特定民間施設

チ　介護保険法（平成９年法律第123号）第８条第28項に規定する介護老人保健施設及び同条第29項に規定する介護医療院

リ　障害者の日常生活及び社会生活を総合的に支援するための法律（平成17年法律第123号）第５条第１項に規定する障害福祉サービス事業（同条第７項に規定する生活介護、同条第12項に規定する自立訓練、同条第13項に規定する就労移行支援又は同条第14項に規定する就労継続支援を行う事業に限る。）の用に供する施設、同条第11項に規定する障害者支援施設、同条第27項に規定する地域活動支援センター又は同条第28項に規定する福祉ホーム

（高圧ガスの施設に係る距離）

第12条　令第９条第１項第１号ニ（令第10条第１項第１号（同条第２項においてその例による場合を含む。）、令第11条第１項第１号及び第１号の２（同条第２項においてその例による場合を含む。）並びに令第16条第１項第１号（同条第２項においてその例による場合を含む。）においてその例による場合並びに令第19条第１項において準用する場合を含む。）の総務省令で定める施設及び距離は、それぞれ次の各号に定める施設（当該施設の配管のうち製造所の存する敷地と同一の敷地内に存するものを除く。）及び距離とする。

⑴　高圧ガス保安法（昭和26年法律第204号）第５条第１項の規定により、都道府県知事の許可を受けなければならない高圧ガスの製造のための施設（高圧ガスの製造のための設備が移動式製造設備（一般高圧ガス保安規則（昭和41年通商産業省令第53号）第２条第１項第12号又は液化石油ガス保安規則（昭和41年通商産業省令第52号）第２条第１項第９号の移動式製造設備をいう。）である高圧ガスの製造のための施設にあつては、移動式製造設備が常置される施設（貯蔵設備を有しない移動式製造設備に係るものを除く。）をいう。以下この号において同じ。）及び同条第２項第１号の規定により都道府県知事に届け出なければならない高圧ガスの製造のための施設であって、圧縮、液化その他の方法で処理することができるガスの容積が１日30立方メートル以上である設備を使用して高圧ガスの製造（容器に充てんすることを含む。）をするもの　　　　　　　　　　　　　　　　20メートル以上

⑵　高圧ガス保安法第16条第１項の規定により、都道府県知事の許可を受けな

ければならない貯蔵所及び同法第17条の2の規定により都道府県知事に届け出て設置する貯蔵所　　　　　　　　　　　　　　　20メートル以上

(3) 高圧ガス保安法第24条の2第1項の規定により、都道府県知事に届け出なければならない液化酸素の消費のための施設　　20メートル以上

(4) 液化石油ガスの保安の確保及び取引の適正化に関する法律（昭和42年法律第149号）第3条第1項の規定により経済産業大臣又は都道府県知事の登録を受けなければならない販売所で300キログラム以上の貯蔵施設を有するもの　　　　　　　　　　　　　　　　　　　　　　20メートル以上

留意事項 (1) 危政令第9条第1項第1号イからへまでに掲げる建築物等（以下「保安物件」という。）から製造所までの保安距離の規定は、屋内貯蔵所、屋外タンク貯蔵所、屋外貯蔵所及び一般取扱所において準用される。

図4-1　**保安距離**

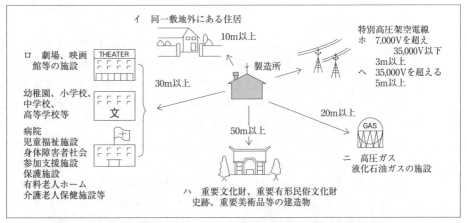

(2) 保安距離は、水平距離によるものとし、当該距離の起算点は製造所と保安物件との両方の外壁、又はこれに相当する工作物の外側相互間の距離とする。
　　注　製造所等にひさし（1m以内）がある場合でも外壁間の距離をもって測定することができる。

図4-2　**保安距離の起算**

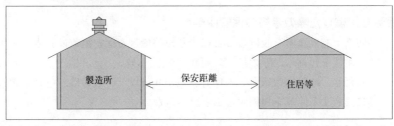

(3) 危政令第9条第1項第1号イに規定する「住居の用に供するもの」には、専用住宅のほか、共同住宅、店舗併用住宅、作業所併用住宅等も含まれる。
　　なお、店舗併用住宅等の建築物は、全体が一の保安物件としてとらえられる（図4-3参照）。

図4-3 **店舗併用住宅との保安距離**

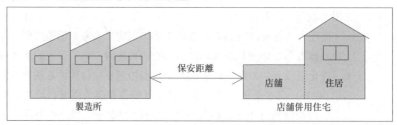

(4) 危政令第9条第1項第1号イに規定する「その他の工作物」とは、台船、廃バス等を住居の用に供しているものをいう。

(5) 危政令第9条第1項第1号ロに規定する「学校、病院、劇場その他多数の人を収容する施設」とは、直接その用途に供する建築物（学校の場合は教室のほか体育館、講堂等、病院の場合は病室のほか手術室、診療室等）をいい、附属施設とみなされるものは含まれず、百貨店も含まれない。

(6) 危規則第11条第3号に規定する「その他これらに類する施設」とは、観覧場、集会場等とする。

(7) 危政令第9条第1項第1号ただし書の規定の適用の留意事項

　ア　新たに設置する製造所については、原則として適用しない。

　イ　同項第1号ロからヘまでの保安物件と同一敷地内にあり、かつ、これらと不可分の工程又は取扱いに係るものは、保安上支障のない場合、その距離について危政令第23条の特例により適用しないことができる。

　ウ　製造所において取り扱う危険物の品名、数量、危険物の取扱方法、周囲の状況、保安物件の実態等を十分考慮しなければならない。

　エ　製造所と保安物件との間に不燃材料で造った塀を設けるほか、当該製造所の一部又は全部について構造を強化する等の措置もある。

(8) 危政令第9条第1項第1号ただし書の規定を適用する場合の認定保安距離（保安距離の短縮）の一例を次に示す。

認定保安距離

1　保安距離を短縮した際の最短の保安距離

　　防火上有効な塀を設けることにより短縮できる保安距離は、表4-1・表4-2に示す距離を短縮した際の最短の距離とする。

　　ただし、危険物製造所等の保有空地が9m以上のものは、危政令第9条第1項第1号に規定する距離を短縮することはできない。

表4-1　**貯蔵所**

区分	危険物の倍数	危険物の危険性	短縮した際の最短の距離（m）		
			住居に対するもの	学校等に対するもの	文化財等に対するもの
屋内貯蔵所	5未満	X	6.5	20.0	35.0
		Y	5.0	16.0	29.0
	5以上10未満	X	7.0	20.0	35.0
		Y	6.0	16.0	29.0
	10以上20未満	X	8.0	22.0	38.0
		Y	6.5	18.0	32.0
	20以上50未満	X	8.5	26.0	44.0
		Y	7.0	22.0	38.0
	50以上200以下	X	10.0	30.0	50.0
		Y	8.5	26.0	44.0
屋外タンク貯蔵所	500未満	X	8.5	26.0	44.0
		Y	7.0	22.0	38.0
	500以上1,000以下	X	10.0	30.0	50.0
		Y	8.5	26.0	44.0
屋外貯蔵所	10未満	X	8.5	26.0	44.0
		Y	7.0	22.0	38.0
	10以上20以下	X	10.0	30.0	50.0
		Y	10.0	30.0	50.0

表4-2　**製造所・一般取扱所**

区分	危険物の倍数	危険物の危険性	作業危険度	短縮した際の最短の距離（m）		
				住居に対するもの	学校等に対するもの	文化財等に対するもの
製造所・一般取扱所	10未満	X	a	9.5	28.0	47.0
			b	8.0	24.0	41.0
		Y	a	8.0	24.0	41.0
			b	6.5	20.0	35.0
	10以上50以下	X	a	10.0	30.0	50.0
			b	8.5	26.0	44.0
		Y	a	8.5	26.0	44.0
			b	7.0	22.0	38.0

注1 「住居」とは、危政令第9条第1項第1号イに規定するものをいう。
「学校等」とは、危政令第9条第1項第1号ロに規定するものをいう。
「文化財等」とは、危政令第9条第1項第1号ハに規定するものをいう。
注2 a、bは表4－3に示すものとする。
注3 Xとは、次に該当するものをいう。
第1類の危険物のうち第1種酸化性固体、第3類の危険物のうちカリウム、ナトリウム、アルキルアルミニウム、アルキルリチウム、第1種自然発火性物質及び禁水性物質、黄りん、第4類の危険物のうち特殊引火物、第1石油類、アルコール類、第2石油類、第5類及び第6類の危険物
Yとは、X以外の危険物をいう。

表4－3　**作業危険度**

危険度	条　件
a	1　危政令第25条第1項の「危険物の類ごとに共通する貯蔵又は取扱いの基準」に抵触する作業を行うもの（第4類の危険物のうち表4－2注3におけるYに該当するもので、燃焼の用に供するものを除く。） 　　例　アセチレンガス発生工場、混合火薬又は花火製造工場 2　通常の作業状態で引火性蒸気（引火点40℃以下の液体の蒸気とする。）又は可燃性微粉を著しく発散するもの 　　例　吹付塗装工場、金属粉又は硫黄製造工場、ドライクリーニング工場、開放形容器で危険物を混合かくはんする作業、引火性蒸気を発散させる乾燥場等 3　引火性蒸気が発生し、かつ、著しく静電気の蓄積が予想されるもの 　　例　機械的糊引作業所、グラビア印刷工場等 4　発火点又は分解点まで危険物を加熱するもの 　　例　ボイル油製造工場、セルロイドの加熱加工場、石油ガス発生工場、焼入れ油を使用した工場等
b	a以外の場合

2　塀の高さ

塀の高さは、延焼限界曲線を利用し、保安距離に抵触する危政令第9条第1項第1号イ、ロ、ハの建築物を延焼限界外の安全な位置に置き換えようとするもので、その算定方法は、次によること。

図4-4　計算方法　　　　　　　　　　　　　　　　　　　　　（単位：m）

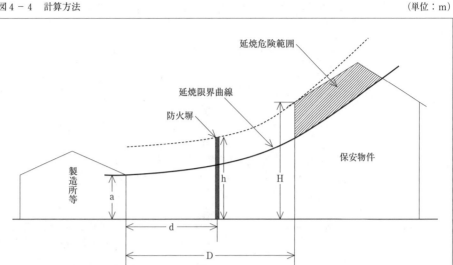

式中の記号
D：製造所等と保安物件との間隔
H：保安物件の軒高
a：製造所等の原点の高さ
d：製造所等と防火塀との間隔
h：必要な塀の高さ
P：表4-4のとおり

表4-4

区　　　　　　分	Pの数値
◎　住居、学校、文化財等の建築物が裸木造のもの ◎　住居、学校、文化財等の建築物が防火構造又は耐火構造で製造所等に面する部分の開口部に防火設備を設けていないもの	0.04
◎　住居、学校、文化財等の建築物が防火構造で製造所等に面する部分の開口部に防火設備を設けているもの ◎　住居、学校、文化財等の建築物が耐火構造で製造所等に面する部分の開口部に防火設備を設けているもの	0.15
◎　住居、学校、文化財等の建築物が耐火構造で製造所等に面する部分の開口部に特定防火設備を設けているもの	∞

$$H \leq PD^2 + a$$

の関係にあるときは、保安物件が延焼限界外にあるため、塀は2mの高さとする。

$$H > PD^2 + a$$

の関係にあるときは、保安物件が延焼限界内にあるため、延焼限界外となるように、塀は2mを超える高さとする。

この場合における必要な塀の高さ（h）は、次式により求めること。

$$h = H - P(D^2 - d^2)$$

式中のa（製造所等の原点の高さ）は表4-5のとおりとする。

表4-5

区分	原点の高さ	備考
製造所・一般取扱所	a	壁体が耐火構造で造られ保安物件に面する側に開口部のないもの又は開口部に特定防火設備があるもの
	a	壁体が耐火構造で造られ開口部に特定防火設備がないもの
	a＝0	壁体が耐火構造以外のもので造られているもの
	a	詰替え場その他の工作物
	a	屋外にある取扱タンク（縦型のもの）
	a	屋外にある取扱タンク（横置型のもの）原点位置は、防油堤の上部とする。ただし、タンク内の蒸気を上部に放出する構造のものはタンク頂部とする。

4 保安距離 113

区分	原 点 の 高 さ	備　　考
屋内貯蔵所	*a*	壁体が耐火構造で造られ保安物件に面する側に開口部のないもの又は開口部に特定防火設備があるもの
	a	壁体が耐火構造で造られ開口部に特定防火設備がないもの
	a = 0	壁体が耐火構造以外のもので造られているもの
屋外タンク貯蔵所	*a*	縦型のもの
	a	横置型のもの、原点位置は防油堤の上部とする。ただし、タンク内の蒸気を上部に放出する構造のものはタンク頂部とする。
屋外貯蔵所	*a* = 0	

注1　塀の高さの算定結果が2m未満のときは、塀の高さは2m以上とすること。

注2　塀の高さの算定結果が4m以上のときは、塀の最大高さは4mとし、次のいずれかによること。

①　当該製造所等が第5種消火設備を必要とする場合には、第4種消火設備を1個以上増設すること。

② 当該製造所等が第4種消火設備を必要とする場合には、第1種又は第2種若しくは第3種消火設備（以下「固定消火設備」という。）のうち、当該製造所等の火災の消火に適応する固定消火設備を設けること。
③ 当該製造所等が固定消火設備を必要とする場合には、第4種消火設備を当該製造所等全てを包含するように半径30mの円の範囲内に1個以上増設すること。

3　壁体と防火塀の共用

製造所等の保安距離に関し、壁を高くすることにより、防火塀を設けた場合と同様の効果が得られる場合には、製造所等の壁をもって塀を兼ねることができる。

この場合、塀の高さの算定式中、製造所等と防火塀との間隔dは0とすること。

図4-5

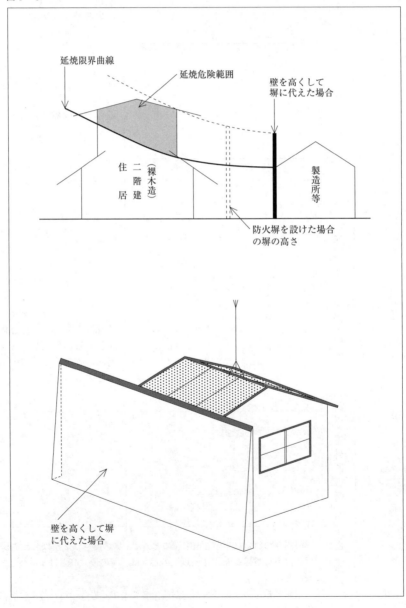

4 塀の幅

塀の幅については、製造所等から保安距離の範囲にある該当建築物の部分が塀により延焼阻止することができる所要の幅から算定するものとする。

塀の幅の算定方法は、図4－6のように製造所等の外壁の両端O_1、O_2から10m（住居に対する場合）の円を描き、保安距離に抵触する保安物件の角P、弧との交点Q、Rを求め、O_1とP、O_2とQ及びRをそれぞれ直線で結び、保安物件の構造に対応する防火塀の幅L_1、L_2を求める。

図4－6

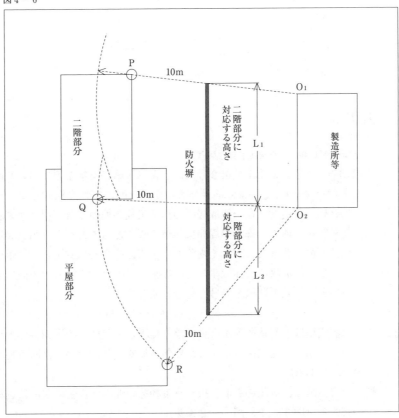

5 塀等の構造

(1) 製造所等から5m以内に設置する塀は、耐火構造とすること。
(2) 製造所等の壁を高くする場合は、その壁を耐火構造とし、開口部は設けないこと。
(3) 塀等は、地震及び風圧力に耐える構造とすること。

5 保有空地

根拠条文 危政令

第9条第1項第2号 危険物を取り扱う建築物その他の工作物（危険物を移送するための配管その他これに準ずる工作物を除く。）の周囲に、次の表に掲げる区分に応じそれぞれ同表に定める幅の空地を保有すること。ただし、総務省令で定めるところにより、防火上有効な隔壁を設けたときは、この限りでない。

区　　　　　分	空地の幅
指定数量の倍数が10以下の製造所	3メートル以上
指定数量の倍数が10を超える製造所	5メートル以上

危規則

（空地の幅に関する防火上有効な隔壁）

第13条　令第9条第1項第2号ただし書（令第19条第1項において準用する場合を含む。）の規定により同号の表に定める幅の空地を保有しないことができる場合は、製造所又は一般取扱所の作業工程が他の作業工程と連続しているため建築物その他の工作物の周囲に空地の幅をとることにより当該製造所又は一般取扱所の当該作業に著しく支障を生ずるおそれがある場合で、かつ、当該製造所又は一般取扱所と連続する他の作業工程の存する場所との間に小屋裏に達する防火上有効な隔壁を設けた場合とする。

留意事項
(1) 保有空地は、製造所等が火災になった場合、又はその周囲の建築物が火災になった場合に相互に延焼を防止するための空地であり、かつ、消防活動に使用するための空地である。
(2) 保有空地は、危険物を取り扱う建築物その他の工作物の周囲に連続して設けるものとする（図5－1、図5－2参照）。

図5－1　保有空地の例

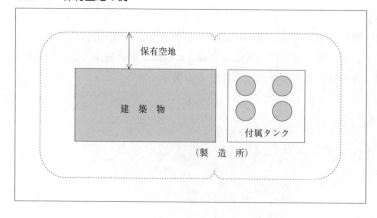

⑶　保有空地は、水平に近いものであり、かつ、当該空地の地盤面及び上空の部分に
は、原則として物件等が介在しないものとする。ただし、次の各条件を満足する場
合は、植栽を認めることができる。

ア　植栽できる植物

植栽する植物は、延焼の媒体とならず、かつ、消防活動上支障とならない矮性
の草本類及び高さがおおむね50㎝以下の樹木である。

また、延焼防止上有効な葉に多くの水分を含み、かつ、冬期においてもその効
果が期待できる常緑の植物（草本類で、植替え等を適切に行い絶えず延焼媒体と
ならないよう管理等を行う場合にあっては、常緑以外のものとすることができ
る。）である。

なお、防油堤内の植栽は、矮性の常緑草に限る。

表5-1　**延焼防止上有効な植物の例**

草木の区分	植　物　名
樹　木	マサキ、ジンチョウゲ、ナワシログミ、マルバシャリンバイ、チャ、マンリョウ、アオキ、サツキ、ヒサカキ、トベラ、イヌツゲ、クチナシ、キャラボク、トキワサンザシ、ヒイラギナンテン、ツツジ類、ヤブコウジ等
草本類（矮性に限る。）	常緑の芝（ケンタッキーブルーグラスフリーダム等）、ペチュニア、（ホワイト）クローバー、アオイゴケ等
	芝、レンゲ草等

注　樹木は、高さがおおむね50cm以下に維持管理できるものに限る。

イ　植栽範囲

植栽する範囲は、次の各条件を満足するものとする。

㈠　取扱い等の作業の障害とならない範囲である。

㈡　消防隊の進入、消火活動等に必要な空間が確保されている。

㈢　消防水利からの取水等の障害とならない。

㈣　防災用の標識等の視覚障害とならない。

㈤　危険物施設の維持管理上支障とならない。

㈥　その他、事業所の形態等を考慮し火災予防上、延焼防止上及び消防活動上支
障とならない。

ウ　維持管理

枯れ木や落葉等が延焼媒体とならないよう、また、成長によりイの条件を満足
しなくなることがないよう適正に維持管理されている。

図5－2　**保有空地の例**

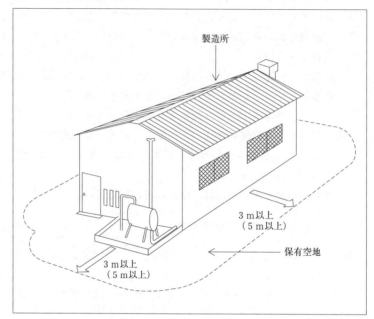

(4) 保有空地は、製造所の構成部分であることから、原則として当該施設の所有者等が所有権、地上権、借地権等を有しているものとする。

(5) 同一敷地内に他の製造所等と隣接して設置する場合、その相互間の保有空地は、それぞれがとるべき空地のうち大なる空地の幅を保有するものとする（図5－3参照）。

図5－3　**保有空地の例**

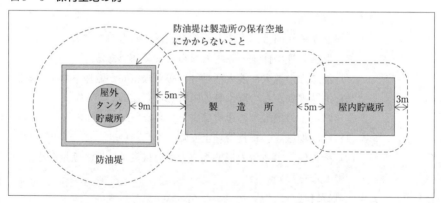

(6) 危政令第9条第1項第2号ただし書の「防火上有効な隔壁」は、次による。
　ア　隔壁は、建基法第2条第7号の耐火構造とする。
　イ　隔壁には、窓を設けないこと。
　ウ　隔壁に設ける出入口等の開口部は作業工程上必要なもので必要最小限とし、随時開けることができる自動閉鎖の特定防火設備（以下「自閉式特定防火設備」という。）（自閉とすることができないものにあっては温度ヒューズ付又は感知器連動特定防火設備）を設ける（図5－4参照）。
　　注1　随時開けることができる自動閉鎖式の特定防火設備とは、常時閉鎖状態を保持する

特定防火設備で、直接手で開くことができ、かつ、自動的に閉鎖するものをいう。
- **注2** 温度ヒューズ付又は感知器連動特定防火設備とは、火災により煙が発生した場合又は火災により温度が急激に上昇した場合のいずれかの場合に、温度ヒューズ、煙感知器、熱感知器又は熱煙複合式感知器と連動して自動的に閉鎖する特定防火設備をいう。

図5-4　**隔壁及び自閉式特定防火設備で区画した例**

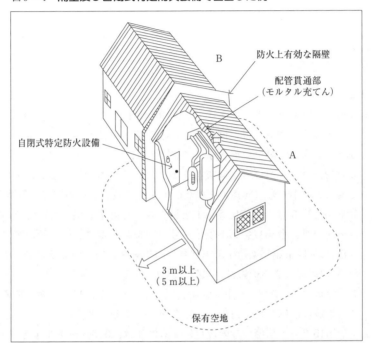

製造所の作業工程が他の作業工程と連続しているため、建築物その他の工作物の周囲に空地の幅をとることにより製造所の作業に著しく支障を生じるおそれがある場合には、図5-5のように製造所と連続する他の作業工程の存する場所との間に小屋裏に達する防火上有効な隔壁を設けることにより、空地を保有することを要しない。

図5-5

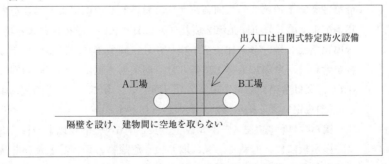

120　第２章　製造所の基準

❻ 標識・掲示板

(根拠条文) (危政令)

> **第９条第１項第３号**　製造所には、総務省令で定めるところにより、見やすい箇所に製造所である旨を表示した標識及び防火に関し必要な事項を掲示した掲示板を設けること。

(危規則)

> **(標識)**
> **第17条**　令第９条第１項第３号（令第19条第１項において準用する場合を含む。）、令第10条第１項第３号（同条第２項及び第３項においてその例による場合を含む。）、令第11条第１項第３号（同条第２項においてその例による場合を含む。）、令第12条第１項第３号（同条第２項においてその例による場合を含む。）、令第13条第１項第５号（同条第２項及び第３項においてその例による場合を含む。）、令第14条第３号、令第16条第１項第５号（同条第２項においてその例による場合を含む。）、令第17条第１項第６号（同条第２項においてその例による場合を含む。）又は令第18条第１項第２号（同条第２項においてその例による場合を含む。）の規定による標識は、次のとおりとする。
> ⑴　標識は、幅0.3メートル以上、長さ0.6メートル以上の板であること。
> ⑵　標識の色は、地を白色、文字を黒色とすること。
> ２　令第15条第１項第17号の規定による標識は、0.3メートル平方以上0.4メートル平方以下の地が黒色の板に黄色の反射塗料その他反射性を有する材料で「危」と表示したものとし、車両の前後の見やすい箇所に掲げなければならない。
>
> **(掲示板)**
> **第18条**　令第９条第１項第３号（令第19条第１項において準用する場合を含む。）、令第10条第１項第３号（同条第２項及び第３項においてその例による場合を含む。）、令第11条第１項第３号（同条第２項においてその例による場合を含む。）、令第12条第１項第３号（同条第２項においてその例による場合を含む。）、令第13条第１項第５号（同条第２項及び第３項においてその例による場合を含む。）、令第14条第３号、令第16条第１項第５号（同条第２項においてその例による場合を含む。）、令第17条第１項第６号（同条第２項においてその例による場合を含む。）又は令第18条第１項第２号（同条第２項においてその例による場合を含む。）の規定による掲示板は、次のとおりとする。
> ⑴　掲示板は、幅0.3メートル以上、長さ0.6メートル以上の板であること。
> ⑵　掲示板には、貯蔵し、又は取り扱う危険物の類、品名及び貯蔵最大数量又は取扱最大数量、指定数量の倍数並びに令第31条の２の製造所等にあつては危険物保安監督者の氏名又は職名を表示すること。
> ⑶　前号の掲示板の色は、地を白色、文字を黒色とすること。
> ⑷　第２号の掲示板のほか、貯蔵し、又は取り扱う危険物に応じ、次に掲げる

注意事項を表示した掲示板を設けること。

イ　第１類の危険物のうちアルカリ金属の過酸化物若しくはこれを含有するもの又は禁水性物品（令第10条第１項第10号の禁水性物品をいう。以下同じ。）にあつては「禁水」

ロ　第２類の危険物（引火性固体を除く。）にあつては「火気注意」

ハ　第２類の危険物のうち引火性固体、自然発火性物品（令第25条第１項第３号の自然発火性物品をいう。以下同じ。）、第４類の危険物又は第５類の危険物にあつては「火気厳禁」

(5)　前号の掲示板の色は、「禁水」を表示するものにあつては地を青色、文字を白色とし、「火気注意」又は「火気厳禁」を表示するものにあつては地を赤色、文字を白色とすること。

(6)　第２号及び第４号の掲示板のほか、給油取扱所にあつては地を黄赤色、文字を黒色として「給油中エンジン停止」と表示した掲示板を設けること。

2　令第11条第１項第10号ホ（令第９条第１項第20号イにおいてその例による場合及びこれを令第19条第１項において準用する場合並びに令第11条第２項、令第12条第１項第９号（令第９条第１項第20号ロにおいてその例による場合及びこれを令第19条第１項において準用する場合並びに令第12条第２項においてその例による場合を含む。）及び令第13条第１項第９号（令第９条第１項第20号ハにおいてその例による場合及びこれを令第19条第１項において準用する場合並びに令第13条第２項（令第９条第１項第20号ハにおいてその例による場合及びこれを令第19条第１項において準用する場合を含む。）及び令第13条第３項（令第９条第１項第20号ハにおいてその例による場合及びこれを令第19条第１項において準用する場合を含む。）においてその例による場合を含む。）においてその例による場合を含む。）又は令第11条第１項第10号の２ヲ（同条第２項、令第12条第１項第９号の２（同条第２項においてその例による場合を含む。）及び令第13条第１項第９号の２（同条第２項及び第３項においてその例による場合を含む。）においてその例による場合を含む。）の規定による掲示板は、次のとおりとする。

(1)　掲示板は、幅0.3メートル以上、長さ0.6メートル以上の板であること。

(2)　掲示板には、「屋外貯蔵タンク注入口」、「屋内貯蔵タンク注入口」若しくは「地下貯蔵タンク注入口」又は「屋外貯蔵タンクポンプ設備」、「屋内貯蔵タンクポンプ設備」若しくは「地下貯蔵タンクポンプ設備」と表示するほか、取り扱う危険物の類別、品名及び前項第４号に規定する注意事項を表示すること。

(3)　掲示板の色は、地を白色、文字を黒色（前項第４号に規定する注意事項については、赤色）とすること。

(留意事項)　(1)　標識は、危険物を貯蔵し、又は取り扱う施設を区分し、その所在を周知させて防災上の注意を喚起するために設ける（図６－１参照）。

(2)　掲示板は、危険物施設の防火に関し必要な事項を掲示し、その徹底を図るために設けるものであり、当該施設で取り扱う危険物の類、品名及び取扱最大数量、指定

数量の倍数並びに保安監督者の氏名又は職名を表示するものと、危険物に対する注意事項を表示するものとの2種類が必要である（図6－2参照）。

(3) 標識及び掲示板は、危険物施設へ出入りする人々の目につきやすい場所にはっきりと見えるように設ける。

　　注　工場の出入口（門）にも更に掲示することは差し支えない。

(4) 材質は、耐候性、耐久性があるものとし、また、その文字は、雨水等により容易に汚損したり消えたりしないものとする。

(5) 施設の外壁等に直接記入することもできる。

図6－1　**標識**　　図6－2　**掲示板**

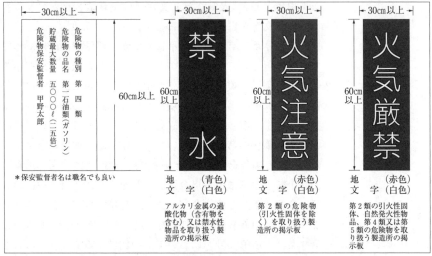

注1　禁水性物品とは、第3類の危険物のうち危政令第1条の5第5項の水との反応性試験において同条第6項に定める性状を示すもの（カリウム、ナトリウム、アルキルアルミニウム、アルキルリチウムを含む。）をいう。

注2　自然発火性物品とは、第3類の危険物のうち危政令第1条の5第2項の自然発火性試験において同条第3項に定める性状を示すもの並びにアルキルアルミニウム、アルキルリチウム及び黄りんをいう。

7 建築物の階

根拠条文　危政令

> **第9条第1項第4号**　危険物を取り扱う建築物は、地階（建築基準法施行令（昭和25年政令第338号）第1条第2号に規定する地階をいう。）を有しないものであること。

建基令

> （用語の定義）
> **第1条第2号**　地階　床が地盤面下にある階で、床面から地盤面までの高さがその階の天井の高さの3分の1以上のものをいう。

(留意事項) (1) 地階で危険物を取り扱うと、可燃性蒸気が滞留しやすく、また、発災時の避難、消防活動の困難性等があるので、地階の設置を禁止している。

(2) 地階とは、純然たる地階のみでなく、床面から地盤面までの高さが、当該階の高さの3分の1以上となるときは、半地下式であっても地階とみなされる（図7－1参照）。

図7－1 **地階に該当する場合**（$h \geq \frac{H}{3}$）

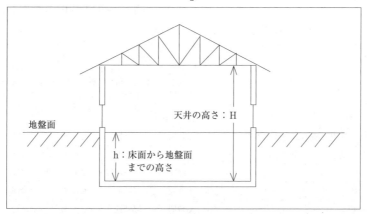

注　危険物の場合は、放爆構造や可燃性蒸気滞留を考慮し、天井を設けない例が多い。その場合、天井に代わるべき高さとして外壁上部軒げたまでとするのが適当である。

(3) 地階とならない場合でも床面が地盤面より低い場合には、可燃性蒸気又は微粉の排出設備について配慮する。

8 建築物の構造

(根拠条文) 危政令

> **第9条第1項第5号**　危険物を取り扱う建築物は、壁、柱、床、はり及び階段を不燃材料で造るとともに、延焼のおそれのある外壁を出入口以外の開口部を有しない耐火構造（建築基準法第2条第7号の耐火構造をいう。以下同じ。）の壁とすること。

建基法

> **第2条第7号**　耐火構造　壁、柱、床その他の建築物の部分の構造のうち、耐火性能（通常の火災が終了するまでの間当該火災による建築物の倒壊及び延焼を防止するために当該建築物の部分に必要とされる性能をいう。）に関して政令で定める技術的基準に適合する鉄筋コンクリート造、れんが造その他の構造で、国土交通大臣が定めた構造方法を用いるもの又は国土交通大臣の認定を受けたものをいう。

建基令

（耐火性能に関する技術的基準）

第107条　法第2条第7号の政令で定める技術的基準は、次に掲げるものとする。

(1)　次の表の上欄に掲げる建築物の部分にあつては、当該各部分に通常の火災による火熱が同表の下欄に掲げる当該部分の存する階の区分に応じそれぞれ同欄に掲げる時間加えられた場合に、構造耐力上支障のある変形、溶融、破壊その他の損傷を生じないものであること。

建築物の部分		時　　間				
		最上階及び最上階から数えた階数が2以上で4以内の階	最上階から数えた階数が5以上で9以内の階	最上階から数えた階数が10以上で14以内の階	最上階から数えた階数が15以上で19以内の階	最上階から数えた階数が20以上の階
壁	間仕切壁（耐力壁に限る。）	1時間	1.5時間	2時間	2時間	2時間
	外壁（耐力壁に限る。）	1時間	1.5時間	2時間	2時間	2時間
柱		1時間	1.5時間	2時間	2.5時間	3時間
床		1時間	1.5時間	2時間	2時間	2時間
はり		1時間	1.5時間	2時間	2.5時間	3時間
屋根		30分間				
階段		30分間				

備考
1　第2条第1項第8号の規定により階数に算入されない屋上部分がある建築物の当該屋上部分は、この表の適用については、建築物の最上階に含まれるものとする。
2　この表における階数の算定については、第2条第1項第8号の規定にかかわらず、地階の部分の階数は、全て算入するものとする。

(2)　前号に掲げるもののほか、壁及び床にあつては、これらに通常の火災による火熱が1時間（非耐力壁である外壁の延焼のおそれのある部分以外の部分にあつては、30分間）加えられた場合に、当該加熱面以外の面（屋内に面するものに限る。）の温度が当該面に接する可燃物が燃焼するおそれのある温度として国土交通大臣が定める温度（以下「可燃物燃焼温度」という。）以上に上昇しないものであること。

(3)　前二号に掲げるもののほか、外壁及び屋根にあつては、これらに屋内において発生する通常の火災による火熱が1時間（非耐力壁である外壁の延焼のおそれのある部分以外の部分及び屋根にあつては、30分間）加えられた場合に、屋外に火炎を出す原因となる亀裂その他の損傷を生じないものであること。

留意事項　(1)　危険物を取り扱う建築物の壁のうち、危険物を取り扱う部分と耐火構造の床若しくは壁又は随時開けることのできる自閉式特定防火設備により区画された場合は、危険物を取り扱わない部分に設ける間仕切壁は、準不燃材料を使用することができる。

図8－1　間仕切壁の運用

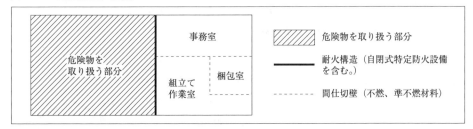

(2) 危政令第9条第1項第5号に規定する「延焼のおそれのある外壁」とは、当該製造所等の隣地境界線、製造所等の面する道路中心線又は同一敷地内に他の建築物がある場合には相互の外壁間の中心線から1階にあっては3m以下、2階以上にあっては5m以下の距離にある製造所等の外壁部分をいう（図8－2から図8－4参照）。ただし、防火上有効な公園、広場、川等の空地若しくは水面その他これらに類するものに面する建築物の外壁を除く。

図8－2　隣地境界線からの延焼のおそれのある外壁

図8－3　道路中心線からの延焼のおそれのある外壁

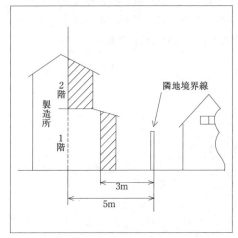
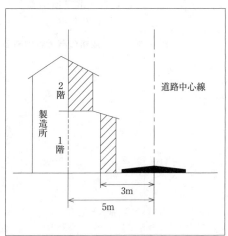

図8－4　同一敷地内建築物の外壁間の中心線からの延焼のおそれのある外壁

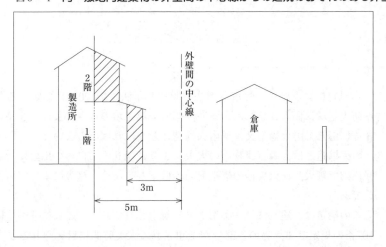

(3) 一の建物において、延焼のおそれのある外壁を耐火構造とし、その他の部分を不燃材料とすることができる（図 8 − 5 参照）。

図 8 − 5 **延焼のおそれのある部分の外壁**

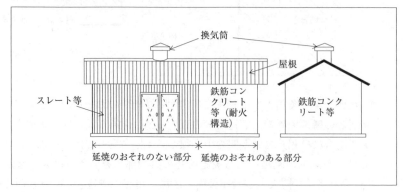

(4) 延焼のおそれのある外壁には、出入口以外の窓等の開口部を設けることはできない。ただし、防火上有効なダンパー等を設けた場合には、換気及び排出設備による開口部を設けることができ、また、当該外壁に配管を貫通させた場合には、壁と配管との隙間をモルタルその他の不燃材料で埋め戻す（図 8 − 6 参照）。

図 8 − 6 **延焼のおそれのある外壁に設ける開口部の措置**

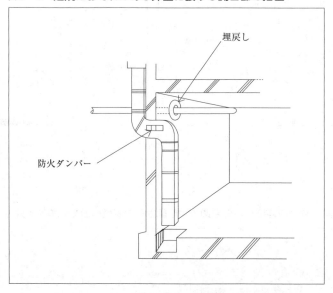

(5) 本規定によるほか、都市計画法（昭和43年法律第100号）で定める防火地域又は準防火地域に係る建築物は、建基法第61条第１項の規定により、建築物の階数、面積等に応じて耐火構造又は準耐火構造としなければならない。
(6) 耐火構造とは、隣接建物等の火災により延焼せず、自らの出火に対しても、防火区画内で鎮火し、火災後の構造耐力の低下が少なく、修復によって再使用できる構造である。
　この構造は、建基法第２条第７号に規定されており、これに基づく同法施行令第107条の規定で建築物の各部分が予想される火災時間に耐えられるよう耐火時間を

定め、これに該当する構造を国土交通大臣が指定している（平成12年5月建設省告示第1399号）。

9 屋根

根拠条文 危政令

> **第9条第1項第6号** 危険物を取り扱う建築物は、屋根を不燃材料で造るとともに、金属板その他の軽量な不燃材料でふくこと。ただし、第2類の危険物（粉状のもの及び引火性固体を除く。）のみを取り扱う建築物にあつては、屋根を耐火構造とすることができる。

留意事項
(1) 危険物を取り扱う建築物において火災等の事故が発生した場合には、危険物が爆発的に燃焼することが考えられるので、その際に生じる圧力を上方に放出させることにより周囲に与える影響をなくす目的で規定されている。

(2) 屋根は、小屋組を含めて屋根を構成するすべての材料を不燃材料とする。

図9-1　**屋根断面図**

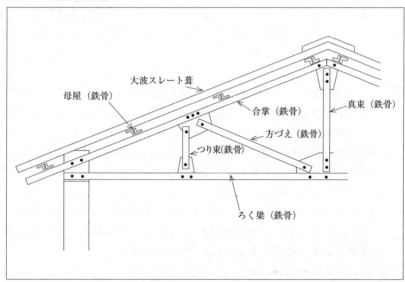

(3) 第2類の危険物（粉状のもの及び引火性固体を除く。）のみを取り扱う製造所にあっては、当該危険物の物性から爆発する危険性が少ないので屋根を耐火構造とすることが認められている。

🔟 防火設備

根拠条文 **危政令**

> **第9条第1項第7号** 危険物を取り扱う建築物の窓及び出入口には、防火設備（建築基準法第2条第9号の2ロに規定する防火設備のうち、防火戸その他の総務省令で定めるものをいう。以下同じ。）を設けるとともに、延焼のおそれのある外壁に設ける出入口には、随時開けることができる自動閉鎖の特定防火設備（建築基準法施行令第112条第1項に規定する特定防火設備のうち、防火戸その他の総務省令で定めるものをいう。以下同じ。）を設けること。

危規則

> （防火設備及び特定防火設備）
> **第13条の2** 令第9条第1項第7号の総務省令で定める防火設備は、建築基準法第2条第9号の2ロに規定する防火設備のうち、防火戸であるものとする。
> 2 令第9条第1項第7号の総務省令で定める特定防火設備は、建築基準法施行令（昭和25年政令第338号）第112条第1項に規定する特定防火設備のうち、防火戸であるものとする。

留意事項
(1) 危険物を取り扱う建築物は、火災の危険性が大きいので、当該建築物の窓及び出入口も壁体と一体となって延焼防止の目的を達成するものでなければならない。このことから、当該窓及び出入口には、防火設備を設けることとされている。
(2) 窓及び出入口に設ける防火戸は、防火設備のいずれを用いてもよいことになっているが、延焼のおそれのある部分に設けるものにあっては、自閉式特定防火設備としなければならない。
(3) 防火戸には、スチールシャッター、鉄板張引戸、片開き鉄板戸、網入りガラス戸等いろいろなタイプのものがあり（図10-1から図10-4参照）、防火効果、利用形態、設置位置等を考慮して選定すべきである。

図10-1　**スチールシャッター**（特定防火設備）**の例**

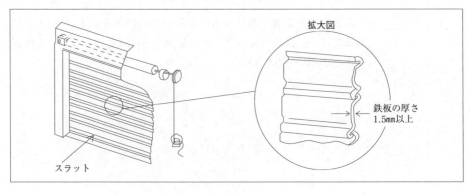

図10-2　**鉄板張引戸（特定防火設備）の例**

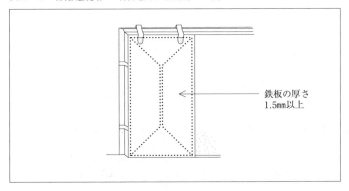

図10-3　**片開き鉄板戸（自閉式特定防火設備）の例**

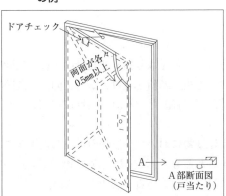

図10-4　**鉄枠網入りガラス戸（防火設備）の例**

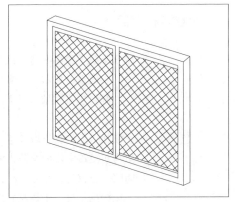

11 網入りガラス

根拠条文　危政令

> **第9条第1項第8号**　危険物を取り扱う建築物の窓又は出入口にガラスを用いる場合は、網入ガラスとすること。

留意事項
(1) 窓及び出入口に用いる網入りガラスは、火災の際に亀裂ができても容易に炎が通過する隙間ができないなどの防火上及び爆発時のガラスの飛散防止の観点から用いられる。

(2) 網入りガラスは、ガラスの中に金属の網が入っているもので、網の形状からキッコウ型のものと、ヒシクロス型のものとがあり、これらにはそれぞれ不透明のものと透明のものとがある。

(3) 危険物を取り扱う部分と耐火構造の床若しくは壁又は随時開けることのできる自閉式特定防火設備により区画された危険物を取り扱わない部分の窓又は出入口にガラスを用いる場合には、網入りガラス以外のガラスを使用することができる。なお、当該ガラスを用いた窓又は出入口は、防火設備でなければならない。

図11-1　**網入りガラスの種類**

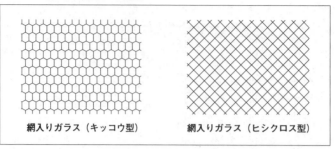

注　線入りガラスは、昭和58年10月1日以降、防火設備としての認定が取り消され、網入りガラスと同等のものとは認められなくなった。

12 床

(根拠条文)(危政令)

> **第9条第1項第9号**　液体の危険物を取り扱う建築物の床は、危険物が浸透しない構造とするとともに、適当な傾斜を付け、かつ、漏れた危険物を一時的に貯留する設備(以下「貯留設備」という。)を設けること。

(留意事項)(1)　液状の危険物を取り扱う建築物において危険物が流出した場合に、その床面に危険物が浸透するのを防止するとともに、流出した危険物が拡散するのを防ぎ、かつ、回収等を容易にするために規定されている(図12-1参照)。

(2)　床の構造は、不燃材料で、かつ、危険物が浸透しない構造であることが必要であることから、一般にコンクリートが使用される。

(3)　床の傾斜は、漏れた危険物が傾斜により円滑に貯留設備に流入し、そこに収容される程度のものでよいと考えられる。

図12-1　**床の構造等**

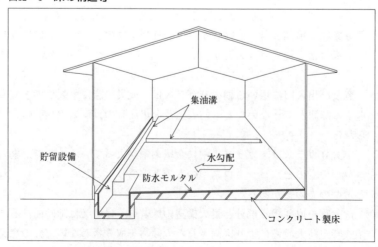

13 採光・照明・換気設備

根拠条文 危政令

> **第9条第1項第10号** 危険物を取り扱う建築物には、危険物を取り扱うために必要な採光、照明及び換気の設備を設けること。

留意事項

(1) 危険物取扱い中の事故を防止するためには、明るく、かつ、換気の十分な場所で行うことが重要な条件であり、これを徹底するために規定されている。

　　注　「必要な採光」を屋根面にとる場合は、延焼のおそれの少ない場所で、かつ、採光面積を最小限度にとどめた場合に限り、網入りガラス又は網入りプラスチック等の難燃性の材料を使用することができる。

(2) 十分な照度が確保できる照明設備が設置されている場合は、採光設備を設けないことができる。

(3) 換気設備は、室内の空気を置換するものであり、換気口は屋根上等高所に設けることが望ましい（図13－1から図13－3参照）。

図13－1　**屋根上換気設備**

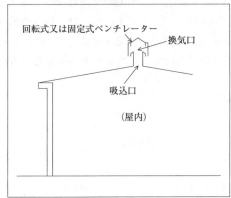

図13－2　**壁体上部ダクト方式換気設備**

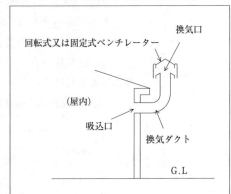

図13－3　**越屋根式換気設備**

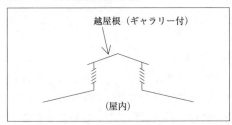

(4) 壁、床又は天井を耐火構造としなければならない部分に給気及び換気口を設ける場合又は換気ダクトを貫通させる場合には、当該部分に防火ダンパーを設ける。

14 自動強制排出設備

根拠条文 危政令

> **第9条第1項第11号** 可燃性の蒸気又は可燃性の微粉が滞留するおそれのある建築物には、その蒸気又は微粉を屋外の高所に排出する設備を設けること。

留意事項 (1) 第9条第1項第10号の規定により、危険物を取り扱う建築物には、換気の設備を設けなければならないが、当該建築物のうち、可燃性の蒸気又は可燃性の微粉が滞留するおそれのある建築物には、更に、これらの蒸気又は微粉を屋外の高所に強制的に排出する設備（以下「自動強制排出設備」という。）を設けることを規定したものである。

(2) 自動強制排出設備とは、自動強制排風機、排出ダクト、フード等により構成される。

　　注　可燃性蒸気又は可燃性微粉が滞留するおそれのある建築物（当該危険物を取り扱っている部分が壁によって区画されている場合は、当該区画された部分とする。）とは、引火点が40℃未満の危険物又は引火点以上の温度にある危険物を大気にさらす状態で取り扱っているもの若しくは可燃性微粉を大気にさらす状態で取り扱っているものをいう。

(3) 自動強制排出設備は、危険物を大気にさらす状態で取り扱う設備から放出される可燃性蒸気又は可燃性微粉を有効に排出できるものとする（図14−1参照）。ただし、可燃性微粉を排出する設備にあっては、フィルター等を設け有効に回収等ができる装置を設ける。

図14−1　**自動強制排出設備の例**

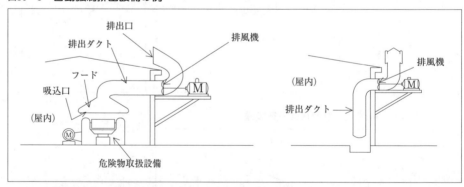

(4) 自動強制排出設備の排出ダクトは専用とし、その材料は不燃材料とする。

(5) 自動強制排出設備により、室内の空気を有効に置換することができ、かつ、室温が上昇するおそれのない場合には、換気設備を設けないことができる。

(6) 「高所」とは、軒高以上又は地上4m以上の高さとし、火災予防上安全な位置とする。

15 屋外の施設の囲い等

根拠条文 危政令

> **第9条第1項第12号** 屋外に設けた液状の危険物を取り扱う設備には、その直下の地盤面の周囲に高さ0.15メートル以上の囲いを設け、又は危険物の流出防止にこれと同等以上の効果があると認められる総務省令で定める措置を講ずるとともに、当該地盤面は、コンクリートその他危険物が浸透しない材料で覆い、かつ、適当な傾斜及び貯留設備を設けること。この場合において、第4類の危険物（水に溶けないものに限る。）を取り扱う設備にあつては、当該危険物が直接排水溝に流入しないようにするため、貯留設備に油分離装置を設けなければならない。

危規則

> （危険物の流出を防止する措置）
> **第13条の2の2** 令第9条第1項第12号の総務省令で定める措置は、次のいずれかの措置とする。
> (1) 危険物を取り扱う設備の直下の地盤面の周囲に、危険物の流出防止に有効な溝等を設ける措置
> (2) 危険物を取り扱う設備の架台等に、危険物の流出防止に有効な囲い等を設ける措置

留意事項
(1) 屋外に設置された液状の危険物を取り扱う設備において、当該設備から危険物が漏えいした場合には、広範囲に流出拡散する可能性が大きいので、これを防止するための設備について規定されている。
(2) 屋外で危険物を取り扱う設備の周囲に設ける高さ0.15m以上の囲いは、当該設備が、地盤面に接しているものばかりでなく、架台の上に設置されているもの等もあることから、設備との間隔等を考慮し、漏えい等があった場合には、確実にこれを受け止めることができるものでなければならない。

図15-1

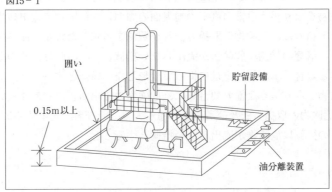

(3) 囲いは、火災等が発生した場合にあっても機能を維持しなければならないので、コンクリート、厚手の鉄板等によって造られたものとする。

(4) 地盤面は、漏えい危険物の浸透を防止すると同時に囲いと一体性をもったものでなければならない。

(5) 地盤面の傾斜は、漏えいした液体の危険物が円滑に流れ、貯留設備に集まる程度のものであればよく、傾斜が大きすぎると作業性、漏えい時の安全性に影響するので十分配慮しなければならない。

(6) 貯留設備は、漏えいした危険物を収納するものであるが、収納した危険物の可燃性蒸気の滞留について配慮する必要があるので、安全な場所に、危険物取扱設備及び危険物の取扱いの実態を考慮して必要な数及び大きさのものを設けなければならない。

(7) 油分離装置は、貯留設備に流入した危険物が直接排水口に流入して拡散し、二次災害を起こさないように設けるもので、油と水の比重の差を利用して油と水とを分離するものである。

注　図に示した構造の油分離装置は、ガソリン、灯油等の水より比重が小さいものに使用されるものであり、水よりも重いものは、構造について別の方法としなければならない。

図15-2　**油分離装置の例**

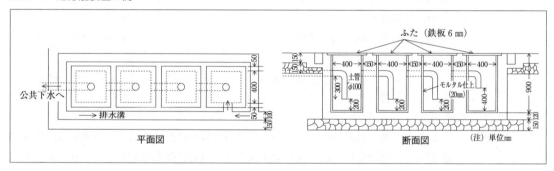

(8) 第4類の危険物のうち、「水に溶けないもの」以外の危険物を取り扱う場合にあっては、その物性から油分離装置を必要とされていない。当該危険物に該当するものとしてアセトン、アセトアルデヒド、メチルアルコール、エチルアルコール、さく酸、ピリジン等がある。

注　「水に溶けないもの」とは、温度20℃の水100gに溶解する量が1g未満であるものをいい、危政令別表第3の性質欄に掲げる非水溶性液体とは異なるので注意を要する。

(9) 危険物を取り扱う設備の直下の地盤面の周囲に、危険物の流出防止に有効な溝等を設ける措置は、危険物の取扱方法及び数量を考慮した幅及び深さを有する溝等によって、溝等の外側に危険物が流出しない措置とし、溝等は、その上部を車両等が通過する場合、車両等の重量によって変形しない構造とすること。

(10) 危険物を取り扱う設備の架台等に、危険物の流出防止に有効な囲い等を設ける措置は、危険物の取扱方法及び数量を考慮した高さ及び容量を有する囲い等によって、囲い等の外側に危険物が流出しない措置とすること。

15 屋外の施設の囲い等

写真15-1　設備の周囲の地盤面に有効な溝を認めた事例
（車両の乗り入れ部を溝にしたもの）

車両の乗り入れ箇所以外は
0.15m以上の囲いによる措置あり

危険物が流出しても溝と油分離装置で
危険物が回収できる措置となっている

写真15-2　設備の架台に有効な囲いを認めた事例（キュービクル式の架台部分が囲いの構造となっている）

架台部分が囲い構造

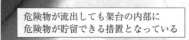

危険物が流出しても架台の内部に
危険物が貯留できる措置となっている

出典：「令和5年度　危険物施設におけるスマート保安等に係る調査検討報告書」（消防庁）
（https://www.fdma.go.jp/singi_kento/kento/items/post-136/03/houkokusyo.pdf）

16 危険物を取り扱う機械器具等

根拠条文 危政令

> **第9条第1項第13号** 危険物を取り扱う機械器具その他の設備は、危険物のもれ、あふれ又は飛散を防止することができる構造とすること。ただし、当該設備に危険物のもれ、あふれ又は飛散による災害を防止するための附帯設備を設けたときは、この限りでない。

留意事項 (1) 危険物を取り扱う機械器具その他の設備の構造を、危険物の漏れ、あふれ又は飛散を防止することができるものとすることによって、危険物の漏れ等による災害を防止することを目的とした規定である。

(2)「危険物のもれ、あふれ又は飛散を防止することができる構造」としては、当該機械器具その他の設備が、それぞれの通常の使用条件に対し、十分余裕をもった容量、強度、性能等を有するように設計されているもの等が該当する（図16－1から図16－3参照）。

図16－1 **混合攪拌装置の覆い**

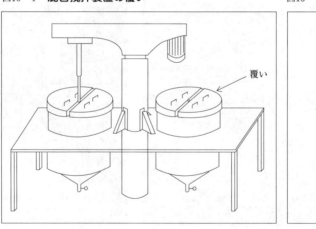

図16－2 **波返し付き攪拌装置の例**

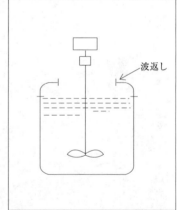

図16－3 **熱交換器**

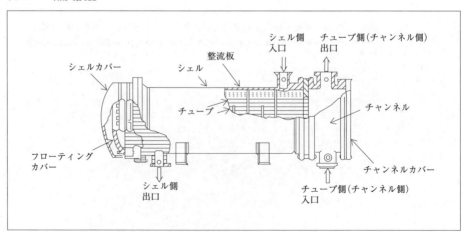

(3) 「危険物のもれ、あふれ又は飛散による災害を防止するための附帯設備」としては、タンク、ポンプ等の戻り管、フロートスイッチ、混合装置、攪拌装置等の覆い、受皿、囲い等が該当する（図16-4から図16-6参照）。

図16-4 **二重槽式焼入槽の例**

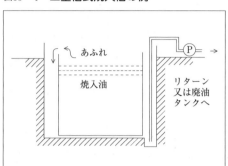

図16-5 **詰替場所の囲い**

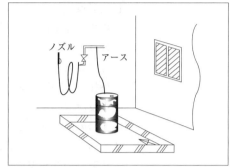

図16-6 **水洗ブースの例**

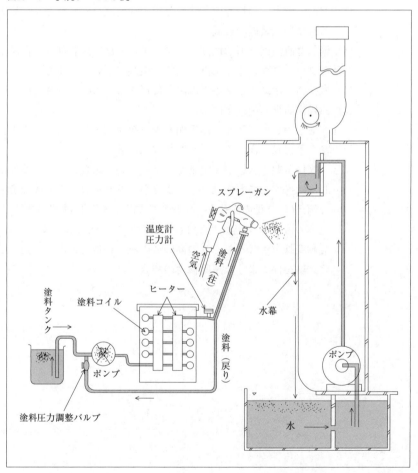

⑷ 指定数量の5分の1未満の危険物を取り扱う屋外又は屋内のタンクは、「危険物を取り扱う機械器具その他の設備」として取り扱う。

なお、当該タンクのうち、金属製以外のタンクは、強度、耐熱性、耐薬品性等を有しているものとする。

⑸ 保安対策

塔槽類等危険物を取り扱う設備は、設備個々に対する保安対策以外に、危険物を取り扱う工程全体について、次の保安対策も検討する。

ア 地震対策

塔槽類、20号タンク、ステージ等は耐震性を有する構造とする。

イ 保安設備の設置

1つのトラブルで、即、重大な危険と直結することを回避するため、予想される危険性の高い蒸留設備(爆発範囲内で操作するもの又は熱媒等の温度が蒸留する危険物の分解温度若しくは発火点よりも高いもの)、反応槽等は、異常反応等を防止するため次に掲げるような二次的、三次的な安全対策を講ずる。

㈠ 温度、圧力、流量等の条件が設定条件範囲を外れたとき、自動的に警報を発する自動警報装置の設置

㈡ 緊急遮断装置、不活性ガス、冷却用水、反応抑制剤等を供給するための装置及びブローダウン等の装置(通常の生産に用いられるものを除く。)

㈢ 攪拌機、冷却ポンプ等の電源を確保するための予備動力源の確保

㈣ 誤操作防止の制御機構

a あらかじめ正確な操作手順をシーケンスとして組み込み、装置類をそれに基づき自動操作するシーケンス制御の導入

b 操作手順や状態が設定条件と違っている場合に、その操作が行えないか若しくは操作しても無効となるようなインターロック機構の導入

例えば、2種の流体を一定比率で混合させる自動制御を行っている装置で、一方の流量が規定値から外れると危険な状態になるようなケースにおいて、流動変動を生じるおそれの高い側の流量に他方の流量を追従させ、常に一定の比率を保つような連動機構の導入

17 温度測定装置

根拠条文 危政令

> **第9条第1項第14号** 危険物を加熱し、若しくは冷却する設備又は危険物の取扱に伴つて温度の変化が起る設備には、温度測定装置を設けること。

留意事項
(1) 危険物の加熱・冷却設備及び危険物の混合、反応等の取扱いに伴って温度変化の起こる設備には、その温度変化を常に正確に把握し、温度変化に応じた適切な措置を講じなければ、危険物の噴出、発火、爆発等の災害を起こす危険性があることから規定されている。
(2) 温度測定装置はバイメタル、金属膨張あるいは水銀膨張式などのサーモスイッチが多いが、指示又は記録を必要とする場合には、膨張式温度計（現場取付形）、熱電対式、抵抗式（遠隔表示）が広く使われる。
(3) 温度測定装置は、危険物を取り扱う設備の種類、危険物の物性、測定温度範囲等を十分に考慮し、安全で、かつ、温度変化を正確に把握できるものを選定する。
(4) 温度測定装置等の例を図17-1から図17-3に示す。

図17-1 **アネロイド形温度計の例**

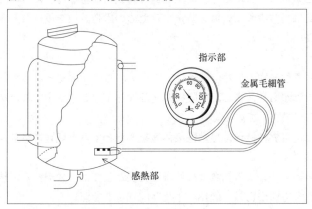

図17-2 **全系温度補償機構付の例**

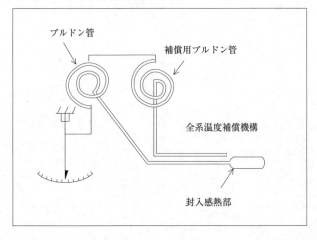

図17-3 熱電対式温度計の例

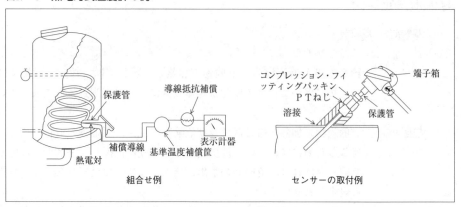

18 加熱乾燥設備

(根拠条文) 危政令

> 第9条第1項第15号　危険物を加熱し、又は乾燥する設備は、直火を用いない構造とすること。ただし、当該設備が防火上安全な場所に設けられているとき、又は当該設備に火災を防止するための附帯設備を設けたときは、この限りでない。

(留意事項)
(1) 直火による危険物の加熱、乾燥は、直火そのものが火源となって、発火等の原因となるおそれがあり、また、危険物の局部加熱が起こりやすいことなどから、これを原則として禁止している。
(2) 直火には、可燃性液体、可燃性気体等を燃料とする火気、ニクロム線を用いた電熱器等が該当する。
(3) 直火以外の方法による加熱又は乾燥の方法としては、スチーム、熱媒体、熱風等を用いて行う方法がある（図18-1及び図18-2参照）。

図18-1　スチームを用いた加熱槽

図18-2　熱風乾燥設備

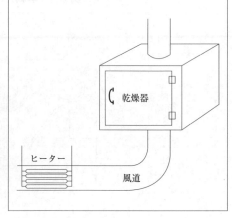

19 安全装置

根拠条文 **危政令**

> **第9条第1項第16号** 危険物を加圧する設備又はその取り扱う危険物の圧力が上昇するおそれのある設備には、圧力計及び総務省令で定める安全装置を設けること。

危規則

> （安全装置）
>
> **第19条第1項** 令第9条第1項第16号（令第19条第1項において準用する場合を含む。）、令第11条第1項第8号（令第9条第1項第20号イにおいてその例による場合及びこれを令第19条第1項において準用する場合を含む。）、令第12条第1項第7号（令第9条第1項第20号ロにおいてその例による場合及びこれを令第19条第1項において準用する場合並びに令第12条第2項においてその例による場合を含む。）、令第13条第1項第8号（令第9条第1項第20号ハにおいてその例による場合及びこれを令第19条第1項において準用する場合並びに令第13条第2項（令第9条第1項第20号ハにおいてその例による場合及びこれを令第19条第1項において準用する場合並びに令第17条第1項第8号イにおいてその例による場合を含む。）、令第13条第3項（令第9条第1項第20号ハにおいてその例による場合及びこれを令第19条第1項において準用する場合並びに令第17条第1項第8号イにおいてその例による場合を含む。）及び令第17条第1項第8号イにおいてその例による場合を含む。）及び令第17条第2項第3号の総務省令で定める安全装置は、次の各号のとおりとする。ただし、第4号に掲げるものは、危険物の性質により安全弁の作動が困難である加圧設備に限つて用いることができる。
>
> (1) 自動的に圧力の上昇を停止させる装置
> (2) 減圧弁で、その減圧側に安全弁を取り付けたもの
> (3) 警報装置で、安全弁を併用したもの
> (4) 破壊板

留意事項 (1) 危険物を加圧する設備又は取り扱う危険物の反応等により圧力が上昇するおそれのある設備は、適正な圧力管理をしなければ、危険物の噴出、設備の破壊等による火災等の事故を起こすおそれがあるため、これらの設備には、圧力計及び安全装置を設けることとされている。

(2) 圧力計には、種々のタイプのものがあるが、設備の構造、危険物の取扱状況等を考慮して選定すべきである（図19-1から図19-3参照）。

図19-1 ブルドン管形圧力計及びその作動図

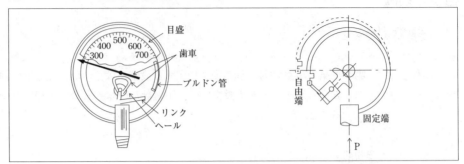

図19-2 ベローズ式圧力計

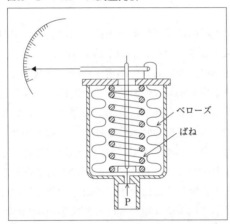

図19-3 ダイヤフラム式圧力計

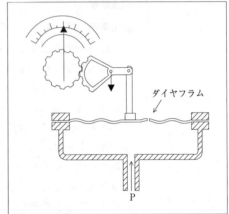

(3) 安全装置は、危規則第19条で規定されているが、いずれの装置を設置するかは、その設置対象設備の種別に応じて適切なものを選定すべきである（図19-4から図19-6参照）。

　なお、破壊板には、危険物の性質により安全弁の作動が困難である加圧設備に限って設けることができることとされている。

(4) 危規則第19条第1項第1号に該当するものとしては、安全弁、自動制御方式による加圧動力源停止装置等があるが一般的には安全弁である（図19-4参照）。

(5) 第2号に該当するものは、安全弁と減圧弁を併用したものである（図19-5参照）。

(6) 第3号に該当するものは、警報装置付きの安全弁で、種々の形態が考えられる。

(7) 第4号の破壊板は、安全弁などを用いても効果がないような圧力の急激な上昇現象を起こすおそれのある設備に設けられ、タンク等設備の破壊圧力以下で容易に破壊して内圧を放出して設備を保護するもので通常薄い板(平円板又はドーム型円板)が用いられる（図19-6参照）。

　　注　JIS B 8226破裂板式安全装置（1986）が制定されている。

図19-4　**安全弁の構造例**

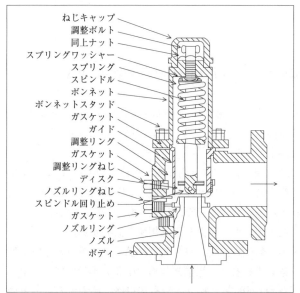

図19-5　**減圧弁の構造例**

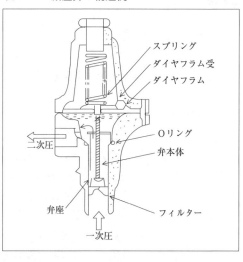

図19-6　**破壊板の取付け及び部品の構成例**

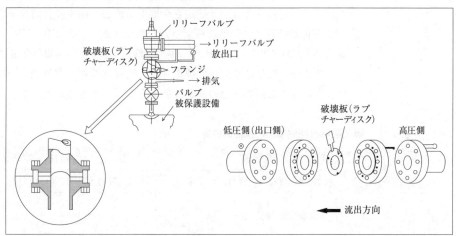

(8) 安全装置は、上昇した圧力を有効に放出することができる能力を備えたものでなければならないが、設置個数は、設備の規模、取り扱う危険物の性状、反応等の程度を考慮して適正な数を設ける。

(9) 安全装置の圧力放出口等は、周囲に火源のない安全な場所に設ける。

144　第2章　製造所の基準

⑳ 電気設備

（根拠条文）　危政令

> **第9条第1項第17号**　電気設備は、電気工作物に係る法令の規定によること。

（留意事項）（1）　危険物施設においては、可燃性蒸気が発生し、又は滞留するおそれがあるので、このような場所における電気設備については、当該電気設備が可燃性蒸気等の点火源とならないように配慮した規定である。

（2）　「電気工作物に係る法令」とは、電気事業法（昭和39年法律第170号）に基づく電気設備に関する技術基準を定める省令（平成9年通商産業省令第52号）をいい、当該省令の規定のうち、特に第68条から第73条まで、第75条並びに第76条（資料参照）については危険物施設との関連が深いので留意して適用する必要がある。

（3）　危険箇所（特別危険箇所、第1類危険箇所、第2類危険箇所）に設置する電気機器の防爆構造は、構造規格（電気機械器具防爆構造規格（昭和44年労働省告示第16号）により規定するもの。）又は技術的基準等（防爆構造規格に適合するものと同等以上の防爆性能を有することを確認するための基準等）に適合するものである。

　　なお、独立行政法人労働者健康安全機構労働安全衛生総合研究所が定めた「工場電気設備防爆指針－国際整合技術指針」の第1編（JNIOSH－TR－46－1）から第9編（JNIOSH－TR－46－9）は、電気機械器具防爆構造規格第5条の「国際規格等」であるIEC規格に基づいて製造された防爆機器が、電気機械器具防爆構造規格に適合するものと同等以上の防爆性能を有することを確認するための基準となるものである。

表20-1　**電気機器の防爆構造の選定の原則**

電気機器の防爆構造			危険箇所の分類		
準拠規格	防爆構造の種類及び記号		特別危険箇所	第1類危険箇所	第2類危険箇所
構造規格	本質安全防爆構造	ia	○	○	○
		ib	×	○	○
	樹脂充てん防爆構造	ma	○	○	○
		mb	×	○	○
	耐圧防爆構造	d	×	○	○
	内圧防爆構造	f	×	○	○
	安全増防爆構造	e	×	△	○
	油入防爆構造	o	×	△	○
	非点火防爆構造	n	×	×	○
	特殊防爆構造	s	－	－	－
	本質安全防爆構造	Ex ia	○	○	○
		Ex ib	×	○	○

技術的基準	樹脂充てん防爆構造	Ex ma	○	○	○
		Ex mb	×	○	○
	耐圧防爆構造	Ex d	×	○	○
	内圧防爆構造	Ex p	×	○	○
	安全増防爆構造	Ex e	×	○	○
	油入防爆構造	Ex o	×	○	○
	非点火防爆構造	Ex n	×	×	○
	特殊防爆構造	Ex s	—	—	—

備考　1　表中の記号○、△、×、－の意味は、次のとおりである。
　　　　　○印：適するもの
　　　　　△印：法規では容認されているが、避けたいもの
　　　　　×印：適さないもの
　　　　　－印：適用されている防爆原理によって適否を判断するもの
　　　2　特殊防爆構造の電気機器は、その防爆構造によって使用に適する危険箇所が決定される。

(4)　前記(1)及び(2)に基づき、電気設備の構造、施工例等を次に示す。

　ア　引火性の物の蒸気又は可燃性ガスが存在して、火災又は爆発の危険のある濃度に達するおそれのある場合とは、次による。

　(ｱ)　引火点が40℃未満の危険物を貯蔵し、又は取り扱う場合

　(ｲ)　引火点が40℃以上の危険物であっても、その可燃性液体を当該引火点以上の状態で貯蔵し、又は取り扱う場合

　(ｳ)　可燃性微粉（危険物、非危険物を問わない）が滞留するおそれのある場合

　イ　引火性の物の蒸気又は可燃性ガスが存在して、火災又は爆発の危険のある濃度に達するおそれのある場所には、危険箇所の種別に適合する防爆構造の電気機器を次により設ける。

　(ｱ)　引火性危険物を建築物（当該危険物を取り扱っている部分が壁によって区画されている場合は、当該区画された部分とする。以下同じ。）内において取り扱う場合であって、当該引火性危険物を大気にさらす状態で取り扱う設備（以下「開放設備」という。）には、当該設備から蒸気が放出される開口面の直径（開口面が円形以外のものである場合は、当該開口面の長径）に相当する幅（その幅が0.9m未満の場合は、0.9mとする。）以上で、また、注入口を有する容器等に詰替えをするもの（以下「詰替容器」という。）には、0.9m以上の幅でそれぞれ開口面又は注入口を包囲し、かつ、その覆われた水平投影面で床まで達する範囲内を第1類危険箇所、その他の部分を第2類危険箇所とし、設置する電気機器は、危険箇所の種別に適合する防爆構造のものとする。

　　なお、以下の図において危険箇所の種別の凡例は、次のとおりとする。

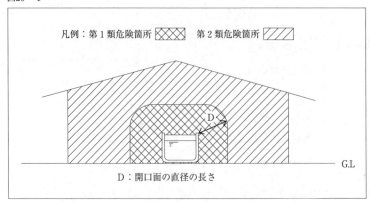

図20－1

(ｲ) 貯蔵タンク、取扱タンク、容器、継手（溶接継手を除く。）を有する配管等その他密閉された設備を用いて引火性危険物を貯蔵し、又は取り扱う建築物内の部分は第2類危険箇所とし、設置する電気機器は危険箇所の種別に適合する防爆構造のものとする。

(ｳ) 引火性危険物を取り扱う開放設備で、室内を移動して使用するものは、当該室内の移動範囲に当該開放設備があるものとみなし、(ｱ) 及び前 (ｲ) の例により電気機器を設置する。

(ｴ) (ｱ) から前 (ｳ) によるほか、換気設備等により引火性危険物の蒸気を引火する危険性のない十分安全な濃度に希釈することができ、かつ、換気設備等の機能が停止した場合に、必要な安全装置を設けること等により、危険箇所を室内の一部に限定することができる。

(ｵ) 上屋を有するローリー積場及び容器充填所等で、屋外と同程度の換気が行われる場所における電気機械器具の設置については、次による。

　　a　引火性危険物を移動タンク貯蔵所又は容器に充填するものには、蒸気が放出される注入口の周囲に0.9mの幅で注入口を包囲し、かつ、その覆われた水平投影面で床まで達する範囲内は第1類危険箇所とし、設置する電気機器は危険箇所の種別に適合する防爆構造のものとする。

　　b　前aによる場合であって、蒸気が放出される注入口の周囲に1.8mの幅で注入口を包囲し、かつ、その覆われた水平投影面が床まで達する範囲及び床面から高さ0.9mの範囲内で上屋の水平投影面までの範囲で前aに示す範囲を除いた部分は第2類危険箇所とし、設置する電気機器は危険箇所の種別に適合する防爆構造のものとする。

図20-2　上屋を有するローリー積場

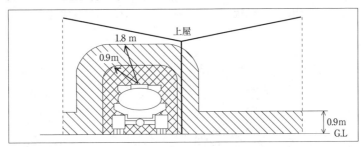

(カ) 屋外において、貯蔵タンク、取扱タンク、容器、継手（溶接継手を除く。）を有する配管等その他密閉された設備を用いて引火性危険物を貯蔵し、又は取り扱う場合の当該設備に接して設置する電気機器は、第2類危険箇所に設けることができる防爆構造のものとする。

(キ) 引火性危険物の屋外タンク貯蔵所の防油堤内で、かつ、防油堤の高さより下部に設置する電気機器は、第2類危険箇所に設けることができる防爆構造のものとする。

(ク) 引火性危険物を貯蔵し、又は取り扱う地下タンクのマンホール内に設置する電気機器は、第2類危険箇所に設けることができる防爆構造のものとする。

(5) 前(1)から(4)に基づく電気設備の工事施工方法、防爆構造機器等には、種々のものがあるが、その例は、次のとおりである。

ア　工事施工方法の例

図20-3　工事施工方法概要図

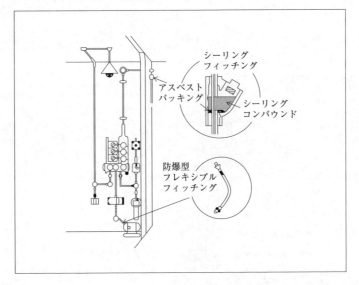

イ　外部導線の端子箱への引込方法（図20-4から図20-8参照）

図20-4　**耐圧パッキン式**

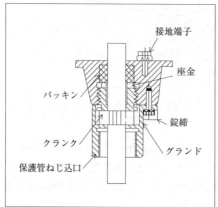

図20-5　**耐圧パッキン式**（移動機器用）

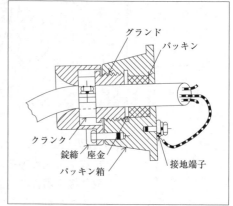

図20-6　**耐圧固着式**

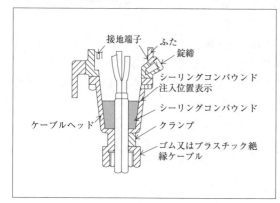

図20-7　**ＭＩケーブル用耐圧スリーブ金具式**

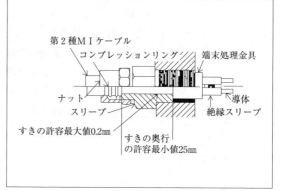

図20-8　**固着式**

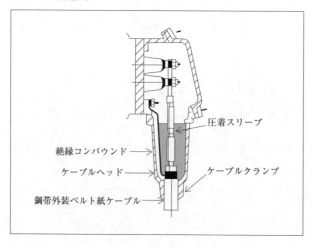

20 電気設備

ウ 端子箱から電気機器本体への導線引込方法（図20-9から図20-11参照）

図20-9 **耐圧スタッド式**
（型造絶縁物使用の場合）

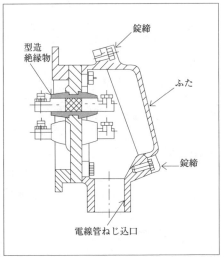

図20-10 **耐圧スタッド式**
（磁器製ブッシング使用の場合）

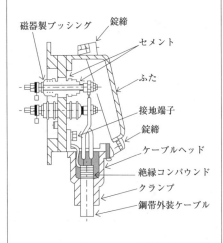

図20-11 **耐圧パッキン式**

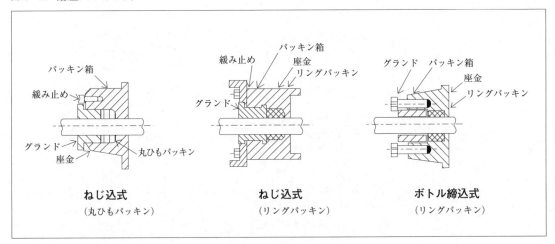

エ　防爆構造機器
(ア)　電動機

図20-12　**耐圧防爆型電動機**

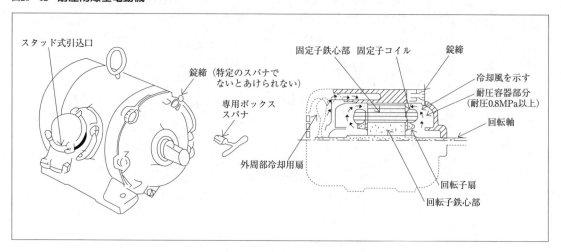

図20-13　**全閉外扇安全増防爆型電動機**

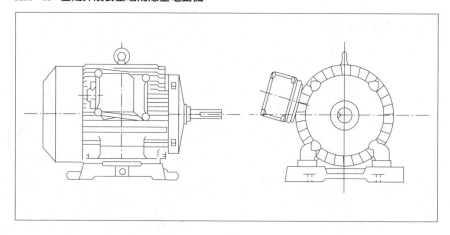

(イ) 開閉器

図20-14 **耐圧防爆型スイッチ**（ローラーレバー型）

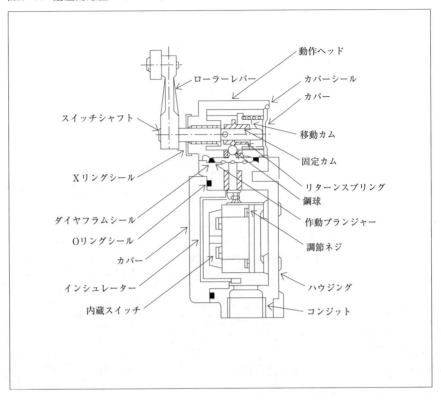

(ウ) 照明器具

図20-15 **耐圧防爆型シーリングライト**（白熱灯）

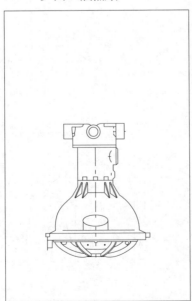

図20-16 **安全増防爆型シーリングライト**（白熱灯）

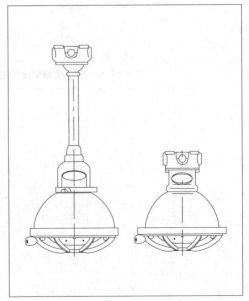

図20-17 耐圧防爆型蛍光灯

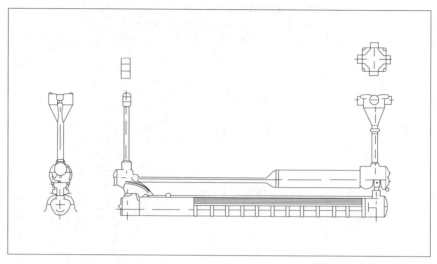

図20-18 安全増防爆型蛍光灯

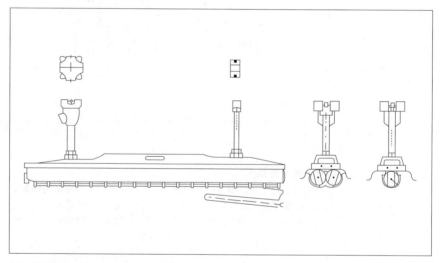

(エ) 換気扇

図20-19 耐圧防爆型換気扇

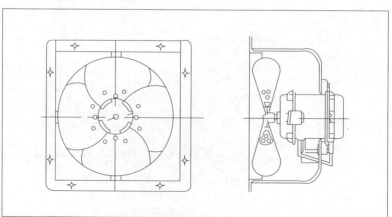

(オ) ブザー

図20-20 **耐圧防爆ブザー**

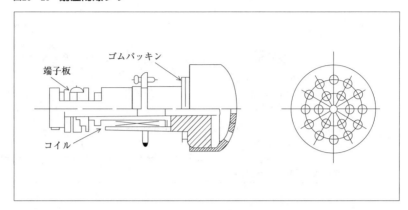

(カ) 表示灯

図20-21 **耐圧防爆型抵抗器付表示灯**

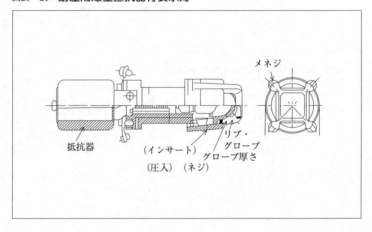

(キ) コンセント

図20-22 **耐圧防爆型コンセント**

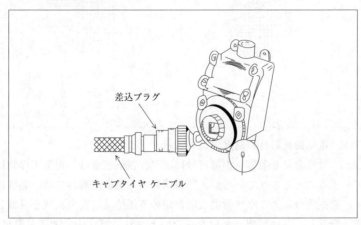

オ　配線

図20-23　**鋼帯がい装鉛被ケーブル**

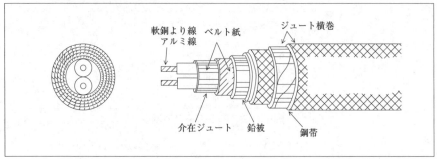

図20-24　**MIケーブル**

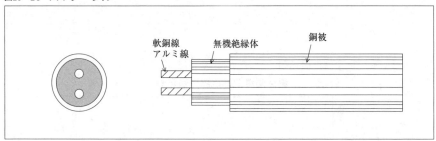

図20-25　**3種キャブタイヤケーブル**

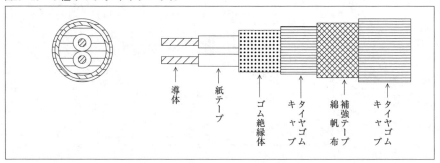

図20-26　**4種キャブタイヤケーブル**

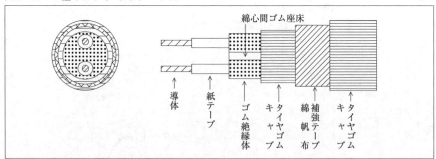

(6)　電気機械器具の防爆構造の表示

　　危政令第9条第1項第17号により、電気設備は、電気工作物に係る法令の規定によることとされているが、防爆構造の電気機械器具には、当該法令のほか労働安全衛生法令により厚生労働大臣が定める規格又は安全装置を具備しなければ、譲渡し、貸与し、又は設置してはならないとされ、型式検定制度が規定されている。また、

労働安全衛生法令では、当該型式検定に合格した機械等には合格した旨の表示を付さなければならないこと及びこれと紛らわしい表示を付してはならないこと並びに合格した旨の表示が付されていないものは使用してはならないこと等が規定されている。

(7)　具体的な表示方法

　労働安全衛生法に基づく防爆構造電気機械器具用型式検定に合格した防爆構造の電気機械器具には、「防爆構造電気機械器具型式検定合格証」が交付されるとともに、当該器具に「防爆構造電気機械器具用型式検定合格標章」が貼付される。

　なお、当該型式検定に合格した電気機械器具は、電気工作物に係る法令（電気設備に関する技術基準を定める省令等）に適合したものと同様に扱って支障ない。

表20-2　**防爆構造電気機械器具型式検定合格証**（機械等検定規則様式第8号(2)）

申　　請　　者	
製　　造　　者	
品　　　　名	
型　式　の　名　称	
防　爆　構　造　の　種　類	
対象ガス又は蒸気の発火度及び爆発等級	
定　　　格	
使　用　条　件	
型式検定合格番号	

有　　　効　　　期　　　間			型式検定者の所属及び氏名
年　　月　　日から	年　　月　　日まで		
年　　月　　日から	年　　月　　日まで		
年　　月　　日から	年　　月　　日まで		
年　　月　　日から	年　　月　　日まで		

　機械等検定規則による型式検定に合格したことを証明する。

　　　　年　　月　　日

　　　　　　　　　　　　　　型式検定実施者

図20-27　**防爆構造電気機械器具用型式検定合格標章**（機械等検定規則様式第11号(2)）

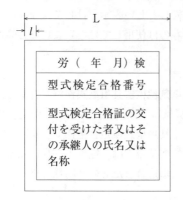

備考　1　この型式検定合格標章は、次に定めるところによる。
　　　(1)　正方形とし、次に示す寸法のいずれかによる。
　　　　　　一辺の長さ（L）　　ふちの幅（*l*）
　　　　　イ　1.3cm　　　　　　0.1cm
　　　　　ロ　2.0cm　　　　　　0.1cm
　　　　　ハ　3.2cm　　　　　　0.2cm
　　　　　ニ　5.0cm　　　　　　0.2cm
　　　　　ホ　8.0cm　　　　　　0.3cm
　　　(2)　材質は、金属その他耐久性のあるものとする。
　　　(3)　地色は黒色とし、字、ふち及び線は黄色又は淡黄色とする。
　　2　「労（年月）検」の欄中（年月）は、型式検定に合格した年月又は更新検定に合格した年月を（令和〇年〇月）のごとく表示する。

ア　防爆電気機器の表示等

　構造規格による防爆構造の電気機械器具には、電気機械器具防爆構造規格に基づく表示が、技術的基準による防爆構造の電気機械器具には、IECに整合した表示がされている。

　なお、防爆構造等の記号が一括して表示される場合には、次の(ｱ)、(ｲ)、(ｳ)、(ｴ)の順序で表示することが定められている。

　また、技術的基準による防爆構造の電気機械器具のみ、防爆構造のものであることを示す記号 "Ex" が表示されている。

(ｱ)　防爆構造の種類

　防爆構造の種類を示す記号は、表20-3のとおりである。

表20-3　**防爆構造の記号**

防爆構造の種類	記号（構造規格）	記号（技術的基準）
耐圧防爆構造	d	d
内圧防爆構造	f	px 又は py
安全増防爆構造	e	e
油入防爆構造	o	o
本質安全防爆構造	ia 又は ib	ia 又は ib
樹脂充てん防爆構造	ma 又は mb	ma 又は mb
非点火防爆構造	n	nA、nC、nR 又は nL
特殊防爆構造	s	s

備考1　1つの電気機器の異なる部分に別々の防爆構造が適用されている場合は、その電気機器のそれぞれの部分に、該当する防爆構造の種類が記号で表示される。
　　2　1つの電気機器に2種類以上の防爆構造が適用されている場合は、主体となる防爆構造の種類の記号が初めに表示される。
　　3　iaは、爆発性雰囲気が正常状態において連続して、又は長時間持続して存在する場所で使用する電気機器に表示される。
　　4　ibは、爆発性雰囲気が正常状態において生成するおそれのある場所で使用する電気機器に表示される。

20 電気設備 157

(イ) 爆発等級又はグループ

電気機器の爆発等級又はグループを示す記号は、表20-4のとおりである。

構造規格による防爆電気機器は、対象とする可燃性ガス又は蒸気をその火炎逸走限界の値によって、1、2及び3の3段階の爆発等級に分類する。

技術的基準による防爆電気機器は、3グループに分類され、坑気の影響を受けやすい鉱山での使用を意図する機器をグループⅠ、坑気の影響を受ける鉱山以外の爆発性ガス雰囲気が存在する場所での使用を意図する機器をグループⅡ、坑気の影響を受ける鉱山以外の爆発性粉じん雰囲気が存在する場所での使用を意図する機器をグループⅢとしている。

グループⅡの防爆機器は、当該防爆機器を使用する場所における爆発性ガス雰囲気の性質に応じてⅡA、ⅡB又はⅡCと細分類される。ⅡCは、ⅡA及びⅡBの使用条件にも使用できる。また、ⅡBは、ⅡAの使用条件においても使用できる。

グループⅢの防爆機器は、当該防爆機器を使用する場所における爆発性粉じん雰囲気における粉じんの性質に応じⅢA、ⅢB又はⅢCに細分類される。ⅢCはⅢA及びⅢBの使用条件にも使用できる。また、ⅢBは、ⅢAの使用条件においても使用できる。

表20-4　**爆発等級又はグループを示す記号**

防爆構造の種類	記　　　号	
	構造規格による防爆構造	技術的基準による防爆構造
耐圧防爆構造	1, 2, 3 (a, b, c, n) 備考2	ⅡA, ⅡB, ⅡC、メタン 備考3
内圧防爆構造	−	Ⅱ
安全増防爆構造	−	Ⅱ
油入防爆構造	−	Ⅱ
本質安全防爆構造	1, 2, 3 (a, b, c, n)	ⅡA, ⅡB, ⅡC
非点火防爆構造	Ⅱ 備考1	Ⅱ 備考1
樹脂充てん防爆構造	Ⅱ	Ⅱ
特殊防爆構造	備考1	−

備考1　爆発等級（又はグループ記号のA、B、C）に関係なく適用される防爆構造の電気機器には、爆発等級の記号（又はグループ記号の中のA、B、C）は表示されない。また、非点火防爆構造及び特殊防爆構造における爆発等級（又はグループ記号のA、B、C）の表示は、適用する防爆構造によって決められる。

　　2　爆発等級3において、3aは水素又は水性ガスを、3bは二硫化炭素を、3cはアセチレンをそれぞれ対象とし、3nは爆発等級3のすべてのガス又は蒸気を対象とすることを示す。

　　3　特定の可燃性ガス蒸気の爆発性雰囲気だけで使用される防爆電気機器には、爆発等級の記号（又はグループ記号の中のA，B，C）の代わりに当該可燃性ガス蒸気の名称を表示する場合がある。

(ウ) 発火度又は温度等級

電気機器の発火度又は温度等級を示す記号等は、表20-5及び表20-6のとおりである。

なお、発火度（又は温度等級）の記号は、その記号を表示した防爆電気機器が当該ガス及びそれより小さい数字の発火度（又は温度等級）のガス又は蒸気に対して防爆性能が保証されていることを示す。

158　第2章　製造所の基準

表20-5　**発火度を示す記号**

発 火 点（℃）	記 号	電気機器の許容温度（℃）
450を超えるもの	G 1	360
300を超え450以下	G 2	240
200を超え300以下	G 3	160
135を超え200以下	G 4	110
100を超え135以下	G 5	80

備考1　電気機器の許容温度は、周囲温度40℃を含む。
　　2　可燃性ガス蒸気の爆発性雰囲気中だけで使用される防爆電気機器は、発火度の代わりに当該可燃性ガス蒸気の名称又は化学式を表示する場合がある。

表20-6　**温度等級を示す記号**

電気機器の最高表面温度（℃）	記 号	ガス又は蒸気の発火温度の値（℃）
450	T 1	450を超えるもの
300	T 2	300を超えるもの
200	T 3	200を超えるもの
135	T 4	135を超えるもの
100	T 5	100を超えるもの
85	T 6	85を超えるもの

備考1　温度等級の代わりに最高表面温度が表示され、又は最高表面温度のあとに括弧書きで温度等級が表示されることがある。このように最高表面温度が表示された電気機器は、表示された最高表面温度未満の発火温度の可燃性ガス蒸気に適用される。
　　　　なお、電気機器の最高表面温度は、周囲温度40℃を含む。
　　2　可燃性ガス蒸気の爆発性雰囲気中だけで使用される防爆電気機器は、温度等級の代わりに当該可燃性ガス蒸気の名称又は化学式を表示する場合がある。

(エ) 使用条件がある場合の表示

使用条件がある場合は、構造規格による電気機器では使用条件の要点が、また、技術的基準による電気機器では記号"X"が表示される。

(オ) 防爆構造等の記号の一括表示の例

防爆構造等の記号の一括表示する場合の例は、表20-7のとおりである。

表20-7　**防爆構造等の記号を一括して表示する場合の表示例**

検定基準	表示される防爆構造等の内容	国際整合防爆指針における防爆構造であることを示す記号	防爆構造の種類	爆発等級又はグループ	発火度又は温度等級	使用条件がある場合の記号
構造規格によるもの	爆発等級2、発火度G4に属するガス等を対象とする耐圧防爆構造の電気機器	－	d	2	G 4	－
	発火度G2に属するガス等を対象とする内圧防爆構造の電気機器	－	f	－	G 2	－
	発火度G3に属するガス等を対象とする安全増防爆構造の電気機器	－	e	－	G 3	－
	爆発等級1、発火度G1に属するガス等を対象とする安全増防爆構造の電動機で、耐圧防爆構造のスリップリングをもつもの	－	ed	1	G 1	－
	水素及び爆発等級2、発火度G3に属するガスを対象とする本質安全防爆構造	－	i	3 a	G 3	－
国際整合防爆指針又は技術的基準によるもの	グループⅡB、温度等級T4の耐圧防爆構造の電気機器	Ex	d	ⅡB	T 4	－
	温度等級T5の内圧防爆構造の電気機器	Ex	p	Ⅱ	T 5	－
	最高表面温度が350℃の安全増防爆構造電気機器で、使用条件付きのもの	Ex	e	Ⅱ	350℃（T1）又は350℃	X
	温度等級T3の油入防爆構造の電気機器	Ex	o	Ⅱ	T 3	－
	グループⅡC、温度等級T6、本質安全防爆構造iaの電気機器	Ex	i a	ⅡC	T 6	－
	本体が耐圧防爆構造で、端子箱安全増防爆構造の、グループⅡB、温度等級T3の電気機器	Ex	de	ⅡB	T 3	－
	水素及びグループⅡBのガス等の爆発性雰囲気中で使用する温度等級T4の耐圧防爆構造の電気機器	Ex	d	ⅡB+水素又はⅡB+H_2	T 4	－
	耐圧防爆構造と組み合わせた本安関連機器	Ex	d[ia]	ⅡB	T 5	X
	非危険場所で使用される本安関連機器	[Ex ia]		ⅡC	－	－

備考　－は、該当なし

20 電気設備 159

表20-8 **可燃性ガス蒸気の電気機器の防爆構造に対応する分類**

名　称	グループ	温度等級	名　称	グループ	温度等級
アクリルアルデヒド（アクロレイン）	ⅡB	T3	オクタン	ⅡA	T3
アクリル酸エチル	ⅡB	T2	ガソリン	－	－
アクリル酸ブチル	ⅡB	T3	ギ酸	ⅡA	T1
アクリル酸メチル	ⅡB	T1	ギ酸エチル	ⅡA	T2
アクリロニトリル	ⅡB	T1	ギ酸ブチル	－	T3
亜硝酸エチル	ⅡA	T6	ギ酸メチル	ⅡA	T2
アセチルアセトン（2,4-ペンタンジオン）	ⅡA	T2	o-キシレン	ⅡA	T2
アセチレン	ⅡC	T2	m-キシレン	ⅡA	T1
アセトアルデヒド	ⅡA	T4	p-キシレン	ⅡA	T1
アセトアルデヒドジエチルアセタール（アセタール）	－	T3	クメン（イソプロピルベンゼン）	ⅡA	T2
アセト酢酸エチル（アセト酢酸エチルエステル）	ⅡA	T2	o-クレゾール	ⅡA	T1
			クロトンアルデヒド	ⅡB	T3
			2-クロロエタノール（エチレンクロロヒドリン）	ⅡA	T2
アセトニトリル	ⅡA	T1			
アセトン	ⅡA	T1	2-クロロプロペン	－	－
アニリン	ⅡA	T1	クロロベンゼン	ⅡA	T1
2-アミノエタノール（エタノールアミン）	ⅡA	T2	コークス炉ガス	－	－
アリルアミン	－	T2	コールタールナフサ（49°Bě）	ⅡA	T3
アリルアルコール	ⅡB	T2	酢酸（氷酢酸）	ⅡA	T1
アンモニア	ⅡA	T1	酢酸イソブチル	－	T2
イソブタン	ⅡA	T1	酢酸イソプロピル	ⅡA	T2
イソブチルアルコール	ⅡA	T2	酢酸イソペンチル（酢酸イソアミル）	ⅡA	T2
イソブチルアルデヒド	ⅡA	T4	酢酸エチル	ⅡA	T1
イソブチルベンゼン	ⅡA	T2	酢酸ビニル	ⅡA	T2
イソプレン	ⅡB	T3	酢酸ブチル	ⅡA	T2
イソプロピルアミン	ⅡA	T2	酢酸プロピル	ⅡA	T2
イソヘキサン（2-メチルペンタン）	ⅡA	T3	酢酸ペンチル（酢酸n-アミル）	ⅡA	T2
イソヘプタン（異性体混合物）	ⅡA	T3	酢酸メチル	ⅡA	T2
イソペンタン	ⅡA	T2	シアン化水素（シアン化水素酸(96%)）	ⅡB	T1
一酸化炭素	ⅡB	T1	ジイソプロピルエーテル		
エタノール（エチルアルコール）	ⅡB	T2	2-ジエチルアミノエタノール	ⅡA	T2
エタン	ⅡA	T1	ジエチルアミン	ⅡA	T2
エタンチオール（エチルメルカプタン）	ⅡA	T3	ジエチルエーテル（エチルエーテル）	ⅡB	T4
エチルアミン	ⅡA	T2	3.3-ジエチルペンタン	－	T3
エチルシクロブタン	ⅡA	T3	1,4-ジオキサン	ⅡB	T2
エチルシクロヘキサン	ⅡA	T3	1,3-ジオキソラン	ⅡB	T3
エチルシクロペンタン	ⅡA	T3	シクロブタン	ⅡA	－
エチルビニルエーテル	ⅡB	T4	シクロプロパン	ⅡA	T1
エチルプロピルエーテル	ⅡB	－	シクロヘキサノール	ⅡA	T3
エチルベンゼン	ⅡA	T2	シクロヘキサノン	ⅡA	T2
エチルメチルエーテル（メチルエチルエーテル）	ⅡB	T4	シクロヘキサン	ⅡA	T3
			シクロヘキセン	ⅡA	T3
エチルメチルケトン（メチルエチルケトン、2-ブタノン）	ⅡB	T2	シクロヘキシルアミン	ⅡA	T3
			シクロヘプタン	ⅡA	－
エチレン	ⅡB	T2	シクロペンタン		T2
エチレンオキシド（1.2-エポキシエタン）	ⅡB	T2	1.1-ジクロロエタン	ⅡA	T2
2-エトキシエタノール	ⅡB	T3	1.2-ジクロロエタン（二塩化エチレン）	ⅡA	T2
2-エトキシエチルアセテート	ⅡA	T2	cis-1.2-ジクロロエチレン	ⅡA	T2
エピクロロヒドリン	ⅡB	T2	o-ジクロロベンゼン	ⅡA	T1
塩化アセチル	ⅡA	T2	1.2-ジクロロプロパン	ⅡA	T1
塩化アリル	ⅡA	T2	ジクロロメタン（二塩化メチレン）	ⅡA	T1
塩化イソプロピル（2-クロロプロパン）	ⅡA	T1	ジビニルエーテル	－	－
塩化エチル（クロロエタン）	ⅡA	T1	ジブチルエーテル	ⅡB	T4
塩化ビニル（クロロエチレン）	ⅡA	T2	ジプロピルエーテル	ⅡB	T4
塩化ブチル（1-クロロブタン）	ⅡA	T3	ジヘキシルエーテル	ⅡA	T4
塩化プロピル（1-クロロプロパン）	ⅡA	T2	ジベンジルエーテル（ジアミルエーテル）	ⅡA	T1
塩化ベンジル	ⅡA	T1	ジペンテン（リモネン）	ⅡA	T2
塩化ペンチル（塩化n-アミル）	ⅡA	T3	N,N-ジメチルアニリン	ⅡA	T2
塩化メチル（クロロメタン）	ⅡA	T1	2,2-ジメチルアミノエタノール	ⅡA	T3
1-オクタノール	ⅡA	T3	ジメチルアミン	ⅡA	T2

物質名	爆発等級	発火度	物質名	爆発等級	発火度
ジメチルエーテル	ⅡB	T3	ブチルベンゼン	ⅡA	T2
N,N-ジメチルヒドラジン	ⅡB	T3	s-ブチルベンゼン	ⅡA	T2
2,2-ジメチルブタン	ⅡA	T2	t-ブチルベンゼン	ⅡA	T2
2,3-ジメチルペンタン	ⅡA	T2	1-ブテン（α-ブチレン）	ⅡA	T2
N,N-ジメチルホルムアミド	ⅡA	T2	cis-2-ブテン	ⅡB	T2
p-シメン	ⅡA	T2	フラン	ⅡB	T2
臭化アリル	ⅡA	T3	2-フルアルデヒド（フルフラール）	ⅡB	T2
臭化エチル（ブロモエタン）	ⅡA	T1	フルフリルアルコール	ⅡB	T2
臭化ブチル（1-ブロモブタン）	ⅡA	T3	1-プロパノール（プロピルアルコール）	ⅡB	T2
臭化メチル	ⅡA	T1	2-プロパノール（イソプロピルアルコール）	ⅡA	T2
硝酸エチル	－	－	プロパン	ⅡA	T2
硝酸プロピル	－	T4	プロピオンアルデヒド	ⅡB	T4
水性ガス	ⅡC	T1	プロピオン酸	ⅡA	T1
水素	ⅡC	T1	プロピオン酸無水物	－	T2
スチレン	ⅡA	T1	プロピオン酸エチル	ⅡA	T1
石油エーテル（石油ナフサ）	ⅡA	T3	プロピオン酸メチル	－	T1
チオフェン	ⅡA	T2	プロピルアミン	ⅡA	T2
デカリン（デカヒドロナフタレン）	ⅡA	T3	プロピルベンゼン	ⅡA	T2
trans-デカヒドロナフタレン	ⅡA	T3	プロピレン	ⅡA	T1
デカン	ⅡA	T3	プロピレンオキシド	ⅡB	T2
テトラヒドロフラン	ⅡB	T3	プロピン（アリレン、メチルアセチレン）	ⅡB	T2
テトラヒドロフルフリルアルコール	ⅡB	T3	1-ヘキサノール	ⅡB	T3
テトラフルオロエチレン	ⅡB	T3	2-ヘキサノン（メチルブチルケトン）	ⅡA	T2
2,2,3,3-テトラメチルペンタン	－	－	3-ヘキサノン	ⅡA	－
テレピン油	ⅡA	T3	ヘキサン	ⅡA	T3
ドデカン	ⅡA	T4	2-ヘプタノン	ⅡA	T2
トリエチエアミン	ⅡA	T3	ヘプタン	ⅡA	T3
1,3,5-トリオキサン	ⅡB	T2	ベンズアルデヒド	ⅡA	T4
トリクロロエチレン	ⅡA	T2	ベンゼン（ベンゾール）	ⅡA	T1
2,2,2-トリフロロエチルアルコール	ⅡA	T1	ベンジリジントリフルオリド（ベンゾトリフルオリド）	ⅡA	T1
トリメチルアミン	ⅡA	T4	1-ペンタノール（n-アミルアルコール）	ⅡA	T2
1,2,3-トリメチルベンゼン	ⅡA	T1	2-ペンタノール（s-アミルアルコール）	ⅡA	T2
1,2,4-トリメチルベンゼン	ⅡA	T1	3-ペンタノール	ⅡA	T2
2,2,4-トリメチルペンタン（イソオクタン）	ⅡA	T2	2-ペンタノン（メチルプロピルケトン）	ⅡA	T2
2,3,4-トリメチル-1-ペンテン	－	T3	3-ペンタノン（ジエチルケトン）	ⅡA	T2
2,4,4-トリメチル-1-ペンテン（ジイソブチレン）	ⅡA	T2	ペンタン	ⅡA	T3
p-トルイジン	ⅡA	T1	1-ペンテン	－	T3
トルエン（トルオール）	ⅡA	T1	ホルムアルデヒド	ⅡB	T2
ナフタレン	ⅡA	T1	無水酢酸	ⅡA	T2
二塩化ビニリデン（1,1-ジクロロエチレン）	ⅡA	T1	メタアルデヒド	ⅡA	－
ニコチン	－	T3	メタクリル酸エチル	ⅡA	－
ニトロエタン	ⅡB	T2	メタクリル酸メチル	ⅡA	T2
1-ニトロプロパン	ⅡB	T2	メタノール（メチルアルコール）	ⅡA	T2
ニトロベンゼン	ⅡA	T1	メタン	ⅡA	T1
ニトロメタン	ⅡA	T2	メタンチオール	ⅡA	T3
二硫化炭素	ⅡC	T6	メチルアセトアセテート	ⅡB	T2
ネオペンタン（2,2-ジメチルプロパン）	－	T2	メチルアミン	ⅡA	T2
燃料油（ケロシン）	ⅡA	T3	3-メチルシクロヘキサノール（異性体混合物）	ⅡA	T3
ノナン	ⅡA	T3	メチルシクロヘキサン	ⅡA	T3
パラアルデヒド	ⅡA	T3	メチルシクロペンタン	ⅡA	T3
4-ヒドロキシ-4-メチル2-ペンタノン（ジアセトンアルコール）	ⅡA	T1	α-メチルスチレン	ⅡB	T2
ピリジン	ⅡA	T1	メチルビニルエーテル（メトキシエチレン）	ⅡB	T3
フェノール	ⅡA	T1	3-メチルペンタン	ⅡA	T3
1,3-ブタジエン	ⅡB	T2	4-メチル-2-ペンタノン（メチルイソブチルケトン）	ⅡA	T1
1-ブタノール（n-ブチルアルコール）	ⅡA	T2	2-メトキシエタノール	ⅡB	T3
2-ブタノール（s-ブチルアルコール）	ⅡA	T2	モルホリン	ⅡA	T3
ブタン	ⅡA	T2	硫化水素	ⅡB	T3
ブチルアミン	ⅡA	T2	硫酸ジエチル	ⅡA	T2
t-ブチルアルコール	ⅡA	T1			
ブチルアルデヒド	ⅡA	T3			

21 静電気除去設備

根拠条文 危政令

> **第9条第1項第18号** 危険物を取り扱うにあたつて静電気が発生するおそれのある設備には、当該設備に蓄積される静電気を有効に除去する装置を設けること。

留意事項 (1) 可燃性液体、可燃性微粉等の危険物を取り扱う設備には、当該危険物の流動摩擦等により静電気が発生し、誘導帯電した人、金属といった静電気上の良導体の放電火花によって危険物に着火する危険性があるので、これらの設備には、蓄積され、又は誘導帯電する静電気を有効に除去するための装置を設けておく必要があることから規定されている。

   注 電気絶縁性の高い液体が流動すると静電気を発生するが、静電気の発生度合は、その液体の固有抵抗により異なり、固有抵抗が$10^8\Omega$より大きい液体は帯電しやすいとされており、静電気除去設備を設ける必要がある。

(2) 静電気対策

 一般的な対策としては、危険区域内の導体を接地する方法がとられているが、取り扱う物質及び作業形態等によって単独で、あるいは次の方法と組み合わせて用いる(図21-1から図21-4参照)。

 ア 爆発性雰囲気の回避(不活性ガスによるシール等)
 イ 液体の導電率の増加(添加剤等)
 ウ 静電気の中和(空気のイオン化等)
 エ 流速制限
 オ 湿度調整(75%以上)
 カ 人体の帯電防止

図21-1 **帯電防止用接地電極等の設置例**

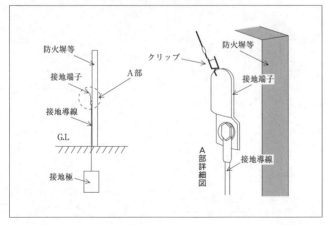

図21-2 **接地法**

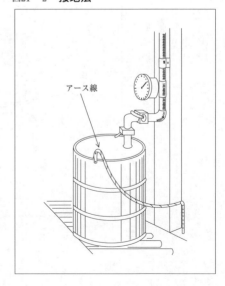

図21-3 **空気イオン化法**

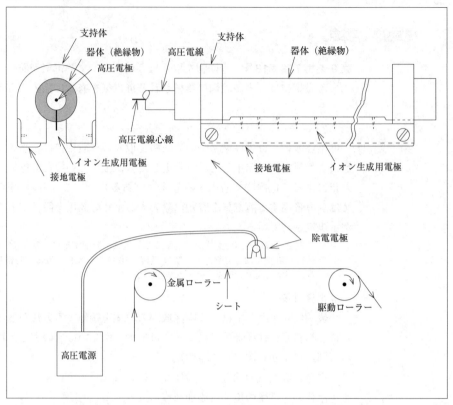

図21-4 **蒸気噴射法**

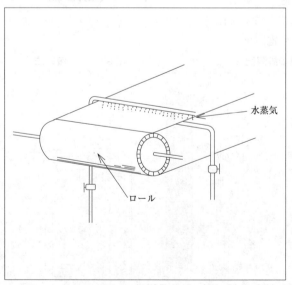

22 避雷設備

根拠条文 **危政令**

> **第9条第1項第19号** 指定数量の倍数が10以上の製造所には、総務省令で定める
> 避雷設備を設けること。ただし、周囲の状況によつて安全上支障がない場合
> においては、この限りでない。

危規則

> （避雷設備）
> **第13条の2の3** 令第9条第1項第19号（令第19条第1項において準用する場
> 合を含む。）、令第10条第1項第14号（同条第2項及び第3項においてその例に
> よる場合を含む。）及び令第11条第1項第14号（同条第2項においてその例に
> よる場合を含む。）の総務省令で定める避雷設備は、日本産業規格A4201「建
> 築物等の雷保護」に適合するものとする。

留意事項 (1) 指定数量の倍数が10以上の危険物を取り扱う製造所には、雷撃による火災等の事
故を防止するため、避雷設備を設けることとされている。

(2) 避雷設備が必要とされている製造所であっても、周囲の状況によって安全上支障
がない場合には、避雷設備を設けなくともよいこととされている。

　　注　「周囲の状況によって安全上支障がない場合」には、周囲に自己所有の施設（適法に避
　　　　雷設備が設置されているものに限る。）の避雷設備の保護範囲に入っている場合等が該当
　　　　する。

(3) 避雷設備は危規則第13条の2の3の規定により、日本産業規格A4201-2003「建
築物等の雷保護」（以下「新規格」という。）に適合するものとされている。この規
格における危険物施設に対する保護レベルは、原則としてⅠとすることとされてい
る。ただし、雷の影響からの保護確率を考慮した合理的な方法により、雷保護の有
効性が確認されれば、保護レベルをⅡとすることができる。

(4) 屋外貯蔵タンクを受雷部システムとして利用することができる。

(5) 保安設備等は内部雷保護システムの対象とし、雷に対する保護を行うこととされ
ている。

(6) 一般建物における避雷設備は、日本産業規格A4201-1992「建築物等の避雷設備
（避雷針）」（以下「旧規格」という。）又は新規格に適合するものとされている。

　　危険物施設における避雷設備についても、新規格による設計が困難な場合等に旧
規格によることが認められる場合もある。

23 20号タンク

【根拠条文】 【危政令】

> **第9条第1項第20号** 危険物を取り扱うタンク（屋外にあるタンク又は屋内にあるタンクであつて、その容量が指定数量の5分の1未満のものを除く。）の位置、構造及び設備は、次によること。
>
> イ 屋外にあるタンクの構造及び設備は、第11条第1項第4号（特定屋外貯蔵タンク及び準特定屋外貯蔵タンクに係る部分を除く。）、第5号から第10号まで及び第11号から第12号までに掲げる屋外タンク貯蔵所の危険物を貯蔵し、又は取り扱うタンクの構造及び設備の例（同条第6項の規定により総務省令で定める特例を含む。）によるほか、液体危険物タンクであるものの周囲には、総務省令で定めるところにより、危険物が漏れた場合にその流出を防止するための総務省令で定める防油堤を設けること。
>
> ロ 屋内にあるタンクの構造及び設備は、第12条第1項第5号から第9号まで及び第10号から第11号までに掲げる屋内タンク貯蔵所の危険物を貯蔵し、又は取り扱うタンクの構造及び設備の例によるものであること。
>
> ハ 地下にあるタンクの位置、構造及び設備は、第13条第1項（第5号、第9号の2及び第12号を除く。）、同条第2項（同項においてその例によるものとされる同条第1項第5号、第9号の2及び第12号を除く。）又は同条第3項（同項においてその例によるものとされる同条第1項第5号、第9号の2及び第12号を除く。）に掲げる地下タンク貯蔵所の危険物を貯蔵し、又は取り扱うタンクの位置、構造及び設備の例によるものであること。

【危規則】

> **（20号防油堤）**
>
> **第13条の3** 令第9条第1項第20号イ（令第19条第1項において準用する場合を含む。）の規定により、液体の危険物を取り扱うタンクの周囲には、防油堤を設けなければならない。
>
> 2 前項の防油堤（以下「20号防油堤」という。）の基準は、次のとおりとする。
>
> (1) 一のタンクの周囲に設ける20号防油堤の容量（告示で定めるところにより算定した容量をいう。以下この項において同じ。）は、当該タンクの容量の50パーセント以上とし、2以上のタンクの周囲に設ける20号防油堤の容量は、当該タンクのうち、その容量が最大であるタンクの容量の50パーセントに他のタンクの容量の合計の10パーセントを加算した量以上の容量とすること。
>
> (2) 第22条第2項第2号、第9号、第12号、第13号及び第16号の規定は、20号防油堤の技術上の基準について準用する。

> 危告示
>
> （防油堤等の容量の算定の方法）
> **第4条の2** 規則第13条の3第2項に規定する20号防油堤及び規則第22条第2項に規定する防油堤（以下この条において「防油堤等」という。）の容量は、当該防油堤等の内容積から容量が最大であるタンク以外のタンクの防油堤等の高さ以下の部分の容積、当該防油堤等内にあるすべてのタンクの基礎の体積、仕切堤の体積及び当該防油堤等内に設置する配管の体積を差し引いたものとする。

留意事項 (1) 製造所の構成設備である危険物を取り扱うタンク（屋外にあるタンク又は屋内にあるタンクであってその容量が指定数量の倍数の5分の1未満のものを除く。以下「20号タンク」という。）の位置、構造及び設備について規定されている。

(2) 20号タンクの定義

20号タンクとは、危険物を一時的に貯蔵し、又は滞留させるタンクであって、屋外又は屋内にある指定数量の5分の1以上のもの、及び容量に関係なく地下にあるものをいう。

(3) 20号タンクの容量算定

危険物を取り扱うタンクは、危政令第5条第2項又は第3項のいずれかの方法により算定する。

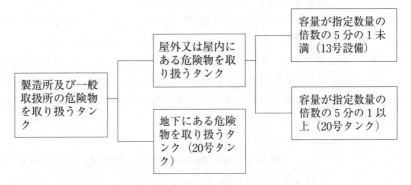

(4) 20号タンクは、次に掲げるものである。

ア 危険物の物理量の調整を行うタンク
イ 物理的操作を行うタンク
ウ 単純な化学的処理を行うタンク

なお、上記の適用には、次の点に留意する。

(ｱ) 20号タンクに該当するものであるか否かの判断は、一義的には、タンクの名称、形状又は附属設備（攪拌機、ジャケット等）の有無は関係しない。また、タンクの設置位置が地上又は架構の上部等にあるか否かで判断するものではない。

(ｲ) 危険物を一時的に貯蔵し、又は滞留させるタンクとは、工程中において危険物の貯蔵又は滞留の状態に着目した場合に、屋外貯蔵タンク、屋内貯蔵タンク等と類似の形態を有し、かつ、類似の危険性を有するものをいう。したがって、

滞留があっても、危険物の沸点を超えるような高温状態で危険物を取り扱うものは、一般的には20号タンクには含まれない。

(ウ) 物理量の調整を行うタンクとは、量、流速、圧力等の調整を目的としたものをいい、回収タンク、計量タンク、サービスタンク、油圧タンク（工作機械等と一体とした構造のものを除く。）等がこれに該当する。

(エ) 物理的操作を行うタンクとは、混合、分離等の操作を目的とするものをいい、混合（溶解を含む。）タンク、静置分離タンク等がこれに該当する。

(オ) 単純な化学的処理を行うタンクとは、中和、熟成等の目的のため貯蔵又は滞留状態において、著しい発熱を伴わない処理を行うものをいい、中和タンク、熟成タンク等がこれに該当する。

(5) 20号タンクに該当しない設備

ア　20号タンクに該当しない設備等の例

(ア) 蒸留塔、精留塔、分留塔、吸収塔、抽出塔

(イ) 反応槽

(ウ) 分離器、ろ過器、脱水器、熱交換器、蒸発器、凝縮器

(エ) 工作機械等と一体（内蔵された）とした構造の油圧用タンク、切削油タンク及び作動油タンク（放電加工機と一体とした構造である場合又は気密に造られていない構造である加工液タンクを含む。）

(オ) 機能上、常時開放して使用する設備

(カ) 機能上移動する目的で使用する設備

イ　20号タンクに該当しない設備等については、当該設備の使用圧力、使用温度等を考慮し材料、板厚、安全対策等の確認を行う必要がある。

(6) 20号タンクは、その設置形態により屋外にあるタンク、屋内にあるタンク及び地下にあるタンクに区別され、これらの位置、構造設備はそれぞれ屋外タンク貯蔵所、屋内タンク貯蔵所及び地下タンク貯蔵所の規定の一部が準用されるほか、屋外にあるタンクにあっては防油堤の設置規定がある。適用規定等は、次のとおりである。

ア　屋外にあるタンク

(ア) タンクの構造、設備に係る準用規定の概要は、次のとおりである。

危政令第11条第1項

第4号　　（材質、板厚及び強度（特定屋外貯蔵タンク及び準特定屋外貯蔵タンクに係る部分を除く。））

第5号　　（耐震、耐風圧構造及び支柱の耐火性能）

第6号　　（放爆構造）

第7号　　（さび止め塗装）

第7号の2　　（底板外面の腐食防止の措置）

第8号　　（通気管又は安全装置の設置）

第9号　　（液量自動覚知装置の設置）

第10号　　（注入口の位置、構造及び掲示板）

第11号　　（弁の材質、構造）

第11号の2　　（水抜管の設置）

第11号の3　　（浮き屋根を有する屋外貯蔵タンクの地震等に対する保護措置）

第12号　（配管（タンクとの結合部分の損傷防止を含む。））
　　　　危政令第11条第6項　（変更工事に係る水張試験等の特例）
(イ) 20号防油堤は、液体の危険物を取り扱うタンクの周囲に設けることとされている。
(ウ) 20号防油堤の容量は、一のタンクの周囲に設ける20号防油堤にあってはタンク容量の50％以上とし、2以上のタンクの周囲に設ける20号防油堤の容量は、最大タンクの容量の50％に他の10％を加算した量以上の容量であること（図23-1参照）。

図23-1　**20号防油堤容量の算定例図**

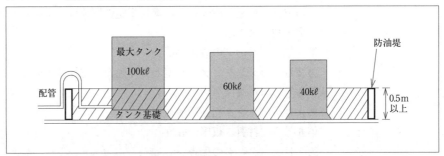

備考1　20号防油堤の容量として算定される部分を斜線で示す。
　　2　20号防油堤の必要容量は、60kℓ以上である。（100kℓ×$\frac{1}{2}$＋（60kℓ＋40kℓ）×$\frac{1}{10}$）

＊20号防油堤の容量の強化について
　　危規則第13条の3第2項第1号の規定により設ける防油堤の容量は前記(ウ)のとおりであるが、実際にタンクに収納する危険物の量（一の20号防油堤に2以上のタンクがある場合は、当該タンクのうち実際に収納する危険物の量が最大となるタンクの量）に満たないものにあっては、その全量を収納できるものとする。

(エ) 20号防油堤の構造等は、危規則第22条第2項の規定が準用される。構造等に係る準用規定の概要は、次のとおりである。
　　　　危規則第22条第2項
　　　　　　第2号　（防油堤の高さ）
　　　　　　第9号　（防油堤の構造）
　　　　　　第12号　（配管の貫通）
　　　　　　第13号　（水抜口及び開閉弁）
　　　　　　第16号　（階段の設置）

イ　屋内にあるタンク
(ア) タンクの構造、設備に係る準用規定の概要は、次のとおりである。
　　　　危政令第12条第1項
　　　　　　第5号　（材質、板厚、強度等）
　　　　　　第6号　（さび止め塗装）
　　　　　　第7号　（通気管又は安全装置の設置）
　　　　　　第8号　（液量自動覚知装置の設置）
　　　　　　第9号　（注入口の位置、構造及び掲示板）

168　第 2 章　製造所の基準

　　　　　　第10号　　（弁の材質、構造）
　　　　　　第10号の 2 　　（水抜管の設置）
　　　　　　第11号　　（配管とタンクとの接合部分の損傷防止）
　（イ）屋内にある20号タンクの周囲等には、防油堤の設置に係る規定はないが、危
　　　険物が漏れた場合にその流出を局限で防止するための措置を講ずる。
　　　　　この場合において、当該措置は、タンクに実際に収納する危険物の量（一の
　　　防油堤に 2 以上のタンクがある場合は、当該タンクのうち実際に収納する危険
　　　物の量が最大となるタンクの量）の全量を収納できるものとする。
　ウ　地下にあるタンク
　　　タンクの位置、構造、設備に係る準用規定の概要は、次のとおりである。
　　　　危政令第13条第 1 項
　　　　　　第 1 号　　（タンクの設置場所）
　　　　　　第 2 号　　（タンクとタンク室との間隔及び乾燥砂の充てん）
　　　　　　第 3 号　　（埋設深さ）
　　　　　　第 4 号　　（タンク相互間隔）
　　　　　　第 6 号　　（材質、板厚、強度）
　　　　　　第 7 号　　（タンクの保護）
　　　　　　第 8 号　　（通気管又は安全装置の設置）
　　　　　　第 8 号の 2 　　（液量自動覚知装置等の設置）
　　　　　　第 9 号　　（注入口の位置、構造及び掲示板）
　　　　　　第10号　　（配管の位置、構造、設備）
　　　　　　第11号　　（配管の取付位置）
　　　　　　第13号　　（漏えい検査管の設置）
　　　　　　第14号　　（タンク室の構造）
　　　　危政令第13条第 2 項（二重殻タンク）
　　　　危政令第13条第 3 項（危険物の漏れを防止することができる構造）
（7）　さび止め塗装
　　　ステンレス鋼板その他の腐食し難い材料で造られている屋外又は屋内のタンク
　　は、さび止め塗装をしないことができる。

24 配管

根拠条文　危政令

> **第 9 条第 1 項第21号**　危険物を取り扱う配管の位置、構造及び設備は、次による
> こと。
> 　イ　配管は、その設置される条件及び使用される状況に照らして十分な強度
> 　　を有するものとし、かつ、当該配管に係る最大常用圧力の1.5倍以上の圧
> 　　力で水圧試験（水以外の不燃性の液体又は不燃性の気体を用いて行う試験
> 　　を含む。）を行つたとき漏えいその他の異常がないものであること。
> 　ロ　配管は、取り扱う危険物により容易に劣化するおそれのないものである
> 　　こと。

24 配管 169

> ハ　配管は、火災等による熱によつて容易に変形するおそれのないものであること。ただし、当該配管が地下その他の火災等による熱により悪影響を受けるおそれのない場所に設置される場合にあつては、この限りでない。
>
> ニ　配管には、総務省令で定めるところにより、外面の腐食を防止するための措置を講ずること。ただし、当該配管が設置される条件の下で腐食するおそれのないものである場合にあつては、この限りでない。
>
> ホ　配管を地下に設置する場合には、配管の接合部分（溶接その他危険物の漏えいのおそれがないと認められる方法により接合されたものを除く。）について当該接合部分からの危険物の漏えいを点検することができる措置を講ずること。
>
> ヘ　配管に加熱又は保温のための設備を設ける場合には、火災予防上安全な構造とすること。
>
> ト　イからへまでに掲げるもののほか、総務省令で定める基準に適合するものとすること。

危規則

（配管の外面の防食措置）

第13条の4　令第9条第1項第21号ニ（令第11条第1項第12号（令第9条第1項第20号イにおいてその例による場合及びこれを令第19条第1項において準用する場合並びに令第11条第2項においてその例による場合を含む。）、令第12条第1項第11号（令第9条第1項第20号ロにおいてその例による場合及びこれを令第19条第1項において準用する場合並びに令第12条第2項においてその例による場合を含む。）及び令第13条第1項第10号（令第9条第1項第20号ハにおいてその例による場合及びこれを令第19条第1項において準用する場合並びに令第13条第2項（令第9条第1項第20号ハにおいてその例による場合及びこれを令第19条第1項において準用する場合並びに令第17条第1項第8号イ及び同条第2項第2号においてその例による場合を含む。）、令第13条第3項（令第9条第1項第20号ハにおいてその例による場合及びこれを令第19条第1項において準用する場合並びに令第17条第1項第8号イ及び同条第2項第2号においてその例による場合を含む。）、令第17条第1項第8号イ及び同条第2項第2号においてその例による場合を含む。）においてその例による場合並びに令第19条第1項において準用する場合を含む。）の規定による配管の外面の腐食を防止するための措置は、地上に設置する配管にあつては、地盤面に接しないようにするとともに、外面の腐食を防止するための塗装を行うことにより、地下の電気的腐食のおそれのある場所に設置する配管にあつては、告示で定めるところにより、塗覆装又はコーティング及び電気防食により、地下のその他の配管にあつては、告示で定めるところにより、塗覆装又はコーティングにより行うものとする。

（配管の基準）

第13条の5　令第9条第1項第21号ト（令第11条第1項第12号（令第9条第1項第20号イにおいてその例による場合及びこれを令第19条第1項において準用す

る場合並びに令第11条第2項においてその例による場合を含む。）、令第12条第1項第11号（令第9条第1項第20号ロにおいてその例による場合及びこれを令第19条第1項において準用する場合並びに令第12条第2項においてその例による場合を含む。）及び令第13条第1項第10号（令第9条第1項第20号ハにおいてその例による場合及びこれを令第19条第1項において準用する場合並びに令第13条第2項（令第9条第1項第20号ハにおいてその例による場合及びこれを令第19条第1項において準用する場合並びに令第17条第1項第8号イ及び同条第2項第2号においてその例による場合を含む。）、令第13条第3項（令第9条第1項第20号ハにおいてその例による場合及びこれを令第19条第1項において準用する場合並びに令第17条第1項第8号イ及び同条第2項第2号においてその例による場合を含む。）、令第17条第1項第8号イ及び同条第2項第2号においてその例による場合を含む。）においてその例による場合並びに令第19条第1項において準用する場合を含む。）の総務省令で定める基準は、次のとおりとする。

(1) 配管を地上に設置する場合には、配管は、地震、風圧、地盤沈下、温度変化による伸縮等に対し安全な構造の支持物により支持すること。

(2) 前号の支持物は、鉄筋コンクリート造又はこれと同等以上の耐火性を有するものとすること。ただし、火災によつて当該支持物が変形するおそれのない場合は、この限りでない。

(3) 配管を地下に設置する場合には、その上部の地盤面にかかる重量が当該配管にかからないように保護すること。

危告示

（地下配管の塗覆装）

第3条 規則第13条の4の規定により地下配管に塗覆装を行う場合においては、次に掲げるところにより行わなければならない。

(1) 塗覆装材は、次に掲げるもの又はこれと同等以上の防食効果を有するものを用いること。

　イ　塗装材にあつては、アスファルトエナメル又はブローンアスファルトであつて、配管に塗装した場合において、十分な強度を有し、かつ、配管と塗覆装との間に間げきが生じないための配管との付着性能を有するもの

　ロ　覆装材にあつては、日本産業規格（産業標準化法（昭和24年法律第185号）第20条第1項の日本産業規格をいう。以下同じ。）L3405「ヘッシャンクロス」に適合するもの又は耐熱用ビニロンクロス、ガラスクロス若しくはガラスマットであつて、イの塗装材による塗装を保護又は補強するための十分な強度を有するもの

(2) 塗覆装の方法は、次に掲げる方法又はこれと同等以上の防食効果を有する方法とすること。

　イ　配管の外面にプライマーを塗装し、その表面に前号イの塗装材を塗装した後、当該塗装材を含浸した前号ロの覆装材を巻き付けること。

　ロ　塗覆装の厚さは、配管の外面から厚さ3.0ミリメートル以上とすること。

24 配管 171

（地下配管のコーティング）

第3条の2　規則第13条の4の規定により地下配管にコーティングを行う場合においては、次に掲げるところにより行わなければならない。

(1)　コーティング材料は、日本産業規格G 3477−1「ポリエチレン被覆鋼管−第1部：外面三層ポリエチレン押出被覆鋼管」、日本産業規格G 3477−2「ポリエチレン被覆鋼管−第2部：外面ポリエチレン押出被覆鋼管」若しくは日本産業規格G 3477−3「ポリエチレン被覆鋼管−第3部：外面ポリエチレン粉体被覆鋼管」に定めるポリエチレン又はこれらと同等以上の防食効果を有するものを用いること。

(2)　コーティングの方法は、日本産業規格G 3477−1「ポリエチレン被覆鋼管−第1部：外面三層ポリエチレン押出被覆鋼管」、日本産業規格G 3477−2「ポリエチレン被覆鋼管−第2部：外面ポリエチレン押出被覆鋼管」若しくは日本産業規格G 3477− 3「ポリエチレン被覆鋼管−第3部：外面ポリエチレン粉体被覆鋼管」に定める方法又はこれらと同等以上の防食効果を有する方法とすること。

（地下配管の電気防食）

第4条　規則第13条の4の規定により、地下配管に電気防食を行う場合においては、次の各号に掲げるところにより行わなければならない。

(1)　配管の対地電位平均値は、飽和硫酸銅電極基準による場合にあつてはマイナス0.85ボルト、飽和カロメル電極基準による場合にあつてはマイナス0.77ボルトより負の電位であつて、かつ、過防食による悪影響を生じない範囲内とすること。

(2)　配管には、適切な間隔で電位測定端子を設けること。

(3)　電気鉄道の線路敷下等漏えい電流の影響を受けるおそれのある箇所に設置する配管には、排流法等による措置を講じること。

(留意事項) (1)　配管材料の例としては、次のものがある。

表24- 1

規格番号		種　　　　　　類	記　　号　　例
JIS	G 3101	一般構造用圧延鋼材	S S
	G 3103	ボイラ及び圧力容器用炭素鋼及びモリブデン鋼鋼板	S B、 S B−M
	G 3106	溶接構造用圧延鋼材	S M
	G 3452	配管用炭素鋼鋼管	S G P
	G 3454	圧力配管用炭素鋼鋼管	S T P G
	G 3455	高圧配管用炭素鋼鋼管	S T S
	G 3456	高温配管用炭素鋼鋼管	S T P T
	G 3457	配管用アーク溶接炭素鋼鋼管	S T P Y 400
	G 3458	配管用合金鋼鋼管	S T P A
	G 3459	配管用ステンレス鋼鋼管	S U S×××T P
	G 3460	低温配管用鋼管	S T P L
	G 4304	熱間圧延ステンレス鋼板及び鋼帯	S U S

G4305	冷間圧延ステンレス鋼板及び鋼帯	SUS
G4312	耐熱鋼板及び鋼帯	SUH、SUS
H3300	銅及び銅合金の継目無管	C××××T、TS
H3320	銅及び銅合金の溶接管	C××××TW、TWS
H4080	アルミニウム及びアルミニウム合金継目無管	A××××TE、TES A××××TD、TDS
H4630	チタン及びチタン合金－継目無管	TTP、TATP

(2) 配管の水圧試験等

　ア　新設配管の水圧検査は、常用圧力の1.5倍以上の圧力で行うこととなっているが、検査の時間は規定がなく、配管のすべての箇所を検査する間、加圧しておく必要がある。なお、水以外の不燃性の液体としては、水系の不凍液等があり、不燃性の気体としては、窒素が使用されることが多い。

　イ　配管の水圧検査等は、配管継手の種別にかかわりなく、危険物が通過（一時的に通過するものも含む。）し、又は滞留するすべての配管について行う。

　ウ　自然流下により危険物を送る配管にあっては、最大背圧を最大常用圧力とみなして行う。

　エ　図24-1は、水圧による配管の検査方法で③のフランジの間へ仕切板を入れて閉鎖し、検査予定の配管内に水を満たして①の水圧ポンプで水を圧入して所定の圧力にあげ②のバルブを締める。この場合、配管の施工方法により配管内のエアーが抜けず水が充満しない場合があるので図24-2のように配管の高所に④のエアー抜きを設ける必要も出てくる。

　　配管部はすべて布等で水分を完全に拭き取り、漏水がよく判明するようにしておく。検査方法は、溶接部をハンマーで軽打し漏えい、溶接の不良箇所等をチェックする。検査後は必ず、フランジの間の仕切板を抜き取り配管内の水分をコンプレッサー等で吹いて完全に除去し、ガスケットを取り付けて接続する。

図24-1　**水圧試験の例**

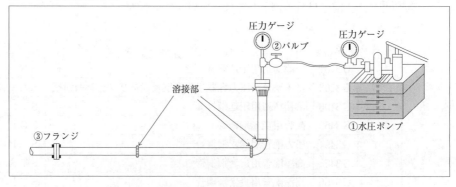

図24-2　水圧試験の例

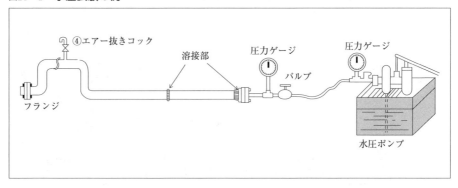

オ　図24-3は、空気による検査方法で、新設工事の配管の場合によく使用される方法であるが、すでに使用されている油を通した配管には行うべきでない。配管が太く、長い場合でコンプレッサータンク内の空気量では長時間かかる場合には、コンプレッサーの先にレシーバータンクを設け事前にエアーを蓄積して配管に接続して行う場合もある。

　水圧試験と同様に⑤のフランジ間に仕切板を入れ閉鎖してコンプレッサーから空気を圧入し所定の圧力に加圧する。加圧後は⑥のバルブを完全に締めゴムホースを外す。検査方法は溶接部を軽打しながら外観検査を行い溶接の不良箇所等をチェックしたのち、せっけん水で漏えい検査を行う。検査後は圧力ゲージの減圧状況をチェックしたのち、フランジ間の仕切板を取り出し、ガスケットを入れて接続を行う。

図24-3　空気による試験例

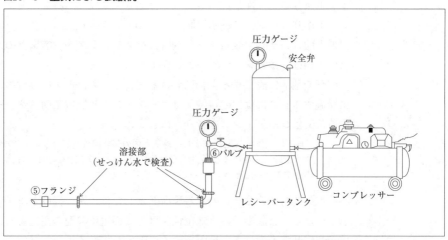

カ　図24-4は、窒素ガスによる検査方法で、油を通した配管にも使用されている。窒素ガスボンベには必ず減圧弁を設ける。検査方法は、前オの方法と同様に行う。

図24-4　窒素ガスによる試験例

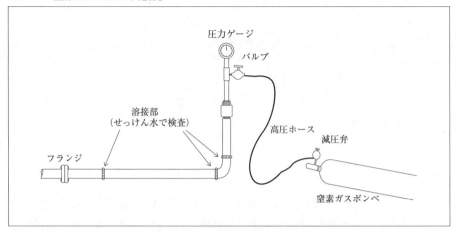

　　　キ　圧力計は、微小の圧力の変化が確認できる最小単位の低圧用のものを使用するほか、塗装等を行う前に検査を実施する。
(3)　地上設置の配管は、点検、再塗装等の作業性を考慮して地盤面からの距離を設定する。
(4)　配管を地上に設置する場合には、外面の腐食を防止するための塗装を講じなければならない。腐食を防止するための塗装例は、次のとおりである。
　　　ア　下塗り　　油性錆止　　　　　　35μ
　　　　　中塗り　　フタル酸樹脂中塗　　30μ
　　　　　上塗り　　フタル酸樹脂上塗　　25μ
　　　イ　下塗り　　油性錆止　　　　　　35μ
　　　　　上塗り　　フェノール樹脂　　　40μ
(5)　地上配管のうち、亜鉛メッキ鋼管及びステンレス鋼管等腐食のおそれが著しく少ないものは、塗装を行わないことができる。
(6)　配管を地下に設置する場合における配管のうち、電気的腐食のおそれのある場所に設置するものには、塗覆装又はコーティング及び電気防食を、その他の配管には塗覆装又はコーティングを行うものとする。
　　　注　地下に設置する配管のうち、地下室内の架空配管及びピット内の配管（ピット内に流入する土砂、水等により腐食するおそれのあるものを除く。）には、地上に設置する配管とみなすことができる。
(7)　「電気的腐食のおそれのある場所」としては、次に掲げる場所が該当するものとしているが、当該場所の対地電位又は地表面電位勾配の測定をした結果、当該測定値が判定基準未満である場所を除くこととしている。
　　○直流電気鉄道の軌道又はその変電所からおおむね1kmの範囲内にある場所
　　○直流電気設備（電解設備その他これらに類する直流電気設備をいう。）の周辺
　　　上記(7)に係る対地電位又は地表面電位勾配の基準値は、次に掲げる方法により10分間以上測定した場合、対地電位にあっては最大電位変化幅50mV以上、地表面電位勾配にあっては1m当たり最大電位変化幅5mV以上とする。
　　　ア　対地電位測定は、次により行う。

(ｱ) 対地電位は、配管の埋設予定場所の敷地内に存する既存埋設配管等を利用し、飽和硫酸銅電極又は飽和カロメル電極を照合電極として測定する（図24－5参照）。

図24－5　**対地電位測定方法**

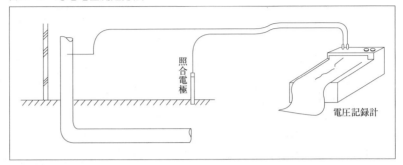

(ｲ) 前(ｱ)の測定は、既存埋設配管の直上部の地盤面上について、おおむね10mごとの間隔で照合電極を当てて行う。この場合、配管の埋設部分が10m未満となる測定箇所は、当該埋設部分の長さに相当する間隔で足りる。

(ｳ) 迷走電流の影響が時間によって異なると思われる直流電気鉄道に係る場所の測定は、測定場所を電車が通過している時間帯又は直流電気の消費されている時間帯に行う。

イ　地表面電位勾配の測定は、次による。

(ｱ) 地表面電位勾配は、配管埋設予定場所の敷地の直角2方向について、飽和硫酸銅電極又は飽和カロメル電極を照合電極として測定する（図24－6参照）。

図24－6　**地表面電位勾配測定方法**

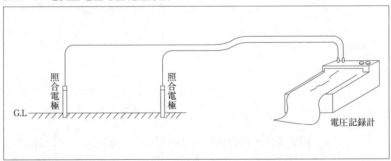

(ｲ) 地表面電位勾配測定の照合電極の相互間隔は、おおむね10m以上の距離とする。

(ｳ) 迷走電流の影響が時間によって異なると思われる場所の測定は、前ア(ｳ)の例による。

(ｴ) 地表面電位勾配の測定場所は、原則として地下配管埋設予定場所の敷地内とすること。ただし、敷地内の全面が舗装されている場合は、当該敷地をはさむ外周を測定の場所として利用することができる。

ウ　基準値のとり方

対地電位測定又は地表面電位勾配測定により電気的腐食のおそれのある場所であると判断される場合の基準値のとり方は、次により行う。

図24-7　対地電位測定例

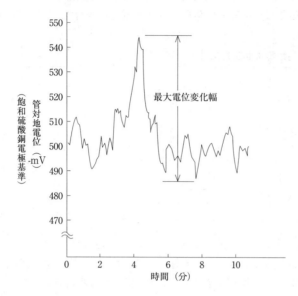

図24-8　地表面電位測定例

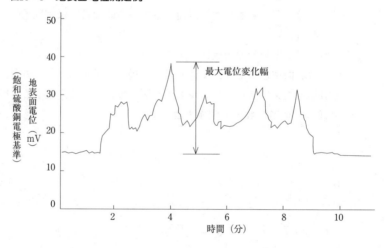

　　前ア又はイの方法により測定した結果、図24-7又は図24-8のような対地電位及び地表面電位勾配曲線が得られた場合の基準値は、測定時間内における最大電位変化幅（迷走電流の影響による最大電位と最小電位との差）とする。ただし、地表面電位勾配測定にあっては、直角2方向のいずれか大きい値による。

(8) 地下配管の塗覆装の方法等は、危告示第3条に規定されているが、その概要は次のとおりである。

　ア　アスファルト塗覆装

　　(ア) 配管に付着した油分及びさびを完全に除去し、鋼面に対し塗装のための前処理後、アスファルトプライマー（塗装量0.69〜1.08N／m²）を均一に塗装する。さらに乾燥後、石油系ブローンアスファルト又はアスファルトエナメルを170℃から230℃に加熱溶融し、はけ、へら、こて等を用いて速やかに塗装する（図24-9参照）。

図24-9 アスファルトの防食

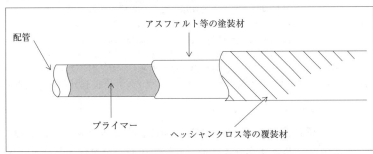

(イ) 覆装材には表24-2に掲げるようなものがあり、溶融アスファルト中を通過させてアスファルトを含浸した覆装材をらせん状に巻き付け、覆装表面の塗りならしを行う。

なお、塗覆装後の表面は、厚さ0.5mm以上のアスファルトを塗って、覆装材の布目が見えないように仕上げる。

表24-2 **覆装材の重なり**

覆　装　材	1重巻の重なり
ヘッシャンクロス又はガラスクロス	20mm以上
ガラスマット	10mm以上

(ウ) 塗覆装の方式には、表24-3に掲げる方法がある。

表24-3 **管外面塗覆装の方式及び厚さ**

種別	塗覆装方式		最小厚さ (mm)
直管	1回塗1回巻	プライマー塗装 第1回アスファルト塗装 第1回覆装（1重巻又は2重巻）	1重巻の場合 3.0 2重巻の場合 3.5
	1回塗2回巻	プライマー塗装 第1回アスファルト塗装 第1回覆装（1重巻） 第2回覆装（1重巻又は2重巻）	1重巻の場合 4.0 2重巻の場合 4.5
	2回塗2回巻	プライマー塗装 第1回アスファルト塗装 第1回覆装（1重巻） 第2回アスファルト塗装 第2回覆装（1重巻又は2重巻）	1重巻の場合 5.5 2重巻の場合 6.0
異形管	2回塗1回巻	プライマー塗装 第1回アスファルト塗装 第1回覆装（1重巻又は2重巻） 第2回アスファルト塗装	1重巻の場合 4.5 2重巻の場合 5.0
	3回塗2回巻	プライマー塗装 第1回アスファルト塗装 第1回覆装（1重巻） 第2回アスファルト塗装 第2回覆装（1重巻又は2重巻） 第3回アスファルト塗装	1重巻の場合 7.0 2重巻の場合 7.5

備考1　表中の最小厚さは、覆装材として、耐熱用ビニロンクロス、ガラスクロス又はガラスマットを使用したときの値である。
　　　なお、ヘッシャンクロスを使用したときの最小厚さは、1重巻の場合0.5mmを、2重巻の場合1.0mmをそれぞれ加算する。
　　2　1重巻とは、覆装材の被覆層が少なくとも1重となるような巻き方をいい、2重巻とは、被覆層を少なくとも2重となるような巻き方をいう。
　　3　直管塗覆装の厚さには、アスファルト仕上げの厚さは含まない。

イ　ポリエチレンコーティング

配管に接着剤又は粘着剤を塗布し、ポリエチレンを1.5mm以上の厚さで被覆したもの。被覆用ポリエチレンは、エチレンを主体とした重合体で微量の滑剤、酸化防止剤を加えたものを含む。

図24-10

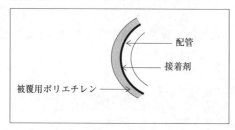

ウ　その他の塗覆装

次の方法によるものは、前ア、イの塗覆装と同等以上のものとされている。

(ア)　タールエポキシ樹脂被覆鋼管

タールエポキシ樹脂を0.45mm以上の塗膜厚さとしたもの。

図24-11

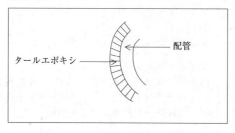

(イ)　ペトロラタム含浸テープ被覆

配管にペトロラタムを含浸したテープを、厚さ2.2mm以上となるよう密着して巻き付け、その上に接着性を有するビニルテープで0.4mm以上巻き付け保護したもの。

図24-12

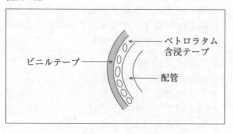

(ウ) 硬質塩化ビニルライニング鋼管

　　口径15～200Aの配管にポリエステル系接着剤を塗布し、その上に硬質塩化ビニル（厚さ1.6～2.5mm）を被覆したもの。

図24-13

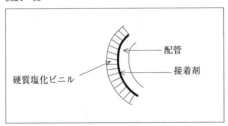

(エ) ポリエチレン熱収縮チューブ

　　ポリエチレンチューブを配管に被覆した後バーナー等で加熱し、2.5mm以上の厚さで均一に収縮密着したもの。

図24-14

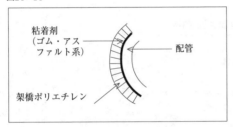

(オ) ナイロン12樹脂被覆

　　口径15～100Aの配管に、ナイロン12を0.6mmの厚さで粉体塗装したもの。

図24-15

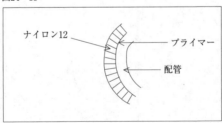

(9) 地下配管の電気防食の方法

　ア　流電陽極方式

　　　異種金属間の電位差を利用して防食電流を得る方式のもので、流電陽極には、鉄より電位の低い金属（アルミニウム、マグネシウム、亜鉛等）が使用され、防食電流の流出に伴い陽極側が消耗されるため、防食年限に応じた大きさの陽極板を埋設する（図24-16参照）。

　　　陽極の材質として、土壌抵抗率の比較的高い場所ではマグネシウムを、低い場所では、マグネシウム、亜鉛又はアルミニウムを使用する。

図24-16 **流電陽極方式**

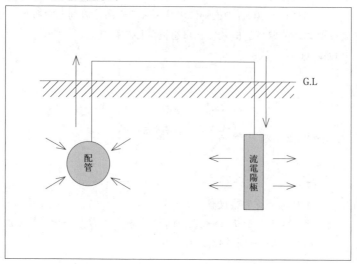

図24-17 **流電陽極の設置断面実例**

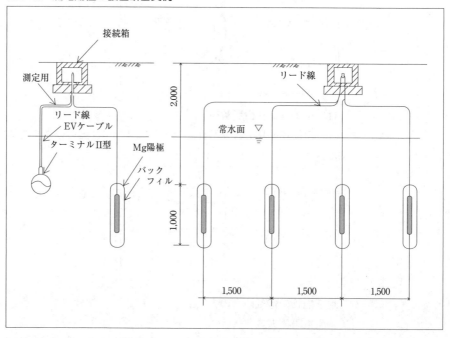

(7) 陽極リード線の接続方法
   a　陽極リード線を独立した接続箱内で接続する場合

図24-18　**陽極を埋設配管に対して平行に設置した例**

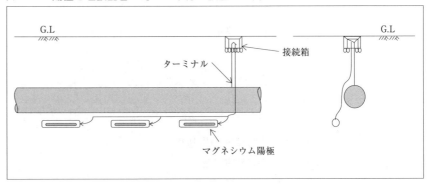

図24-19　**陽極を埋設配管に対して垂直に設置した例**

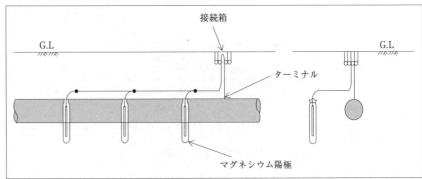

   b　陽極リード線を埋設配管に直接接続する場合

図24-20　**陽極を埋設配管の下部に設置した例**

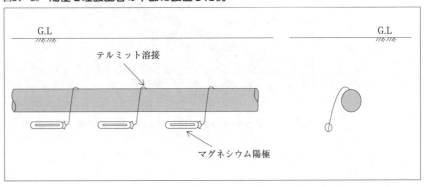

図24-21　陽極を埋設配管の上部に設置した例

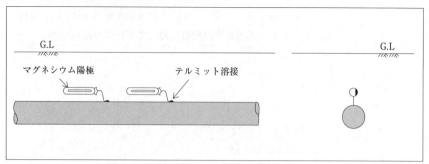

(イ) 各種流電陽極の構造例

図24-22　**線状亜鉛陽極**

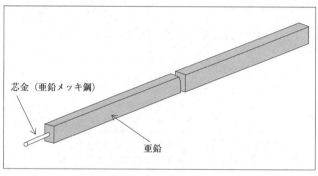

図24-23　**線状マグネシウム陽極**

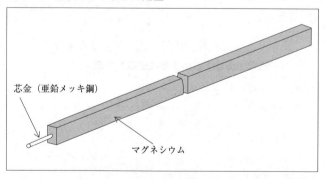

図24-24　**マグネシウム陽極・アルミニウム陽極・亜鉛陽極**

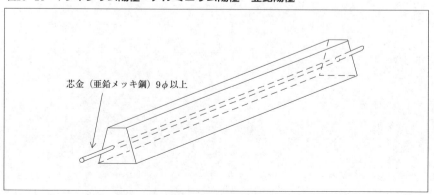

図24-25 **マグネシウム陽極**（バックフィル付）

（バックフィル組成　石膏：芒硝：ベントナイト＝３：１：６）

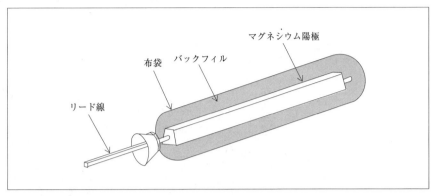

図24-26 **亜鉛接地極**

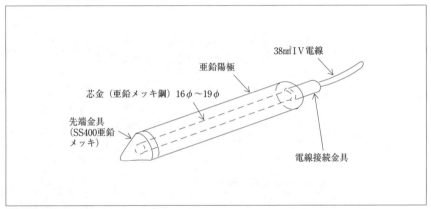

イ　外部電源方式

　直流電源を設け、その陽極側に接続された不溶性電極（高硅素鉄、黒鉛、磁性酸化鉄等）から土壌を通じて負極側に接続された防食配管に連続して防食電流を供給する方式である（図24-27参照）。

図24-27 **外部電源方式**

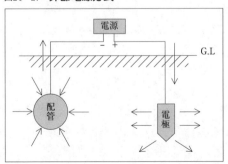

図24-28 **外部電源方式の設置例　不溶性電極の例**

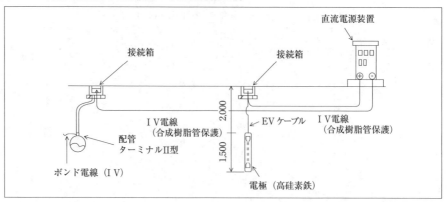

図24-29 **黒鉛電極**

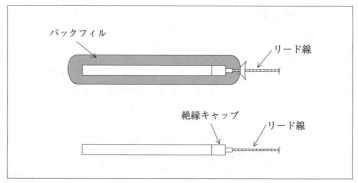

図24-30 **高硅素鋳鉄電極**

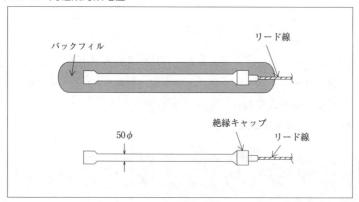

図24-31 **磁性酸化鉄電極**

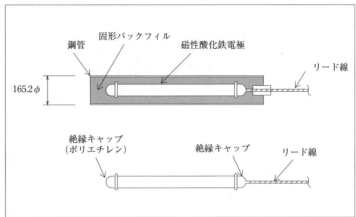

ウ 選択排流方式

　埋設配管と電鉄帰線等との間に排流器を接続して、埋設配管に流れる迷走電流をレールの方へ戻し、逆にレールから配管の方へ流れる電流を遮断する方式である（図24-32参照）。

図24-32 **選択排流方式**

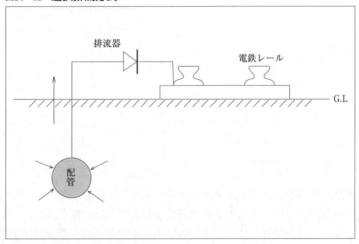

図24-33 **選択排流方式の設置例**

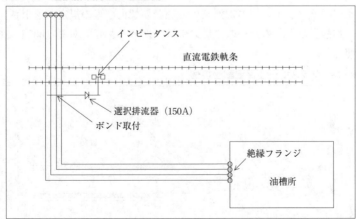

図24-34 **選択排流方式施工例**

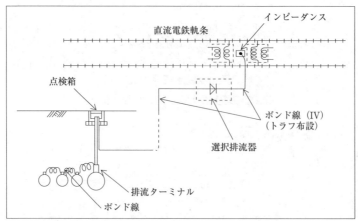

　エ　危告示第4条第1号の「過防食による悪影響を生じない範囲」とは、配管（鋼管）の対地電位平均値がマイナス2.0Vより負とならない範囲をいう。
(10)　地下埋設配管の継手の漏えいを点検することができる措置には、図24-35のように当該継手を点検ボックス内に収納する方法がある。

図24-35　**点検ボックスの例**

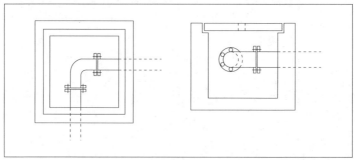

(11)　配管に設ける加熱又は保温のための設備には、単に断熱材のみを施工したもの、断熱材と熱媒油配管、スチーム配管、電熱線等を組み合わせたもの等種々のタイプがあるが、いずれも火災予防上安全な構造でなければならない。
　　なお、電熱線等を使用するものにあっては、危政令第9条第1項第17号の規定に基づき、電気設備技術基準の第73条（接触電線の危険場所への施設の禁止）、第76条（パイプライン等の電熱装置の施設の禁止）等の規定が適用される。
　　加熱又は保温のための設備の例は、次のとおりである（図24-36から図24-39参照）。

図24-36　**グラスウール保温配管の例**

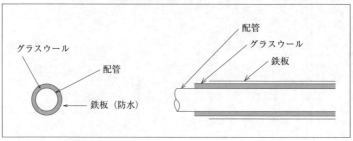

図24-37 **断熱材とスチーム配管の組合せによる配管の保温例**

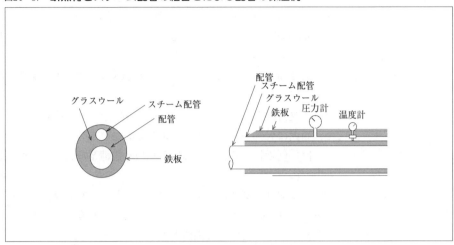

図24-38 **断熱材と電気ヒーターの組合せによる配管の保温例**

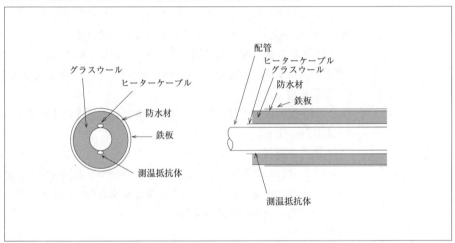

図24-39 **ヒーターケーブルの構造例**

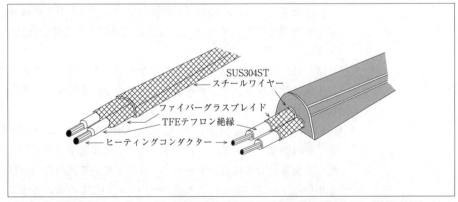

(12) その他、加熱のための電気設備は、電気設備に関する技術基準（資料参照）によることとされている。

(13) 配管支持物の耐火性

危規則第13条の5第2号ただし書に規定する「火災によつて当該支持物が変形す

るおそれのない場合」には、次のいずれかが該当する。

ア　支持物の高さが1.5m以下で、不燃材料で造られたもの

イ　支持物が製造所等の存する事業所の敷地内に設置された、不燃材料で造られたもので、次のいずれかである場合

(ｱ)　その支持する配管のすべてが高引火点危険物を100℃未満の温度で取り扱うもの

(ｲ)　その支持する配管のすべてが引火点40℃以上の危険物を取り扱う配管であって、周囲に火気等を取り扱う設備の存しないもの

(ｳ)　周囲に危険物を貯蔵し、又は取り扱う設備及び火気等を取り扱う設備の存しないもの

ウ　火災時に配管の支持物の変形を防止するため、有効な散水設備を設けた場合

エ　火災により配管の支持物である支柱等の一部が変形したときに、当該支柱等以外の部分により配管の支持機能が維持される場合

⒁　緩衝装置

　　液体の危険物を移送するタンクの配管には、地震等により、当該配管とタンクとの結合部分に損傷を与えないように緩衝装置を設ける。

⒂　危険物を取り扱う配管及び通気管には、金属製以外のものとして強化プラスチック製配管（以下「FRP配管」という。）があり、構造、施工方法等の例を次に示す。

ア　設置場所

(ｱ)　FRP配管は、火災等による熱により悪影響を受けるおそれのないよう地下に直接埋設する。

(ｲ)　ふたを鋼製、コンクリート製又はこれらと同等以上の不燃材料とした地下ピットに設けることができる。ただし、自動車等の通行するおそれのある場所にふたを設ける場合には、十分な強度を有するものとする。

イ　取り扱うことができる危険物

　　特に指定しない。

ウ　配管・継手

(ｱ)　FRP配管は、JIS K 7013「繊維強化プラスチック管」附属書２「石油製品搬送用繊維強化プラスチック管」に適合又は相当する呼び径100Ａ以下のものとする。

(ｲ)　継手は、JIS K 7014「繊維強化プラスチック管継手」附属書２「石油製品搬送用繊維強化プラスチック管継手」に適合又は相当するものとする。

エ　接続方法

(ｱ)　FRP配管相互の接続は、JIS K 7014「繊維強化プラスチック管継手」附属書３「繊維強化プラスチック管継手の接合」に規定する接着剤とガラステープを用いる突き合わせ接合、テーパソケットを用いる重ね合わせ接合又はフランジを用いるフランジ継手による接合のいずれかによるものとする。

図24-40　ＦＲＰ配管の接着接合例

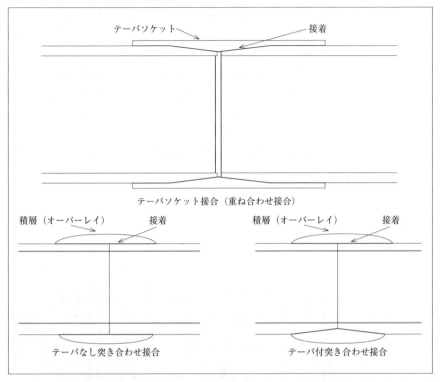

　なお、突き合わせ接合は、重ね合わせ接合又はフランジ継手による接合に比べて高度の技術を要することから、施工上、突き合わせ接合でしかできない箇所以外の接合箇所は、重ね合わせ接合又はフランジ継手とすることが望ましい。

(ｲ) FRP配管と金属製配管との接合は、原則としてフランジ継手とすること。ただし、接合部分の漏えいを目視により確認できる措置を講じた場合には、トランジション継手による重ね合わせ接合とすることができる。

図24-41　トランジション継手の接着接合例

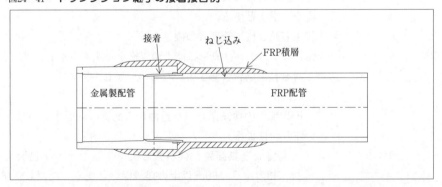

(ｳ) 接合に使用する接着剤は、FRP配管の製造メーカーにより異なることから、製造メーカーが指定するものであることを確認すること。また、突き合わせ接合には、接合部分の強度を保持させるため、ガラステープ（幅75㎜）を巻く場合には、呼び径が50Ａ以下でおおむね15巻き、呼び径が50Ａを超えるものでおおむね18巻きとすることが望ましい。

(エ) 突き合わせ接合又は重ね合わせ接合は、危政令第9条第1項第21号ホ及び危規則第20条第3項第2号に規定する「溶接その他危険物の漏えいのおそれがないと認められる方法により接合されたもの」に該当するものであるが、フランジ継手による接合は、当該事項に該当しないものであり、接合部分からの危険物の漏えいを点検するため、地下ピット内に設けるものとする。
(オ) 地上に露出した金属製配管と地下に埋設されたFRP配管と接続する場合には、地下ピット内で接続し、かつ、金属製配管の地盤面からの埋設配管長が65cm以上ある場所とする。

図24-42　地下ピット内での接続例

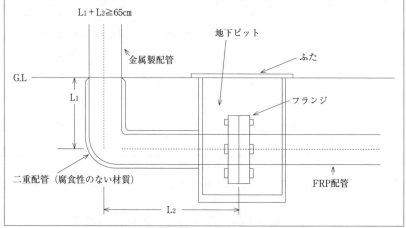

注　金属配管が二重配管方式以外の場合には、地下配管と同様の防食措置が必要である。

(カ) FRP配管と他の機器との接続部分において、FRP配管の曲げ可撓性が地盤変位等に対して十分な変位追従性を有さず、FRP配管が損傷するおそれがある場合には、FRP配管と他の機器との間に金属製の可撓管を設けることが望ましい。
(キ) FRP配管に附属するバルブ、ストレーナー等の重量物は、直接FRP配管が支えない構造とする。

オ　施工者及び施工管理者の確認

強化プラスチック成形技能士の資格を証明する写し、又は強化プラスチック管継手接合技能講習会修了書の写しのいずれかによる。

カ　埋設方法

(ア) FRP配管の埋設深さ（地盤面から配管の上面までの深さをいう。）は、次のいずれかによる。

a　地盤面を無舗装、砕石敷き又はアスファルト舗装とする場合には、図24-43のように60cm以上の埋設深さとする。ただし、アスファルト舗装層の厚さを増しても埋設深さは、60cm以下とすることはできない。

b　地盤面を厚さ15cm以上の鉄筋コンクリート舗装する場合には、図24-43のように埋設30cm以上の埋設深さとする。

(イ) 掘削面に厚さ15cm以上の山砂又は6号砕石等（単粒度砕石6号又は3〜20mmの砕石（砂利を含む。）をいう。）を敷き詰め、十分な支持力を有するよう小型

ビブロプレート、タンパー等により均一に締め固める。
(ウ) FRP配管を並行して設ける場合又はFRP配管と金属製配管とを並行して設ける場合には、相互に10cm以上の間隔を確保する。
(エ) FRP配管を他の配管（FRP配管を含む。）と交差させる場合には、3cm以上の離隔距離をとる。
(オ) FRP配管を施設して舗装等の構造の下面に至るまで山砂又は6号砕石等で埋め戻しした後、小型ビブロプレート、タンパー等により締め固め、舗装等の構造の下面とFRP配管との厚さを5cm以上とする。
　　施工時には、FRP配管を50kPaに、施設後に350kPaに加圧（加圧のFRP配管は、最大常用圧力の1.5倍の圧力とする。）し、漏れを確認する。
(カ) FRP配管を埋設する場合には、応力集中等を避けるため次による措置を講じる。
　a　FRP配管には、枕木等の支持材を用いない。
　b　FRP配管を埋設する際に芯出しに用いた仮設材は、埋設前に撤去する。
　c　FRP配管がコンクリート構造物等と接触するおそれがある部分は、FRP配管にゴム等の緩衝材を巻いて保護する。

図24-43　**配管の埋設構造例**

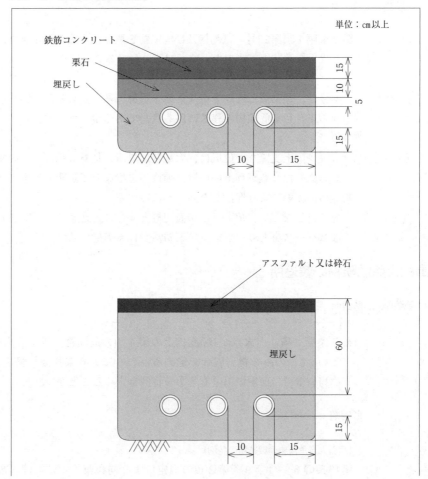

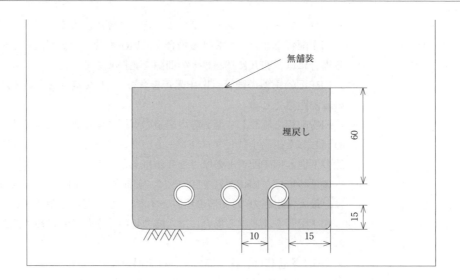

25 ポンプ等

(根拠条文) 危政令

> **第9条第1項第22号** 電動機及び危険物を取り扱う設備のポンプ、弁、接手等は、火災の予防上支障のない位置に取り付けること。

(留意事項) (1) 本号は、電動機と危政令第9条第1項第13号に定める危険物を取り扱う機械器具のうち主として危険物の移送に係る機器であるポンプ、弁、接手等について定めたものである。
(2) 火災予防上支障ない位置は、火気使用場所、加熱設備等からの距離、誤操作防止等を考慮した作業管理上の位置、補修等を勘案して選定すべきであり、また、危険物等の漏えいにより埋没しないように設ける。
(3) 弁、計装などは、地上又は床面配置とすることが望ましい。また、混雑しないようなスペースをとり、点検及び消防活動にも考慮する。

26 高引火点危険物の製造所

(根拠条文) 危政令

> **第9条第2項** 引火点が100度以上の第4類の危険物（以下「高引火点危険物」という。）のみを総務省令で定めるところにより取り扱う製造所については、総務省令で、前項に掲げる基準の特例を定めることができる。

危規則

（高引火点危険物の製造所の特例）
第13条の6 令第9条第2項の規定により同条第1項に掲げる基準の特例を定

めることができる製造所は、引火点が100度以上の第4類の危険物（以下「高
引火点危険物」という。）のみを100度未満の温度で取り扱うものとする。
2　前項の製造所に係る令第9条第2項の規定による同条第1項に掲げる基準の
特例は、次項に定めるところによる。
3　第1項の製造所のうち、その位置及び構造が次の各号に掲げる基準に適合す
るものについては、令第9条第1項第1号、第2号、第4号、第6号から第8
号まで、第18号及び第19号並びに第13条の3第2項第2号において準用する第
22条第2項第2号の規定は、適用しない。
(1)　製造所の位置は、次に掲げる建築物等から当該製造所の外壁又はこれに相
当する工作物の外側までの間に、それぞれ当該建築物等について定める距離
を保つこと。ただし、イからハまでに掲げる建築物等について、不燃材料で
造つた防火上有効な塀を設けること等により、市町村長等が安全であると認
めた場合は、当該市町村長等が定めた距離を当該距離とすることができる。
イ　ロからニまでに掲げるもの以外の建築物その他の工作物で住居の用に供
するもの（製造所の存する敷地と同一の敷地内に存するものを除く。）
10メートル以上
ロ　第11条各号に掲げる学校、病院、劇場その他多数の人を収容する施設
30メートル以上
ハ　文化財保護法（昭和25年法律第214号）の規定によつて重要文化財、重
要有形民俗文化財、史跡若しくは重要な文化財として指定され、又は旧重
要美術品等の保存に関する法律（昭和8年法律第43号）の規定によつて重
要美術品として認定された建造物　　　　　　　50メートル以上
ニ　第12条各号に掲げる高圧ガスその他災害を発生させるおそれのある物を
貯蔵し、又は取り扱う施設（不活性ガスのみを貯蔵し、又は取り扱うもの
を除く。）　　　　　　　　　　　　　　　　20メートル以上
(2)　危険物を取り扱う建築物その他の工作物（危険物を移送するための配管そ
の他これに準ずる工作物を除く。）の周囲に3メートル以上の幅の空地を保
有すること。ただし、第13条に定めるところにより、防火上有効な隔壁を設
けた場合は、この限りでない。
(3)　危険物を取り扱う建築物は、屋根を不燃材料で造ること。
(4)　危険物を取り扱う建築物の窓及び出入口には、防火設備（令第9条第1項
第7号の防火設備をいう。第27条の3第6項及び第7項並びに第27条の5第
5項及び第6項を除き、以下同じ。）又は不燃材料若しくはガラスで造られ
た戸を設けるとともに、延焼のおそれのある外壁に設ける出入口には、随時
開けることができる自動閉鎖の特定防火設備（令第9条第1項第7号の特定
防火設備をいう。以下同じ。）を設けること。
(5)　危険物を取り扱う建築物の延焼のおそれのある外壁に設ける出入口にガラ
スを用いる場合は、網入ガラスとすること。

留意事項　(1)　本基準は、高引火点危険物のみを100℃未満の温度で取り扱う製造所について、取
り扱う危険物の特性から危政令第9条第1項の基準の一部が緩和されたものである。

194　第2章　製造所の基準

(2)　緩和される基準の概要は、次のとおりである。

　(ア)　高圧ガス施設のうち、不活性ガスのみを貯蔵し、又は取り扱う施設及び特別高圧架空電線に係る保安距離は適用されない。

　(イ)　保有空地は、取り扱う危険物の指定数量の倍数にかかわらず3m以上の空地を保有することとされている。

　(ウ)　建築物内に地階を設けることができる。

　(エ)　建築物の屋根は不燃材料で造ることとされているが、金属板その他の軽量な不燃材料でふくという規定は適用されない。

　(オ)　静電気除去装置及び避雷設備の設置は要しない。

27　アルキルアルミニウム、アルキルリチウム、アセトアルデヒド、酸化プロピレン等の危険物の製造所

根拠条文　危政令

> **第9条第3項**　アルキルアルミニウム、アルキルリチウム、アセトアルデヒド、酸化プロピレンその他の総務省令で定める危険物を取り扱う製造所については、当該危険物の性質に応じ、総務省令で、第1項に掲げる基準を超える特例を定めることができる。

危規則

> **（製造所の特例を定めることができる危険物）**
> **第13条の7**　令第9条第3項の総務省令で定める危険物は、アルキルアルミニウム等、第4類の危険物のうち特殊引火物のアセトアルデヒド若しくは酸化プロピレン又はこれらのいずれかを含有するもの（以下「アセトアルデヒド等」という。）及び第5類の危険物のうちヒドロキシルアミン若しくはヒドロキシルアミン塩類又はこれらのいずれかを含有するもの（以下「ヒドロキシルアミン等」という。）とする。
>
> **（アルキルアルミニウム等の製造所の特例）**
> **第13条の8**　アルキルアルミニウム等を取り扱う製造所に係る令第9条第3項の規定による同条第1項に掲げる基準を超える特例は、次のとおりとする。
> (1)　アルキルアルミニウム等を取り扱う設備の周囲には、漏えい範囲を局限化するための設備及び漏れたアルキルアルミニウム等を安全な場所に設けられた槽に導入することができる設備を設けること。
> (2)　アルキルアルミニウム等を取り扱う設備には、不活性の気体を封入する装置を設けること。
>
> **（アセトアルデヒド等の製造所の特例）**
> **第13条の9**　アセトアルデヒド等を取り扱う製造所に係る令第9条第3項の規定による同条第1項に掲げる基準を超える特例は、次のとおりとする。
> (1)　アセトアルデヒド等を取り扱う設備は、銅、マグネシウム、銀若しくは水銀又はこれらを成分とする合金で造らないこと。
> (2)　アセトアルデヒド等を取り扱う設備には、燃焼性混合気体の生成による爆

発を防止するための不活性の気体又は水蒸気を封入する装置を設けること。
(3)　前号の規定にかかわらず、アセトアルデヒド等を取り扱うタンク（屋外に
あるタンク又は屋内にあるタンクであつて、その容量が指定数量の5分の1
未満のものを除く。）には、冷却装置又は低温を保持するための装置（以下
「保冷装置」という。）及び燃焼性混合気体の生成による爆発を防止するため
の不活性の気体を封入する装置を設けること。ただし、地下にあるタンクが
アセトアルデヒド等の温度を適温に保つことができる構造である場合には、
冷却装置及び保冷装置を設けないことができる。

（ヒドロキシルアミン等の製造所の特例）

第13条の10　ヒドロキシルアミン等を取り扱う製造所に係る令第9条第3項の規
定による同条第1項に掲げる基準を超える特例は、次のとおりとする。
(1)　令第9条第1項第1号イからハまでの規定にかかわらず、指定数量以上の
第1種自己反応性物質（令別表第3備考第11号の第1種自己反応性物質をい
う。以下同じ。）の性状を有するヒドロキシルアミン等を取り扱う製造所の
位置は、令第9条第1項第1号イからハまでに掲げる建築物等から当該製造
所の外壁又はこれに相当する工作物の外側までの間に、次の式により求めた
距離以上の距離を保つこと。

$$D = 51.1^3\sqrt{N}$$

Dは、距離（単位　メートル）

Nは、当該製造所において取り扱う第1種自己反応性物質の性状を有する
ヒドロキシルアミン等の指定数量の倍数
(2)　前号の製造所の周囲には、次に掲げる基準に適合する塀又は土盛りを設け
ること。
イ　塀又は土盛りは、当該製造所の外壁又はこれに相当する工作物の外側か
ら2メートル以上離れた場所にできるだけ接近して設けること。
ロ　塀又は土盛りの高さは、当該製造所におけるヒドロキシルアミン等を取
り扱う部分の高さ以上とすること。
ハ　塀は、厚さ15センチメートル以上の鉄筋コンクリート造若しくは鉄骨鉄
筋コンクリート造又は厚さ20センチメートル以上の補強コンクリートブロ
ック造とすること。
ニ　土盛りには、60度以上の勾配を付けないこと。
(3)　ヒドロキシルアミン等を取り扱う設備には、ヒドロキシルアミン等の温度
及び濃度の上昇による危険な反応を防止するための措置を講ずること。
(4)　ヒドロキシルアミン等を取り扱う設備には、鉄イオン等の混入による危険
な反応を防止するための措置を講ずること。

(留意事項)　(1)　本規定は、アルキルアルミニウム等、アセトアルデヒド等又はヒドロキシルアミ
ン等を取り扱う製造所について、それらを取り扱う危険物の特性に応じて、危政令
第9条第1項の基準に追加する基準を定めたものである。
なお、アルキルアルミニウム等、アセトアルデヒド等及びヒドロキシルアミン等
とは、次のものをいう。
ア　アルキルアルミニウム等とは、アルキルアルミニウム、アルキルリチウム又は

これらのいずれかを含有するもの（危規則第6条の2の8）。
　イ　アセトアルデヒド等は、第4類の危険物のうち特殊引火物のアセトアルデヒド、酸化プロピレン又はこれらのいずれかを含有するもの（危規則第13条の7）。
　ウ　ヒドロキシルアミン等とは、第5類の危険物のうちヒドロキシルアミン若しくはヒドロキシルアミン塩類又はこれらのいずれかを含有するもの（危規則第13条の7）。

(2)　アルキルアルミニウム等は、空気に触れると酸化反応を起こして自然発火し、いったん発火すると効果的な消火薬剤がないので、災害を局限化するために漏れた危険物を安全な場所に設けた槽に導入することとされている。

(3)　アセトアルデヒド等を取り扱う設備には、銅、マグネシウム、銀若しくは水銀又はこれらを成分とする合金を使用すると、当該危険物がこれらの金属等と反応して爆発性化合物を作るおそれがあるため、材料の制限を行っている。

(4)　アルキルアルミニウム等は自然発火性を有し、アセトアルデヒド等は揮発性が強く沸点及び引火点も極めて低く、蒸気は空気と混合すると広範囲の爆発性混合気を作る。更に加圧下にあるときは、爆発性の過酸化物を生成するおそれがある等いずれも危険性の非常に高い危険物であるため、いずれの危険物を取り扱う場合にも、あらかじめ当該設備内を不活性ガスで置換しておくことはもちろんのこと、緊急時に不燃性ガスを封入する装置を設置する。

　アルキルアルミニウム等は、水と接触すると激しく反応するため、アセトアルデヒド等では認められている水蒸気封入設備は認められていない。

図27-1　**不燃性ガス封入装置の例**

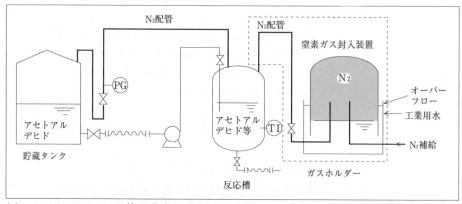

(5)　アセトアルデヒド等は沸点が低く、沸点以上の温度となった場合には多量の爆発性蒸気を発生させるため取り扱うタンクには保冷装置の設置を義務付けている。
　なお、その温度は、危政令第26条第2項の規定を参考として次による。
　ア　アセトアルデヒド又はこれを含有するものにあっては15℃以下
　イ　酸化プロピレン又はこれを含有するものにあっては30℃以下

(6)　アセトアルデヒド等を取り扱う地下タンクは、タンク室に設置することとされている。

第3章 一般取扱所の基準

第3章 一地球科学の基礎

∭第 3 章　一般取扱所の基準∭

1 区分

「第 1 章　7 危険物施設の区分」によるほか、危険物を原料として種々の化学反応を伴う等、製造所と類似した施設であっても最終製品が非危険物となるものは、一般取扱所として規制される。

なお、危規則第 1 条の 3 第 7 項第 1 号により、一定の基準を満たすタンクに常温常圧で貯蔵保管することで法別表第 1 に掲げる動植物油類から除かれる場合であっても、当該タンクに附属する注入口等で 1 日に指定数量以上取り扱うときには、動植物油類を取り扱う一般取扱所として規制される。

> **注**　なお書の一般取扱所の規制範囲は、通常、危険物の注入口からタンクの元弁(元弁がない場合にあっては、配管とタンクの接続部)までである。

2 危険物の取扱数量及び倍数

一般取扱所における危険物の取扱数量及び倍数の算定は、前述の製造所に準じて行う。算定方法は一般取扱所の形態により異なるが、例示すると次のようになる。

なお、複数の異なった取扱形態を有する一般取扱所にあっては、それぞれの取扱形態ごとの最大取扱量を合算し算定する。

1　非危険物製造の一般取扱所

動植物油類を原料とするマーガリンの製造、石油類を原料とするプラスチックの製造又はナフサの分解による都市ガスの製造などの場合は、1 日当たりの原料危険物の使用量が最大となる日の量により算定する。

2　消費の一般取扱所

ボイラー、バーナー等による灯油や重油の消費、新聞印刷における印刷インキの使用又は自動車塗装における塗料の使用などの場合は、1 日当たりの危険物の消費量が最大となる日の量により算定する。

3　充填、詰替えの一般取扱所

移動タンク貯蔵所への危険物の充填又は鋼製ドラム等の容器への詰替えの場合は、1 日当たりの最大取扱量により算定する。ただし、危政令第19条第 2 項に基づき設置する容器に危険物を詰め替える一般取扱所は、専用タンクの容量又は取扱数量のうちいずれか大なる数量をもって算定する。

4　油圧、循環の一般取扱所

油圧プレス設備、潤滑油循環設備、熱媒油循環設備等において潤滑油等を使用する場合は、当該設備等の瞬間最大停滞量により算定する。

5　洗浄作業・切削装置等の一般取扱所

洗浄や切削等において危険物を回収し、同一系内で再使用するものは、瞬間最大停

滞量とし、使い捨てするもの及び系外に搬出するものは1日の使用量とする。

(1) 洗浄後、すべての危険物を回収して再使用する場合の例

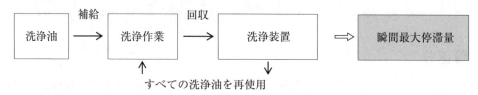

(2) 洗浄後、すべての危険物を使い捨てする場合の例

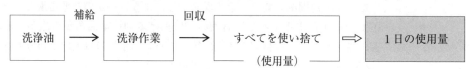

(3) 洗浄後、一部の危険物を使い捨てする場合の例

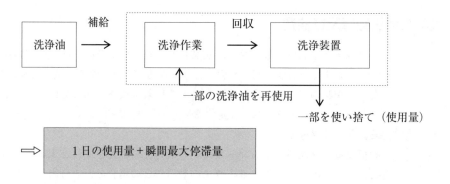

3 危政令第19条第1項の一般取扱所

根拠条文 危政令

> （一般取扱所の基準）
> **第19条第1項** 第9条第1項の規定は、一般取扱所の位置、構造及び設備の技術上の基準について準用する。

留意事項 一般取扱所には様々な形態があり、その規模、危険物の取扱量等も異なるが、危険物の取扱いを行う施設であるということから製造所の基準が準用される（「第2章 製造所の基準」を参照）。原則として、建物内に設置するものは1棟、屋外に設置するものは一連の工程をもって一の許可単位として規制される。このような規制の形態は、一般に「1棟規制」といわれる。

❹ 危政令第19条第２項を適用することができる一般取扱所

1　危政令第19条第２項を適用することができる一般取扱所の共通事項

(根拠条文)　危政令

> **第19条第２項**　次に掲げる一般取扱所のうち総務省令で定めるものについては、総務省令で、前項に掲げる基準の特例を定めることができる。
> (1)　専ら吹付塗装作業を行う一般取扱所その他これに類する一般取扱所
> (1の2)　専ら洗浄の作業を行う一般取扱所その他これに類する一般取扱所
> (2)　専ら焼入れ作業を行う一般取扱所その他これに類する一般取扱所
> (3)　危険物を消費するボイラー又はバーナー以外では危険物を取り扱わない一般取扱所その他これに類する一般取扱所
> (4)　専ら車両に固定されたタンクに危険物を注入する作業を行う一般取扱所その他これに類する一般取扱所
> (5)　専ら容器に危険物を詰め替える作業を行う一般取扱所
> (6)　危険物を用いた油圧装置又は潤滑油循環装置以外では危険物を取り扱わない一般取扱所その他これに類する一般取扱所
> (7)　切削油として危険物を用いた切削装置又は研削装置以外では危険物を取り扱わない一般取扱所その他これに類する一般取扱所
> (8)　危険物以外の物を加熱するための危険物を用いた熱媒体油循環装置以外では危険物を取り扱わない一般取扱所その他これに類する一般取扱所
> (9)　危険物を用いた蓄電池設備以外では危険物を取り扱わない一般取扱所

(留意事項)　危政令第19条第２項の規定は、危険物の取扱形態を類型化できるものについて危政令第19条第１項の基準の特例が定められたもので、これらの取扱形態（危険物の充塡、容器詰替え及び蓄電池設備（危規則第28条の60の４第５項を適用するものに限る。）を除く。）を有する一般取扱所は、建築物の室等を一の許可単位として規制される。このような建築物の一部に設ける規制の形態は、一般に「部分規制」といわれる。

　なお、設置しようとする一般取扱所が、危政令第19条第１項及び第２項等複数の基準を満足する場合、いずれの基準を適用するかについては、当該一般取扱所の設置許可又は変更許可の申請の際に申請者において選択できる。

(1)　部分規制の区分

　　部分規制の一般取扱所は、区画室規制の一般取扱所、設備規制の一般取扱所及び建築物の屋上に設ける設備規制の一般取扱所がある。

　ア　区画室規制の一般取扱所（危規則第28条の55第２項、第28条の55の２第２項、第28条の56第２項、第28条の57第２項、第28条の60第２項及び第３項、第28条の60の２第２項、第28条の60の３第２項並びに第28条の60の４第３項）

　　原則として、区画室内全体を一般取扱所として規制する。

　　ボイラーを建築物の１Ｆの室に設け、当該室を区画室規制（危規則第28条の57第２項の基準を適用）の一般取扱所とした例を次に示す。

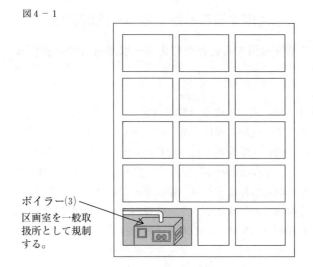

図4－1

ボイラー(3)
区画室を一般取扱所として規制する。

注　（　）内は、危政令第19条第2項各号を示す（以下同じ）。

イ　設備規制の一般取扱所（危規則第28条の55の2第3項、第28条の56第3項、第28条の57第3項、第28条の60第4項並びに第28条の60の2第3項）

　原則として、平家建の建築物に設けられた危険物を取り扱う設備（空地がある場合は空地を含む。）を一般取扱所として規制する。

　放電加工機を平家建の建築物に設け、当該放電加工機を設備規制（危規則第28条の56第3項の基準を適用）の一般取扱所とした例を次に示す。

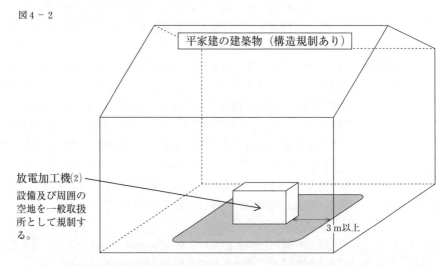

図4－2

平家建の建築物（構造規制あり）

放電加工機(2)
設備及び周囲の空地を一般取扱所として規制する。

3m以上

ウ　建築物の屋上に設ける設備規制の一般取扱所（危規則第28条の57第4項及び第28条の60の4第4項）

　原則として、建築物の屋上に設置された危険物を取り扱う設備（囲いの周囲の空地を含む。）を一般取扱所として規制する。

　非常用発電設備を建築物の屋上に設け、当該設備を建築物の屋上に設ける設備規制（危規則第28条の57第4項の基準を適用）の一般取扱所とした例を次に示す。

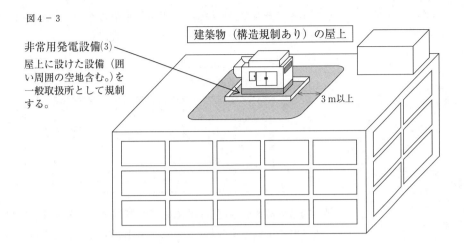

図4-3 非常用発電設備(3) 屋上に設けた設備（囲い周囲の空地含む。）を一般取扱所として規制する。

(2) 複数の設備を有する場合における部分規制の基本事項

ア 1棟の建築物の中には、危政令第19条第2項各号（第4号、第5号及び第9号（危規則第28条の60の4第5項を適用するものに限る。）を除く。）に規定する位置、構造及び設備の技術上の基準に適合した部分規制の一般取扱所を複数設置することができ、更に、危政令第2条及び第3条の危険物施設のうち、部分規制されたものは、同一建物内に設けることができる。

なお、危政令第19条第2項各号（第4号、第5号及び第9号（危規則第28条の60の4第5項を適用するものに限る。）を除く。）のうち一の号の取扱形態を有し、かつ、それ以外の取扱形態を有する一の一般取扱所（複数の異なった取扱形態を有する一般取扱所）については、当該一般取扱所が同条第2項各号の取扱形態に適合しないこととなるため、同条第1項が適用されることとなる。この場合には、12に示す基準の特例を適用し、1棟規制ではなく部分規制（区画室規制）の一般取扱所とすることができる。

イ 複数の設備を区画室規制の一般取扱所として建築物に設ける場合の例を次に示す。

(ｱ) ボイラー及び油圧装置（異なる取扱形態のもの）を、それぞれ危規則第28条の57第2項の基準及び危規則第28条の60第3項の基準を適用した二の一般取扱所として設置した例

図4-4

(イ) ボイラー及び発電設備（同じ取扱形態のもの）を危規則第28条の57第2項の基準を適用した一の一般取扱所として設置した例

図4－5

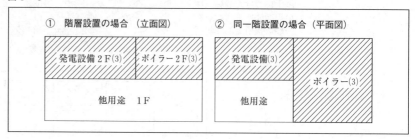

(ウ) 複数の設備を区画室規制の一般取扱所として建築物に設ける場合、離れて設置された区画室を合わせて一の一般取扱所とすることは、当該複数の設備が同じ取扱形態であっても、原則として認められない。

図4－6　**認められない例**

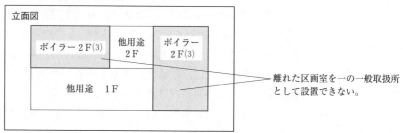

ウ　複数の設備を設備規制の一般取扱所として平家建の建築物に設ける場合の例を次に示す。

(ア) 洗浄装置及び油圧装置（異なる取扱形態のもの）を、それぞれ危規則第28条の55の2第3項の基準及び危規則第28条の60第4項の基準を適用した二の一般取扱所として設置した例

それぞれの設備の周囲に幅3m以上の空地を保有する。空地を重複することはできない。

図4－7

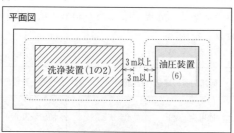

(イ) ボイラー及び発電設備（同じ取扱形態のもの）を、それぞれ危規則第28条の57第3項の基準を適用した二の一般取扱所として設置した例

それぞれの設備の囲いの周囲に幅3m以上の空地を保有する。空地を重複することはできない。

図4-8

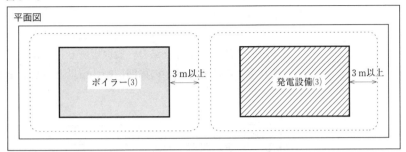

(ｳ) 焼入れの装置及び放電加工機（同じ取扱形態のもの）を危規則第28条の56第3項の基準を適用した一の一般取扱所として設置した例

　複数の設備を一の一般取扱所として、その周囲に幅3ｍ以上の空地を保有することをもって足りる。

図4-9

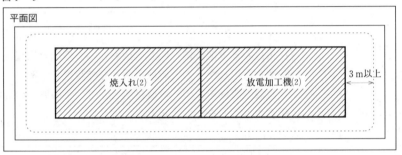

(ｴ) 同じ取扱形態の複数の設備を前(ｳ)の例により一の一般取扱所とし、異なる取扱形態を前(ｱ)の例により別個の一般取扱所として設置した例

　各一般取扱所の設備（ボイラー等及び蓄電池設備はその囲い）の周囲に幅3ｍ以上の空地を保有する。空地を重複することはできない。

図4-10　**複数の設備をそれぞれの一般取扱所として規制する例**

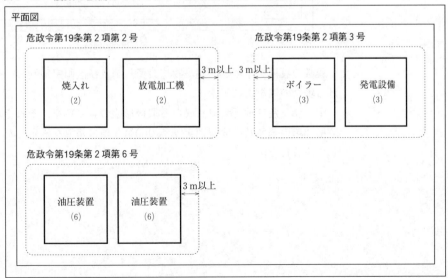

エ 複数の設備を建築物の屋上に設ける設備規制の一般取扱所として設ける場合の例を次に示す。
(ア) ボイラー及び発電設備（同じ取扱形態のもの）をそれぞれ危規則第28条の57第4項の基準を適用した二の一般取扱所として設置した例
それぞれの設備の囲いの周囲に幅3m以上の空地を保有する。空地を重複することはできない。

図4－11

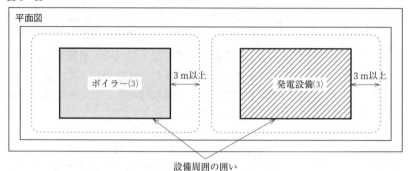

(イ) 複数の蓄電池設備（同じ取扱形態のもの）を危規則第28条の60の4第4項の基準を適用した一の一般取扱所として設置した例
複数の設備を一の一般取扱所として、その囲いの周囲に幅3m以上の空地を保有することをもって足りる。

図4－12

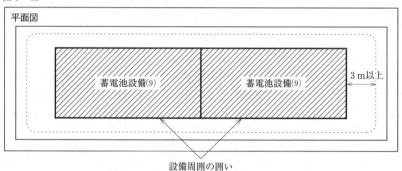

オ 複数の設備を平家建の建築物に設備規制及び区画室規制の一般取扱所として設ける場合の例を次に示す。
ボイラー及び油圧装置（異なる取扱形態のもの）を、それぞれ危規則第28条の57第3項の基準及び危規則第28条の60第3項の基準を適用した二の一般取扱所として設置した例

図4-13

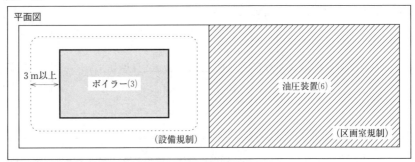

(3) 一般取扱所と工程が連続している場合の取扱い

部分規制の一般取扱所として取り扱うことができる工程と連続して、危険物を取り扱わない工程がある場合には、その工程を含めて危政令第19条第2項に規定する一般取扱所とすることができる。

図4-14 **許可範囲の例**

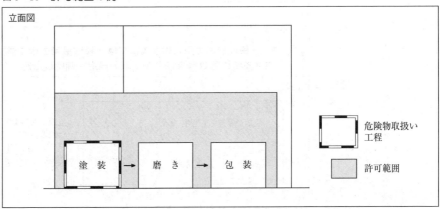

(4) 適用する基準の選択

危政令第19条第2項第1号から第3号、第6号から第9号に掲げるもの（イによる場合は第1号、第8号及び第9号を除く。）のうち、各号の形態を有するものを一の建築物内に設置する場合は、次のいずれかの一般取扱所とすることができる。

ア　区画室単位の規制ができる場合

(ｱ) 建築物全体を危政令第19条第1項の規定を適用する一般取扱所とすることができる（図4-15参照）。

(ｲ) 建築物内における危険物の取扱形態が全て同じである場合には、当該建築物全体を危政令第19条第2項の区画室規制に係る規定を適用する一般取扱所とすることができる（図4-16参照）。

(ｳ) 一般取扱所の用に供する室と当該室に隣接する室（当該一般取扱所の用途に関連のある室に限る。）を合わせて区画室規制による危政令第19条第2項の一般取扱所とすることができる（図4-17参照）。

図4－15　建築物全体に危政令第19条第1項の規定を適用した例

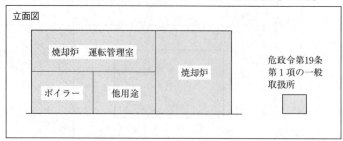

図4－16　建築物全体に危政令第19条第2項の規定を適用した例

図4－17　一般取扱所の用に供する室又は一般取扱所の用に供する室と当該室に隣接する室に危政令第19条第2項の規定を適用した例

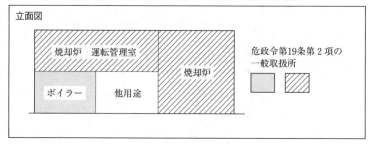

イ　設備単位の規制ができる場合（屋上に設ける場合を除く。）
　(ｱ)　建築物全体を危政令第19条第1項の規定を適用する一般取扱所とすることができる（図4－18参照）。
　(ｲ)　建築物内における同じ危険物の取扱形態の設備を合わせて、それぞれ危政令第19条第2項の設備規制に係る規定を適用する一般取扱所とすることができる（図4－19参照）。なお、当該設備に指定数量未満の危険物を取り扱う設備があってもよい。
　(ｳ)　指定数量以上の危険物を取り扱う設備のみを危政令第19条第2項の設備規制に係る規定を適用する一般取扱所とすることができる。その場合、指定数量未満の危険物を取り扱う設備は、市町村の条例により規制される（図4－20参照）。

4 危政令第19条第2項を適用することができる一般取扱所

図4-18　ボイラーを設置する建築物全体に危政令第19条第1項の規定を適用した例

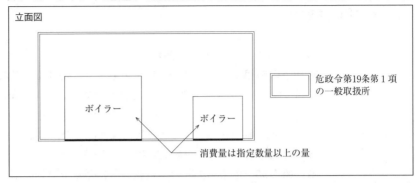

図4-19　同じ取扱形態の設備を合わせて、それぞれ危政令第19条第2項の設備規制に係る規定を適用した例

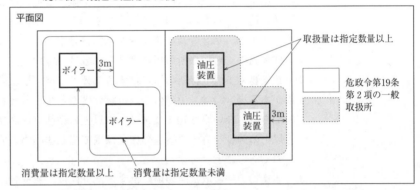

図4-20　指定数量以上の危険物を取り扱うボイラーのみを危政令第19条第2項の設備規制に係る規定を適用する一般取扱所とし、指定数量未満の危険物を取り扱うボイラーを市町村の条例で規制した例

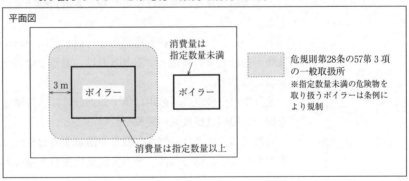

2 吹付塗装作業等の一般取扱所

根拠条文 危規則

（特例を定めることができる一般取扱所）

第28条の54第1号 令第19条第2項第1号に掲げる一般取扱所 専ら塗装、印刷又は塗布のために危険物（第2類の危険物又は第4類の危険物（特殊引火物を除く。）に限る。）を取り扱う一般取扱所で指定数量の倍数が30未満のもの（危険物を取り扱う設備を建築物に設けるものに限る。）

（専ら吹付塗装作業等を行う一般取扱所の特例）

第28条の55 前条第1号の一般取扱所に係る令第19条第2項の規定による同条第1項に掲げる基準の特例は、この条の定めるところによる。

2 前条第1号の一般取扱所のうち、その位置、構造及び設備が次の各号に掲げる基準に適合するものについては、令第19条第1項において準用する令第9条第1項第1号、第2号及び第4号から第11号までの規定は、適用しない。

⑴ 建築物の一般取扱所の用に供する部分は、地階を有しないものであること。

⑵ 建築物の一般取扱所の用に供する部分は、壁、柱、床、はり及び屋根（上階がある場合には、上階の床）を耐火構造とするとともに、出入口以外の開口部を有しない厚さ70ミリメートル以上の鉄筋コンクリート造又はこれと同等以上の強度を有する構造の床又は壁で当該建築物の他の部分と区画されたものであること。

⑶ 建築物の一般取扱所の用に供する部分には、窓を設けないこと。

⑷ 建築物の一般取扱所の用に供する部分の出入口には、特定防火設備を設けるとともに、延焼のおそれのある外壁及び当該部分以外の部分との隔壁に設ける出入口には、随時開けることができる自動閉鎖の特定防火設備を設けること。

⑸ 液状の危険物を取り扱う建築物の一般取扱所の用に供する部分の床は、危険物が浸透しない構造とするとともに、適当な傾斜を付け、かつ、貯留設備を設けること。

⑹ 建築物の一般取扱所の用に供する部分には、危険物を取り扱うために必要な採光、照明及び換気の設備を設けること。

⑺ 可燃性の蒸気又は可燃性の微粉が滞留するおそれのある建築物の一般取扱所の用に供する部分には、その蒸気又は微粉を屋外の高所に排出する設備を設けること。

⑻ 換気の設備及び前号の設備には、防火上有効にダンパー等を設けること。

留意事項 ⑴ 該当する作業形態には次のようなものがあり、機械部品等の洗浄作業は含まれない。

ア 焼付塗装、静電塗装、はけ塗り塗装、吹付塗装、浸漬塗装等の塗装作業

イ 凸版印刷、平版印刷、凹版印刷、グラビア印刷等の印刷作業

ウ 光沢加工、ゴム糊・接着剤等の塗布作業

⑵ 適用範囲は、建築物内で前⑴による作業のため、第2類の危険物又は第4類の

危険物（特殊引火物を除く。）を取り扱う一般取扱所で、指定数量の倍数が30未満のものに限られる。

(3) 吹付塗装作業等の一般取扱所で、区画室規制の基準が適用される一般取扱所の技術基準の概要を表4－1に示す。なお、準用される危政令第9条第1項の規定の詳細は「第2章 製造所の基準」を参照のこと。

表4－1　吹付塗装作業等の一般取扱所を区画室規制で設置する場合の特例基準の概要

第2類又は第4類の危険物（特殊引火物を除く。）、指定数量の倍数30未満		
危規則第28条の55第2項の基準の概要	危政令第9条第1項のうち適用される規定	
^	号	基準の概要
① 地階を有しない。 ② 壁、柱、床、はり及び屋根部分は耐火構造（出入口以外の開口部を有しない厚さ70mm以上の鉄筋コンクリート造又はこれと同等以上の強度を有する構造の床又は壁で当該建築物の他の部分と区画） ③ 窓は禁止 ④ 出入口には特定防火設備（延焼のおそれのある外壁部分及び区画壁の出入口には、自閉式特定防火設備）を設置 ⑤ 床は不浸透構造、傾斜及び貯留設備の設置 ⑥ 採光、照明、換気（防火ダンパー付）の設備の設置 ⑦ 可燃性蒸気等の滞留のおそれがある場合、排出設備（防火ダンパー付）の設置	3	標識、掲示板の設置
^	12	屋外設備周囲の囲い等
^	13	危険物を取り扱う機械器具等
^	14	加熱装置等の温度測定装置
^	15	乾燥設備等の直火の禁止
^	16	加圧装置等の安全装置
^	17	電気設備の構造等
^	18	静電気除去装置の設置
^	19	避雷設備の設置
^	20	20号タンクの位置、構造及び設備
^	21	配管の位置、構造及び設備
^	22	電動機、ポンプ等

(4) 区画室規制の一般取扱所の構造例を図4－21に示す。

図4－21　**一般取扱所の区画室の構造例**

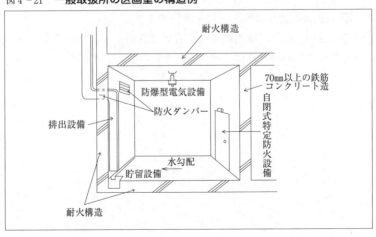

(5) 設置することができる部分は、建築物内に限られ、更に地階又は地階を有する部分以外である（図4-22参照）。

図4-22 **設置することができない部分**

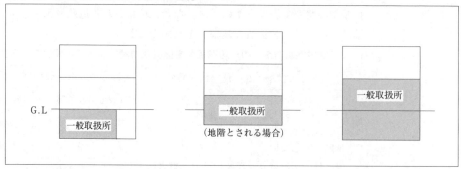

(6) 「厚さ70ミリメートル以上の鉄筋コンクリート造又はこれと同等以上の強度を有する構造」として、次のものが認められている。
　ア 「耐火構造の構造方法を定める件」（平成12年建設省告示第1399号）第1第1号に適合する壁及び第3第1号に適合する床
　イ 建築基準法第2条第7号並びに同法施行令第107条第1号及び第2号（第1号にあっては、通常の火災による加熱が2時間加えられた場合のものに限る。）の技術的基準に適合するものとして国土交通大臣の認定を受けた耐力壁である間仕切壁及び床
(7) 「延焼のおそれのある外壁」は、「第2章　**8** 建築物の構造」(2)を参照のこと。
(8) 「必要な採光、照明」は、照明設備が設置されている場合で、十分な照度が確保されていれば採光を設けないことができる。
　なお、必要な採光を屋根面に取る場合は、延焼のおそれの少ない場所であって、かつ、採光面積を最小限度にとどめた場合に限り、鉄材で補強されたガラスブロック又は網入りガラスとすることができる。
(9) 「可燃性の蒸気又は可燃性の微粉が滞留するおそれのある建築物」は、「第2章　**14** 自動強制排出設備」(2)**注**を参照のこと。
(10) 排出設備により、室内の空気を有効に置換することができ、かつ、室温が上昇するおそれのない場合には、換気設備を設けないことができる。

4　危政令第19条第2項を適用することができる一般取扱所　213

3　洗浄作業の一般取扱所

根拠条文　危規則

第28条の54第1号の2　令第19条第2項第1号の2に掲げる一般取扱所　専ら洗浄のために危険物（引火点が40度以上の第4類の危険物に限る。）を取り扱う一般取扱所で指定数量の倍数が30未満のもの（危険物を取り扱う設備を建築物に設けるものに限る。）

（専ら洗浄作業を行う一般取扱所の特例）

第28条の55の2　第28条の54第1号の2の一般取扱所に係る令第19条第2項の規定による同条第1項に掲げる基準の特例は、この条の定めるところによる。

2　第28条の54第1号の2の一般取扱所のうち、その位置、構造及び設備が次の各号に掲げる基準に適合するものについては、令第19条第1項において準用する令第9条第1項第1号、第2号及び第4号から第11号までの規定は、適用しない。

⑴　危険物を取り扱うタンク（容量が指定数量の5分の1未満のものを除く。）の周囲には、第13条の3第2項第1号の規定の例による囲いを設けること。

⑵　危険物を加熱する設備には、危険物の過熱を防止することができる装置を設けること。

⑶　前条第2項各号に掲げる基準に適合するものであること。

3　第28条の54第1号の2の一般取扱所（指定数量の倍数が10未満のものに限る。）のうち、その位置、構造及び設備が次の各号に掲げる基準に適合するものについては、令第19条第1項において準用する令第9条第1項第1号、第2号及び第4号から第11号までの規定は、適用しない。

⑴　一般取扱所は、壁、柱、床、はり及び屋根が不燃材料で造られ、かつ、天井を有しない平家建の建築物に設置すること。

⑵　危険物を取り扱う設備（危険物を移送するための配管を除く。）は、床に固定するとともに、当該設備の周囲に幅3メートル以上の空地を保有すること。ただし、当該設備から3メートル未満となる建築物の壁（出入口（随時開けることができる自動閉鎖の特定防火設備が設けられているものに限る。）以外の開口部を有しないものに限る。）及び柱が耐火構造である場合にあつては、当該設備から当該壁及び柱までの距離の幅の空地を保有することをもつて足りる。

⑶　建築物の一般取扱所の用に供する部分（前号の空地を含む。第6号において同じ。）の床は、危険物が浸透しない構造とするとともに、適当な傾斜を付け、かつ、貯留設備及び当該床の周囲に排水溝を設けること。

⑷　危険物を取り扱う設備は、当該設備の内部で発生した可燃性の蒸気又は可燃性の微粉が当該設備の外部に拡散しない構造とすること。ただし、その蒸気又は微粉を直接屋外の高所に有効に排出することができる設備を設けた場合は、この限りでない。

⑸　前号ただし書の設備には、防火上有効にダンパー等を設けること。

⑹　前条第2項第6号から第8号まで並びに前項第1号及び第2号に掲げる基

準に適合するものであること。

留意事項 (1) 洗浄作業には、危険物を吹き付けて行うもの、危険物に浸すもの、危険物と一緒に攪拌するものなどがあり、洗浄されるものは、原則として非危険物の固体に限られる。

図4-23 **洗浄作業の設置の例**

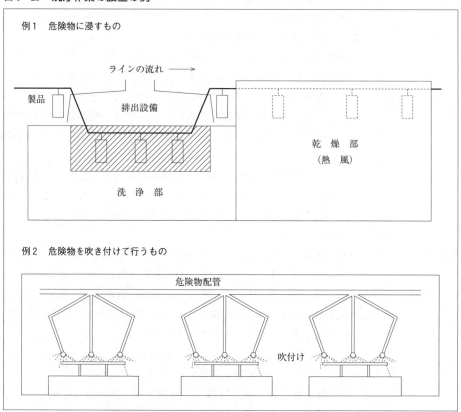

(2) 適用範囲は、建築物で洗浄のために引火点40℃以上の第4類の危険物を取り扱う一般取扱所で、指定数量の倍数が30未満のものに限られる。
　当該一般取扱所は、区画室規制（危規則第28条の55の2第2項）又は設備規制（同条第3項）による二つの規制の方法があり、設備規制の一般取扱所は、指定数量の倍数が10未満のものに限られる。

(3) 洗浄作業の一般取扱所のうち、区画室規制及び設備規制の基準が適用される一般取扱所の技術基準の概要を表4-2及び表4-3にそれぞれ示す。なお、準用される危政令第9条第1項の規定の詳細は「第2章　製造所の基準」を参照のこと。

4 危政令第19条第２項を適用することができる一般取扱所 215

表４−２　**洗浄作業の一般取扱所を区画室規制で設置する場合の特例基準の概要**

引火点40℃以上の第４類の危険物、指定数量の倍数30未満		
危規則第28条の55の２第２項の基準の概要	危政令第９条第１項のうち適用される規定	
	号	基準の概要
①　危険物を取り扱うタンク（容量が指定数量の５分の１未満のものを除く。）の周囲には、タンク容量の50％以上を収容できる囲いの設置	3	標識、掲示板の設置
	12	屋外設備周囲の囲い等
②　危険物過熱防止装置の設置	13	危険物を取り扱う機械器具等
③　地階を有しない。		
④　壁、柱、床、はり及び屋根部分は耐火構造（出入口以外の開口部を有しない厚さ70㎜以上の鉄筋コンクリート造又はこれと同等以上の強度を有する構造の床又は壁で当該建築物の他の部分と区画）	14	加熱装置等の温度測定装置
	15	乾燥設備等の直火の禁止
	16	加圧装置等の安全装置
⑤　窓は禁止	17	電気設備の構造等
⑥　出入口には特定防火設備（延焼のおそれのある外壁部分及び区画壁の出入口には、自閉式特定防火設備）を設置	18	静電気除去装置の設置
	19	避雷設備の設置
⑦　床は不浸透構造、傾斜及び貯留設備の設置	20	20号タンクの位置、構造及び設備
⑧　採光、照明、換気（防火ダンパー付）の設備の設置	21	配管の位置、構造及び設備
⑨　可燃性蒸気等の滞留のおそれがある場合、排出設備（防火ダンパー付）の設置	22	電動機、ポンプ等

　危規則第28条の55第２項各号に掲げる基準に適合するものであることから、前２留意事項(5)、(6)、(7)、(8)、(9)、(10)及び構造例は図４−21を参照のこと。

表 4 - 3　洗浄作業の一般取扱所を設備規制で設置する場合の特例基準の概要

引火点40℃以上の第 4 類の危険物、指定数量の倍数10未満		
危規則第28条の55の 2 第 3 項の基準の概要	危政令第 9 条第 1 項のうち適用される規定	
	号	基準の概要
① 壁、柱、床、はり及び屋根が不燃材料で造られ、かつ、天井を有しない平家建の建築物に設置	3	標識、掲示板の設置
	12	屋外設備周囲の囲い等
② 危険物を取り扱う設備は、床に固定するとともに、当該設備の周囲に幅 3 m 以上の空地を保有（設備から 3 m 未満にある壁及び柱が耐火構造の場合は当該設備から当該壁及び柱までの幅の空地を保有）	13	危険物を取り扱う機械器具等
	14	加熱装置等の温度測定装置
③ 床は不浸透構造、傾斜、貯留設備及び周囲に排水溝を設置	15	乾燥設備等の直火の禁止
④ 危険物取扱設備は内部で発生した可燃性の蒸気等が当該設備外部に拡散しない構造（防火ダンパー付の高所排出設備を設けた場合を除く。）	16	加圧装置等の安全装置
	17	電気設備の構造等
⑤ 採光、照明、換気（防火ダンパー付）の設備の設置	18	静電気除去装置の設置
⑥ 可燃性蒸気等の滞留のおそれがある場合、排出設備（防火ダンパー付）の設置	19	避雷設備の設置
⑦ 危険物を取り扱うタンク（容量が指定数量の 5 分の 1 未満のものを除く。）の周囲には、タンク容量の50％以上を収容できる囲いの設置	20	20号タンクの位置、構造及び設備
	21	配管の位置、構造及び設備
⑧ 危険物過熱防止装置の設置	22	電動機、ポンプ等

　　危規則第28条の55第 2 項第 6 号から第 8 号まで並びに危規則第28条の55の 2 第 2 項第 1 号及び第 2 号に掲げる基準に適合するものであることから、前 2 留意事項(8)、(9)、(10)、 3 留意事項(4)を参照のこと。

(4) 危規則第28条の55の 2 第 2 項の一般取扱所

　ア　危険物を取り扱うタンク周囲に設ける囲いは、「第 2 章　**23** 20号タンク」(6)ア(ウ)を参照のこと。

　イ　危険物の過熱を防止することができる装置には、過熱する設備を温度制御装置により一定温度以上になった場合に停止させるもの、オイルクーラー（水冷、空冷等）、低温液体又は気体内にコイル配管を挿入し、温度を低下させる装置等がある。

　　　洗浄装置には、液面検出器、可燃性蒸気検知器又は不活性ガス注入装置などの安全装置を設けることが望ましい。

(5) 危規則第28条の55の 2 第 3 項の一般取扱所

　ア　当該一般取扱所は、不燃材料で造られた天井を有しない平家建の建築物内において、危険物を取り扱う設備の周囲に幅 3 m 以上の空地を保有する設備規制の一

般取扱所である。その構造例を図4-24に示す。

図4-24　**一般取扱所の例**

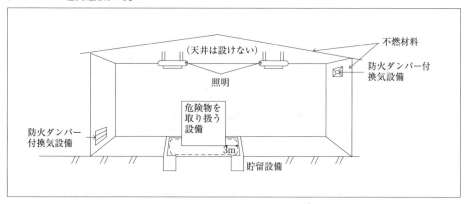

イ　危険物を取り扱う設備の周囲には、幅3m以上の空地を保有しなければならないが、建築物の壁、柱が耐火構造で出入口（自閉式特定防火設備）以外に開口部がない場合には、幅3m未満の空地でもよい（図4-25参照）。

図4-25　**空地の保有例**

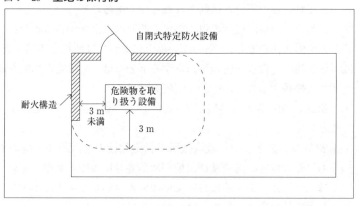

218 第3章 一般取扱所の基準

4 焼入れ作業等の一般取扱所

根拠条文 危規則

第28条の54第2号 令第19条第2項第2号に掲げる一般取扱所 専ら焼入れ又は放電加工のために危険物（引火点が70度以上の第4類の危険物に限る。）を取り扱う一般取扱所で指定数量の倍数が30未満のもの（危険物を取り扱う設備を建築物に設けるものに限る。）

（専ら焼入れ作業等を行う一般取扱所の特例）

第28条の56 第28条の54第2号の一般取扱所に係る令第19条第2項の規定による同条第1項に掲げる基準の特例は、この条の定めるところによる。

2 第28条の54第2号の一般取扱所のうち、その位置、構造及び設備が次の各号に掲げる基準に適合するものについては、令第19条第1項において準用する令第9条第1項第1号、第2号及び第4号から第11号までの規定は、適用しない。

⑴ 建築物の一般取扱所の用に供する部分は、壁、柱、床及びはりを耐火構造とするとともに、出入口以外の開口部を有しない厚さ70ミリメートル以上の鉄筋コンクリート造又はこれと同等以上の強度を有する構造の床又は壁で当該建築物の他の部分と区画されたものであること。

⑵ 建築物の一般取扱所の用に供する部分は、上階がある場合にあつては上階の床を耐火構造とし、上階のない場合にあつては屋根を不燃材料で造ること。

⑶ 建築物の一般取扱所の用に供する部分には、危険物が危険な温度に達するまでに警報することができる装置を設けること。

⑷ 第28条の55第2項（第2号を除く。）に掲げる基準に適合するものであること。

3 第28条の54第2号の一般取扱所（指定数量の倍数が10未満のものに限る。）のうち、その位置、構造及び設備が次の各号に掲げる基準に適合するものについては、令第19条第1項において準用する令第9条第1項第1号、第2号及び第4号から第11号までの規定は、適用しない。

⑴ 危険物を取り扱う設備（危険物を移送するための配管を除く。）は、床に固定するとともに、当該設備の周囲に幅3メートル以上の空地を保有すること。ただし、当該設備から3メートル未満となる建築物の壁（出入口（随時開けることができる自動閉鎖の特定防火設備が設けられているものに限る。）以外の開口部を有しないものに限る。）及び柱が耐火構造である場合にあつては、当該設備から当該壁及び柱までの距離の幅の空地を保有することをもつて足りる。

⑵ 建築物の一般取扱所の用に供する部分（前号の空地を含む。次号において同じ。）の床は、危険物が浸透しない構造とするとともに、適当な傾斜を付け、かつ、貯留設備及び当該床の周囲に排水溝を設けること。

⑶ 第28条の55第2項第6号から第8号まで、前条第3項第1号及び前項第3号に掲げる基準に適合するものであること。

留意事項 ⑴ 焼入れとは、主として鉄鋼製機械部品の耐疲労性、耐摩耗性の向上などを目的とする熱処理の一つの方法であり、油、ガス、電気を熱源とする加熱炉と油、水、溶

融塩を利用する冷却装置により構成される。

　焼入れを行う装置には、加熱装置と冷却装置が一体となったものや別置きのものがあり、本規定でいう焼入れとは、冷却装置に油（危険物）を使用するもので、炉の燃料に使用する油を含め引火点が70℃以上の第4類の危険物を使用するものに限られる。

図4-26　**焼入れ装置の例**

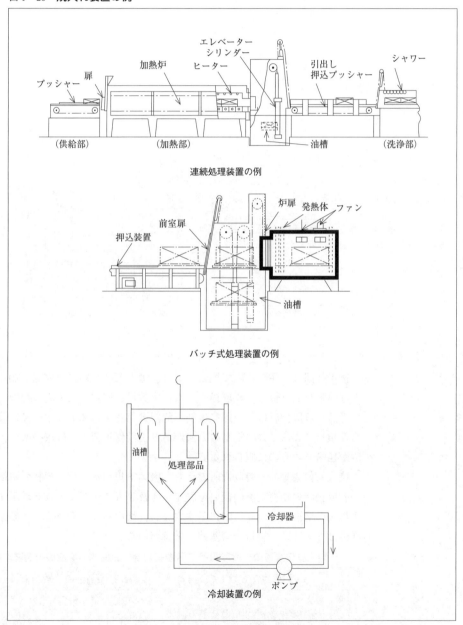

注1　焼入れ時に高温の処理部分を油槽に入れる速度が遅いと接触油面が発火点以上となったり、油蒸気に引火する等により火災の危険があるので注意を要する。
注2　加工液面から工作物が露出したままの加工などによる火災事例があるので注意を要する。

(2) 放電加工機とは、電極と加工物とのわずかな間隔に有効な加工につながる放電を行うことにより加工物を任意の形に加工するもので、放電間隔の絶縁抵抗を高めるため、主として油中で加工を行う装置である。特に、金型製作に利用されている。また、最近はコンピューターによる加工制御を行うものが主流となっている。

なお、加工液タンクは、当該機器、設備等と一体とした構造である場合、又は気密に造られていない構造以外のものは、20号タンクとなる。

図4-27 **放電加工機の例**

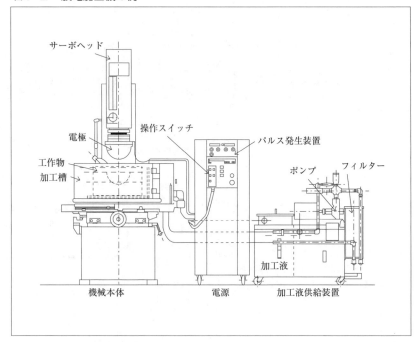

(3) 適用範囲は、建築物内で焼入れ又は放電加工のために引火点が70℃以上の第4類の危険物を取り扱う一般取扱所で、指定数量の倍数が30未満のものに限られる。

当該一般取扱所は、区画室規制（危規則第28条の56第2項）又は設備規制（同条第3項）による二つの規制の方法があり、設備規制の一般取扱所は、指定数量の倍数が10未満のものに限られる。

(4) 焼入れ作業等の一般取扱所のうち、区画室規制及び設備規制の基準が適用される一般取扱所の技術基準の概要を表4-4及び表4-5にそれぞれ示す。また、区画室規制の構造例を図4-28に示す。なお、準用される危政令第9条第1項の規定の詳細は「第2章 製造所の基準」を参照のこと。

表4-4 **焼入れ作業等の一般取扱所を区画室規制で設置する場合の特例基準の概要**

引火点70℃以上の第4類の危険物、指定数量の倍数30未満		
危規則第28条の56第2項の基準の概要	危政令第9条第1項のうち適用される規定	
^	号	基準の概要
① 壁、柱、床及びはりを耐火構造（出入口以外の開口部を有しない厚さ70mm以上の鉄筋コンクリート造又はこれと同等以上の強	3	標識、掲示板の設置
^	12	屋外設備周囲の囲い等

度を有する構造の床又は壁で当該建築物の他の部分と区画）	
② 上階がある場合上階の床は耐火構造、上階のない場合屋根を不燃材料	
③ 危険物が危険な温度に達するまでに警報することができる装置の設置	
④ 地階を有しない。	
⑤ 窓は禁止	
⑥ 出入口には特定防火設備（延焼のおそれのある外壁部分及び区画壁の出入口には、自閉式特定防火設備）を設置	
⑦ 床は不浸透構造、傾斜及び貯留設備の設置	
⑧ 採光、照明、換気（防火ダンパー付）の設備の設置	
⑨ 可燃性蒸気等の滞留のおそれがある場合、排出設備（防火ダンパー付）の設置	

13	危険物を取り扱う機械器具等
14	加熱装置等の温度測定装置
15	乾燥設備等の直火の禁止
16	加圧装置等の安全装置
17	電気設備の構造等
18	静電気除去装置の設置
19	避雷設備の設置
20	20号タンクの位置、構造及び設備
21	配管の位置、構造及び設備
22	電動機、ポンプ等

　　危規則第28条の55第2項（第2号を除く。）に掲げる基準に適合するものであることから、前2留意事項(5)、(7)、(8)、(9)、(10)を参照のこと。

(5) 区画室規制の一般取扱所の構造例を図4－28に示す。

図4－28　**一般取扱所の区画室の構造例**

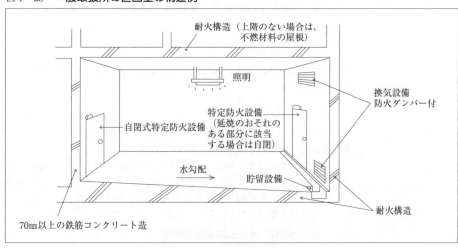

表4－5　**焼入れ作業等の一般取扱所を設備規制で設置する場合の特例基準の概要**

引火点70℃以上の第4類の危険物、指定数量の倍数10未満		
危規則第28条の56第3項の基準の概要	危政令第9条第1項のうち適用される規定	
^	号	基準の概要
① 危険物を取り扱う設備は、床に固定するとともに、当該設備の周囲に幅3m以上の空地を保有（設備から3m未満にある壁及び柱が耐火構造の場合は当該設備から当該	3	標識、掲示板の設置
^	12	屋外設備周囲の囲い等
^	13	危険物を取り扱う機械器具等

壁及び柱までの幅の空地を保有)	
② 床は不浸透構造、傾斜、貯留設備及び周囲に排水溝を設置	
③ 採光、照明、換気（防火ダンパー付）の設備の設置	
④ 可燃性蒸気等の滞留のおそれがある場合、排出設備（防火ダンパー付）の設置	
⑤ 壁、柱、床、はり及び屋根が不燃材料で造られ、かつ、天井を有しない平家建の建築物に設置	
⑥ 危険物が危険な温度に達するまでに警報することができる装置の設置	

14	加熱装置等の温度測定装置
15	乾燥設備等の直火の禁止
16	加圧装置等の安全装置
17	電気設備の構造等
18	静電気除去装置の設置
19	避雷設備の設置
20	20号タンクの位置、構造及び設備
21	配管の位置、構造及び設備
22	電動機、ポンプ等

　危規則第28条の55第2項第6号から第8号まで並びに危規則第28条の55の2第3項第1号及び危規則第28条の56第2項第3号に掲げる基準に適合するものであることから、前2留意事項(8)、(9)、(10)及び構造例は図4－24を参照のこと。

(6) 放電加工機には、次に掲げる安全装置を設置することとして運用している。
　(ｱ) 液温検出装置
　　　加工液の温度が設定温度（60℃以下）を超えた場合に、直ちに加工を停止することができる装置
　(ｲ) 液面検出装置
　　　加工液の液面が設定位置より低下した場合に、直ちに加工を停止することができる装置
　(ｳ) 異常加工検出装置
　　　極間に炭化物が発生、成長した場合に、直ちに加工を停止することができる装置
　(ｴ) 自動消火装置
　　　加工液に引火したとき、自動的に火災を感知し、加工を停止させるとともに警報を発し、消火できる機能を有する装置
　　　注　放電加工機の本体は、危険物保安技術協会が「放電加工機の火災予防に関する基準」により前記安全装置等の安全性を確認しており、当該基準に適合するものには、図4－29に示す「放電加工機型式試験確認済証」が貼付される。このような第三者機関により安全性が確認されているものを設置する。

図4－29　**放電加工機型式試験確認済証**

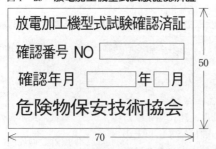

備考1　放電加工機型式試験確認済証は金属板とし、厚さは0.3mmとする。
　　2　放電加工機型式試験確認済証の地は赤色とし、文字は銀色とする。

5 ボイラー等で危険物を消費する一般取扱所

根拠条文 危規則

> **第28条の54第3号** 令第19条第2項第3号に掲げる一般取扱所 危険物(引火点が40度以上の第4類の危険物に限る。)を消費するボイラー、バーナーその他これらに類する装置以外では危険物を取り扱わない一般取扱所で指定数量の倍数が30未満のもの(危険物を取り扱う設備を建築物に設けるものに限る。)
>
> **(危険物を消費するボイラー等以外では危険物を取り扱わない一般取扱所の特例)**
>
> **第28条の57** 第28条の54第3号の一般取扱所に係る令第19条第2項の規定による同条第1項に掲げる基準の特例は、この条の定めるところによる。
>
> 2 第28条の54第3号の一般取扱所のうち、その位置、構造及び設備が次の各号に掲げる基準に適合するものについては、令第19条第1項において準用する令第9条第1項第1号、第2号及び第4号から第11号までの規定は、適用しない。
>
> ⑴ 第28条の55第2項第3号から第8号まで並びに前条第2項第1号及び第2号に掲げる基準に適合するものであること。
>
> ⑵ 建築物の一般取扱所の用に供する部分には、地震時及び停電時等の緊急時にボイラー、バーナーその他これらに類する装置(非常用電源に係るものを除く。)への危険物の供給を自動的に遮断する装置を設けること。
>
> ⑶ 危険物を取り扱うタンクは、その容量の総計を指定数量未満とするとともに、当該タンク(容量が指定数量の5分の1未満のものを除く。)の周囲に第13条の3第2項第1号の規定の例による囲いを設けること。
>
> 3 第28条の54第3号の一般取扱所(指定数量の倍数が10未満のものに限る。)のうち、その位置、構造及び設備が次の各号に掲げる基準に適合するものについては、令第19条第1項において準用する令第9条第1項第1号、第2号及び第4号から第11号までの規定は、適用しない。
>
> ⑴ 危険物を取り扱う設備(危険物を移送するための配管を除く。)は、床に固定するとともに、当該設備の周囲に幅3メートル以上の空地を保有すること。ただし、当該設備から3メートル未満となる建築物の壁(出入口(随時開けることができる自動閉鎖の特定防火設備が設けられているものに限る。)以外の開口部を有しないものに限る。)及び柱が耐火構造である場合にあつては、当該設備から当該壁及び柱までの距離の幅の空地を保有することをもつて足りる。
>
> ⑵ 建築物の一般取扱所の用に供する部分(前号の空地を含む。次号において同じ。)の床は、危険物が浸透しない構造とするとともに、適当な傾斜を付け、かつ、貯留設備及び当該床の周囲に排水溝を設けること。
>
> ⑶ 第28条の55第2項第6号から第8号まで、第28条の55の2第3項第1号並びに前項第2号及び第3号に掲げる基準に適合するものであること。
>
> 4 第28条の54第3号の一般取扱所(指定数量の倍数が10未満のものに限る。)のうち、その位置、構造及び設備が次の各号に掲げる基準に適合するものについては、令第19条第1項において準用する令第9条第1項第1号、第2号、第4号から第12号まで及び第20号イ(防油堤に係る部分に限る。)の規定は、適用しない。

(1)　一般取扱所は、壁、柱、床、はり及び屋根が耐火構造である建築物の屋上に設置すること。

　(2)　危険物を取り扱う設備（危険物を移送するための配管を除く。）は、屋上に固定すること。

　(3)　危険物を取り扱う設備（危険物を取り扱うタンク及び危険物を移送するための配管を除く。）は、キュービクル式（鋼板で造られた外箱に収納されている方式をいう。以下同じ。）のものとし、当該設備の周囲に高さ0.15メートル以上の囲いを設けること。

　(4)　前号の設備の内部には、危険物を取り扱うために必要な採光、照明及び換気の設備を設けること。

　(5)　危険物を取り扱うタンクは、その容量の総計を指定数量未満とすること。

　(6)　屋外にある危険物を取り扱うタンクの周囲に高さ0.15メートル以上の第13条の3第2項第1号の規定の例による囲いを設けること。

　(7)　第3号及び前号の囲いの周囲に幅3メートル以上の空地を保有すること。ただし、当該囲いから3メートル未満となる建築物の壁（出入口（随時開けることができる自動閉鎖の特定防火設備が設けられているものに限る。）以外の開口部を有しないものに限る。）及び柱が耐火構造である場合にあつては、当該囲いから当該壁及び柱までの距離の幅の空地を保有することをもつて足りる。

　(8)　第3号及び第6号の囲いの内部は、危険物が浸透しない構造とするとともに、適当な傾斜及び貯留設備を設けること。この場合において、危険物が直接排水溝に流入しないようにするため、貯留設備に油分離装置を設けなければならない。

　(9)　屋内にある危険物を取り扱うタンクは、次に掲げる基準に適合するタンク専用室に設置すること。

　　イ　令第12条第1項第13号から第16号までの基準の例によること。

　　ロ　タンク専用室は、床を耐火構造とし、壁、柱及びはりを不燃材料で造ること。

　　ハ　タンク専用室には、危険物を取り扱うために必要な採光、照明及び換気の設備を設けること。

　　ニ　可燃性の蒸気又は可燃性の微粉が滞留するおそれのあるタンク専用室には、その蒸気又は微粉を屋外の高所に排出する設備を設けること。

　　ホ　危険物を取り扱うタンクの周囲には、第13条の3第2項第1号の規定の例による囲いを設けるか、又はタンク専用室の出入口のしきいを高くすること。

　(10)　換気の設備及び前号ニの設備には、防火上有効にダンパー等を設けること。

　(11)　第2項第2号に掲げる基準に適合するものであること。

（20号防油堤）

第13条の3第2項第1号　一のタンクの周囲に設ける20号防油堤の容量（告示で定めるところにより算定した容量をいう。以下この項において同じ。）は、当該タンクの容量の50パーセント以上とし、2以上のタンクの周囲に設ける20号防油堤の容量は、当該タンクのうち、その容量が最大であるタンクの容

4 危政令第19条第2項を適用することができる一般取扱所 225

量の50パーセントに他のタンクの容量の合計の10パーセントを加算した量以上の容量とすること。

留意事項 (1) 適用範囲は、ボイラー、冷温水発生設備、給湯設備、焼却炉、発電設備などで、引火点が40℃以上の第4類の危険物のみを消費する一般取扱所で、取り扱う危険物の総量が指定数量の倍数の30未満のものである。

当該一般取扱所は、区画室規制（危規則第28条の57第2項）、設備規制（同条第3項）又は屋上の設備規制（同条第4項）による三つの規制の方法があり、第3項及び第4項を適用する一般取扱所は、指定数量の倍数が10未満のものに限られる。

(2) ボイラー等で危険物を消費する一般取扱所のうち、区画室規制、設備規制及び屋上の設備規制の基準が適用される一般取扱所の技術基準の概要を表4－6、表4－7及び表4－8にそれぞれ示す。

なお、準用される危政令第9条第1項の規定の詳細は「第2章 製造所の基準」を参照のこと。また、屋上の設備規制の一般取扱所には、危政令第9条第1項第12号、第20号イ（防油堤に係る部分に限る。）は適用されない。

表4－6 **ボイラー等の一般取扱所を区画室規制で設置する場合の特例基準の概要**

引火点40℃以上の第4類の危険物、指定数量の倍数30未満		
危規則第28条の57第2項の基準の概要	危政令第9条第1項のうち適用される規定	
	号	基準の概要
① 窓は禁止	3	標識、掲示板の設置
② 出入口には特定防火設備（延焼のおそれのある外壁部分及び区画壁の出入口には、自閉式特定防火設備）を設置	12	屋外設備周囲の囲い等
③ 床は不浸透構造、傾斜及び貯留設備の設置	13	危険物を取り扱う機械器具等
④ 採光、照明、換気（防火ダンパー付）の設備の設置	14	加熱装置等の温度測定装置
⑤ 可燃性蒸気等の滞留のおそれがある場合、排出設備（防火ダンパー付）の設置	15	乾燥設備等の直火の禁止
⑥ 壁、柱、床及びはりを耐火構造（出入口以外の開口部を有しない厚さ70mm以上の鉄筋コンクリート造又はこれと同等以上の強度を有する構造の床又は壁で当該建築物の他の部分と区画）	16	加圧装置等の安全装置
	17	電気設備の構造等
	18	静電気除去装置の設置
⑦ 上階がある場合上階の床は耐火構造、上階のない場合屋根を不燃材料	19	避雷設備の設置
⑧ 緊急時の自動遮断装置（非常用電源に係るものを除く。）の設置	20	20号タンクの位置、構造及び設備
⑨ 危険物を取り扱うタンクの容量の総計は指定数量未満、タンクの周囲には、タンク容量の50％以上を収容できる囲いの設置	21	配管の位置、構造及び設備
	22	電動機、ポンプ等

危規則第28条の55第2項第3号から第8号まで並びに危規則第28条の56第2項第

1号及び第2号に掲げる基準に適合するものであることから、前2留意事項(7)、(8)、(9)、(10)及び構造例は図4−28を参照のこと。

表4−7　**ボイラー等の一般取扱所を設備規制で設置する場合の特例基準の概要**

引火点40℃以上の第4類の危険物、指定数量の倍数10未満		
危規則第28条の57第3項の基準の概要	危政令第9条第1項のうち適用される規定	
	号	基準の概要
①　危険物を取り扱う設備は、床に固定するとともに、当該設備の周囲に幅3m以上の空地を保有（設備から3m未満にある壁及び柱が耐火構造の場合は当該設備から当該壁及び柱までの幅の空地を保有）	3	標識、掲示板の設置
	12	屋外設備周囲の囲い等
	13	危険物を取り扱う機械器具等
②　床は不浸透構造、傾斜、貯留設備及び周囲に排水溝を設置	14	加熱装置等の温度測定装置
③　採光、照明、換気（防火ダンパー付）の設備の設置	15	乾燥設備等の直火の禁止
④　可燃性蒸気等の滞留のおそれがある場合、排出設備（防火ダンパー付）の設置	16	加圧装置等の安全装置
	17	電気設備の構造等
⑤　壁、柱、床、はり及び屋根が不燃材料で造られ、かつ、天井を有しない平家建の建築物に設置	18	静電気除去装置の設置
	19	避雷設備の設置
⑥　緊急時の自動遮断装置（非常用電源に係るものを除く。）の設置	20	20号タンクの位置、構造及び設備
⑦　危険物を取り扱うタンクの容量の総計は指定数量未満、タンクの周囲には、タンク容量の50％以上を収容できる囲いの設置	21	配管の位置、構造及び設備
	22	電動機、ポンプ等

危規則第28条の55第2項第6号から第8号まで並びに危規則第28条の55の2第3項第1号及び危規則第28条の57第2項第2号及び第3号に掲げる基準に適合するものであることから、前2留意事項(8)、(9)、(10)、前3留意事項(5)、5留意事項(3)、(4)、(5)及び構造例は図4−24を参照のこと。

表4−8　**ボイラー等の一般取扱所を屋上の設備規制で設置する場合の特例基準の概要**

引火点40℃以上の第4類の危険物、指定数量の倍数10未満		
危規則第28条の57第4項の基準の概要	危政令第9条第1項のうち適用される規定	
	号	基準の概要
①　壁、柱、床、はり及び屋根が耐火構造である建築物の屋上に設置	3	標識、掲示板の設置
②　危険物を取り扱う設備は、屋上に固定	13	危険物を取り扱う機械器具等
③　危険物を取り扱う設備は、キュービクル式で当該設備の周囲に高さ0.15m以上の囲いを設置	14	加熱装置等の温度測定装置
④　キュービクル内部に採光、照明及び換気の設備を設置	15	乾燥設備等の直火の禁止
⑤　危険物を取り扱うタンクは指定数量未満	16	加圧装置等の安全装置

4 危政令第19条第2項を適用することができる一般取扱所　227

⑥　屋外の危険物を取り扱うタンクは周囲に高さ0.15m以上の囲いを設置	17	電気設備の構造等
⑦　危険物を取り扱う設備及び屋外の危険物を取り扱うタンクの囲いの周囲に幅3m以上の空地を保有（囲いから3m未満にある壁及び柱が耐火構造の場合は当該囲いから当該壁及び柱までの幅の空地を保有）	18	静電気除去装置の設置
	19	避雷設備の設置
⑧　囲いの内部は不浸透構造、傾斜及び貯留設備（油分離装置付）の設置	20	20号タンクの位置、構造及び設備　※第20号イ（防油堤に係る部分に限る。）の規定は除く。
⑨　屋内にあるタンクは、床を耐火構造とし、壁、柱及びはりを不燃材料で造られたタンク専用室に設置	21	配管の位置、構造及び設備
⑩　緊急時の自動遮断装置（非常用電源に係るものを除く。）の設置	22	電動機、ポンプ等

　　危規則第28条の57第2項第2号に掲げる基準に適合するものであることから、5留意事項(3)を参照のこと。
(3)　危規則第28条の57第2項第2号の自動遮断装置等
　ア　地震時及び停電時等の緊急時に危険物の供給を自動的に遮断する装置には、次の装置が該当するものとされている。
　　(ｱ)　対震安全装置
　　　　地震動を有効に検出し危険な状態となった場合に危険物の供給を自動的に遮断する装置で、復帰方法は手動式とする。
　　　　なお、対震安全装置は、公的機関等により性能が確認されているものとする。
　　(ｲ)　停電安全装置
　　　　ボイラーの作動中に電源が遮断された場合に危険物の供給を自動的に遮断する装置で、再通電された場合でも危険のない構造のもの
　　(ｳ)　炎監視装置
　　　　起動時、バーナーに着火しなかった場合又は作動中に何らかの原因によりバーナーの炎が消えた場合に、危険物の供給を自動的に遮断する装置で、復帰方法は手動式とする。
　　(ｴ)　空だき防止装置
　　　　ボイラーに水を入れないで運転した場合又は給水が停止した場合に、危険物の供給を自動的に遮断する装置
　　(ｵ)　過熱防止装置
　　　　温度調節装置（平常運転時における温水、蒸気温度又は蒸気圧力を調節できる装置）の機能の停止又は異常燃焼等により過熱した場合に危険物の供給を自動的に遮断する装置で、復帰方法は手動式とする。
　　参考　ボイラーの一般的な電気式制御は、次のとおりである。

図4-30 ボイラー制御概念図

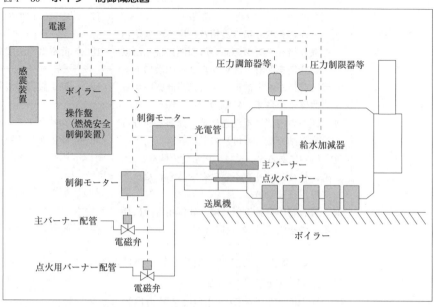

　起動（点火）ボタンを押すと、ボイラー圧力又は温度、水位、バーナー燃焼位置が所定の範囲にあれば、燃焼安全制御装置に電流が通じ、モーターリレーが働いて送風機が作動し、プレパージが行われて炉内の残留ガスが排出される。次に、点火バーナーが作動して燃料に点火され、数秒後には主バーナーの電磁弁が開いて燃料が噴霧され点火バーナーにより燃焼が開始される。

　その後、炎検出器が光電管より信号を受けて制御モーターが作動し、スプリングを押し上げ油電磁弁の回路を保持すると同時に低燃焼位置から高燃焼方向へ回転をはじめ、この回転軸に連結されている油量調節弁により燃焼量を増す。また、起動スイッチを入れてから90秒程度経過すると点火バーナーは停止する。

　運転中は、ボイラーの圧力変化又は温度変化を検出器により電気的な変化量に変換し、設定された値との偏差に応じた量を制御モーターに伝達することによりバーナーの燃焼量を加減する。このとき、バーナーを最低燃焼位置に抑えても、圧力又は温度が規定値を超える場合には、制限器が作動して油電磁弁を閉鎖し、バーナーの燃焼を停止する。

　バーナーの停止後、燃焼安全制御装置内のタイミングリレーが働いてバーナー送風機を数十秒間運転し、ポストパージを行って炉内の残留ガスを排出してから停止する。

　起動して、バーナーの油電磁弁が開いてもバーナーに点火していない場合には、光電管が作動せず油電磁弁が閉じ、不着火警報ブザーが鳴ると同時に不着火表示灯が点灯する。また、運転中に何らかの原因により主バーナーの炎が消えた場合にも同様の制御が行われる。

　ボイラー運転中に地震や停電があった場合には、感震装置の作動又は直接燃焼安全制御装置の電源が遮断され、制御モーターが停止し、油電磁弁内蔵のスプリング等の負荷により油電磁弁が閉じてバーナーが消火する。

図4-31 感震装置の例

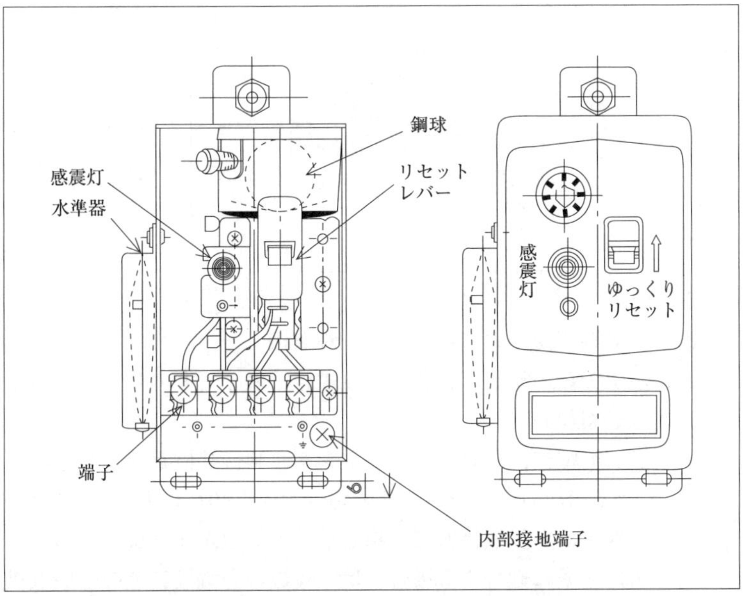

イ 非常用発電設備にあっては、緊急時に速やかに操作できる位置に手動による危険物の供給を遮断する装置を設けることが望ましい。

(4) 危規則第28条の57第2項第3号のタンク

ボイラー、バーナー等の一般取扱所に設ける指定数量の5分の1以上のタンクは、20号タンクの基準による。ただし、指定数量の5分の1未満の設備は、20号タンクに該当しないものである。危険物を取り扱うタンク周囲に設ける囲いは、「第2章 23 20号タンク」(6)ア(ウ)を参照のこと。

(5) 危規則第28条の57第2項の一般取扱所におけるボイラー等の排気筒

ボイラー等の危険物を消費する設備の排気筒が、建築物の他の部分と区画する壁を貫通する際は、排気筒の区画外の部分の周囲を金属以外の不燃材料で有効に被覆することや排気筒を耐火構造の煙道内に設置すること等の措置を講じた上で、危政令第23条を適用し、排気筒が区画壁を貫通して差し支えない。

図4-32 排気筒の周囲を有効に被覆する方法の例

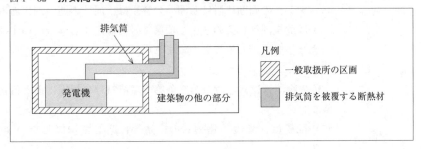

図4-33 **排気筒の周囲に耐火構造の煙道を設ける方法の例**

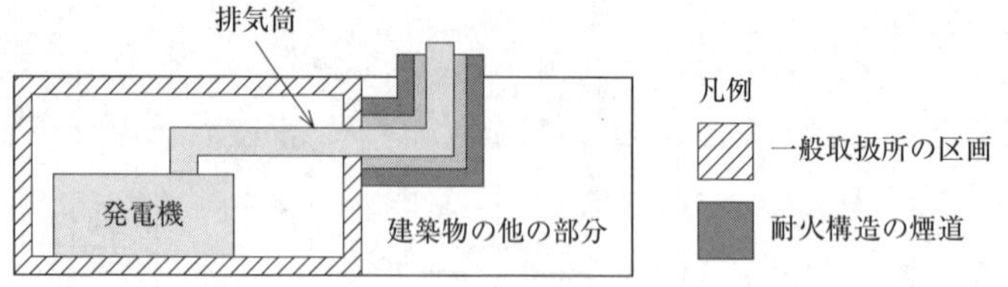

(6) 危規則第28条の57第4項の一般取扱所

　　屋上の設備規制で、設置する場合、表4-8の基準によるほか次による。

　ア　適用範囲

　　(ｱ) 発電機、原動機、燃料タンク、制御装置及びこれらの附属設備（以下「発電装置等」という。）で危険物（引火点40℃以上の第4類の危険物に限る。）を消費する一般取扱所で、指定数量の倍数が10未満のもの

　　(ｲ) 基準に適合する場合には、複数の発電設備等の一般取扱所を設けることができる。

　イ　設備等

　　(ｱ) 危規則第28条の57第4項第3号に規定するキュービクル式設備（内蔵タンクを含む。）の流出防止の囲いは、キュービクル式設備の鋼板等の外箱を代替とすることができる。

　　(ｲ) ボイラー・バーナー等は、避難上支障のない位置に設けることが望ましい。

　　(ｳ) ボイラー設備等の周囲には、フェンスを設けるなど、関係者以外の者がみだりに出入りできないよう必要な措置を講ずることが望ましい。

　ウ　危険物を取り扱うタンク

　　(ｱ) 屋外にあるタンクに雨覆い等を設ける場合には不燃材料とし、タンクの周囲には、点検できる十分なスペースを確保する。

　　(ｲ) タンクには、危険物の過剰注入を防止するため、戻り配管等を設けることが望ましい。

　　(ｳ) タンクの周囲に設ける囲いの容量は、同一の囲い内にある最大タンクの全量又は危規則第13条の3第2項第1号に規定する容量のいずれか大なる量となるよう措置を講じることが望ましい。

　エ　配管

　　危険物配管は、危政令第9条第1項第21号の規定によるほか、次によることが望ましい。

　　(ｱ) 配管は、地震、建築物の構造等に応じて損傷しないよう緩衝装置を設ける。

　　(ｲ) 配管は、送油圧力や地震等に対して十分な強度を有するとともに、切損等により危険物が漏えいした場合、速やかに漏油を検出し、送油を停止できる措置等を講じる。

　　(ｳ) 配管の接合は、原則として溶接継手とし、電気、ガス配管とは十分な距

離を保つ。

オ　流出防止措置

(ｱ)　流出油の拡散を防止するため、油吸着材等を備えることが望ましい。

(ｲ)　キュービクル式のもので油が外部に漏れない構造のものは、貯留設備、油分離装置を省略することができる。

カ　採光及び照明

危規則第28条の57第4項第4号に規定する採光及び照明は、当該設備の点検等において十分な明かりがとれる場合に限り、省略することができる。

キ　危規則第28条の57第4項第3号及び第6号の囲いの周囲に幅3ｍ以上の空地を保有しなければならないが、建築物の壁、柱が耐火構造で出入口（自閉式特定防火設備）以外に開口部がない場合は幅3ｍ未満の空地でもよく、前**3**留意事項(5)及び図4-25を参照のこと。

なお、架台等による段差は、50cm以下であれば当該段差がある部分も空地として認めて差し支えない。

ク　屋内にある危険物を取り扱うタンク

危規則第28条の57第4項第9号を参照のこと。

6　充塡の一般取扱所

（根拠条文）　危規則

第28条の54第4号　令第19条第2項第4号に掲げる一般取扱所　専ら車両に固定されたタンクに液体の危険物（アルキルアルミニウム等、アセトアルデヒド等及びヒドロキシルアミン等を除く。この号において同じ。）を注入する一般取扱所（当該取扱所において併せて液体の危険物を容器に詰め替える取扱所を含む。）

（専ら充塡作業を行う一般取扱所の特例）

第28条の58　第28条の54第4号の一般取扱所に係る令第19条第2項の規定による同条第1項に掲げる基準の特例は、この条の定めるところによる。

2　第28条の54第4号の一般取扱所のうち、その構造及び設備が次の各号に掲げる基準に適合するものについては、令第19条第1項において準用する令第9条第1項第5号から第12号までの規定は、適用しない。

(1)　建築物を設ける場合にあつては、当該建築物は、壁、柱、床、はり及び屋根を耐火構造とし、又は不燃材料で造るとともに、窓及び出入口に防火設備を設けること。

(2)　前号の建築物の窓又は出入口にガラスを設ける場合は、網入ガラスとすること。

(3)　第1号の建築物の二方以上は、通風のため壁を設けないこと。

(4)　一般取扱所には、危険物を車両に固定されたタンクに注入するための設備（危険物を移送する配管を除く。）の周囲に、タンクを固定した車両が当該空地からはみ出さず、かつ、当該タンクに危険物を安全かつ円滑に注入することができる広さを有する空地を保有すること。

(5)　一般取扱所に危険物を容器に詰め替えるための設備を設ける場合は、当該

設備（危険物を移送する配管を除く。）の周囲に、容器を安全に置くことができ、かつ、当該容器に危険物を安全かつ円滑に詰め替えることができる広さを有する空地を前号の空地以外の場所に保有すること。

(6) 前2号の空地は、漏れた危険物が浸透しないための第24条の16の例による舗装をすること。

(7) 第4号及び第5号の空地には、漏れた危険物及び可燃性の蒸気が滞留せず、かつ、当該危険物その他の液体が当該空地以外の部分に流出しないように第24条の17の例による措置を講ずること。

留意事項 (1) 危険物を車両に固定されたタンクに注入するための設備（以下「充填設備」という。）と危険物を容器に詰め替えるための設備（以下「詰替え設備」という。）を兼用して設けることができる。ただし、その場合でも、危険物を取り扱う空地は、それぞれ別に設ける。

(2) 充填設備の周囲に設ける空地及び詰替え設備の周囲に設ける空地の貯留設備（油分離装置を設ける場合を含む。）及び排水溝は、兼用とすることができる。

(3) 詰替え設備の周囲の空地では、車両に固定されたタンクに危険物を注入することはできない。

(4) 詰替え設備として固定された注油設備を設ける場合は、危規則第25条の2（第2号ハからへまで及び第4号を除く。）に掲げる固定給油設備等の構造基準の例により設けることが望ましい。

(5) 詰替え設備には、急激な圧力変動を防止するため定流量弁等を設けることが望ましい。

(6) 取り扱うことのできる危険物は、次の危険物を除く液体の危険物である。

ア アルキルアルミニウム等とは、アルキルアルミニウム、アルキルリチウム又はこれらのいずれかを含有するもの（危規則第6条の2の8）

イ アセトアルデヒド等とは、第4類の危険物のうち特殊引火物のアセトアルデヒド、酸化プロピレン又はこれらのいずれかを含有するもの（危規則第13条の7）

ウ ヒドロキシルアミン等とは、第5類の危険物のうちヒドロキシルアミン若しくはヒドロキシルアミン塩類又はこれらのいずれかを含有するもの（危規則第13条の7）

(7) 充填の一般取扱所は、危政令第9条第1項に規定する製造所の基準の一部が準用され、その概要は次のとおりである。なお、詳細は「第2章 製造所の基準」を参照のこと。

表4-9 **充填の一般取扱所を区画室規制で設置する場合の特例基準の概要**

専ら車両に固定されたタンクに液体の危険物		
危規則第28条の58第2項の基準の概要	危政令第9条第1項のうち適用される規定	
	号	基準の概要
① 壁、柱、床、はり及び屋根を耐火構造とし、又は不燃材料で造られ、かつ、窓及び出入口に防火設備を設置	1	保安距離
	2	保有空地
② 窓又は出入口に設けるガラスは、網入り	3	標識、掲示板の設置

ガラス	4	地階の禁止
③ 建築物の二方以上は、通風のため壁を設けない。	13	危険物を取り扱う機械器具等
④ 危険物を安全かつ円滑に注入することができる空地を保有	14	加熱装置等の温度測定装置
	15	乾燥設備等の直火の禁止
⑤ ④以外の場所に、容器を安全に置くことができ、かつ、当該容器に危険物を安全かつ円滑に詰め替えることができる空地を保有	16	加圧装置等の安全装置
	17	電気設備の構造等
	18	静電気除去装置の設置
⑥ 給油空地及び注油空地の舗装	19	避雷設備の設置
⑦ 滞留及び流出を防止する措置	20	20号タンクの位置、構造及び設備
	21	配管の位置、構造及び設備
	22	電動機、ポンプ等

(8) 屋外又は不燃材料若しくは耐火構造で造られた建築物(二方以上開放)内において、危険物を注入する作業を行う一般取扱所(図4-34参照)で、危政令第19条第2項を適用する一般取扱所の中で、唯一、保安距離・保有空地(危政令第9条第1項第1号、第2号)が適用される。

図4-34 **充填の一般取扱所の例**

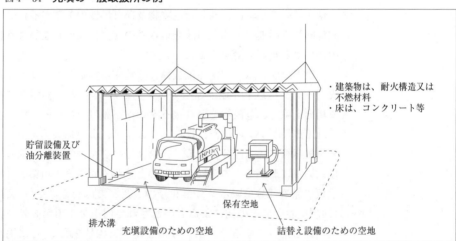

7 詰替えの一般取扱所

根拠条文 危規則

> **第28条の54第5号** 令第19条第2項第5号に掲げる一般取扱所 専ら固定した注油設備によつて危険物(引火点が40度以上の第4類の危険物に限る。)を容器に詰め替え、又は車両に固定された容量4,000リットル以下のタンク(容量2,000リットルを超えるタンクにあつては、その内部を2,000リットル以下ごとに仕切つたものに限る。)に注入する一般取扱所で指定数量の倍数が30未満のもの

234　第3章　一般取扱所の基準

（専ら詰替え作業を行う一般取扱所の特例）

第28条の59　第28条の54第5号の一般取扱所に係る令第19条第2項の規定による同条第1項に掲げる基準の特例は、この条の定めるところによる。

2　第28条の54第5号の一般取扱所のうち、その位置、構造及び設備が次の各号に掲げる基準に適合するものについては、令第19条第1項において準用する令第9条第1項（第3号、第17号及び第21号を除く。）の規定は、適用しない。

(1)　一般取扱所には、固定注油設備のうちホース機器の周囲（懸垂式の固定注油設備にあつては、ホース機器の下方）に、容器に詰め替え、又はタンクに注入するための空地であつて、当該一般取扱所に設置する固定注油設備に係る次のイ又はロに掲げる区分に応じそれぞれイ又はロに定める広さを有するものを保有すること。

イ　危険物を容器に詰め替えるための固定注油設備　容器を安全に置くことができ、かつ、当該容器に危険物を安全かつ円滑に詰め替えることができる広さ

ロ　危険物を車両に固定されたタンクに注入するための固定注油設備　タンクを固定した車両が当該空地からはみ出さず、かつ、当該タンクに危険物を安全かつ円滑に注入することができる広さ

(2)　前号の空地は、漏れた危険物が浸透しないための第24条の16の例による舗装をすること。

(3)　第1号の空地には、漏れた危険物及び可燃性の蒸気が滞留せず、かつ、当該危険物その他の液体が当該空地以外の部分に流出しないように第24条の17の例による措置を講ずること。

(4)　一般取扱所には、固定注油設備に接続する容量3万リットル以下の地下の専用タンク（以下「地下専用タンク」という。）を地盤面下に埋没して設ける場合を除き、危険物を取り扱うタンクを設けないこと。

(5)　地下専用タンクの位置、構造及び設備は、令第13条第1項（第5号、第9号（掲示板に係る部分に限る。）、第9号の2及び第12号を除く。）、同条第2項（同項においてその例によるものとされる同条第1項第5号、第9号（掲示板に係る部分に限る。）、第9号の2及び第12号を除く。）又は同条第3項（同項においてその例によるものとされる同条第1項第5号、第9号（掲示板に係る部分に限る。）、第9号の2及び第12号を除く。）に掲げる地下タンク貯蔵所の地下貯蔵タンクの位置、構造及び設備の例によるものであること。

(6)　固定注油設備に危険物を注入するための配管は、当該固定注油設備に接続する地下専用タンクからの配管のみとすること。

(7)　固定注油設備は、令第17条第1項第10号に定める給油取扱所の固定注油設備の例によるものであること。

(8)　固定注油設備は、道路境界線から次の表に掲げる固定注油設備の区分に応じそれぞれ同表に定める距離以上、建築物の壁から2メートル（一般取扱所の建築物の壁に開口部がない場合には、当該壁から1メートル）以上、敷地境界線から1メートル以上の間隔を保つこと。ただし、ホース機器と分離して第25条の3の2各号に適合するポンプ室に設けられるポンプ機器又は油中

4 危政令第19条第2項を適用することができる一般取扱所 235

ポンプ機器については、この限りでない。

固 定 注 油 設 備 の 区 分		距　離
懸垂式の固定注油設備		4メートル
その他の固定注油設備	固定注油設備に接続される注油ホースのうちその全長が最大であるものの全長（以下この号において「最大注油ホース全長」という。）が3メートル以下のもの	4メートル
	最大注油ホース全長が3メートルを超え4メートル以下のもの	5メートル
	最大注油ホース全長が4メートルを超え5メートル以下のもの	6メートル

⑼　懸垂式の固定注油設備を設ける一般取扱所には、当該固定注油設備のポンプ機器を停止する等により地下専用タンクからの危険物の移送を緊急に止めることができる装置を設けること。

⑽　一般取扱所の周囲には、高さ2メートル以上の塀又は壁であつて、耐火構造のもの又は不燃材料で造られたもので次に掲げる要件に該当するものを設けること。

　イ　開口部（防火設備ではめごろし戸であるもの（ガラスを用いるものである場合には、網入りガラスを用いたものに限る。）を除く。）を有しないものであること。

　ロ　当該一般取扱所において告示で定める火災が発生するものとした場合において、当該火災により当該一般取扱所に隣接する敷地に存する建築物の外壁その他の告示で定める箇所における輻射熱が告示で定める式を満たすこと。

⑾　一般取扱所の出入口には、防火設備を設けること。

⑿　ポンプ室その他危険物を取り扱う室は、令第17条第1項第20号に掲げる給油取扱所のポンプ室その他危険物を取り扱う室の例によるものであること。

⒀　一般取扱所に屋根、上屋その他の詰替えのために必要な建築物（以下この項において「屋根等」という。）を設ける場合には、屋根等は不燃材料で造ること。

⒁　屋根等の水平投影面積は、一般取扱所の敷地面積の3分の1以下であること。

（道路境界線等からの間隔を保つことを要しない場合）

第25条の3の2

⑴　ポンプ室は、壁、柱、床、はり及び屋根（上階がある場合は、上階の床）を耐火構造とすること。

⑵　ポンプ室の出入口は、給油空地に面するとともに、当該出入口には、随時開けることができる自動閉鎖の特定防火設備を設けること。

⑶　ポンプ室には、窓を設けないこと。

危告示

（詰替えの一般取扱所の塀又は壁）

第68条の2　規則第28条の59第2項第10号ロの告示で定める火災は、次に掲げる火災とする。

⑴　固定注油設備から容器又は車両に固定されたタンクに注油中に漏えいした危険物が燃焼する火災

⑵　規則第28条の59第2項第4号の地下専用タンクに危険物を注入中に漏えいした危険物が燃焼する火災

2　規則第28条の59第2項第10号ロの告示で定める箇所は、次の各号に掲げる箇所とする。

⑴　一般取扱所に隣接し、又は近接して存する建築物の外壁及び軒裏で当該一般取扱所に面する部分の表面

⑵　一般取扱所の塀又は壁に設けられた防火設備の当該一般取扱所に面しない側の表面

3　規則第28条の59第2項第10号ロの告示で定める式は、次のとおりとする。

$$\int_0^{t_e} q^2 dt \leqq 2{,}000$$

t_eは、燃焼時間（単位　分）

qは、輻射熱（単位　kW／㎡）

tは、燃焼開始からの経過時間（単位　分）

留意事項　⑴　適用範囲は、固定した注油設備によって引火点が40℃以上の第4類の危険物を容器に詰め替え又は車両に固定された容量4,000L以下のタンク（容量2,000Lを超えるタンクにあっては、その内部を2,000L以下ごとに仕切ったもの）に注入する一般取扱所で、指定数量の倍数が30未満のものに限られる。

⑵　詰替えの一般取扱所は、危政令第9条第1項に規定する製造所の基準の一部が準用され、その概要は次のとおりである。なお、詳細は「第2章　製造所の基準」を参照のこと。

　　危政令第9条第1項第3号　　（標識、掲示板の設置）
　　　　　　　　　　第17号　　（電気設備の構造等）
　　　　　　　　　　第21号　　（配管の位置、構造及び設備）

⑶　周囲を高さ2m以上の耐火構造又は不燃材料で造った塀又は壁を設け、その中で固定注油設備により危険物を容器又はタンクに詰替え作業を行う一般取扱所である（図4－35参照）。

⑷　危険物の保有は、容量3万L以下の地下専用タンクに限られる。

⑸　地下専用タンクは、危政令第13条第1項、第2項及び第3項に規定する地下タンク貯蔵所の基準による。なお、詳細は、「第2集　第4章　地下タンク貯蔵所の基準」を参照のこと。

　　注　地下タンク貯蔵所の基準の中で、次の規定は適用されない。
　　危政令第13条第1項第5号　　（標識、掲示板の設置）
　　　　　　　　　　第9号　　（注入口）……掲示板に係る部分に限る。
　　　　　　　　　　第9号の2　（ポンプ設備）
　　　　　　　　　　第12号　　（電気設備）

図4-35　詰替えの一般取扱所の例

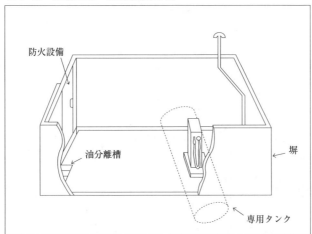

(6) 固定注油設備は、危政令第17条第1項第10号に規定する給油取扱所の固定注油設備の例によるものであり、その概要は次のとおりである。なお、詳細は「第3集　第1章　給油取扱所の基準」を参照のこと。
　　危政令第17条第1項第10号（固定給油設備等の基準）
　　危規則第25条の2（固定給油設備等の構造）第1号　（ポンプ機器）
　　　　　　　　　　　　　　　　　　　　　　第2号　（ホース機器）
　　　　　　　　　　　　　　　　　　　　　　第3号　（配管等）
　　　　　　　　　　　　　　　　　　　　　　第4号　（外装）
　　危規則第25条の2の2（懸垂式の固定給油設備等の給油ホース等の長さ）
(7) 固定注油設備の設置位置は、原則として図4-36の例による。

図4-36　**固定注油設備の設置位置**

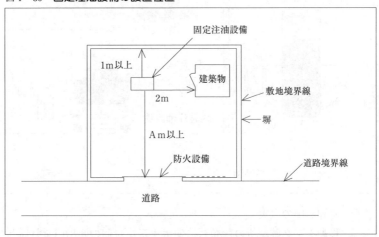

　A：固定注油設備に接続される注油ホースの長さにより決まる。
(8) 懸垂式固定注油設備は、「第3集　第1章　給油取扱所の基準」を参照のこと。
(9) 輻射熱を求めるために想定する火災の範囲の例は、次のとおりである。
　ア　注油中の火災
　（ｱ）容器に詰め替えする場合

詰め替える容器を置く場所を中心とした円
L1：容器の中心から建築物までの距離
T　：建築物の軒高

図4-37

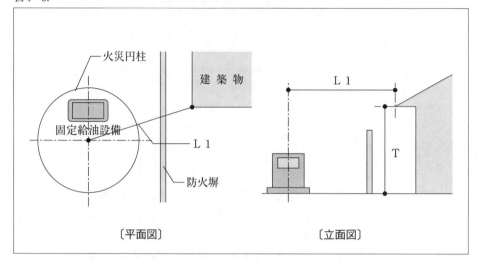

(イ) 移動貯蔵タンク等に注入する場合
　　注入する移動貯蔵タンク等の停車場所の中央を中心とした円
　　L2：注入する移動貯蔵タンク等の停車場所の中央から建築物までの距離

図4-38

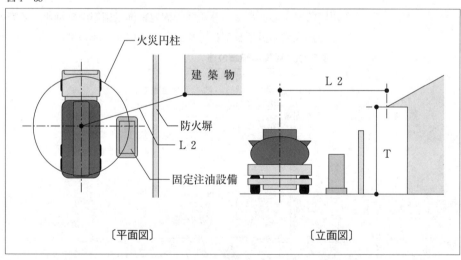

イ　荷卸し中の火災
　　移動タンク貯蔵所の荷卸しに使用する反対側の吐出口を外周とした円
　　L3：移動タンク貯蔵所の荷卸しに使用する反対側の吐出口を外周とした円の
　　　　中央から建築物までの距離

図4-39

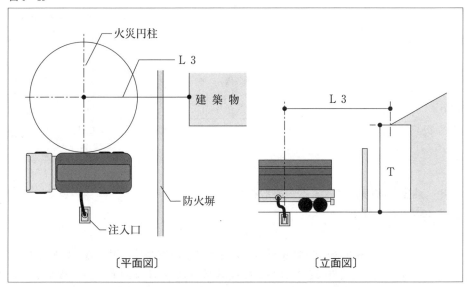

〔平面図〕　〔立面図〕

(10) 火災の輻射熱を求める計算をする場合の時間及び漏えい量については、次のとおりとする。

ア　注油中の火災

　過去の事故事例等を踏まえ、漏えい量を法令で定められている固定注油設備の1分間の最大吐出量とし、燃焼継続時間を10分間として計算する。

イ　荷卸し中の火災

　漏えい量を一のタンク室からの荷卸し速度とし、燃焼継続時間をタンク室の荷卸しに要する時間として、各タンク室について計算する。

表4-10

火災種別	漏えい場所の設定	1分間の漏えい量	総漏えい量
注油中	固定注油設備（容器）	60L	600L
	固定注油設備（ローリー専用）	180L	1800L
荷卸し中	ローリー荷卸し	400L	4000L

※容器への詰替えとローリーへの注入を行う固定注油設備については、1分間の吐出量が法令で60Lと定められていることから、「固定注油設備（容器）」を選択することとなる。

(11) ポンプ室その他危険物を取り扱う室は、危政令第17条第1項第20号に規定する給油取扱所のポンプ室等の例によるものであり、その概要は次のとおりである。なお、詳細は「第3集　第1章　給油取扱所の基準」を参照のこと。

　危政令第17条第1項第20号イ　（ポンプ室等の床）

　　　　　　　　　　　　　ロ　（採光、照明及び換気設備）

　　　　　　　　　　　　　ハ　（可燃性蒸気排出設備）

(12) 当該施設に屋根等を設ける場合は、屋根等を不燃材料で造るとともに、その水平投影面積は、一般取扱所の敷地面積の3分の1以下とする。

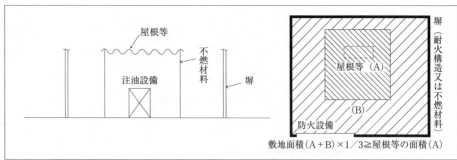

図4-40

8 油圧装置等を設置する一般取扱所

根拠条文 危規則

> **第28条の54第6号** 令第19条第2項第6号に掲げる一般取扱所 危険物を用いた油圧装置又は潤滑油循環装置以外では危険物を取り扱わない一般取扱所(高引火点危険物のみを100度未満の温度で取り扱うものに限る。)で指定数量の倍数が50未満のもの(危険物を取り扱う設備を建築物に設けるものに限る。)
>
> (油圧装置等以外では危険物を取り扱わない一般取扱所の特例)
> **第28条の60** 第28条の54第6号の一般取扱所に係る令第19条第2項の規定による同条第1項に掲げる基準の特例は、この条の定めるところによる。
> 2 第28条の54第6号の一般取扱所のうち、その位置、構造及び設備が次の各号に掲げる基準に適合するものについては、令第19条第1項において準用する令第9条第1項第1号、第2号、第4号から第11号まで、第18号及び第19号の規定は、適用しない。
> (1) 一般取扱所は、壁、柱、床、はり及び屋根が不燃材料で造られた平家建の建築物に設置すること。
> (2) 建築物の一般取扱所の用に供する部分は、壁、柱、床、はり及び屋根を不燃材料で造るとともに、延焼のおそれのある外壁は、出入口以外の開口部を有しない耐火構造の壁とすること。
> (3) 建築物の一般取扱所の用に供する部分の窓及び出入口には、防火設備を設けるとともに、延焼のおそれのある外壁に設ける出入口には、随時開けることができる自動閉鎖の特定防火設備を設けること。
> (4) 建築物の一般取扱所の用に供する部分の窓又は出入口にガラスを用いる場合は、網入ガラスとすること。
> (5) 危険物を取り扱う設備(危険物を移送するための配管を除く。第4項において同じ。)は、建築物の一般取扱所の用に供する部分の床に堅固に固定すること。
> (6) 危険物を取り扱うタンク(容量が指定数量の5分の1未満のものを除く。)の直下には、第13条の3第2項第1号の規定の例による囲いを設けるか、又は建築物の一般取扱所の用に供する部分のしきいを高くすること。
> (7) 第28条の55第2項第5号から第8号までに掲げる基準に適合するものであ

4 危政令第19条第2項を適用することができる一般取扱所　241

ること。

3　第28条の54第6号の一般取扱所のうち、その位置、構造及び設備が次の各号に掲げる基準に適合するものについては、令第19条第1項において準用する令第9条第1項第1号、第2号、第4号から第11号まで、第18号及び第19号の規定は、適用しない。

(1)　建築物の一般取扱所の用に供する部分は、壁、柱、床及びはりを耐火構造とすること。

(2)　第28条の55第2項第3号から第8号まで、第28条の56第2項第2号及び前項第6号に掲げる基準に適合するものであること。

4　第28条の54第6号の一般取扱所（指定数量の倍数が30未満のものに限る。）のうち、その位置、構造及び設備が次の各号に掲げる基準に適合するものについては、令第19条第1項において準用する令第9条第1項第1号、第2号、第4号から第11号まで、第18号及び第19号の規定は、適用しない。

(1)　危険物を取り扱う設備は、床に固定するとともに、当該設備の周囲に幅3メートル以上の空地を保有すること。ただし、当該設備から3メートル未満となる建築物の壁（出入口（随時開けることができる自動閉鎖の特定防火設備が設けられているものに限る。）以外の開口部を有しないものに限る。）及び柱が耐火構造である場合にあつては、当該設備から当該壁及び柱までの距離の幅の空地を保有することをもつて足りる。

(2)　建築物の一般取扱所の用に供する部分（前号の空地を含む。第4号において同じ。）の床は、危険物が浸透しない構造とするとともに、適当な傾斜を付け、かつ、貯留設備及び当該床の周囲に排水溝を設けること。

(3)　危険物を取り扱うタンク（容量が指定数量の5分の1未満のものを除く。）の直下には、第13条の3第2項第1号の規定の例による囲いを設けること。

(4)　第28条の55第2項第6号から第8号まで及び第28条の55の2第3項第1号に掲げる基準に適合するものであること。

留意事項 (1)　適用範囲は、建築物内で油圧装置及び大型機械の軸受、工作機械等に使用される潤滑油循環装置などで引火点が100℃以上の第4類の危険物を100℃未満の温度で取り扱う一般取扱所で、指定数量の倍数が50未満のものに限られる。

　　当該一般取扱所は、区画室規制（危規則第28条の60第2項、第3項）又は設備規制（同条第4項）による三つの規制の方法がある。また、第2項は、平家建の建築物に限られる区画室規制であることから、階層の建築物に設置する場合には、第3項を適用する。なお、第4項を適用する一般取扱所は、指定数量の倍数が30未満のものに限られる。

(2)　危険物を取り扱うタンクの容量が指定数量の倍数の5分の1未満のものは、危政令第9条第1項第13号の設備として規制される。

図4-41 **油圧装置の例**（断面）

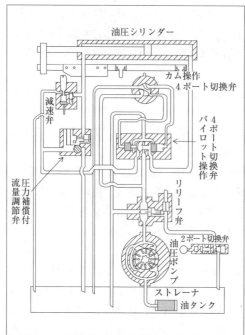

図4-42 **油圧装置の例**（記号）

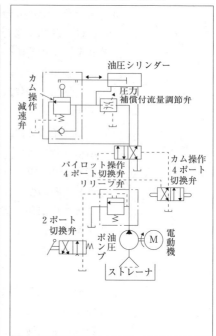

(3) 油圧装置を設置する一般取扱所のうち、区画室規制の基準が適用される一般取扱所の技術基準の概要を表4-11及び表4-12、設備規制の基準が適用される一般取扱所の技術基準の概要を表4-13にそれぞれ示す。なお、準用される危政令第9条第1項の規定の詳細は「第2章 製造所の基準」を参照のこと。

表4-11 **油圧装置等の一般取扱所を平家建の区画室規制で設置する場合の特例基準の概要**

100℃未満の温度で取り扱う高引火点危険物、指定数量の倍数50未満			
危規則第28条の60第2項の基準の概要		危政令第9条第1項のうち適用される規定	
^		号	基準の概要
① 壁、柱、床、はり及び屋根が不燃材料で造られた平家建の建築物に設置		3	標識、掲示板の設置
② 壁、柱、床、はり及び屋根を不燃材料で造るとともに、延焼のおそれのある外壁は、出入口以外の開口部を有しない耐火構造の壁		12	屋外設備周囲の囲い等
^		13	危険物を取り扱う機械器具等
③ 窓及び出入口には防火設備（延焼のおそれのある外壁部分は、自閉式特定防火設備）を設置		14	加熱装置等の温度測定装置
④ 窓又は出入口にガラスを用いるときは網入ガラス		15	乾燥設備等の直火の禁止
⑤ 危険物を取り扱う設備は床に堅固に固定		16	加圧装置等の安全装置
⑥ 危険物を取り扱うタンク（指定数量の5分の1未満のものを除く。）の直下には囲いを設けるか、しきいを高くする。		17	電気設備の構造等

4 危政令第19条第2項を適用することができる一般取扱所 243

⑦ 床は不浸透構造、傾斜及び貯留設備の設置	20	20号タンクの位置、構造及び設備
⑧ 採光、照明、換気（防火ダンパー付）の設備の設置	21	配管の位置、構造及び設備
⑨ 可燃性蒸気等の滞留のおそれがある場合、排出設備（防火ダンパー付）の設置	22	電動機、ポンプ等

危規則第28条の55第2項第5号から第8号までに掲げる基準に適合するものであることから、前2留意事項(8)、(9)、(10)を参照のこと。

表4-12 **油圧装置等の一般取扱所を区画室規制で設置する場合の特例基準の概要**

100℃未満の温度で取り扱う高引火点危険物、指定数量の倍数50未満		
危規則第28条の60第3項の基準の概要	危政令第9条第1項のうち適用される規定	
	号	基準の概要
① 壁、柱、床及びはりを耐火構造	3	標識、掲示板の設置
② 窓は禁止		
③ 出入口には特定防火設備（延焼のおそれのある外壁部分及び区画壁の出入口には、自閉式特定防火設備）を設置	12	屋外設備周囲の囲い等
	13	危険物を取り扱う機械器具等
④ 床は不浸透構造、傾斜及び貯留設備の設置	14	加熱装置等の温度測定装置
⑤ 採光、照明、換気（防火ダンパー付）の設備の設置	15	乾燥設備等の直火の禁止
⑥ 可燃性蒸気等の滞留のおそれがある場合、排出設備（防火ダンパー付）の設置	16	加圧装置等の安全装置
	17	電気設備の構造等
⑦ 上階がある場合上階の床は耐火構造、上階のない場合屋根を不燃材料	20	20号タンクの位置、構造及び設備
⑧ 危険物を取り扱うタンク（指定数量の5分の1未満のものを除く。）の直下には囲いを設けるか、しきいを高くする。	21	配管の位置、構造及び設備
	22	電動機、ポンプ等

危規則第28条の55第2項第3号から第8号まで並びに危規則第28条の56第2項第2号及び危規則第28条の60第2項第6号に掲げる基準に適合するものであることから、前2留意事項(7)、(8)、(9)、(10)を参照のこと。

表4-13 **油圧装置等の一般取扱所を設備規制で設置する場合の技術基準等の概要**

100℃未満の温度で取り扱う高引火点危険物、指定数量の倍数30未満		
危規則第28条の60第4項の基準の概要	危政令第9条第1項のうち適用される規定	
	号	基準の概要
① 危険物を取り扱う設備は、床に固定するとともに、当該設備の周囲に幅3m以上の空地を保有（設備から3m未満にある壁、柱が耐火構造の場合は当該設備から当該壁等までの幅の空地を保有）	3	標識、掲示板の設置
	12	屋外設備周囲の囲い等
	13	危険物を取り扱う機械器具等

②	床は不浸透構造、傾斜、貯留設備及び周囲に排水溝を設置	14	加熱装置等の温度測定装置
③	危険物を取り扱うタンク(指定数量の5分の1未満のものを除く。)の直下には囲いを設ける。	15	乾燥設備等の直火の禁止
		16	加圧装置等の安全装置
④	採光、照明、換気(防火ダンパー付)の設備の設置	17	電気設備の構造等
⑤	可燃性蒸気等の滞留のおそれがある場合、排出設備(防火ダンパー付)の設置	20	20号タンクの位置、構造及び設備
		21	配管の位置、構造及び設備
⑥	壁、柱、床、はり及び屋根が不燃材料で造られ、かつ、天井を有しない平家建の建築物に設置	22	電動機、ポンプ等

　　危規則第28条の55第2項第6号から第8号まで及び危規則第28条の55の2第3項第1号に掲げる基準に適合するものであることから、前2留意事項(8)、(9)、(10)、前3留意事項(5)及び構造例は図4－25を参照のこと。

(4) 危規則第28条の60第2項の一般取扱所

　　不燃材料で造られた平家建の建築物の一部に不燃材料の壁等で区画した室を設け、その室内で危険物を取り扱う区画室単位とした部分規制の一般取扱所で、構造例を図4－43に示す。

図4－43　**一般取扱所の区画室の構造例**

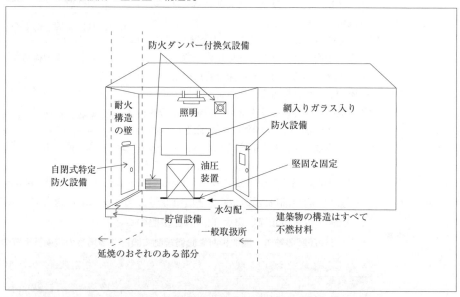

(5) 危規則第28条の60第3項の一般取扱所

　　建築物の一部に出入口及び換気設備以外の開口部を有しない耐火構造の壁、床等で区画した室を設け、その室内で危険物を取り扱う区画室単位とした部分規制の一般取扱所で、構造例を図4－44に示す。

図4-44 一般取扱所の区画室の構造例

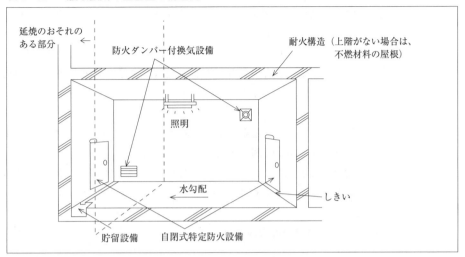

9 切削装置等を設置する一般取扱所

根拠条文 危規則

> **第28条の54第7号** 令第19条第2項第7号に掲げる一般取扱所 切削油として危険物を用いた切削装置、研削装置その他これらに類する装置以外では危険物を取り扱わない一般取扱所（高引火点危険物のみを100度未満の温度で取り扱うものに限る。）で指定数量の倍数が30未満のもの（危険物を取り扱う設備を建築物に設けるものに限る。）
>
> （切削装置等以外では危険物を取り扱わない一般取扱所の特例）
> **第28条の60の2** 第28条の54第7号の一般取扱所に係る令第19条第2項の規定による同条第1項に掲げる基準の特例は、この条の定めるところによる。
> 2 第28条の54第7号の一般取扱所のうち、その位置、構造及び設備が第28条の55第2項第1号及び第3号から第8号まで、第28条の56第2項第2号並びに前条第2項第6号及び第3項第1号に掲げる基準に適合するものについては、令第19条第1項において準用する令第9条第1項第1号、第2号、第4号から第11号まで、第18号及び第19号の規定は、適用しない。
> 3 第28条の54第7号の一般取扱所（指定数量の倍数が10未満のものに限る。）のうち、その位置、構造及び設備が次の各号に掲げる基準に適合するものについては、令第19条第1項において準用する令第9条第1項第1号、第2号、第4号から第11号まで、第18号及び第19号の規定は、適用しない。
> (1) 危険物を取り扱う設備（危険物を移送するための配管を除く。）は、床に固定するとともに、当該設備の周囲に幅3メートル以上の空地を保有すること。ただし、当該設備から3メートル未満となる建築物の壁（出入口（随時開けることができる自動閉鎖の特定防火設備が設けられているものに限る。）以外の開口部を有しないものに限る。）及び柱が耐火構造である場合にあつては、当該設備から当該壁及び柱までの距離の幅の空地を保有することをも

つて足りる。
　(2)　建築物の一般取扱所の用に供する部分（前号の空地を含む。次号において同じ。）の床は、危険物が浸透しない構造とするとともに、適当な傾斜を付け、かつ、貯留設備及び当該床の周囲に排水溝を設けること。
　(3)　第28条の55第2項第6号から第8号まで、第28条の55の2第3項第1号及び前条第4項第3号に掲げる基準に適合するものであること。

留意事項　(1)　切削装置等には、旋盤、ボール盤、フライス盤、研削盤などの工作機械等があり、切削・研削油等の危険物を用いる。
　　切削・研削油等は、工作機械等で被工作物（金属製の棒、板等）の切削、研削加工において、工具と被工作物、工具と切り屑との摩擦の低減や冷却などを行うのに使用する。

図4-45　**切削装置等の設置の例**

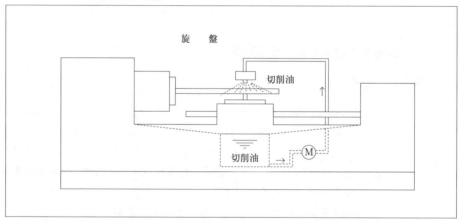

(2)　適用範囲は、建築物内で切削、研削のため高引火点危険物のみを100℃未満の温度で取り扱う一般取扱所で、指定数量の倍数が30未満のものに限られる。
　　当該一般取扱所には、区画室規制（危規則第28条の60の2第2項）又は設備規制（同条第3項）による二つの規制の方法があり、第3項を適用する一般取扱所は、指定数量の倍数が10未満のものに限られる。
(3)　切削装置等を設置する一般取扱所のうち、区画室規制及び設備規制の基準が適用される一般取扱所の基準の概要を表4-14及び表4-15にそれぞれ示す。なお、準用される危政令第9条第1項の規定の詳細は「第2章　製造所の基準」を参照のこと。

表4-14　**切削装置等の一般取扱所を区画室規制で設置する場合の特例基準の概要**

100℃未満の温度で取り扱う高引火点危険物、指定数量の倍数30未満		
危規則第28条の60の2第2項の基準の概要	危政令第9条第1項のうち適用される規定	
^	号	基準の概要
①　地階を有しない。 ②　窓は禁止	3	標識、掲示板の設置
③　出入口には特定防火設備（延焼のおそれ	12	屋外設備周囲の囲い等

左欄	号	基準の概要
のある外壁部分及び区画壁の出入口には、自閉式特定防火設備）を設置	13	危険物を取り扱う機械器具等
④ 床は不浸透構造、傾斜及び貯留設備の設置	14	加熱装置等の温度測定装置
⑤ 採光、照明、換気（防火ダンパー付）の設備の設置	15	乾燥設備等の直火の禁止
⑥ 可燃性蒸気等の滞留のおそれがある場合、排出設備（防火ダンパー付）の設置	16	加圧装置等の安全装置
⑦ 上階がある場合上階の床は耐火構造、上階のない場合屋根を不燃材料	17	電気設備の構造等
⑧ 危険物を取り扱うタンク（指定数量の5分の1未満のものを除く。）の直下には囲いを設けるか、しきいを高くする。	20	20号タンクの位置、構造及び設備
	21	配管の位置、構造及び設備
⑨ 壁、柱、床及びはりを耐火構造	22	電動機、ポンプ等

　危規則第28条の55第2項第1号及び第3号から第8号まで及び危規則第28条の56第2項第2号並びに危規則第28条の60第2項第6号及び第3項第1号に掲げる基準に適合するものであることから、前2留意事項(5)及び(7)、(8)、(9)、(10)、前8留意事項(4)、(5)及び図4－22、構造例は図4－44を参照のこと。

表4－15　**切削装置等の一般取扱所を設備規制で設置する場合の特例基準の概要**

100℃未満の温度で取り扱う高引火点危険物、指定数量の倍数10未満		
危規則第28条の60の2第3項の基準の概要	危政令第9条第1項のうち適用される規定	
	号	基準の概要
① 危険物を取り扱う設備は、床に固定するとともに、当該設備の周囲に幅3m以上の空地を保有（設備から3m未満にある壁、柱が耐火構造の場合は当該設備から当該壁等までの幅の空地を保有）	3	標識、掲示板の設置
	12	屋外設備周囲の囲い等
	13	危険物を取り扱う機械器具等
② 床は不浸透構造、傾斜、貯留設備及び周囲に排水溝を設置	14	加熱装置等の温度測定装置
③ 採光、照明、換気（防火ダンパー付）の設備の設置	15	乾燥設備等の直火の禁止
④ 可燃性蒸気等の滞留のおそれがある場合、排出設備（防火ダンパー付）の設置	16	加圧装置等の安全装置
⑤ 壁、柱、床、はり及び屋根が不燃材料で造られ、かつ、天井を有しない平家建の建築物に設置	17	電気設備の構造等
	20	20号タンクの位置、構造及び設備
⑥ 危険物を取り扱うタンク（指定数量の5分の1未満のものを除く。）の直下には囲いの設置	21	配管の位置、構造及び設備
	22	電動機、ポンプ等

　危規則第28条の55第2項第6号から第8号まで及び危規則第28条の55の2第3項第1号並びに危規則第28条の60第4項第3号に掲げる基準に適合するものであることから、前2留意事項(8)、(9)、(10)及び構造例は図4－24を参照のこと。

10 熱媒体油循環装置を設置する一般取扱所

根拠条文 危規則

> **第28条の54第8号** 令第19条第2項第8号に掲げる一般取扱所 危険物以外の物を加熱するための危険物（高引火点危険物に限る。）を用いた熱媒体油循環装置以外では危険物を取り扱わない一般取扱所で指定数量の倍数が30未満のもの（危険物を取り扱う設備を建築物に設けるものに限る。）
>
> （熱媒体油循環装置以外では危険物を取り扱わない一般取扱所の特例）
> **第28条の60の3** 第28条の54第8号の一般取扱所に係る令第19条第2項の規定による同条第1項に掲げる基準の特例は、この条の定めるところによる。
> 2 第28条の54第8号の一般取扱所のうち、その位置、構造及び設備が次の各号に掲げる基準に適合するものについては、令第19条第1項において準用する令第9条第1項第1号、第2号及び第4号から第11号までの規定は、適用しない。
> (1) 危険物を取り扱う設備は、危険物の体積膨張による危険物の漏えいを防止することができる構造のものとすること。
> (2) 第28条の55第2項第1号及び第3号から第8号まで、第28条の55の2第2項第1号及び第2号並びに第28条の56第2項第1号及び第2号に掲げる基準に適合するものであること。

留意事項 (1) 適用範囲は、建築物内において高引火点危険物を用いて反応釜等（危険物以外の物に限る。）を加熱する一般取扱所で、指定数量の倍数が30未満のものに限られる。

図4-46 **熱媒体油循環装置の設置の例**

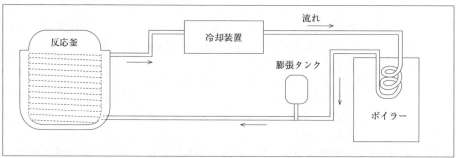

(2) 熱媒体油循環装置の一般取扱所で、区画室規制の基準が適用される一般取扱所の技術基準の概要を表4-16に示す。なお、準用される危政令第9条第1項の規定の詳細は「第2章 製造所の基準」を参照のこと。

4 危政令第19条第2項を適用することができる一般取扱所　249

表4－16　**熱媒体油循環装置の一般取扱所を区画室規制で設置する場合の特例基準の概要**

高引火点危険物、指定数量の倍数30未満		
危規則第28条の60の3第2項の基準の概要	危政令第9条第1項のうち適用される規定	
	号	基準の概要
① 危険物の体積膨張による漏えいを防止することができる構造	3	標識、掲示板の設置
② 地階を有しない。 ③ 窓は禁止	12	屋外設備周囲の囲い等
④ 出入口には特定防火設備（延焼のおそれのある外壁部分及び区画壁の出入口には、自閉式特定防火設備）を設置	13	危険物を取り扱う機械器具等
⑤ 床は不浸透構造、傾斜及び貯留設備の設置	14	加熱装置等の温度測定装置
⑥ 採光、照明、換気（防火ダンパー付）の設備の設置	15	乾燥設備等の直火の禁止
⑦ 可燃性蒸気等の滞留のおそれがある場合、排出設備（防火ダンパー付）の設置	16	加圧装置等の安全装置
⑧ 危険物を取り扱うタンク（容量が指定数量の5分の1未満のものを除く。）の周囲には、タンク容量の50％以上を収容できる囲いの設置	17	電気設備の構造等
	18	静電気除去装置の設置
⑨ 危険物過熱防止装置の設置	19	避雷設備の設置
⑩ 壁、柱、床及びはりを耐火構造（出入口以外の開口部を有しない厚さ70mm以上の鉄筋コンクリート造又はこれと同等以上の強度を有する構造の床又は壁で当該建築物の他の部分と区画）	20	20号タンクの位置、構造及び設備
	21	配管の位置、構造及び設備
⑪ 上階がある場合上階の床は耐火構造、上階のない場合屋根を不燃材料	22	電動機、ポンプ等

　　危規則第28条の55第2項第1号及び第3号から第8号まで及び危規則第28条の55の2第2項第1号及び第2号並びに危規則第28条の56第2項第1号及び第2号に掲げる基準に適合するものであることから前**2**留意事項(5)及び(7)、(8)、(9)、(10)、前**3**留意事項(4)、図4－22、構造例は図4－28を参照のこと。

(3)　「危険物の体積膨張による危険物の漏えいを防止することができる構造」にタンクを使用する場合、その容量が指定数量の倍数が5分の1以上のタンクは、20号タンクに該当する。

(4)　熱媒体油循環装置には、異常温度に達した場合に警報を発する装置を設置することが望ましい。

11 蓄電池設備以外では危険物を取り扱わない一般取扱所

根拠条文 危規則

第28条の54第9号 令第19条第2項第9号に掲げる一般取扱所 危険物（リチウムイオン蓄電池により貯蔵される第2類又は第4類の危険物に限る。）を用いた蓄電池設備以外では危険物を取り扱わない一般取扱所

（蓄電池設備以外では危険物を取り扱わない一般取扱所の特例）

第28条の60の4 第28条の54第9号の一般取扱所に係る令第19条第2項の規定による同条第1項に掲げる基準の特例は、この条の定めるところによる。

2 第28条の54第9号の一般取扱所のうち、危険物を用いた蓄電池設備が告示で定める基準に適合するものについては、令第19条第1項において準用する令第9条第1項第12号及び第17号の規定は、適用しない。

3 第28条の54第9号の一般取扱所（指定数量の倍数が30未満のもので、危険物を取り扱う設備を建築物に設けるものに限る。）のうち、その位置、構造及び設備が第28条の55第2項第3号から第8号まで並びに第28条の56第2項第1号及び第2号に掲げる基準に適合するものについては、令第19条第1項において準用する令第9条第1項第1号、第2号及び第4号から第11号までの規定は、適用しない。

4 第28条の54第9号の一般取扱所（指定数量の倍数が10未満のもので、危険物を取り扱う設備を建築物に設けるものに限る。）のうち、その位置、構造及び設備が次の各号に掲げる基準に適合するものについては、令第19条第1項において準用する令第9条第1項第1号、第2号及び第4号から第12号までの規定は、適用しない。

⑴ 一般取扱所は、壁、柱、床、はり及び屋根が耐火構造である建築物の屋上に設置すること。

⑵ 危険物を取り扱う設備は、屋上に固定すること。

⑶ 危険物を取り扱う設備は、キュービクル式のものとし、当該設備の周囲に高さ0.15メートル以上の囲いを設けること。

⑷ 前号の囲いの周囲に幅3メートル以上の空地を保有すること。ただし、当該囲いから3メートル未満となる建築物の壁（出入口（随時開けることができる自動閉鎖の特定防火設備が設けられているものに限る。）以外の開口部を有しないものに限る。）及び柱が耐火構造である場合にあつては、当該囲いから当該壁及び柱までの距離の幅の空地を保有することをもつて足りる。

⑸ 第3号の囲いの内部は、危険物が浸透しない構造とするとともに、適当な傾斜及び貯留設備を設けること。この場合において、危険物が直接排水溝に流入しないようにするため、貯留設備に油分離装置を設けなければならない。

5 第28条の54第9号の一般取扱所（危険物を取り扱う設備を屋外に設けるものに限る。）のうち、その位置、構造及び設備が次の各号に掲げる基準に適合するものについては、令第19条第1項において準用する令第9条第1項第1号、第2号、第12号及び第17号の規定は、適用しない。

⑴ 危険物を取り扱う設備の周囲に、幅3メートル以上の空地を保有すること。

ただし、危険物を取り扱う設備から3メートル未満となる建築物の壁（出入口（随時開けることができる自動閉鎖の特定防火設備が設けられているものに限る。）以外の開口部を有しないものに限る。）及び柱が耐火構造である場合にあつては、危険物を取り扱う設備から当該壁及び柱までの距離の幅の空地を保有することをもつて足りる。

(2) 危険物を取り扱う設備は、堅固な基礎の上に固定すること。

(3) 危険物を取り扱う設備は、キュービクル式とすること。

(4) 危険物を用いた蓄電池設備は、告示で定める基準に適合するものであること。

(5) 指定数量の百倍以上の危険物を取り扱うものにあつては、冷却するための散水設備をその放射能力範囲が危険物を取り扱う設備を包含するように設けること。

危告示

（蓄電池設備の基準）

第68条の2の2 規則第28条の60の4第2項及び規則第28条の60の4第5項第4号の告示で定める基準は、日本産業規格C8715-2「産業用リチウム二次電池の単電池及び電池システム-第2部：安全性要求事項」若しくは日本産業規格C4441「電気エネルギー貯蔵システム-電力システムに接続される電気エネルギー貯蔵システムの安全要求事項-電気化学的システム」に適合するもの又はこれらと同等以上の出火若しくは類焼に対する安全性を有するものであることとする。

留意事項 (1) 当該一般取扱所には、区画室規制（危規則第28条の60の4第3項）、屋上に設ける設備規制（同条第4項）又は屋外規制（同条第5項）による三つの規制の方法があり、第3項を適用する一般取扱所は指定数量の倍数が30未満、第4項を適用する一般取扱所は指定数量の倍数が10未満のものに限られる。設置例は図4-47及び図4-48を参照のこと。

(2) 蓄電池設備以外では危険物を取り扱わない一般取扱所の技術基準の概要を表4-17、表4-18及び表4-19にそれぞれ示す。なお、準用される危政令第9条第1項の規定の詳細は「第2章　製造所の基準」を参照のこと。

表4-17　蓄電池設備の一般取扱所を区画室規制で設置する場合の特例基準の概要

リチウムイオン蓄電池により貯蔵される第2類又は第4類の危険物、指定数量の倍数30未満			
危規則第28条の60の4第3項の基準の概要		危政令第9条第1項のうち適用される規定	
^		号	基準の概要
① 窓は禁止 ② 出入口には特定防火設備（延焼のおそれのある外壁部分及び区画壁の出入口には、自閉式特定防火設備）を設置 ③ 床は不浸透構造、傾斜及び貯留設備の設置 ④ 採光、照明、換気（防火ダンパー付）の設備の設置 ⑤ 可燃性蒸気等の滞留のおそれがある場合、排出設備（防火ダンパー付）の設置 ⑥ 壁、柱、床及びはりを耐火構造（出入口以外の開口部を有しない厚さ70mm以上の鉄筋コンクリート造又はこれと同等以上の強度を有する構造の床又は壁で当該建築物の他の部分と区画） ⑦ 上階がある場合上階の床は耐火構造、上階のない場合屋根を不燃材料で造ること。 ※ 危告示で定める基準に適合するものは、12号と17号は適用しない。		3	標識、掲示板の設置
^		12	屋外設備周囲の囲い等
^		13	危険物を取り扱う機械器具等
^		14	加熱装置等の温度測定装置
^		15	乾燥設備等の直火の禁止
^		16	加圧装置等の安全装置
^		17	電気設備の構造等
^		18	静電気除去装置の設置
^		19	避雷設備の設置
^		20	20号タンクの位置、構造及び設備
^		21	配管の位置、構造及び設備
^		22	電動機、ポンプ等

　危規則第28条の55第2項第3号から第8号まで並びに第28条の56第2項第1号及び第2号に掲げる基準に適合するものであることから前2留意事項(7)、(8)、(9)、⑽、構造例は図4-28を参照のこと。

図4-47　建築物の区画室に設置する例

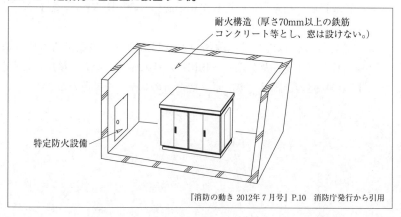

『消防の動き 2012年7月号』P.10　消防庁発行から引用

表4−18　蓄電池設備の一般取扱所を屋上の設備規制で設置する場合の特例基準の概要

リチウムイオン蓄電池により貯蔵される第2類又は第4類の危険物、指定数量の倍数10未満			
危規則第28条の60の4第4項の基準の概要		危政令第9条第1項のうち適用される規定	
^		号	基準の概要
①　壁、柱、床、はり及び屋根が耐火構造である建築物の屋上に設置 ②　危険物を取り扱う設備を屋上に固定 ③　危険物を取り扱う設備はキュービクル式、当該設備の周囲に高さ0.15m以上の囲いを設置 ④　囲いの周囲に幅3m以上の空地を保有（囲いから3m未満にある壁及び柱が耐火構造の場合は当該囲いから当該壁及び柱までの幅の空地を保有） ⑤　囲いの内部は不浸透構造、傾斜及び貯留設備（油分離装置付）の設置 ※　危告示で定める基準に適合するものは、12号と17号は適用しない。		3	標識、掲示板の設置
^		13	危険物を取り扱う機械器具等
^		14	加熱装置等の温度測定装置
^		15	乾燥設備等の直火の禁止
^		16	加圧装置等の安全装置
^		17	電気設備の構造等
^		18	静電気除去装置の設置
^		19	避雷設備の設置
^		20	20号タンクの位置、構造及び設備
^		21	配管の位置、構造及び設備
^		22	電動機、ポンプ等

図4−48　建築物の屋上に設置する例

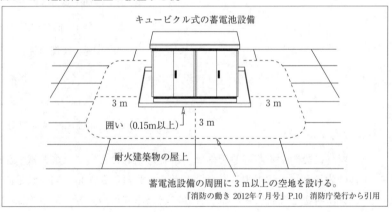

『消防の動き 2012年7月号』P.10　消防庁発行から引用

254　第3章　一般取扱所の基準

表4-19　**蓄電池設備の一般取扱所を屋外規制で設置する場合の特例基準の概要**

リチウムイオン蓄電池により貯蔵される第2類又は第4類の危険物		
危規則第28条の60の4第5項の基準の概要	危政令第9条第1項のうち適用される規定	
	号	基準の概要
① 危険物を取り扱う設備は屋外に設置	3	標識、掲示板の設置
② 危険物を取り扱う設備の周囲に幅3m以上の空地を保有（危険物を取り扱う設備から3m未満にある壁及び柱が耐火構造の場合は当該危険物を取り扱う設備から当該壁及び柱までの幅の空地を保有）	4	地階の禁止
	5	建築物の壁、柱、床、はり及び階段の構造
	6	建築物の屋根の構造
③ 危険物を取り扱う設備を堅固な基礎の上に固定	7	建築物の窓及び出入口の構造
	8	建築物の網入りガラス
④ 危険物を取り扱う設備はキュービクル式	9	建築物の床の構造
⑤ 危険物を用いた蓄電池設備は告示で定める基準に適合（危告示第68条の2の2）	10	建築物の採光、照明及び換気の設備
	11	建築物の排出設備
⑥ 指定数量の100倍以上の危険物を取り扱うものは、散水設備を設置	13	危険物を取り扱う機械器具等
	14	加熱装置等の温度測定装置
	15	乾燥設備等の直火の禁止
	16	加圧装置等の安全装置
	18	静電気除去装置の設置
	19	避雷設備の設置
	20	20号タンクの位置、構造及び設備
	21	配管の位置、構造及び設備
	22	電動機、ポンプ等

　屋外に設置する蓄電池設備は、事業形態等によっては各蓄電池設備を接続して一体の設備として活用する場合等が考えられることから、同一敷地内に複数の蓄電池設備が隣接して設置される場合等における許可申請等にあっては、事業形態等を確認し、設置者と協議の上で当該許可申請等の単位を決定されたい。なお、協議の結果、複数の蓄電池設備をまとめて一の一般取扱所とする場合は、各蓄電池設備の相互間の離隔距離は不要であること（図4-49参照）。

図4-49　屋外規制で設置する蓄電池設備の例

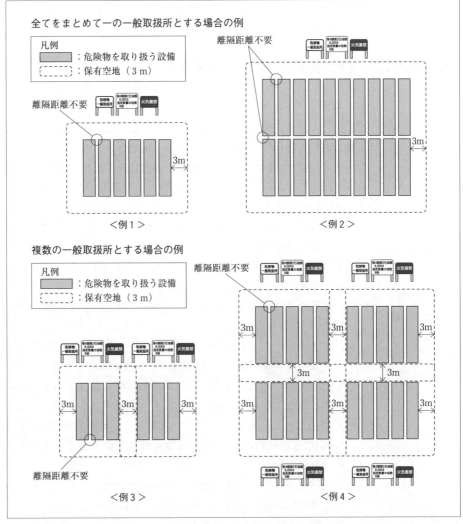

(3) 危険物を用いた蓄電池設備が告示で定める基準に適合するものの特例基準等
　ア　危告示第68条の２の２の「これらと同等以上の出火若しくは類焼に対する安全性を有するもの」としては、例えば、次のものが考えられること。
　(ｱ)　ＩＥＣ（国際電気標準会議）62619又は62933－5－2に適合するもの
　(ｲ)　ＵＬ（米国保険業者安全試験所）9540Ａ又は1973に適合するもの
　イ　指定数量の倍数が30未満のもので、危険物を取り扱う設備を建築物に設けるもののうち、危険物を用いた蓄電池設備が危告示第68条の２の２に定める基準に適合し、かつ、危険物を取り扱う設備の位置、構造及び設備が危規則第28条の55第２項第３号から第８号まで並びに同第28条の56第２項第１号及び第２号に掲げる基準に適合するものについては、危規則第28条の60の４第２項に定める特例及び同条第３項に定める特例を適用することができること。
　ウ　指定数量の倍数が10未満のもので、危険物を取り扱う設備を建築物に設けるもののうち、危険物を用いた蓄電池設備が危告示第68条の２の２に定める基準に適

合し、かつ、危険物を取り扱う設備の位置、構造及び設備が危規則第28条の60の
4第4項各号に掲げる基準に適合するものについては、危規則第28条の60の4第
2項に定める特例及び同条第4項に定める特例を適用することができること。

12　複数の異なった取扱形態を有する一般取扱所

(1)　ア(ア)から(キ)までに掲げる危険物の取扱形態のみを複数有する一般取扱所（前1
留意事項(2)アを参照のこと。）であって、イ及びウに適合し、かつ、(2)アからシま
でに掲げる位置、構造及び設備が技術上の基準に適合するものは、危政令第19条第
1項において準用する危政令第9条第1項第1号、第2号及び第4号から第11号ま
での規定（ア(オ)及び(カ)に掲げる取扱形態以外の取扱形態を有しない一般取扱所に
あっては第18号及び第19号の規定を含む。）を適用しないことができる。

ア　危険物の取扱形態

(ア)　塗装、印刷又は塗布のために危険物（第2類の危険物又は第4類の危険物
（特殊引火物を除く。）に限る。）を取り扱う形態

(イ)　洗浄のために危険物（引火点が40℃以上の第4類の危険物に限る。）を取り
扱う形態

(ウ)　焼入れ又は放電加工のために危険物（引火点が70℃以上の第4類の危険物に
限る。）を取り扱う形態

(エ)　ボイラー・バーナーその他これらに類する装置で危険物（引火点40℃以上の
第4類の危険物に限る。）を消費する取扱形態

(オ)　危険物を用いた油圧装置又は潤滑油循環装置（高引火点危険物のみを100℃
未満の温度で取り扱うものに限る。）で消費する危険物の取扱形態

(カ)　切削油として危険物を用いた切削装置、研削装置又はこれらに類する装置
（高引火点危険物のみを100℃未満の温度で取り扱うものに限る。）による危険
物の取扱形態

(キ)　危険物以外のものを加熱するために危険物（高引火点危険物に限る。）を用
いた熱媒体油循環装置による危険物の取扱形態

イ　建築物に設けられたものとする。

ウ　指定数量の倍数は30未満とする。

(2)　位置、構造及び設備

ア　建築物の一般取扱所の用に供する部分は、地階を有しないものとする（(1)ア
(エ)及び(オ)に掲げる危険物の取扱形態のみを有する場合を除く。）。

イ　建築物の一般取扱所の用に供する部分は、壁、柱、床及びはりを耐火構造とす
る。

ウ　一般取扱所の用に供する部分には、出入口以外の開口部を有しない厚さ70mm以
上の鉄筋コンクリート造又はこれと同等以上の強度を有する構造の床又は壁で当
該建築物の他の部分と区画されたものとする（(1)ア(オ)及び(カ)に掲げる危険物
の取扱形態のみを有する場合を除く。）。

エ　建築物の一般取扱所の用に供する部分は、屋根（上階がある場合にあっては上
階の床）を耐火構造とする。ただし、(1)ア(ア)又は(イ)に掲げる危険物の取扱形
態を有しない場合にあっては、屋根を不燃材料で造ることができる。

オ　(1)ア(エ)に掲げる危険物の取扱形態を有する場合にあっては、危険物を取り扱うタンクの容量の総計を指定数量未満とする。

カ　危険物を取り扱うタンク（容量が指定数量の5分の1未満のものを除く。）の周囲には、「第2章　㉓ 20号タンク」(6)ア(ウ)による措置を講じるものとする。ただし、(1)ア(オ)及び(カ)に掲げる危険物の取扱形態のみを有する場合にあっては、建築物の一般取扱所の用に供する部分のしきいを高くすることにより、囲いに代えることができる。

キ　建築物の一般取扱所の用に供する部分には、(1)ア(ウ)に掲げる危険物の取扱形態により、取り扱われる危険物が危険な温度に達するまでに警報することができる装置を設ける。

ク　危険物を加熱する設備（(1)ア(イ)又は(キ)の危険物の取扱形態を有する設備にかかわるものに限る。）には、危険物の過熱を防止することができる装置を設ける。

ケ　(1)ア(キ)の危険物の取扱形態を有する設備は、危険物の体積膨張による危険物の漏えいを防止することができる構造のものとする。

コ　可燃性の蒸気又は微粉（霧状の危険物を含む。以下同じ。）を放散するおそれのある設備と火花又は高熱等を生じる設備を併設しない。ただし、放散された可燃性の蒸気又は微粉が滞留するおそれがない場所に火花又は高熱等を生じる設備を設置する場合はこの限りでない。

サ　危規則第33条第1項第1号に該当する一般取扱所以外の一般取扱所には、危規則第34条第2項第1号の規定の例により消火設備を設ける。ただし、第1種、第2種及び第3種の消火設備を当該一般取扱所に設ける場合は、当該設備の放射能力範囲内の部分について第4種の消火設備を設けないことができる。

シ　危規則第28条の55第2項第3号から第8号まで及び危規則第28条の57第2項第2号の基準に適合するものとする。

5 危政令第19条第3項を適用することができる一般取扱所

根拠条文　危政令

> **第19条第3項**　高引火点危険物のみを総務省令で定めるところにより取り扱う一般取扱所については、総務省令で、前2項に掲げる基準の特例を定めることができる。

危規則

（高引火点危険物の一般取扱所の特例）

第28条の61　令第19条第3項の規定により同条第1項に掲げる基準の特例を定めることができる一般取扱所は、高引火点危険物のみを100度未満の温度で取り扱うものとする。

2　前項の一般取扱所に係る令第19条第3項の規定による同条第1項に掲げる基準の特例は、次項に定めるところによる。

3 第1項の一般取扱所のうち、その位置及び構造が第13条の6第3項各号に掲げる基準に適合するものについては、令第19条第1項において準用する令第9条第1項第1号、第2号、第4号、第6号から第8号まで、第18号及び第19号並びに第13条の3第2項第2号において準用する第22条第2項第2号の規定は、適用しない。

第28条の62 令第19条第3項の規定により同条第2項に掲げる基準（第28条の54第4号に定める一般取扱所に係る基準に限る。次項において同じ。）の特例を定めることができる一般取扱所は、高引火点危険物のみを100度未満の温度で取り扱うものとする。

2 前項の一般取扱所に係る令第19条第3項の規定による同条第2項に掲げる基準の特例は、次項に定めるところによる。

3 第1項の一般取扱所のうち、その位置、構造及び設備が次の各号に掲げる基準に適合するものについては、令第19条第1項において準用する令第9条第1項第1号、第2号、第4号から第12号まで、第18号及び第19号並びに第13条の3第2項第2号において準用する第22条第2項第2号の規定は、適用しない。

⑴ 第13条の6第3項第1号及び第2号並びに第28条の58第2項第3号から第7号までに掲げる基準に適合するものであること。

⑵ 建築物を設ける場合にあつては、当該建築物は、壁、柱、床、はり及び屋根を耐火構造とし、又は不燃材料で造るとともに、窓及び出入口に防火設備又は不燃材料若しくはガラスで造られた戸を設けること。

（高引火点危険物の製造所の特例）

第13条の6第3項

⑴ 製造所の位置は、次に掲げる建築物等から当該製造所の外壁又はこれに相当する工作物の外側までの間に、それぞれ当該建築物等について定める距離を保つこと。ただし、イからハまでに掲げる建築物等について、不燃材料で造つた防火上有効な塀を設けること等により、市町村長等が安全であると認めた場合は、当該市町村長等が定めた距離を当該距離とすることができる。

イ　ロからニまでに掲げるもの以外の建築物その他の工作物で住居の用に供するもの（製造所の存する敷地と同一の敷地内に存するものを除く。）

10メートル以上

ロ　第11条各号に掲げる学校、病院、劇場その他多数の人を収容する施設

30メートル以上

ハ　文化財保護法（昭和25年法律第214号）の規定によつて重要文化財、重要有形民俗文化財、史跡若しくは重要な文化財として指定され、又は旧重要美術品等の保存に関する法律（昭和8年法律第43号）の規定によつて重要美術品として認定された建造物

50メートル以上

ニ　第12条各号に掲げる高圧ガスその他災害を発生させるおそれのある物を貯蔵し、又は取り扱う施設（不活性ガスのみを貯蔵し、又は取り扱うものを除く。）

20メートル以上

⑵ 危険物を取り扱う建築物その他の工作物（危険物を移送するための配管その他これに準ずる工作物を除く。）の周囲に3メートル以上の幅の空地を保

有すること。ただし、第13条に定めるところにより防火上有効な隔壁を設けた場合は、この限りでない。

(3) 危険物を取り扱う建築物は、屋根を不燃材料で造ること。

(4) 危険物を取り扱う建築物の窓及び出入口には、防火設備（令第 9 条第 1 項第 7 号の防火設備をいう。第27条の 3 第 6 項及び第 7 項並びに第27条の 5 第 5 項及び第 6 項を除き、以下同じ。）又は不燃材料若しくはガラスで造られた戸を設けるとともに、延焼のおそれのある外壁に設ける出入口には、随時開けることができる自動閉鎖の特定防火設備（令第 9 条第 1 項第 7 号の特定防火設備をいう。以下同じ。）を設けること。

(5) 危険物を取り扱う建築物の延焼のおそれのある外壁に設ける出入口にガラスを用いる場合は、網入ガラスとすること。

1 危規則第28条の61の一般取扱所

(1) 引火点が100℃以上の第 4 類の危険物のみを100℃未満の温度で取り扱う 1 棟規制の一般取扱所であり、危規則第13条の 6 第 3 項各号に適合することにより、危政令第19条第 1 項に規定する一般取扱所の基準の一部が緩和される。

(2) 当該一般取扱所において、危政令第19条第 1 項の一般取扱所の基準よりも緩和される基準の概要は、次のとおりである。

ア　高圧ガス施設で、不活性ガスのみを貯蔵し又は取り扱う施設及び特別高圧架空電線に係る保安距離は適用されない（危政令第 9 条第 1 項第 1 号ニ、ホ、への規定関係）。

イ　保有空地は、取り扱う危険物の指定数量の倍数にかかわらず 3 m以上の空地を保有することでよい（危政令第 9 条第 1 項第 2 号の規定関係）。

ウ　建築物内には、地階を設けることができる（危政令第 9 条第 1 項第 4 号の規定関係）。

エ　建築物の屋根は、軽量でない不燃材料で造ることができる（危政令第 9 条第 1 項第 6 号の規定関係）。

オ　静電気除去装置及び避雷設備を設置しないことができる（危政令第 9 条第 1 項第18号及び第19号の規定関係）。

カ　最低でも0.5m以上とされている防油堤の高さをタンク容量に応じて緩和することができる（危政令第 9 条第 1 項第20号の規定関係）。

キ　延焼のおそれのある外壁に設ける出入口にガラスを用いる場合は、網入りガラスとする。

2 危規則第28条の62の一般取扱所

(1) 引火点が100℃以上の第 4 類の危険物のみを100℃未満の温度で取り扱う充塡の一般取扱所であり、危規則第13条の 6 第 3 項第 1 号及び第 2 号、第28条の58第 2 項第 3 号から第 7 号まで並びに第28条の62第 3 項第 2 号の基準に適合することにより、危規則第28条の58第 2 項で規定する危政令第 9 条第 1 項の準用規定の一部が緩和される。

(2) 当該一般取扱所において、危規則第28条の58の充塡の一般取扱所の基準よりも緩和される基準の概要は、前 1 (2)ア、イ、ウ、オ及びカのほか、建築物を設ける場合

の窓及び出入口に防火設備でない不燃材料又はガラスで造られた戸を設けること並びに危険物の滞留及び流出防止措置である。

⑥ 危政令第19条第4項を適用する一般取扱所

（根拠条文）危政令

第19条第4項　アルキルアルミニウム、アルキルリチウム、アセトアルデヒド、酸化プロピレンその他の総務省令で定める危険物を取り扱う一般取扱所については、当該危険物の性質に応じ、総務省令で、第1項に掲げる基準を超える特例を定めることができる。

危規則

（一般取扱所の特例を定めることができる危険物）
第28条の63　令第19条第4項の総務省令で定める危険物は、第13条の7に規定する危険物とする。

（製造所の特例を定めることができる危険物）
第13条の7　令第9条第3項の総務省令で定める危険物は、アルキルアルミニウム等、第4類の危険物のうち特殊引火物のアセトアルデヒド若しくは酸化プロピレン又はこれらのいずれかを含有するもの（以下「アセトアルデヒド等」という。）及び第5類の危険物のうちヒドロキシルアミン若しくはヒドロキシルアミン塩類又はこれらのいずれかを含有するもの（以下「ヒドロキシルアミン等」という。）とする。

（アルキルアルミニウム等の一般取扱所の特例）
第28条の64　第13条の8の規定は、アルキルアルミニウム等を取り扱う一般取扱所に係る令第19条第4項の規定による同条第1項の基準を超える特例について準用する。

（アルキルアルミニウム等の製造所の特例）
第13条の8　アルキルアルミニウム等を取り扱う製造所に係る令第9条第3項の規定による同条第1項に掲げる基準を超える特例は、次のとおりとする。
　⑴　アルキルアルミニウム等を取り扱う設備の周囲には、漏えい範囲を局限化するための設備及び漏れたアルキルアルミニウム等を安全な場所に設けられた槽に導入することができる設備を設けること。
　⑵　アルキルアルミニウム等を取り扱う設備には、不活性の気体を封入する装置を設けること。

（アセトアルデヒド等の一般取扱所の特例）
第28条の65　第13条の9の規定は、アセトアルデヒド等を取り扱う一般取扱所に係る令第19条第4項の規定による同条第1項の基準を超える特例について準用する。

（アセトアルデヒド等の製造所の特例）
第13条の9　アセトアルデヒド等を取り扱う製造所に係る令第9条第3項の規

定による同条第1項に掲げる基準を超える特例は、次のとおりとする。

(1) アセトアルデヒド等を取り扱う設備は、銅、マグネシウム、銀若しくは水銀又はこれらを成分とする合金で造らないこと。

(2) アセトアルデヒド等を取り扱う設備には、燃焼性混合気体の生成による爆発を防止するための不活性の気体又は水蒸気を封入する装置を設けること。

(3) 前号の規定にかかわらず、アセトアルデヒド等を取り扱うタンク（屋外にあるタンク又は屋内にあるタンクであつて、その容量が指定数量の5分の1未満のものを除く。）には、冷却装置又は低温を保持するための装置（以下「保冷装置」という。）及び燃焼性混合気体の生成による爆発を防止するための不活性の気体を封入する装置を設けること。ただし、地下にあるタンクがアセトアルデヒド等の温度を適温に保つことができる構造である場合には、冷却装置及び保冷装置を設けないことができる。

（ヒドロキシルアミン等の一般取扱所の特例）

第28条の66 第13条の10の規定は、ヒドロキシルアミン等を取り扱う一般取扱所に係る令第19条第4項の規定による同条第1項に掲げる基準を超える特例について準用する。

（ヒドロキシルアミン等の製造所の特例）

第13条の10 ヒドロキシルアミン等を取り扱う製造所に係る令第9条第3項の規定による同条第1項に掲げる基準を超える特例は、次のとおりとする。

(1) 令第9条第1項第1号イからハまでの規定にかかわらず、指定数量以上の第1種自己反応性物質（令別表第3備考第11号の第1種自己反応性物質をいう。以下同じ。）の性状を有するヒドロキシルアミン等を取り扱う製造所の位置は、令第9条第1項第1号イからハまでに掲げる建築物等から当該製造所の外壁又はこれに相当する工作物の外側までの間に、次の式により求めた距離以上の距離を保つこと。

$$D = 51.1\sqrt[3]{N}$$

Dは、距離（単位　メートル）

Nは、当該製造所において取り扱う第1種自己反応性物質の性状を有するヒドロキシルアミン等の指定数量の倍数

(2) 前号の製造所の周囲には、次に掲げる基準に適合する塀又は土盛りを設けること。

イ　塀又は土盛りは、当該製造所の外壁又はこれに相当する工作物の外側から2メートル以上離れた場所にできるだけ接近して設けること。

ロ　塀又は土盛りの高さは、当該製造所におけるヒドロキシルアミン等を取り扱う部分の高さ以上とすること。

ハ　塀は、厚さ15センチメートル以上の鉄筋コンクリート造若しくは鉄骨鉄筋コンクリート造又は厚さ20センチメートル以上の補強コンクリートブロック造とすること。

ニ　土盛りには、60度以上の勾配を付けないこと。

(3) ヒドロキシルアミン等を取り扱う設備には、ヒドロキシルアミン等の温度及び濃度の上昇による危険な反応を防止するための措置を講ずること。

(4)　ヒドロキシルアミン等を取り扱う設備には、鉄イオン等の混入による危険
　　　　　な反応を防止するための措置を講ずること。

留意事項 (1)　本規定は、アルキルアルミニウム等又はアセトアルデヒド等を取り扱う一般取扱
　　　　所について、それらを取り扱う危険物の特性に応じて、危政令第19条第1項の基準
　　　　に追加する基準を定めたものである。
　　　　　なお、アルキルアルミニウム等及びアセトアルデヒド等とは、次による危険物
　　　　をいう。
　　　ア　アルキルアルミニウム等とは、アルキルアルミニウム、アルキルリチウム又は
　　　　これらのいずれかを含有するもの（危規則第6条の2の8）
　　　イ　アセトアルデヒド等とは、第4類の危険物のうち特殊引火物のアセトアルデヒ
　　　　ド、酸化プロピレン又はこれらのいずれかを含有するもの（危規則第13条の7）
　　　ウ　ヒドロキシルアミン等とは、第5類の危険物のうちヒドロキシルアミン若しく
　　　　はヒドロキシルアミン塩類又はこれらのいずれかを含有するもの（危規則第13条
　　　　の7）
　　(2)　アルキルアルミニウム等、アセトアルデヒド等又はヒドロキシルアミン等を取り
　　　　扱う一般取扱所に適用される基準は、次のとおりである。
　　　　　なお、詳細は「第2章　**27**アルキルアルミニウム、アルキルリチウム、アセトア
　　　　ルデヒド、酸化プロピレン等の危険物の製造所」を参照のこと。
　　　ア　アルキルアルミニウム等を取り扱う一般取扱所に適用される基準は、危政令第
　　　　19条第1項において準用する危政令第9条第1項の基準及び危規則第28条の64に
　　　　おいて準用する危規則第13条の8の基準である。
　　　イ　アセトアルデヒド等を取り扱う一般取扱所に適用される基準は、危政令第19条
　　　　第1項において準用する危政令第9条第1項の基準及び危規則第28条の65におい
　　　　て準用する危規則第13条の9の基準である。
　　　ウ　ヒドロキシルアミン等を取り扱う一般取扱所に適用される基準は、危政令第19
　　　　条第1項において準用する危政令第9条第1項の基準及び危規則第28条の66にお
　　　　いて準用する危規則第13条の10の基準である。
　　(3)　本規定による一般取扱所は、危政令第19条第1項から第3項の一般取扱所のよう
　　　　に、基準を選択することができず、アルキルアルミニウム等、アセトアルデヒド等
　　　　又はヒドロキシルアミン等を取り扱う一般取扱所には、すべて本規定が適用される。

●資　料●

◈資　料◈

⬛ 保安距離規制関連法令(抜すい)

学校教育法 (昭和22年3月　法律第26号　最終改正　令和6年6月法律第69号)

第1条　この法律で、学校とは、幼稚園、小学校、中学校、義務教育学校、高等学校、中等教育学校、特別支援学校、大学及び高等専門学校とする。

医療法 (昭和23年7月　法律第205号　最終改正　令和6年6月法律第52号)

第1条の5　この法律において、「病院」とは、医師又は歯科医師が、公衆又は特定多数人のため医業又は歯科医業を行う場所であつて、20人以上の患者を入院させるための施設を有するものをいう。病院は、傷病者が、科学的でかつ適正な診療を受けることができる便宜を与えることを主たる目的として組織され、かつ、運営されるものでなければならない。

児童福祉法 (昭和22年12月　法律第164号　最終改正　令和6年6月法律第69号)

第7条　この法律で、児童福祉施設とは、助産施設、乳児院、母子生活支援施設、保育所、幼保連携型認定こども園、児童厚生施設、児童養護施設、障害児入所施設、児童発達支援センター、児童心理治療施設、児童自立支援施設、児童家庭支援センター及び里親支援センターとする。

第36条　助産施設は、保健上必要があるにもかかわらず、経済的理由により、入院助産を受けることができない妊産婦を入所させて、助産を受けさせることを目的とする施設とする。

第37条　乳児院は、乳児(保健上、安定した生活環境の確保その他の理由により特に必要のある場合には、幼児を含む。)を入院させて、これを養育し、あわせて退院した者について相談その他の援助を行うことを目的とする施設とする。

第38条　母子生活支援施設は、配偶者のない女子又はこれに準ずる事情にある女子及びその者の監護すべき児童を入所させて、これらの者を保護するとともに、これらの者の自立の促進のためにその生活を支援し、あわせて退所した者について相談その他の援助を行うことを目的とする施設とする。

第39条　保育所は、保育を必要とする乳児・幼児を日々保護者の下から通わせて保育を行うことを目的とする施設(利用定員が20人以上であるものに限り、幼保連携型認定こども園を除く。)とする。

第39条の2　幼保連携型認定こども園は、義務教育及びその後の教育の基礎を培うものとしての満3歳以上の幼児に対する教育(教育基本法(平成18年法律第120号)第6条第1項に規定する法律に定める学校において行われる教育をいう。)及び保育を必要とする乳児・幼児に対する保育を一体的に行い、これらの乳児又は幼児の健やかな成長が図られるよう適当な環境を与えて、その心身の発達を助長することを目的とする施設とする。

第40条　児童厚生施設は、児童遊園、児童館等児童に健全な遊びを与えて、その健康を増進し、又は情操をゆたかにすることを目的とする施設とする。

第41条　児童養護施設は、保護者のない児童(乳児を除く。ただし、安定した生活環境の確

保その他の理由により特に必要のある場合には、乳児を含む。以下この条において同じ。）、虐待されている児童その他環境上養護を要する児童を入所させて、これを養護し、あわせて退所した者に対する相談その他の自立のための援助を行うことを目的とする施設とする。

第42条 障害児入所施設は、次の各号に掲げる区分に応じ、障害児を入所させて、当該各号に定める支援を行うことを目的とする施設とする。

(1) 福祉型障害児入所施設 保護並びに日常生活における基本的な動作及び独立自活に必要な知識技能の習得のための支援

(2) 医療型障害児入所施設 保護、日常生活における基本的な動作及び独立自活に必要な知識技能の習得のための支援並びに治療

第43条 児童発達支援センターは、地域の障害児の健全な発達において中核的な役割を担う機関として、障害児を日々保護者の下から通わせて、高度の専門的な知識及び技術を必要とする児童発達支援を提供し、あわせて障害児の家族、指定障害児通所支援事業者その他の関係者に対し、相談、専門的な助言その他の必要な援助を行うことを目的とする施設とする。

第43条の2 児童心理治療施設は、家庭環境、学校における交友関係その他の環境上の理由により社会生活への適応が困難となつた児童を、短期間、入所させ、又は保護者の下から通わせて、社会生活に適応するために必要な心理に関する治療及び生活指導を主として行い、あわせて退所した者について相談その他の援助を行うことを目的とする施設とする。

第44条 児童自立支援施設は、不良行為をなし、又はなすおそれのある児童及び家庭環境その他の環境上の理由により生活指導等を要する児童を入所させ、又は保護者の下から通わせて、個々の児童の状況に応じて必要な指導を行い、その自立を支援し、あわせて退所した者について相談その他の援助を行うことを目的とする施設とする。

第44条の2 児童家庭支援センターは、地域の児童の福祉に関する各般の問題につき、児童に関する家庭その他からの相談のうち、専門的な知識及び技術を必要とするものに応じ、必要な助言を行うとともに、市町村の求めに応じ、技術的助言その他必要な援助を行うほか、第26条第1項第2号及び第27条第1項第2号の規定による指導を行い、あわせて児童相談所、児童福祉施設等との連絡調整その他内閣府令の定める援助を総合的に行うことを目的とする施設とする。

第44条の3 里親支援センターは、里親支援事業を行うほか、里親及び里親に養育される児童並びに里親になろうとする者について相談その他の援助を行うことを目的とする施設とする。

身体障害者福祉法 （昭和24年12月 法律第283号・最終改正 令和4年12月法律第104号）

（施設）

第5条 この法律において、「身体障害者社会参加支援施設」とは、身体障害者福祉センター、補装具製作施設、盲導犬訓練施設及び視聴覚障害者情報提供施設をいう。

（身体障害者福祉センター）

第31条 身体障害者福祉センターは、無料又は低額な料金で、身体障害者に関する各種の相談に応じ、身体障害者に対し、機能訓練、教養の向上、社会との交流の促進及びレクリエーションのための便宜を総合的に供与する施設とする。

（補装具製作施設）

第32条 補装具製作施設は、無料又は低額な料金で、補装具の製作又は修理を行う施設とする。

（盲導犬訓練施設）

第33条 盲導犬訓練施設は、無料又は低額な料金で、盲導犬の訓練を行うとともに、視覚障害のある身体障害者に対し、盲導犬の利用に必要な訓練を行う施設とする。

（視聴覚障害者情報提供施設）

第34条 視聴覚障害者情報提供施設は、無料又は低額な料金で、点字刊行物、視覚障害者用の録音物、聴覚障害者用の録画物その他各種情報を記録した物であつて専ら視聴覚障害者が利用するものを製作し、若しくはこれらを視聴覚障害者の利用に供し、又は点訳（文字を点字に訳すことをいう。）若しくは手話通訳等を行う者の養成若しくは派遣その他の厚生労働省令で定める便宜を供与する施設とする。

生活保護法（昭和25年5月　法律第144号　最終改正　令和6年6月法律第47号）

（種類）

第38条 保護施設の種類は、左〔次〕の通りとする。

　(1)　救護施設

　(2)　更生施設

　(3)　医療保護施設

2　救護施設は、身体上又は精神上著しい障害があるために日常生活を営むことが困難な要保護者を入所させて、生活扶助を行うことを目的とする施設とする。

3　更生施設は、身体上又は精神上の理由により養護及び生活指導を必要とする要保護者を入所させて、生活扶助を行うことを目的とする施設とする。

4　医療保護施設は、医療を必要とする要保護者に対して、医療の給付を行うことを目的とする施設とする。

老人福祉法（昭和38年7月　法律第133号　最終改正　令和5年5月法律第31号）

第5条の3 この法律において、「老人福祉施設」とは、老人デイサービスセンター、老人短期入所施設、養護老人ホーム、特別養護老人ホーム、軽費老人ホーム、老人福祉センター及び老人介護支援センターをいう。

（老人デイサービスセンター）

第20条の2の2 老人デイサービスセンターは、第10条の4第1項第2号の措置に係る者又は介護保険法の規定による通所介護に係る居宅介護サービス費、地域密着型通所介護若しくは認知症対応型通所介護に係る地域密着型介護サービス費若しくは介護予防認知症対応型通所介護に係る地域密着型介護予防サービス費の支給に係る者若しくは第1号通所事業であつて厚生労働省令で定めるものを利用する者その他の政令で定める者（その者を現に養護する者を含む。）を通わせ、第5条の2第3項の厚生労働省令で定める便宜を供与することを目的とする施設とする。

第10条の4第1項第2号 65歳以上の者であつて、身体上又は精神上の障害があるために日常生活を営むのに支障があるものが、やむを得ない事由により介護保険法に規定する通所介護、地域密着型通所介護、認知症対応型通所介護若しくは介護予防認知症対応型通所介護又は第1号通所事業を利用することが著しく困難であると認めるときは、その者（養護

者を含む。）を、政令で定める基準に従い、当該市町村の設置する老人デイサービスセンター若しくは第5条の2第3項の厚生労働省令で定める施設（以下「老人デイサービスセンター等」という。）に通わせ、同項の厚生労働省令で定める便宜を供与し、又は当該市町村以外の者の設置する老人デイサービスセンター等に通わせ、当該便宜を供与することを委託すること。

（老人短期入所施設）

第20条の3　老人短期入所施設は、第10条の4第1項第3号の措置に係る者又は介護保険法の規定による短期入所生活介護に係る居宅介護サービス費若しくは介護予防短期入所生活介護に係る介護予防サービス費の支給に係る者その他の政令で定める者を短期間入所させ、養護することを目的とする施設とする。

第10条の4第1項第3号　65歳以上の者であつて、養護者の疾病その他の理由により、居宅において介護を受けることが一時的に困難となつたものが、やむを得ない事由により介護保険法に規定する短期入所生活介護又は介護予防短期入所生活介護を利用することが著しく困難であると認めるときは、その者を、政令で定める基準に従い、当該市町村の設置する老人短期入所施設若しくは第5条の2第4項の厚生労働省令で定める施設（以下「老人短期入所施設等」という。）に短期間入所させ、養護を行い、又は当該市町村以外の者の設置する老人短期入所施設等に短期間入所させ、養護することを委託すること。

（養護老人ホーム）

第20条の4　養護老人ホームは、第11条第1項第1号の措置に係る者を入所させ、養護するとともに、その者が自立した日常生活を営み、社会的活動に参加するために必要な指導及び訓練その他の援助を行うことを目的とする施設とする。

第11条第1項第1号　65歳以上の者であつて、環境上の理由及び経済的理由（政令で定めるものに限る。）により居宅において養護を受けることが困難なものを当該市町村の設置する養護老人ホームに入所させ、又は当該市町村以外の者の設置する養護老人ホームに入所を委託すること。

（特別養護老人ホーム）

第20条の5　特別養護老人ホームは、第11条第1項第2号の措置に係る者又は介護保険法の規定による地域密着型介護老人福祉施設入所者生活介護に係る地域密着型介護サービス費若しくは介護福祉施設サービスに係る施設介護サービス費の支給に係る者その他の政令で定める者を入所させ、養護することを目的とする施設とする。

第11条第1項第2号　65歳以上の者であつて、身体上又は精神上著しい障害があるために常時の介護を必要とし、かつ、居宅においてこれを受けることが困難なものが、やむを得ない事由により介護保険法に規定する地域密着型介護老人福祉施設又は介護老人福祉施設に入所することが著しく困難であると認めるときは、その者を当該市町村の設置する特別養護老人ホームに入所させ、又は当該市町村以外の者の設置する特別養護老人ホームに入所を委託すること。

（軽費老人ホーム）

第20条の6　軽費老人ホームは、無料又は低額な料金で、老人を入所させ、食事の提供その他日常生活上必要な便宜を供与することを目的とする施設（第20条の2の2から前条までに定める施設を除く。）とする。

（老人福祉センター）

第20条の7 老人福祉センターは、無料又は低額な料金で、老人に関する各種の相談に応ずるとともに、老人に対して、健康の増進、教養の向上及びレクリエーションのための便宜を総合的に供与することを目的とする施設とする。

（老人介護支援センター）

第20条の7の2 老人介護支援センターは、地域の老人の福祉に関する各般の問題につき、老人、その者を現に養護する者、地域住民その他の者からの相談に応じ、必要な助言を行うとともに、主として居宅において介護を受ける老人又はその者を現に養護する者と市町村、老人居宅生活支援事業を行う者、老人福祉施設、医療施設、老人クラブその他老人の福祉を増進することを目的とする事業を行う者等との連絡調整その他の厚生労働省令で定める援助を総合的に行うことを目的とする施設とする。

2　老人介護支援センターの設置者（設置者が法人である場合にあつては、その役員）若しくはその職員又はこれらの職にあつた者は、正当な理由なしに、その業務に関して知り得た秘密を漏らしてはならない。

（届出等）

第29条 有料老人ホーム（老人を入居させ、入浴、排せつ若しくは食事の介護、食事の提供又はその他の日常生活上必要な便宜であつて厚生労働省令で定めるもの（以下「介護等」という。）の供与（他に委託して供与をする場合及び将来において供与をすることを約する場合を含む。第13項を除き、以下この条において同じ。）をする事業を行う施設であつて、老人福祉施設、認知症対応型老人共同生活援助事業を行う住居その他厚生労働省令で定める施設でないものをいう。以下同じ。）を設置しようとする者は、あらかじめ、その施設を設置しようとする地の都道府県知事に、次の各号に掲げる事項を届け出なければならない。

(1)～(3)　省略

母子及び父子並びに寡婦福祉法 （昭和39年7月　法律第129号　最終改正　令和4年6月法律第76号）

（施設の種類）

第39条 母子・父子福祉施設の種類は、次のとおりとする。

(1)　母子・父子福祉センター

(2)　母子・父子休養ホーム

2　母子・父子福祉センターは、無料又は低額な料金で、母子家庭等に対して、各種の相談に応ずるとともに、生活指導及び生業の指導を行う等母子家庭等の福祉のための便宜を総合的に供与することを目的とする施設とする。

3　母子・父子休養ホームは、無料又は低額な料金で、母子家庭等に対して、レクリエーションその他休養のための便宜を供与することを目的とする施設とする。

職業能力開発促進法 （昭和44年7月　法律第64号　最終改正　令和4年6月法律第68号）

（国及び都道府県の行う職業訓練等）

第15条の7 国及び都道府県は、労働者が段階的かつ体系的に職業に必要な技能及びこれに関する知識を習得することができるように、次の各号に掲げる施設を第16条に定めるところにより設置して、当該施設の区分に応じ当該各号に規定する職業訓練を行うものとする。ただし、当該職業訓練のうち主として知識を習得するために行われるもので厚生労働省令

で定めるもの（都道府県にあつては、当該職業訓練のうち厚生労働省令で定める要件を参酌して条例で定めるもの）については、当該施設以外の施設においても適切と認められる方法により行うことができる。

(5)　障害者職業能力開発校（前各号に掲げる施設において職業訓練を受けることが困難な身体又は精神に障害がある者等に対して行うその能力に適応した普通職業訓練又は高度職業訓練を行うための施設をいう。以下同じ。）

地域における医療及び介護の総合的な確保の促進に関する法律

（平成元年6月　法律第64号　最終改正　令和5年5月法律第31号）

（定義）

第2条第4項　この法律において「特定民間施設」とは、介護給付等対象サービス等との連携の下に地域において保健サービス及び福祉サービスを総合的に提供する一群の施設であって、民間事業者が整備する次に掲げる施設から構成されるものをいう。

(1)　住民の老後における疾病予防のため有酸素運動（継続的に酸素を摂取して全身持久力に関する生理機能の維持又は回復のために行う身体の運動をいう。）を行わせるとともに、老人に対して機能訓練を行う施設であって、診療所が附置されていることその他の政令で定める要件に適合するもの

(2)　老人に対して、各種の相談に応ずるとともに、教養の向上及びレクリエーションのための便宜を総合的に供与する施設（老人福祉法第20条の7に規定する老人福祉センターを除く。）

(3)　イに掲げる施設であってロに掲げる施設が併せて設置されるもの

　　イ　身体上若しくは精神上の障害があって日常生活を営むのに支障がある老人又はその者を現に養護する者を通わせ、入浴若しくは給食又は介護方法の指導の実施その他の厚生労働省令で定める便宜を供与する施設

　　ロ　身体上又は精神上の障害があって日常生活を営むのに支障がある老人につきその者の居宅において入浴、排せつ、食事等の介護を行う事業その他のその者が居宅において日常生活を営むのに必要な便宜を供与する事業であって政令で定めるもののために必要な施設

介護保険法 （平成9年12月　法律第123号　最終改正　令和5年5月法律第31号）

第8条

28　この法律において「介護老人保健施設」とは、要介護者であって、主としてその心身の機能の維持回復を図り、居宅における生活を営むことができるようにするための支援が必要である者（その治療の必要の程度につき厚生労働省令で定めるものに限る。以下この項において単に「要介護者」という。）に対し、施設サービス計画に基づいて、看護、医学的管理の下における介護及び機能訓練その他必要な医療並びに日常生活上の世話を行うことを目的とする施設として、第94条第1項の都道府県知事の許可を受けたものをいい、「介護保健施設サービス」とは、介護老人保健施設に入所する要介護者に対し、施設サービス計画に基づいて行われる看護、医学的管理の下における介護及び機能訓練その他必要な医療並びに日常生活上の世話をいう。

29　この法律において「介護医療院」とは、要介護者であって、主として長期にわたり療養

が必要である者（その治療の必要の程度につき厚生労働省令で定めるものに限る。以下この項において単に「要介護者」という。）に対し、施設サービス計画に基づいて、療養上の管理、看護、医学的管理の下における介護及び機能訓練その他必要な医療並びに日常生活上の世話を行うことを目的とする施設として、第107条第1項の都道府県知事の許可を受けたものをいい、「介護医療院サービス」とは、介護医療院に入所する要介護者に対し、施設サービス計画に基づいて行われる療養上の管理、看護、医学的管理の下における介護及び機能訓練その他必要な医療並びに日常生活上の世話をいう。

障害者の日常生活及び社会生活を総合的に支援するための法律

（平成17年11月　法律第123号　最終改正　令和4年12月法律第104号）

第5条　この法律において「障害福祉サービス」とは、居宅介護、重度訪問介護、同行援護、行動援護、療養介護、生活介護、短期入所、重度障害者等包括支援、施設入所支援、自立訓練、就労選択支援、就労移行支援、就労継続支援、就労定着支援、自立生活援助及び共同生活援助をいい、「障害福祉サービス事業」とは、障害福祉サービス（障害者支援施設、独立行政法人国立重度知的障害者総合施設のぞみの園法（平成14年法律第167号）第11条第1号の規定により独立行政法人国立重度知的障害者総合施設のぞみの園が設置する施設（以下「のぞみの園」という。）その他主務省令で定める施設において行われる施設障害福祉サービス（施設入所支援及び主務省令で定める障害福祉サービスをいう。以下同じ。）を除く。）を行う事業をいう。

7　この法律において「生活介護」とは、常時介護を要する障害者として主務省令で定める者につき、主として昼間において、障害者支援施設その他の主務省令で定める施設において行われる入浴、排せつ又は食事の介護、創作的活動又は生産活動の機会の提供その他の主務省令で定める便宜を供与することをいう。

11　この法律において「障害者支援施設」とは、障害者につき、施設入所支援を行うとともに、施設入所支援以外の施設障害福祉サービスを行う施設（のぞみの園及び第一項の主務省令で定める施設を除く。）をいう。

12　この法律において「自立訓練」とは、障害者につき、自立した日常生活又は社会生活を営むことができるよう、主務省令で定める期間にわたり、身体機能又は生活能力の向上のために必要な訓練その他の主務省令で定める便宜を供与することをいう。

13　この法律において「就労選択支援」とは、就労を希望する障害者又は就労の継続を希望する障害者であって、就労移行支援若しくは就労継続支援を受けること又は通常の事業所に雇用されることについて、当該者による適切な選択のための支援を必要とするものとして主務省令で定める者につき、短期間の生産活動その他の活動の機会の提供を通じて、就労に関する適性、知識及び能力の評価並びに就労に関する意向及び就労するために必要な配慮その他の主務省令で定める事項の整理を行い、又はこれに併せて、当該評価及び当該整理の結果に基づき、適切な支援の提供のために必要な障害福祉サービス事業を行う者等との連絡調整その他の主務省令で定める便宜を供与することをいう。

14　この法律において「就労移行支援」とは、就労を希望する障害者及び通常の事業所に雇用されている障害者であって主務省令で定める事由により当該事業所での就労に必要な知識及び能力の向上のための支援を一時的に必要とするものにつき、主務省令で定める期間にわたり、生産活動その他の活動の機会の提供を通じて、就労に必要な知識及び能力の向

上のために必要な訓練その他の主務省令で定める便宜を供与することをいう。

15　この法律において「就労継続支援」とは、通常の事業所に雇用されることが困難な障害者及び通常の事業所に雇用されている障害者であって主務省令で定める事由により当該事業所での就労に必要な知識及び能力の向上のための支援を一時的に必要とするものにつき、就労の機会を提供するとともに、生産活動その他の活動の機会の提供を通じて、その知識及び能力の向上のために必要な訓練その他の主務省令で定める便宜を供与することをいう。

28　この法律において「地域活動支援センター」とは、障害者等を通わせ、創作的活動又は生産活動の機会の提供、社会との交流の促進その他の主務省令で定める便宜を供与する施設をいう。

29　この法律において「福祉ホーム」とは、現に住居を求めている障害者につき、低額な料金で、居室その他の設備を利用させるとともに、日常生活に必要な便宜を供与する施設をいう。

文化財保護法 (昭和25年5月　法律第214号　最終改正　令和4年6月法律第68号)

（文化財の定義）

第2条　この法律で「文化財」とは、次に掲げるものをいう。

(1)　建造物、絵画、彫刻、工芸品、書跡、典籍、古文書その他の有形の文化的所産で我が国にとつて歴史上又は芸術上価値の高いもの（これらのものと一体をなしてその価値を形成している土地その他の物件を含む。）並びに考古資料及びその他の学術上価値の高い歴史資料（以下「有形文化財」という。）

(2)　演劇、音楽、工芸技術その他の無形の文化的所産で我が国にとつて歴史上又は芸術上価値の高いもの（以下「無形文化財」という。）

(3)　衣食住、生業、信仰、年中行事等に関する風俗慣習、民俗芸能、民俗技術及びこれらに用いられる衣服、器具、家屋その他の物件で我が国民の生活の推移の理解のため欠くことのできないもの（以下「民俗文化財」という。）

(4)　貝づか、古墳、都城跡、城跡、旧宅その他の遺跡で我が国にとつて歴史上又は学術上価値の高いもの、庭園、橋梁、峡谷、海浜、山岳その他の名勝地で我が国にとつて芸術上又は観賞上価値の高いもの並びに動物（生息地、繁殖地及び渡来地を含む。）、植物（自生地を含む。）及び地質鉱物（特異な自然の現象の生じている土地を含む。）で我が国にとつて学術上価値の高いもの（以下「記念物」という。）

(5)　地域における人々の生活又は生業及び当該地域の風土により形成された景観地で我が国民の生活又は生業の理解のため欠くことのできないもの（以下「文化的景観」という。）

(6)　周囲の環境と一体をなして歴史的風致を形成している伝統的な建造物群で価値の高いもの（以下「伝統的建造物群」という。）

2　この法律の規定（第27条から第29条まで、第37条、第55条第1項第4号、第153条第1項第1号、第165条、第171条及び附則第3条の規定を除く。）中「重要文化財」には、国宝を含むものとする。

3　この法律の規定（第109条、第110条、第112条、第122条、第131条第1項第4号、第153条第1項第10号及び第11号、第165条並びに第171条の規定を除く。）中「史跡名勝天然記念物」には、特別史跡名勝天然記念物を含むものとする。

（指定）

第27条　文部科学大臣は、有形文化財のうち重要なものを重要文化財に指定することができる。

2　文部科学大臣は、重要文化財のうち世界文化の見地から価値の高いもので、たぐいない国民の宝たるものを国宝に指定することができる。

（重要有形民俗文化財及び重要無形民俗文化財の指定）

第78条　文部科学大臣は、有形の民俗文化財のうち特に重要なものを重要有形民俗文化財に、無形の民俗文化財のうち特に重要なものを重要無形民俗文化財に指定することができる。

2　前項の規定による重要有形民俗文化財の指定には、第28条第1項から第4項までの規定を準用する。

3　第1項の規定による重要無形民俗文化財の指定は、その旨を官報に告示してする。

（指定）

第109条　文部科学大臣は、記念物のうち重要なものを史跡、名勝又は天然記念物（以下「史跡名勝天然記念物」と総称する。）に指定することができる。

2　文部科学大臣は、前項の規定により指定された史跡名勝天然記念物のうち特に重要なものを特別史跡、特別名勝又は特別天然記念物（以下「特別史跡名勝天然記念物」と総称する。）に指定することができる。

3　前2項の規定による指定は、その旨を官報で告示するとともに、当該特別史跡名勝天然記念物又は史跡名勝天然記念物の所有者及び権原に基づく占有者に通知してする。

4　前項の規定により通知すべき相手方が著しく多数で個別に通知し難い事情がある場合には、文部科学大臣は、同項の規定による通知に代えて、その通知すべき事項を当該特別史跡名勝天然記念物又は史跡名勝天然記念物の所在地の市町村の事務所又はこれに準ずる施設の掲示場に掲示することができる。この場合においては、その掲示を始めた日から2週間を経過した時に同項の規定による通知が相手方に到達したものとみなす。

5　第1項又は第2項の規定による指定は、第3項の規定による官報の告示があつた日からその効力を生ずる。ただし、当該特別史跡名勝天然記念物又は史跡名勝天然記念物の所有者又は権原に基づく占有者に対しては、第3項の規定による通知が到達した時又は前項の規定によりその通知が到達したものとみなされる時からその効力を生ずる。

6　文部科学大臣は、第1項の規定により名勝又は天然記念物の指定をしようとする場合において、その指定に係る記念物が自然環境の保護の見地から価値の高いものであるときは、環境大臣と協議しなければならない。

（地方公共団体の事務）

第182条　地方公共団体は、文化財の管理、修理、復旧、公開その他その保存及び活用に要する経費につき補助することができる。

2　地方公共団体は、条例の定めるところにより、重要文化財、重要無形文化財、重要有形民俗文化財、重要無形民俗文化財及び史跡名勝天然記念物以外の文化財で当該地方公共団体の区域内に存するもののうち重要なものを指定して、その保存及び活用のため必要な措置を講ずることができる。

3　地方公共団体は、条例の定めるところにより、重要文化財、登録有形文化財、重要無形文化財、登録無形文化財、重要有形民俗文化財、重要無形民俗文化財、登録有形民俗文化財、登録無形民俗文化財、史跡名勝天然記念物及び登録記念物以外の文化財で当該地方公

共団体の区域内に存するもの（前項に規定する指定を行つているものを除く。）のうち、その文化財としての価値に鑑み保存及び活用のための措置が特に必要とされるものを当該地方公共団体の文化財に関する登録簿に登録して、その保存及び活用のため必要な措置を講ずることができる。

4　第2項に規定する条例の制定若しくはその改廃又は同項に規定する文化財の指定若しくはその解除を行つた場合には、教育委員会は、文部科学省令の定めるところにより、文化庁長官にその旨を報告しなければならない。

（第182条第3項に規定する登録をした文化財の登録の提案）

第182条の2　都道府県又は市町村の教育委員会（地方文化財保護審議会を置くものに限る。以下この条において同じ。）は、前条第3項に規定する登録をした文化財であつて第57条第1項、第76条の7第1項、第90条第1項、第90条の5第1項又は第132条第1項の規定により登録されることが適当であると思料するものがあるときは、文部科学省令で定めるところにより、文部科学大臣に対し、当該文化財を文化財登録原簿に登録することを提案することができる。

2　都道府県又は市町村の教育委員会は、前項の規定による提案をするときは、あらかじめ、地方文化財保護審議会の意見を聴かなければならない。

3　文部科学大臣は、第1項の規定による提案が行われた場合において、当該提案に係る文化財について第57条第1項、第76条の7第1項、第90条第1項、第90条の5第1項又は第132条第1項の規定による登録をしないこととしたときは、遅滞なく、その旨及びその理由を当該提案をした都道府県又は市町村の教育委員会に通知しなければならない。

附則第4条　この法律施行の際現に重要美術品等の保存に関する法律第2条第1項の規定により認定されている物件については、同法は当分の間、なおその効力を有する。この場合において、同法の施行に関する事務は、文化庁長官が行うものとし、同法中「国宝」とあるのは、「文化財保護法ノ規定ニ依ル重要文化財」と、「主務大臣」とあるのは、「文化庁長官」と、「当該物件ヲ国宝保存法第1条ノ規定ニ依リテ国宝トシテ指定シ又ハ前条」とあるのは、「前条」と読み替えるものとする。

2　文化審議会は、当分の間、文化庁長官の諮問に応じて重要美術品等の保存に関する法律第2条第1項の規定による認定の取消しに関する事項を調査審議し、及びこれに関し必要と認める事項を文化庁長官に建議する。

3　重要美術品等の保存に関する法律の施行に関しては、当分の間、第188条の規定を準用する。

重要美術品等ノ保存ニ関スル法律（昭和8年4月　法律第43号）（昭和25年5月30日法律第214号により廃止。ただし、文化財保護法附則第4条の規定により、なお効力を有するものとされる。）

朕帝国議会ノ協賛ヲ経タル重要美術品等ノ保存ニ関スル法律ヲ裁可シ茲ニ之ヲ公布セシム

第1条　歴史上又ハ美術上特ニ重要ナル価値アリト認メラルル物件（国宝ヲ除ク）ヲ輸出又ハ移出セントスル者ハ主務大臣ノ許可ヲ受クベシ但シ現存者ノ製作ニ係ルモノ、製作後50年ヲ経ザルモノ及輸入後1年ヲ経ザルモノハ此ノ限ニ在ラズ

第2条　前条ノ規定ニ依リ其ノ輸出又ハ移出ニ付許可ヲ要スル物件ハ主務大臣之ヲ認定シ其ノ旨ヲ官報ヲ以テ告示シ且当該物件ノ所有者ニ通知スベシ

②　前項ノ規定ニ依リ認定ノ告示アリタルトキハ売買、交換又ハ贈与ノ目的ヲ以テ当該物件ノ寄託ヲ受ケタル占有者ハ其ノ認定アリタルコトヲ知リタルモノト推定ス

第3条　主務大臣第1条ノ規定ニ依リ許可ノ申請アリタル場合ニ於テ許可ヲ為サザルトキハ許可申請ノ日ヨリ1年ヨリ長カラザル期間内ニ当該物件ヲ国宝保存法第1条ノ規定ニ依リテ国宝トシテ指定シ又ハ前条ノ規定ニ依ル認定ヲ取消スベシ

第4条　認定、其ノ取消及第2条ノ規定ニ依ル認定物件ノ所有者ニ付変更アリタル場合ノ届出ニ関スル事項ハ命令ヲ以テ之ヲ定ム

第5条　主務大臣ノ許可ナクシテ第2条ノ規定ニ依ル認定物件ヲ輸出又ハ移出シタル者ハ3年以下ノ懲役若ハ禁錮又ハ1000円以下ノ罰金ニ処ス

高圧ガス保安法（昭和26年6月　法律第204号　最終改正　令和6年5月法律第37号）

（製造の許可等）

第5条　次の各号の一に該当する者は、事業所ごとに、都道府県知事の許可を受けなければならない。

⑴　圧縮、液化その他の方法で処理することができるガスの容積（温度零度、圧力零パスカルの状態に換算した容積をいう。以下同じ。）が1日100立方メートル（当該ガスが政令で定めるガスの種類に該当するものである場合にあつては、当該政令で定めるガスの種類ごとに100立方メートルを超える政令で定める値）以上である設備（第56条の7第2項の認定を受けた設備を除く。）を使用して高圧ガスの製造（容器に充てんすることを含む。以下同じ。）をしようとする者（冷凍（冷凍設備を使用してする暖房を含む。以下同じ。）のため高圧ガスの製造をしようとする者及び液化石油ガスの保安の確保及び取引の適正化に関する法律（昭和42年法律第149号。以下「液化石油ガス法」という。）第2条第4項の供給設備に同条第1項の液化石油ガスを充てんしようとする者を除く。）

⑵　冷凍のためガスを圧縮し、又は液化して高圧ガスの製造をする設備でその1日の冷凍能力が20トン（当該ガスが政令で定めるガスの種類に該当するものである場合にあつては、当該政令で定めるガスの種類ごとに20トンを超える政令で定める値）以上のもの（第56条の7第2項の認定を受けた設備を除く。）を使用して高圧ガスの製造をしようとする者

（貯蔵所）

第16条　容積300立方メートル（当該ガスが政令で定めるガスの種類に該当するものである場合にあつては、当該政令で定めるガスの種類ごとに300立方メートルを超える政令で定める値）以上の高圧ガスを貯蔵するときは、あらかじめ都道府県知事の許可を受けて設置する貯蔵所（以下「第1種貯蔵所」という。）においてしなければならない。ただし、第1種製造者が第5条第1項の許可を受けたところに従つて高圧ガスを貯蔵するとき、又は液化石油ガス法第6条の液化石油ガス販売事業者が液化石油ガス法第2条第4項の供給設備若しくは液化石油ガス法第3条第2項第3号の貯蔵施設において液化石油ガス法第2条第1項の液化石油ガスを貯蔵するときは、この限りでない。

（消費）

第24条の2　圧縮モノシラン、圧縮ジボラン、液化アルシンその他の高圧ガスであつてその消費に際し災害の発生を防止するため特別の注意を要するものとして政令で定める種類のもの又は液化酸素その他の高圧ガスであつて当該ガスを相当程度貯蔵して消費する際に公共の安全を維持し、又は災害の発生を防止するために特別の注意を要するものとして政令で定める種類の高圧ガス（以下「特定高圧ガス」と総称する。）を消費する者（その消費する特定高圧ガスの貯蔵設備の貯蔵能力が当該特定高圧ガスの種類ごとに政令で定める数

量以上である者又はその消費に係る事業所以外の事業所から導管によりその消費する特定高圧ガスの供給を受ける者に限る。以下同じ。）は、事業所ごとに、消費開始の日の20日前までに、消費する特定高圧ガスの種類、消費（消費に係る貯蔵及び導管による輸送を含む。以下この項において同じ。）のための施設の位置、構造及び設備並びに消費の方法を記載した書面を添えて、その旨を都道府県知事に届け出なければならない。

液化石油ガスの保安の確保及び取引の適正化に関する法律

（昭和42年12月　法律第149号　最終改正　令和6年6月法律第67号）

（事業の登録）

第3条　液化石油ガス販売事業を行おうとする者は、2以上の都道府県の区域内に販売所を設置してその事業を行おうとする場合にあつては経済産業大臣の、一の都道府県の区域内にのみ販売所を設置してその事業を行おうとする場合にあつては当該販売所の所在地を管轄する都道府県知事（一の指定都市（地方自治法（昭和22年法律第67号）第252条の19第1項に規定する指定都市をいう。以下同じ。）の区域内にのみ販売所を設置してその事業を行おうとする場合にあつては、当該販売所の所在地を管轄する指定都市の長）の登録を受けなければならない。

❷ 電気設備に係る基準（抜すい）

電気設備に関する技術基準を定める省令（平成9年3月　通商産業省令第52号　最終改正　令和4年12月経済産業省令第96号）

（粉じんにより絶縁性能等が劣化することによる危険のある場所における施設）

第68条　粉じんの多い場所に施設する電気設備は、粉じんによる当該電気設備の絶縁性能又は導電性能が劣化することに伴う感電又は火災のおそれがないように施設しなければならない。

（可燃性のガス等により爆発する危険のある場所における施設の禁止）

第69条　次の各号に掲げる場所に施設する電気設備は、通常の使用状態において、当該電気設備が点火源となる爆発又は火災のおそれがないように施設しなければならない。

(1)　可燃性のガス又は引火性物質の蒸気が存在し、点火源の存在により爆発するおそれがある場所

(2)　粉じんが存在し、点火源の存在により爆発するおそれがある場所

(3)　火薬類が存在する場所

(4)　セルロイド、マッチ、石油類その他の燃えやすい危険な物質を製造し、又は貯蔵する場所

（腐食性のガス等により絶縁性能等が劣化することによる危険のある場所における施設）

第70条　腐食性のガス又は溶液の発散する場所（酸類、アルカリ類、塩素酸カリ、さらし粉、染料若しくは人造肥料の製造工場、銅、亜鉛等の製錬所、電気分銅所、電気めっき工場、開放形蓄電池を設置した蓄電池室又はこれらに類する場所をいう。）に施設する電気設備には、腐食性のガス又は溶液による当該電気設備の絶縁性能又は導電性能が劣化することに伴う感電又は火災のおそれがないよう、予防措置を講じなければならない。

（火薬庫内における電気設備の施設の禁止）

第71条　照明のための電気設備（開閉器及び過電流遮断器を除く。）以外の電気設備は、第69条の規定にかかわらず、火薬庫内には、施設してはならない。ただし、容易に着火しな

いような措置が講じられている火薬類を保管する場所にあって、特別の事情がある場合は、この限りでない。

（特別高圧の電気設備の施設の禁止）

第72条　特別高圧の電気設備は、第68条及び第69条の規定にかかわらず、第68条及び第69条各号に規定する場所には、施設してはならない。ただし、静電塗装装置、同期電動機、誘導電動機、同期発電機、誘導発電機又は石油の精製の用に供する設備に生ずる燃料油中の不純物を高電圧により帯電させ、燃料油と分離して、除去する装置及びこれらに電気を供給する電気設備（それぞれ可燃性のガス等に着火するおそれがないような措置が講じられたものに限る。）を施設するときは、この限りでない。

（接触電線の危険場所への施設の禁止）

第73条　接触電線は、第69条の規定にかかわらず、同条各号に規定する場所には、施設してはならない。

2　接触電線は、第68条の規定にかかわらず、同条に規定する場所には、施設してはならない。ただし、展開した場所において、低圧の接触電線及びその周囲に粉じんが集積することを防止するための措置を講じ、かつ、綿、麻、絹その他の燃えやすい繊維の粉じんが存在する場所にあっては、低圧の接触電線と当該接触電線に接触する集電装置とが使用状態において離れ難いように施設する場合は、この限りでない。

3　高圧接触電線は、第70条の規定にかかわらず、同条に規定する場所には、施設してはならない。

（電撃殺虫器、エックス線発生装置の施設場所の禁止）

第75条　電撃殺虫器又はエックス線発生装置は、第68条から第70条までに規定する場所には、施設してはならない。

（パイプライン等の電熱装置の施設の禁止）

第76条　パイプライン等（導管等により液体の輸送を行う施設の総体をいう。）に施設する電熱装置は、第68条から第70条までに規定する場所には、施設してはならない。ただし、感電、爆発又は火災のおそれがないよう、適切な措置を講じた場合は、この限りでない。

電気設備の技術基準の解釈について

　この電気設備の技術基準の解釈（以下「解釈」という。）は、電気設備に関する技術基準を定める省令（平成９年通商産業省令第52号。以下「省令」という。）に定める技術的要件を満たすものと認められる技術的内容をできるだけ具体的に示したものである。なお、省令に定める技術的要件を満たすものと認められる技術的内容はこの解釈に限定されるものではなく、省令に照らして十分な保安水準の確保が達成できる技術的根拠があれば、省令に適合するものと判断するものである。

　この解釈において、性能を規定しているものと規格を規定しているものとを併記して記載しているものは、いずれかの要件を満たすことにより、省令を満足することを示したものである。

　なお、この解釈に引用する規格のうち、民間規格評価機関（「民間規格評価機関の評価・承認による民間規格等の電気事業法に基づく技術基準（電気設備に関するもの）への適合性確認のプロセスについて（内規）」（20200702保局第2号 令和２年７月17日）に定める要件への適合性が国により確認され、公表された機関をいう。以下同じ。）が承認した規格については、当該民間規格評価機関がホームページに掲載するリストを参照すること。

（電気使用場所の施設及び小規模発電設備に係る用語の定義）（省令第1条）

第142条　この解釈において用いる電気使用場所の施設に係る用語であって、次の各号に掲げるものの定義は、当該各号による。

（1）　低圧幹線　第147条の規定により施設した開閉器又は変電所に準ずる場所に施設した

低圧開閉器を起点とする、電気使用場所に施設する低圧の電路であって、当該電路に、電気機械器具（配線器具を除く。以下この条において同じ。）に至る低圧電路であって過電流遮断器を施設するものを接続するもの

(2) 低圧分岐回路　低圧幹線から分岐して電気機械器具に至る低圧電路

(3) 低圧配線　低圧の屋内配線、屋側配線及び屋外配線

(4) 屋内電線　屋内に施設する電線路の電線及び屋内配線

(5) 電球線　電気使用場所に施設する電線のうち、造営物に固定しない白熱電灯に至るものであって、造営物に固定しないものをいい、電気機械器具内の電線を除く。

(6) 移動電線　電気使用場所に施設する電線のうち、造営物に固定しないものをいい、電球線及び電気機械器具内の電線を除く。

(7) 接触電線　電線に接触してしゅう動する集電装置を介して、移動起重機、オートクリーナその他の移動して使用する電気機械器具に電気の供給を行うための電線

(8) 防湿コード　外部編組に防湿剤を施したゴムコード

(9) 電気使用機械器具　電気を使用する電気機械器具をいい、発電機、変圧器、蓄電池その他これに類するものを除く。

(10) 家庭用電気機械器具　小型電動機、電熱器、ラジオ受信機、電気スタンド、電気用品安全法の適用を受ける装飾用電灯器具その他の電気機械器具であって、主として住宅その他これに類する場所で使用するものをいい、白熱電灯及び放電灯を除く。

(11) 配線器具　開閉器、遮断器、接続器その他これらに類する器具

(12) 白熱電灯　白熱電球を使用する電灯のうち、電気スタンド、携帯灯及び電気用品安全法の適用を受ける装飾用電灯器具以外のもの

(13) 放電灯　放電管、放電灯用安定器、放電灯用変圧器及び放電管の点灯に必要な附属品並び管灯回路の配線をいい、電気スタンドその他これに類する放電灯器具を除く。

（裸電線の使用制限） (省令第57条第2項)

第144条　電気使用場所に施設する電線には、裸電線を使用しないこと。ただし、次の各号のいずれかに該当する場合は、この限りでない。

(1) がいし引き工事による低圧電線であって次に掲げるものを、第157条の規定により展開した場所に施設する場合

　　イ　電気炉用電線

　　ロ　電線の被覆絶縁物が腐食する場所に施設するもの

　　ハ　取扱者以外の者が出入りできないように措置した場所に施設するもの

(2) バスダクト工事による低圧電線を、第163条の規定により施設する場合

(3) ライティングダクト工事による低圧電線を、第165条第3項の規定により施設する場合

(4) 接触電線を第173条、第174条又は第189条の規定により施設する場合

(5) 特別低電圧照明回路を第183条の規定により施設する場合

(6) 電気さくの電線を第192条の規定により施設する場合

（メタルラス張り等の木造造営物における施設） (省令第56条、第59条)

第145条　メタルラス張り、ワイヤラス張り又は金属板張りの木造の造営物に、がいし引き工事により屋内配線、屋側配線又は屋外配線（この条においては、いずれも管灯回路の配線を含む。）を施設する場合は、次の各号によること。

(1) 電線を施設する部分のメタルラス、ワイヤラス又は金属板の上面を木板、合成樹脂板

その他絶縁性及び耐久性のあるもので覆い施設すること。

(2) 電線がメタルラス張り、ワイヤラス張り又は金属板張りの造営材を貫通する場合は、その貫通する部分の電線を電線ごとにそれぞれ別個の難燃性及び耐水性のある堅ろうな絶縁管に収めて施設すること。

2 メタルラス張り、ワイヤラス張り又は金属板張りの木造の造営物に、合成樹脂管工事、金属管工事、金属可とう電線管工事、金属線ぴ工事、金属ダクト工事、バスダクト工事又はケーブル工事により、屋内配線、屋側配線又は屋外配線を施設する場合、又はライティングダクト工事により低圧屋内配線を施設する場合は、次の各号によること。

(1) メタルラス、ワイヤラス又は金属板と次に掲げるものとは、電気的に接続しないように施設すること。

　イ　金属管工事に使用する金属管、金属可とう電線管工事に使用する可とう電線管、金属線ぴ工事に使用する金属線ぴ又は合成樹脂管工事に使用する粉じん防爆型フレキシブルフィッチング

　ロ　合成樹脂管工事に使用する合成樹脂管、金属管工事に使用する金属管又は金属可とう電線管工事に使用する可とう電線管に接続する金属製のプルボックス

　ハ　金属管工事に使用する金属管、金属可とう電線管工事に使用する可とう電線管又は金属線ぴ工事に使用する金属線ぴに接続する金属製の附属品

　ニ　金属ダクト工事、バスダクト工事又はライティングダクト工事に使用するダクト

　ホ　ケーブル工事に使用する管その他の電線を収める防護装置の金属製部分又は金属製の電線接続箱

　ヘ　ケーブルの被覆に使用する金属体

(2) 金属管工事、金属可とう電線管工事、金属ダクト工事、バスダクト工事又はケーブル工事により施設する電線が、メタルラス張り、ワイヤラス張り又は金属板張りの造営材を貫通する場合は、その部分のメタルラス、ワイヤラス又は金属板を十分に切り開き、かつ、その部分の金属管、可とう電線管、金属ダクト、バスダクト又はケーブルに、耐久性のある絶縁管をはめる、又は耐久性のある絶縁テープを巻くことにより、メタルラス、ワイヤラス又は金属板と電気的に接続しないように施設すること。

3 メタルラス張り、ワイヤラス張り又は金属板張りの木造の造営物に、電気機械器具を施設する場合は、メタルラス、ワイヤラス又は金属板と電気機械器具の金属製部分とは、電気的に接続しないように施設すること。

(ケーブル工事)（省令第56条第1項、第57条第1項）

第164条　ケーブル工事による低圧屋内配線は、次項及び第3項に規定するものを除き、次の各号によること。

(1) 電線は、164－1表に規定するものであること。

164－1表

電線の種類		区　　分	
		使用電圧が300V以下のものを展開した場所又は点検できる隠ぺい場所に施設する場合	その他の場合
ケーブル		○	○
2種	キャブタイヤケーブル	○	
3種		○	○

4種		○	○
2種	クロロプレンキャブタイヤケーブル	○	
3種		○	○
4種		○	○
2種	クロロスルホン化ポリエチレンキャブタイヤケーブル	○	
3種		○	○
4種		○	○
2種	耐燃性エチレンゴムキャブタイヤケーブル	○	
3種		○	○
ビニルキャブタイヤケーブル		○	
耐燃性ポリオレフィンキャブタイヤケーブル		○	

（備考）○は、使用できることを示す。

(2) 重量物の圧力又は著しい機械的衝撃を受けるおそれがある箇所に施設する電線には、適当な防護装置を設けること。

(3) 電線を造営材の下面又は側面に沿って取り付ける場合は、電線の支持点間の距離をケーブルにあっては2m（接触防護措置を施した場所において垂直に取り付ける場合は、6m）以下、キャブタイヤケーブルにあっては1m以下とし、かつ、その被覆を損傷しないように取り付けること。

(4) 低圧屋内配線の使用電圧が300V以下の場合は、管その他の電線を収める防護装置の金属製部分、金属製の電線接続箱及び電線の被覆に使用する金属体には、D種接地工事を施すこと。ただし、次のいずれかに該当する場合は、管その他の電線を収める防護装置の金属製部分については、この限りでない。（関連省令第10条、第11条）

イ 防護装置の金属製部分の長さが4m以下のものを乾燥した場所に施設する場合

ロ 屋内配線の使用電圧が直流300V又は交流対地電圧150V以下の場合において、防護装置の金属製部分の長さが8m以下のものに簡易接触防護措置（金属製のものであって、防護措置を施す設備と電気的に接続するおそれがあるもので防護する方法を除く。）を施すとき又は乾燥した場所に施設するとき

(5) 低圧屋内配線の使用電圧が300Vを超える場合は、管その他の電線を収める防護装置の金属製部分、金属製の電線接続箱及び電線の被覆に使用する金属体には、C種接地工事を施すこと。ただし、接触防護措置（金属製のものであって、防護措置を施す設備と電気的に接続するおそれがあるもので防護する方法を除く。）を施す場合は、D種接地工事によることができる。（関連省令第10条、第11条）

2 電線を直接コンクリートに埋め込んで施設する低圧屋内配線は、次の各号によること。

(1) 電線は、MIケーブル、コンクリート直埋用ケーブル又は第120条第6項に規定する性能を満足するがい装を有するケーブルであること。

(2) コンクリート内では、電線に接続点を設けないこと。ただし、接続部において、ケーブルと同等以上の絶縁性能及び機械的保護機能を有するように施設する場合は、この限りでない。

(3) 工事に使用するボックスは、電気用品安全法の適用を受ける金属製若しくは合成樹脂製のもの又は黄銅若しくは銅で堅ろうに製作したものであること。

(4) 電線をボックス又はプルボックス内に引き込む場合は、水がボックス又はプルボックス

内に浸入し難いように適当な構造のブッシングその他これに類するものを使用すること。

(5) 前項第4号及び第5号の規定に準じること。

3 電線を建造物の電気配線用のパイプシャフト内に垂直につり下げて施設する低圧屋内配線は、次の各号によること。

(1) 電線は、次のいずれかのものであること。

イ 第9条第2項に規定するビニル外装ケーブル又はクロロプレン外装ケーブルであって、次に適合する導体を使用するもの

(イ) 導体に銅を使用するものにあっては、公称断面積が22㎟以上であること。

(ロ) 導体にアルミニウムを使用するものにあっては、次に適合すること。

① 軟アルミ線、半硬アルミ線及びアルミ成形単線以外のものであること。

② 公称断面積が30㎟以上であること。ただし、第9条第2項第1号ハの規定によるものにあっては、この限りでない。

ロ 垂直ちょう架用線付きケーブルであって、次に適合するもの

(イ) ケーブルは、(ロ)に規定するちょう架用線を第9条第2項に規定するビニル外装ケーブル又はクロロプレン外装ケーブルの外装に堅ろうに取り付けたものであること。

(ロ) ちょう架用線は、次に適合するものであること。

① 引張強さが5.93kN以上の金属線又は断面積が22㎟以上の亜鉛めっき鉄より線であって、断面積5.3㎟以上のものであること。

② ケーブルの重量（ちょう架用線の重量を除く。）の4倍の引張荷重に耐えるようにケーブルに取り付けること。

ハ 第9条第2項に規定するビニル外装ケーブル又はクロロプレン外装ケーブルの外装の上に当該外装を損傷しないように座床を施し、更にその上に第4条第2号に規定する亜鉛めっきを施した鉄線であって、引張強さが294N以上のもの又は直径1㎜以上の金属線を密により合わせた鉄線がい装ケーブル

(2) 電線及びその支持部分の安全率は、4以上であること。

(3) 電線及びその支持部分は、充電部分が露出しないように施設すること。

(4) 電線との分岐部分に施設する分岐線は、次によること。

イ ケーブルであること。

ロ 張力が加わらないように施設し、かつ、電線との分岐部分には、振留装置を施設すること。

ハ ロの規定により施設してもなお電線に損傷を及ぼすおそれがある場合は、さらに、適当な箇所に振留装置を施設すること。

(5) 第1項第2号、第4号及び第5号の規定に準じること。

(6) パイプシャフト内は、省令第70条及び第175条から第178条までに規定する場所でないこと。（関連省令第68条、第69条、第70条）

（特別高圧配線の施設）（省令第56条第1項、第57条第1項、第62条）

第169条 特別高圧屋内配線は、第191条の規定により施設する場合を除き、次の各号によること。

(1) 使用電圧は、100,000V以下であること。

(2) 電線は、ケーブルであること。

(3) ケーブルは、鉄製又は鉄筋コンクリート製の管、ダクトその他の堅ろうな防護装置に

282 資　料

収めて施設すること。

(4)　管その他のケーブルを収める防護装置の金属製部分、金属製の電線接続箱及びケーブルの被覆に使用する金属体には、A種接地工事を施すこと。ただし、接触防護措置（金属製のものであって、防護措置を施す設備と電気的に接続するおそれがあるもので防護する方法を除く。）を施す場合は、D種接地工事によることができる。（関連省令第10条、第11条）

(5)　危険のおそれがないように施設すること。

2　特別高圧屋内配線が、低圧屋内電線、管灯回路の配線、高圧屋内電線、弱電流電線等又は水管、ガス管若しくはこれらに類するものと接近又は交差する場合は、次の各号によること。

(1)　特別高圧屋内配線と低圧屋内電線、管灯回路の配線又は高圧屋内電線との離隔距離は、60cm以上であること。ただし、相互の間に堅ろうな耐火性の隔壁を設ける場合は、この限りでない。

(2)　特別高圧屋内配線と弱電流電線等又は水管、ガス管若しくはこれらに類するものとは、接触しないように施設すること。

3　使用電圧が35,000V以下の特別高圧屋側配線は、第111条（第1項を除く。）の規定に準じて施設すること。

4　使用電圧が35,000V以下の特別高圧屋外配線は、第120条から第125条まで及び第127条から第130条まで（第128条第1項を除く。）の規定に準じて施設すること。

5　使用電圧が35,000Vを超える特別高圧の屋側配線又は屋外配線は、第191条の規定により施設する場合を除き、施設しないこと。

（移動電線の施設）（省令第56条、第57条第1項、第66条）

第171条　低圧の移動電線は、第181条第1項第7号（第182条第5号において準用する場合を含む。）に規定するものを除き、次の各号によること。

(1)　電線の断面積は、0.75㎟以上であること。

(2)　電線は、171-1表に規定するものであること。

171-1表

電線の種類	区　　分		
	使用電圧が300V以下のもの		使用電圧が300Vを超えるもの
	屋内に施設する場合	屋側又は屋外に施設する場合	
ビニルコード	△※1		
ビニルキャブタイヤコード	△※1	△※2	
耐燃性ポリオレフィンコード	△※1		
耐燃性ポリオレフィンキャブタイヤコード	△※1	△※2	
防湿コード	○	○※2	
防湿コード以外のゴムコード	○※1		
ゴムキャブタイヤコード	○		
ビニルキャブタイヤケーブル	△	△	▲
耐燃性ポリオレフィンキャブタイヤケーブル	△	△	▲
1種　キャブタイヤケーブル	○		
2種　キャブタイヤケーブル	○	○	○

3種				
4種				
2種	クロロプレンキャブタイヤケーブル	○	○	○
3種				
4種				
2種	クロロスルホン化ポリエチレンキャブタイヤケーブル	○	○	○
3種				
4種				
2種	耐燃性エチレンゴムキャブタイヤケーブル	○	○	○
3種				

※1：乾燥した場所に施設する場合に限る。

※2：屋側に雨露にさらされないように施設する場合に限る。

（備考）

  1　○は、使用できることを示す。

  2　△は、次に掲げるものに附属する移動電線として使用する場合に限り使用できることを示す。

    （1）　差込み接続器を介さないで直接接続される放電灯、扇風機、電気スタンドその他の電気を熱として利用しない電気機械器具（配線器具を除く。以下この条において同じ。）

    （2）　電気温水器その他の高温部が露出せず、かつ、これに電線が触れるおそれがない構造の電熱器であって、電熱器と移動電線との接続部の温度が80℃以下であり、かつ、電熱器の外面の温度が100℃を超えるおそれがないもの

    （3）　移動点滅器

  3　▲は、電気を熱として利用しない電気機械器具に附属する移動電線に限り使用できることを示す。

（3）　屋内に施設する使用電圧が300Ｖ以下の移動電線が、次のいずれかに該当する場合は、第1号及び第2号の規定によらないことができる。

  イ　電気ひげそり、電気バリカンその他これらに類する軽小な家庭用電気機械器具に附属する移動電線に、長さ2.5m以下の金糸コードを使用し、これを乾燥した場所で使用する場合

  ロ　電気用品安全法の適用を受ける装飾用電灯器具（直列式のものに限る。）に附属する移動電線を乾燥した場所で使用する場合

  ハ　第172条第3項の規定によりエレベータ用ケーブルを使用する場合

  ニ　第190条の規定により溶接用ケーブルを使用する場合

（4）　移動電線と屋内配線との接続には、差込み接続器その他これに類する器具を用いること。ただし、移動電線をちょう架用線にちょう架して施設する場合は、この限りでない。

（5）　移動電線と屋側配線又は屋外配線との接続には、差込み接続器を用いること。

（6）　移動電線と電気機械器具との接続には、差込み接続器その他これに類する器具を用いること。ただし、簡易接触防護措置を施した端子にコードをねじ止めする場合は、この限りでない。

2　低圧の移動電線に接続する電気機械器具の金属製外箱に第29条第1項の規定により接地工事を施す場合において、当該移動電線に使用する多心コード又は多心キャブタイヤケーブルの線心のうちの1つを接地線として使用するときは、次の各号によること。

（1）　線心と造営物に固定している接地線との接続には、多心コード又は多心キャブタイヤケーブルと屋内配線、屋側配線又は屋外配線との接続に使用する差込み接続器その他これに類する器具の1極を用いること。

284　資　料

(2)　線心と電気機械器具の外箱との接続には、多心コード又は多心キャブタイヤケーブルと電気機械器具との接続に使用する差込み接続器その他これに類する器具の1極を用いること。ただし、多心コード又は多心キャブタイヤケーブルと電気機械器具とをねじ止めにより接続する場合は、この限りでない。

(3)　第1号及び第2号の規定における差込み接続器その他これに類する器具の接地線に接続する1極は、他の極と明確に区別することができる構造のものであること。

3　高圧の移動電線は、次の各号によること。

(1)　電線は、高圧用の3種クロロプレンキャブタイヤケーブル又は3種クロロスルホン化ポリエチレンキャブタイヤケーブルであること。

(2)　移動電線と電気機械器具とは、ボルト締めその他の方法により堅ろうに接続すること。

(3)　移動電線に電気を供給する電路（誘導電動機の2次側電路を除く。）は、次によること。

イ　専用の開閉器及び過電流遮断器を各極（過電流遮断器にあっては、多線式電路の中性極を除く。）に施設すること。ただし、過電流遮断器が開閉機能を有するものである場合は、過電流遮断器のみとすることができる。

ロ　地絡を生じたときに自動的に電路を遮断する装置を施設すること。

4　特別高圧の移動電線は、第191条第1項第8号の規定により屋内に施設する場合を除き、施設しないこと。

（低圧接触電線の施設）

（省令第56条第1項、第57条第1項、第2項、第59条第1項、第62条、第63条第1項、第73条第1項、第2項）

第173条　低圧接触電線（電車線及び第189条の規定により施設する接触電線を除く。以下この条において同じ。）は、機械器具に施設する場合を除き、次の各号によること。

(1)　展開した場所又は点検できる隠ぺい場所に施設すること。

(2)　がいし引き工事、バスダクト工事又は絶縁トロリー工事により施設すること。

(3)　低圧接触電線を、ダクト又はピット等の内部に施設する場合は、当該低圧接触電線を施設する場所に水がたまらないようにすること。

2　低圧接触電線をがいし引き工事により展開した場所に施設する場合は、機械器具に施設する場合を除き、次の各号によること。

(1)　電線の地表上又は床面上の高さは、3.5m以上とし、かつ、人が通る場所から手を伸ばしても触れることのない範囲に施設すること。ただし、電線の最大使用電圧が60V以下であり、かつ、乾燥した場所に施設する場合であって、簡易接触防護措置を施す場合は、この限りでない。

(2)　電線と建造物又は走行クレーンに設ける歩道、階段、はしご、点検台（電線のための専用の点検台であって、取扱者以外の者が容易に立ち入るおそれがないように施錠装置を施設したものを除く。）若しくはこれらに類するものとが接近する場合は、次のいずれかによること。

イ　離隔距離を、上方においては2.3m以上、側方においては1.2m以上とすること。

ロ　電線に人が触れるおそれがないように適当な防護装置を施設すること。

(3)　電線は、次に掲げるものであること。

イ　使用電圧が300V以下の場合は、引張強さ3.44kN以上のもの又は直径3.2㎜以上の硬銅線であって、断面積が8㎟以上のもの

ロ　使用電圧が300Vを超える場合は、引張強さ11.2kN以上のもの又は直径6㎜以上の

2 電気設備に係る基準（抜すい） 285

　　　硬銅線であって、断面積が28㎟以上のもの
　(4)　電線は、次のいずれかにより施設すること。
　　イ　各支持点において堅ろうに固定して施設すること。
　　ロ　支持点において、電線の重量をがいしで支えるのみとし、電線を固定せずに施設する場合は、電線の両端を耐張がいし装置により堅ろうに引き留めること。
　(5)　電線の支持点間隔及び電線相互の間隔は、173－1表によること。

173－1表

区　　　分			電線相互の間隔		支持点間隔
			電線を水平に配列する場合	その他の場合	
電線が揺動しないように施設する場合	使用電圧が150V以下のものを乾燥した場所に施設する場合であって、当該電線に電気を供給する屋内配線に定格電流が60A以下の過電流遮断器を施設するとき		3cm以上		0.5m以下
	上記以外の場合	屈曲半径1m以下の曲線部分	6cm（雨露にさらされる場所に施設する場合は、12cm）以上		1m以下
		その他の部分　電線の導体断面積が100㎟未満の場合			1.5m以下
		電線の導体断面積が100㎟以上の場合			2.5m以下
その他の場合	電線がたわみ難い導体である場合		14cm以上	20cm以上	6m以下
	上記以外の場合		14cm以上	20cm以上	6m以下
			28cm以上	40cm以上	12m以下

（備考）電線相互の間及び集電装置の充電部分と極性が異なる電線との間に堅ろうな絶縁性の隔壁を設ける場合は、電線相互間の距離を縮小することができる。

　(6)　電線と造営材との離隔距離及び当該電線に接触する集電装置の充電部分と造営材との離隔距離は、屋内の乾燥した場所に施設する場合は2.5cm以上、その他の場所に施設する場合は4.5cm以上であること。ただし、電線及び当該電線に接触する集電装置の充電部分と造営材との間に絶縁性のある堅ろうな隔壁を設ける場合は、この限りでない。
　(7)　がいしは、絶縁性、難燃性及び耐水性のあるものであること。
3　低圧接触電線をがいし引き工事により点検できる隠ぺい場所に施設する場合は、機械器具に施設する場合を除き、次の各号によること。
　(1)　電線には、前項第3号の規定に準ずるものであって、たわみ難い導体を使用すること。
　(2)　電線は、揺動しないように堅ろうに固定して施設すること。
　(3)　電線の支持点間隔は、173－2表に規定する値以下であること。

173－2表

区　　分	電線の導体断面積	支持点間隔
屈曲半径が1m以下の曲線部分	－	1m
その他の部分	100㎟未満	1.5m
	100㎟以上	2.5m

　(4)　電線相互の間隔は、12cm以上であること。
　(5)　電線と造営材との離隔距離及び当該電線に接触する集電装置の充電部分と造営材との離隔距離は、4.5cm以上であること。ただし、電線及び当該電線に接触する集電装置の充電部分と造営材との間に絶縁性のある堅ろうな隔壁を設ける場合は、この限りでない。
　(6)　前項第4号及び第7号の規定に準じて施設すること。
4　低圧接触電線をバスダクト工事により施設する場合は、次項に規定する場合及び機械器

具に施設する場合を除き、次の各号によること。

⑴ 第163条第1項第1号及び第2号の規定に準じて施設すること。

⑵ バスダクト及びその付属品は、日本産業規格 JIS C 8373（2007）「トロリーバスダクト」に適合するものであること。

⑶ バスダクトの開口部は、下に向けて施設すること。

⑷ バスダクトの終端部は、充電部分が露出しない構造のものであること。

⑸ 使用電圧が300V以下の場合は、金属製ダクトにはD種接地工事を施すこと。（関連省令第10条、第11条）

⑹ 使用電圧が300Vを超える場合は、金属製ダクトにはC種接地工事を施すこと。ただし、接触防護措置（金属製のものであって、防護措置を施すダクトと電気的に接続するおそれがあるもので防護する方法を除く。）を施す場合は、D種接地工事によることができる。（関連省令第10条、第11条）

⑺ 屋側又は屋外に施設する場合は、バスダクト内に水が浸入しないように施設すること。

5　低圧接触電線をバスダクト工事により屋内に施設する場合において、電線の使用電圧が直流30V（電線に接触防護措置を施す場合は、60V）以下のものを次の各号により施設するときは、前項各号の規定によらないことができる。

⑴ 第163条第1項第1号及び第2号の規定に準じて施設すること。

⑵ バスダクトは、次に適合するものであること。

イ　導体は、断面積20㎟以上の帯状又は直径5㎜以上の管状若しくは丸棒状の銅又は黄銅を使用したものであること。

ロ　導体支持物は、絶縁性、難燃性及び耐水性のある堅ろうなものであること。

ハ　ダクトは、鋼板又はアルミニウム板であって、厚さが173−3表に規定する値以上のもので堅ろうに製作したものであること。

173−3表

ダクトの最大幅（mm）	厚　さ　（mm）	
	鋼板	アルミニウム板
150以下	1.0	1.6
150を超え300以下	1.4	2.0
300を超え500以下	1.6	2.3
500を超え700以下	2.0	2.9
700超過	2.3	3.2

ニ　構造は、次に適合するものであること。

(イ) 日本産業規格 JIS C 8373（2007）「トロリーバスダクト」の「6.1 トロリーバスダクト」（異極露出充電部相互間及び露出充電部と非充電金属部との間の距離に係る部分を除く。）に適合すること。

(ロ) 露出充電部相互間及び露出充電部と非充電金属部との間の沿面距離及び空間距離は、それぞれ4㎜及び2.5㎜以上であること。

(ハ) 人が容易に触れるおそれのある場所にバスダクトを施設する場合は、導体相互間に絶縁性のある堅ろうな隔壁を設け、かつ、ダクトと導体との間に絶縁性のある介在物を有すること。

ホ　完成品は、日本産業規格 JIS C 8373（2007）「トロリーバスダクト」の「8 試験方

法」(「8.8 金属製ダクトとトロリーの金属フレームとの間の接触抵抗試験」を除く。)により試験したとき「5 性能」に適合するものであること。

(3) バスダクトは、乾燥した場所に施設すること。

(4) バスダクトの内部にじんあいが堆積することを防止するための措置を講じること。

(5) バスダクトに電気を供給する電路は、次によること。

　イ　次に適合する絶縁変圧器を施設すること。

　　(イ)　絶縁変圧器の1次側電路の使用電圧は、300V以下であること。

　　(ロ)　絶縁変圧器の1次巻線と2次巻線との間に金属製の混触防止板を設け、かつ、これにA種接地工事を施すこと。(関連省令第10条、第11条)

　　(ハ)　交流2,000Vの試験電圧を1の巻線と他の巻線、鉄心及び外箱との間に連続して1分間加えたとき、これに耐える性能を有すること。

　ロ　イの規定により施設する絶縁変圧器の2次側電路は、非接地であること。

6　低圧接触電線を絶縁トロリー工事により施設する場合は、機械器具に施設する場合を除き、次の各号によること。

(1) 絶縁トロリー線には、簡易接触防護措置を施すこと。

(2) 絶縁トロリー工事に使用する絶縁トロリー線及びその附属品は、日本産業規格 JIS C 3711 (2007)「絶縁トロリーシステム」に適合するものであること。

(3) 絶縁トロリー線の開口部は、下又は横に向けて施設すること。

(4) 絶縁トロリー線の終端部は、充電部分が露出しない構造のものであること。

(5) 絶縁トロリー線は、次のいずれかにより施設すること。

　イ　各支持点において堅ろうに固定して施設すること。

　ロ　両端を耐張引留装置により堅ろうに引き留めること。

(6) 絶縁トロリー線の支持点間隔は、173-4表に規定する値以下であること。

173-4表

区　　分			支持点間隔
前号イの規定により施設する場合	屈曲半径が3m以下の曲線部分		1m
	その他の部分	導体断面積が500㎟未満の場合	2m
		導体断面積が500㎟以上の場合	3m
前号ロの規定により施設する場合			6m

(7) 絶縁トロリー線及び当該絶縁トロリー線に接触する集電装置は、造営材と接触しないように施設すること。

(8) 絶縁トロリー線を湿気の多い場所又は水気のある場所に施設する場合は、屋外用ハンガ又は屋外用耐張引留装置を使用すること。

(9) 絶縁トロリー線を屋側又は屋外に施設する場合は、絶縁トロリー線に水が浸入してたまらないように施設すること。

7　機械器具に施設する低圧接触電線は、次の各号によること。

(1) 危険のおそれがないように施設すること。

(2) 電線には、接触防護措置を施すこと。ただし、取扱者以外の者が容易に接近できない場所においては、簡易接触防護措置とすることができる。

(3) 電線は、絶縁性、難燃性及び耐水性のあるがいしで機械器具に触れるおそれがないように支持すること。ただし、屋内において、機械器具に設けられる走行レールを低圧接

触電線として使用するものを次により施設する場合は、この限りでない。

イ　機械器具は、乾燥した木製の床又はこれに類する絶縁性のあるものの上でのみ取り扱うように施設すること。

ロ　使用電圧は、300V以下であること。

ハ　電線に電気を供給するために変圧器を使用する場合は、絶縁変圧器を使用すること。この場合において、絶縁変圧器の1次側の対地電圧は、300V以下であること。

ニ　電線には、A種接地工事（接地抵抗値が3Ω以下のものに限る。）を施すこと。（関連省令第10条、第11条）

8　低圧接触電線（機械器具に施設するものを除く。）が他の電線（次条に規定する高圧接触電線を除く。）、弱電流電線等又は水管、ガス管若しくはこれらに類するもの（以下この項において「他の電線等」という。）と接近又は交差する場合は、次の各号によること。

(1)　低圧接触電線をがいし引き工事により施設する場合は、低圧接触電線と他の電線等との離隔距離を、30cm以上とすること。

(2)　低圧接触電線をバスダクト工事により施設する場合は、バスダクトが他の電線等と接触しないように施設すること。

(3)　低圧接触電線を絶縁トロリー工事により施設する場合は、低圧接触電線と他の電線等との離隔距離を、10cm以上とすること。

9　低圧接触電線に電気を供給するための電路は、次の各号のいずれかによること。

(1)　開閉機能を有する専用の過電流遮断器を、各極に、低圧接触電線に近い箇所において容易に開閉することができるように施設すること。

(2)　専用の開閉器を低圧接触電線に近い箇所において容易に開閉することができるように施設するとともに、専用の過電流遮断器を各極（多線式電路の中性極を除く。）に施設すること。

10　低圧接触電線は、第175条第1項第3号に規定する場所に次の各号により施設する場合を除き、第175条に規定する場所に施設しないこと。

(1)　展開した場所に施設すること。

(2)　低圧接触電線及びその周囲に粉じんが集積することを防止するための措置を講じること。

(3)　綿、麻、絹その他の燃えやすい繊維の粉じんが存在する場所にあっては、低圧接触電線と当該低圧接触電線に接触する集電装置とが使用状態において離れ難いように施設すること。

11　低圧接触電線は、第176条から第178条までに規定する場所に施設しないこと。

（高圧又は特別高圧の接触電線の施設）（省令第56条第1項、第57条、第62条、第66条、第67条、第73条）

第174条　高圧接触電線（電車線を除く。以下この条において同じ。）は、次の各号によること。

(1)　展開した場所又は点検できる隠ぺい場所に、がいし引き工事により施設すること。

(2)　電線は、人が触れるおそれがないように施設すること。

(3)　電線は、引張強さ2.78kN以上のもの又は直径10mm以上の硬銅線であって、断面積70mm²以上のたわみ難いものであること。

(4)　電線は、各支持点において堅ろうに固定し、かつ、集電装置の移動により揺動しない

ように施設すること。

(5) 電線の支持点間隔は、6 m以下であること。

(6) 電線相互の間隔並びに集電装置の充電部分相互及び集電装置の充電部分と極性の異なる電線との離隔距離は、30cm以上であること。ただし、電線相互の間、集電装置の充電部分相互の間及び集電装置の充電部分と極性の異なる電線との間に絶縁性及び難燃性の堅ろうな隔壁を設ける場合は、この限りでない。

(7) 電線と造営材（がいしを支持するものを除く。以下この号において同じ。）との離隔距離及び当該電線に接触する集電装置の充電部分と造営材の離隔距離は、20cm以上であること。ただし、電線及び当該電線に接触する集電装置の充電部分と造営材との間に絶縁性及び難燃性のある堅ろうな隔壁を設ける場合はこの限りでない。

(8) がいしは、絶縁性、難燃性及び耐水性のあるものであること。

(9) 高圧接触電線に接触する集電装置の移動により無線設備の機能に継続的かつ重大な障害を及ぼすおそれがないように施設すること。

2 高圧接触電線及び当該高圧接触電線に接触する集電装置の充電部分が他の電線、弱電流電線等又は水管、ガス管若しくはこれらに類するものと接近又は交差する場合における相互の離隔距離は、次の各号によること。

(1) 高圧接触電線と他の電線又は弱電流電線等との間に絶縁性及び難燃性の堅ろうな隔壁を設ける場合は、30cm以上であること。

(2) 前号に規定する以外の場合は、60cm以上であること。

3 高圧接触電線に電気を供給するための電路は、次の各号によること。

(1) 次のいずれかによること。

　イ　開閉機能を有する専用の過電流遮断器を、各極に、高圧接触電線に近い箇所において容易に開閉することができるように施設すること。

　ロ　専用の開閉器を高圧接触電線に近い箇所において容易に開閉することができるように施設するとともに、専用の過電流遮断器を各極（多線式電路の中性極を除く。）に施設すること。

(2) 電路に地絡を生じたときに自動的に電路を遮断する装置を施設すること。ただし、高圧接触電線の電源側接続点から1km以内の電源側電路に専用の絶縁変圧器を施設する場合であって、電路に地絡を生じたときにこれを技術員駐在所に警報する装置を設けるときは、この限りでない。

4 高圧接触電線から電気の供給を受ける電気機械器具に接地工事を施す場合は、集電装置を使用するとともに、当該電気機械器具から接地極に至る接地線を、第1項第2号から第5号までの規定に準じて施設することができる。（関連省令第11条）

5 高圧接触電線は、第175条から第177条までに規定する場所に施設しないこと。

6 特別高圧の接触電線は、電車線を除き施設しないこと。

（粉じんの多い場所の施設）（省令第68条、第69条、第72条）

第175条　粉じんの多い場所に施設する低圧又は高圧の電気設備は、次の各号のいずれかにより施設すること。

(1) 爆燃性粉じん（マグネシウム、アルミニウム等の粉じんであって、空気中に浮遊した状態又は集積した状態において着火したときに爆発するおそれがあるものをいう。以下

この条において同じ。）又は火薬類の粉末が存在し、電気設備が点火源となり爆発する
おそれがある場所に施設する電気設備は、次によること。

イ　屋内配線、屋側配線、屋外配線、管灯回路の配線、第181条第1項に規定する小勢
　力回路の電線及び第182条に規定する出退表示灯回路の電線（以下この条において
　「屋内配線等」という。）は、次のいずれかによること。

（イ）金属管工事により、次に適合するように施設すること。

　　①　金属管は、薄鋼電線管又はこれと同等以上の強度を有するものであること。

　　②　ボックスその他の附属品及びプルボックスは、容易に摩耗、腐食その他の損傷
　　　を生じるおそれがないパッキンを用いて粉じんが内部に侵入しないように施設す
　　　ること。

　　③　管相互及び管とボックスその他の附属品、プルボックス又は電気機械器具とは、
　　　5山以上ねじ合わせて接続する方法その他これと同等以上の効力のある方法によ
　　　り、堅ろうに接続し、かつ、内部に粉じんが侵入しないように接続すること。

　　④　電動機に接続する部分で可とう性を必要とする部分の配線には、第159条第4
　　　項第1号に規定する粉じん防爆型フレキシブルフィッチングを使用すること。

（ロ）ケーブル工事により、次に適合するように施設すること。

　　①　電線は、キャブタイヤケーブル以外のケーブルであること。

　　②　電線は、第120条第6項に規定する性能を満足するがい装を有するケーブル又
　　　はMIケーブルを使用する場合を除き、管その他の防護装置に収めて施設するこ
　　　と。

　　③　電線を電気機械器具に引き込むときは、パッキン又は充てん剤を用いて引込口
　　　より粉じんが内部に侵入しないようにし、かつ、引込口で電線が損傷するおそれ
　　　がないように施設すること。

ロ　移動電線は、次によること。

（イ）電線は、3種キャブタイヤケーブル、3種クロロプレンキャブタイヤケーブル、
　　3種クロロスルホン化ポリエチレンキャブタイヤケーブル、3種耐燃性エチレンゴ
　　ムキャブタイヤケーブル、4種キャブタイヤケーブル、4種クロロプレンキャブタ
　　イヤケーブル又は4種クロロスルホン化ポリエチレンキャブタイヤケーブルである
　　こと。

（ロ）電線は、接続点のないものを使用し、損傷を受けるおそれがないように施設する
　　こと。

（ハ）イ（ロ）③の規定に準じて施設すること。

ハ　電線と電気機械器具とは、震動によりゆるまないように堅ろうに、かつ、電気的に
　完全に接続すること。

ニ　電気機械器具は、電気機械器具防爆構造規格（昭和44年労働省告示第16号）に規定
　する粉じん防爆特殊防じん構造のものであること。

ホ　白熱電灯及び放電灯用電灯器具は、造営材に直接堅ろうに取り付ける又は電灯つり
　管、電灯腕管等により造営材に堅ろうに取り付けること。

ヘ　電動機は、過電流が生じたときに爆燃性粉じんに着火するおそれがないように施設
　すること。

2 電気設備に係る基準(抜すい)　291

(2)　可燃性粉じん（小麦粉、でん粉その他の可燃性の粉じんであって、空中に浮遊した状態において着火したときに爆発するおそれがあるものをいい、爆燃性粉じんを除く。）が存在し、電気設備が点火源となり爆発するおそれがある場所に施設する電気設備は、次により施設すること。

イ　危険のおそれがないように施設すること。

ロ　屋内配線等は、次のいずれかによること。

　(イ)　合成樹脂管工事により、次に適合するように施設すること。

　　①　厚さ2mm未満の合成樹脂製電線管及びCD管以外の合成樹脂管を使用すること。

　　②　合成樹脂管及びボックスその他の附属品は、損傷を受けるおそれがないように施設すること。

　　③　ボックスその他の附属品及びプルボックスは、容易に摩耗、腐食その他の損傷を生じるおそれがないパッキンを用いる方法、すきまの奥行きを長くする方法その他の方法により粉じんが内部に侵入し難いように施設すること。

　　④　管と電気機械器具とは、第158条第3項第2号の規定に準じて接続すること。

　　⑤　電動機に接続する部分で可とう性を必要とする部分の配線には、第159条第4項第1号に規定する粉じん防爆型フレキシブルフィッチングを使用すること。

　(ロ)　金属管工事により、次に適合するように施設すること。

　　①　金属管は、薄鋼電線管又はこれと同等以上の強度を有するものであること。

　　②　管相互及び管とボックスその他の附属品、プルボックス又は電気機械器具とは、5山以上ねじ合わせて接続する方法その他これと同等以上の効力のある方法により、堅ろうに接続すること。

　　③　(イ)③及び⑤の規定に準じて施設すること。

　(ハ)　ケーブル工事により、次に適合するように施設すること。

　　①　前号イ(ロ)②の規定に準じて施設すること。

　　②　電線を電気機械器具に引き込むときは、引込口より粉じんが内部に侵入し難いようにし、かつ、引込口で電線が損傷するおそれがないように施設すること。

ハ　移動電線は、次によること。

　(イ)電線は、1種キャブタイヤケーブル以外のキャブタイヤケーブルであること。

　(ロ)電線は、接続点のないものを使用し、損傷を受けるおそれがないように施設すること。

　(ハ)ロ(ハ)②の規定に準じて施設すること。

ニ　電気機械器具は、電気機械器具防爆構造規格に規定する粉じん防爆普通防じん構造のものであること。

ホ　前号ハ、ホ及びへの規定に準じて施設すること。

(3)　第1号及び第2号に規定する以外の場所であって、粉じんの多い場所に施設する電気設備は、次によること。ただし、有効な除じん装置を施設する場合は、この限りでない。

イ　屋内配線等は、がいし引き工事、合成樹脂管工事、金属管工事、金属可とう電線管工事、金属ダクト工事、バスダクト工事（換気型のダクトを使用するものを除く。）又はケーブル工事により施設すること。

ロ　第1号ハの規定に準じて施設すること。

ハ　電気機械器具であって、粉じんが付着することにより、温度が異常に上昇するおそれがあるもの又は絶縁性能若しくは開閉機構の性能が損なわれるおそれがあるものには、防じん装置を施すこと。

ニ　綿、麻、絹その他の燃えやすい繊維の粉じんが存在する場所に電気機械器具を施設する場合は、粉じんに着火するおそれがないように施設すること。

(4)　国際電気標準会議規格 IEC 60079-14（2013）Explosive atmospheres - Part 14 : Electrical installations design, selection and erection の規定により施設すること。

2　特別高圧電気設備は、粉じんの多い場所に施設しないこと。

（可燃性ガス等の存在する場所の施設）（省令第69条、第72条）

第176条　可燃性のガス（常温において気体であり、空気とある割合の混合状態において点火源がある場合に爆発を起こすものをいう。）又は引火性物質（火のつきやすい可燃性の物質で、その蒸気と空気とがある割合の混合状態において点火源がある場合に爆発を起こすものをいう。）の蒸気（以下この条において「可燃性ガス等」という。）が漏れ又は滞留し、電気設備が点火源となり爆発するおそれがある場所における、低圧又は高圧の電気設備は、次の各号のいずれかにより施設すること。

(1)　次によるとともに、危険のおそれがないように施設すること。

イ　屋内配線、屋側配線、屋外配線、管灯回路の配線、第181条第1項に規定する小勢力回路の電線及び第182条に規定する出退表示灯回路の電線（以下この条において「屋内配線等」という。）は、次のいずれかによること。

(イ)　金属管工事により、次に適合するように施設すること。

①　金属管は、薄鋼電線管又はこれと同等以上の強度を有するものであること。

②　管相互及び管とボックスその他の附属品、プルボックス又は電気機械器具とは、5山以上ねじ合わせて接続する方法その他これと同等以上の効力のある方法により、堅ろうに接続すること。

③　電動機に接続する部分で可とう性を必要とする部分の配線には、第159条第4項第2号に規定する耐圧防爆型フレキシブルフィッチング又は同項第3号に規定する安全増防爆型フレキシブルフィッチングを使用すること。

(ロ)　ケーブル工事により、次に適合するように施設すること。

①　電線は、キャブタイヤケーブル以外のケーブルであること。

②　電線は、第120条第6項に規定する性能を満足するがい装を有するケーブル又はMIケーブルを使用する場合を除き、管その他の防護装置に収めて施設すること。

③　電線を電気機械器具に引き込むときは、引込口で電線が損傷するおそれがないようにすること。

ロ　屋内配線等を収める管又はダクトは、これらを通じてガス等がこの条に規定する以外の場所に漏れないように施設すること。

ハ　移動電線は、次によること。

(イ)　電線は、3種キャブタイヤケーブル、3種クロロプレンキャブタイヤケーブル、3種クロロスルホン化ポリエチレンキャブタイヤケーブル、3種耐燃性エチレンゴムキャブタイヤケーブル、4種キャブタイヤケーブル、4種クロロプレンキャブタイヤケーブル又は4種クロロスルホン化ポリエチレンキャブタイヤケーブルである

こと。

(ロ) 電線は、接続点のないものを使用すること。

(ハ) 電線を電気機械器具に引き込むときは、引込口より可燃性ガス等が内部に侵入し難いようにし、かつ、引込口で電線が損傷するおそれがないように施設すること。

ニ 電気機械器具は、電気機械器具防爆構造規格に適合するもの（第2号の規定によるものを除く。）であること。

ホ 前条第1号ハ、ホ及びへの規定に準じて施設すること。

(2) 日本産業規格 JIS C 60079-14（2008）「爆発性雰囲気で使用する電気機械器具－第14部：危険区域内の電気設備（鉱山以外）」の規定により施設すること。

2 特別高圧の電気設備は、次の各号のいずれかに該当する場合を除き、前項に規定する場所に施設しないこと。

(1) 特別高圧の電動機、発電機及びこれらに特別高圧の電気を供給するための電気設備を、次により施設する場合

イ 使用電圧は35,000V以下であること。

ロ 前項第1号及び第169条（第1項第1号及び第5項を除く。）の規定に準じて施設すること。

(2) 第191条の規定により施設する場合

（危険物等の存在する場所の施設）（省令第69条、第72条）

第177条 危険物（消防法（昭和23年法律第186号）第2条第7項に規定する危険物のうち第2類、第4類及び第5類に分類されるもの、その他の燃えやすい危険な物質をいう。）を製造し、又は貯蔵する場所（第175条、前条及び次条に規定する場所を除く。）に施設する低圧又は高圧の電気設備は、次の各号により施設すること。

(1) 屋内配線、屋側配線、屋外配線、管灯回路の配線、第181条第1項に規定する小勢力回路の電線及び第182条に規定する出退表示灯回路の電線（以下この条において「屋内配線等」という。）は、次のいずれかによること。

イ 合成樹脂管工事により、次に適合するように施設すること。

(イ) 合成樹脂管は、厚さ2mm未満の合成樹脂製電線管及びCD管以外のものであること。

(ロ) 合成樹脂管及びボックスその他の附属品は、損傷を受けるおそれがないように施設すること。

ロ 金属管工事により、薄鋼電線管又はこれと同等以上の強度を有する金属管を使用して施設すること。

ハ ケーブル工事により、次のいずれかに適合するように施設すること。

(イ) 電線に第120条第6項に規定する性能を満足するがい装を有するケーブル又はMIケーブルを使用すること。

(ロ) 電線を管その他の防護装置に収めて施設すること。

(2) 移動電線は、次によること。

イ 電線は、1種キャブタイヤケーブル以外のキャブタイヤケーブルであること。

ロ 電線は、接続点のないものを使用し、損傷を受けるおそれがないように施設すること。

ハ 移動電線を電気機械器具に引き込むときは、引込口で損傷を受けるおそれがないよ

294 資料

うに施設すること。

(3) 通常の使用状態において火花若しくはアークを発し、又は温度が著しく上昇するおそれがある電気機械器具は、危険物に着火するおそれがないように施設すること。

(4) 第175条第1項第1号ハ及びホの規定に準じて施設すること。

2 火薬類（火薬類取締法（昭和25年法律第149号）第2条第1項に規定する火薬類をいう。）を製造する場所又は火薬類が存在する場所（第175条第1項第1号、前条及び次条に規定する場所を除く。）に施設する低圧又は高圧の電気設備は、次の各号によること。

(1) 前項各号の規定に準じて施設すること。

(2) 電熱器具以外の電気機械器具は、全閉型のものであること。

(3) 電熱器具は、シーズ線その他の充電部分が露出していない発熱体を使用したものであり、かつ、温度の著しい上昇その他の危険を生じるおそれがある場合に電路を自動的に遮断する装置を有するものであること。

3 特別高圧の電気設備は、第1項及び第2項に規定する場所に施設しないこと。

（火薬庫の電気設備の施設） （省令第69条、第71条）

第178条 火薬庫（火薬類取締法第12条の火薬庫をいう。以下この条において同じ。）内には、次の各号により施設する照明器具及びこれに電気を供給するための電気設備を除き、電気設備を施設しないこと。

(1) 電路の対地電圧は、150V以下であること。

(2) 屋内配線及び管灯回路の配線は、次のいずれかによること。

　イ　金属管工事により、薄鋼電線管又はこれと同等以上の強度を有する金属管を使用して施設すること。

　ロ　ケーブル工事により、次に適合するように施設すること。

　　(イ) 電線は、キャブタイヤケーブル以外のケーブルであること。

　　(ロ) 電線は、第120条第6項に規定する性能を満足するがい装を有するケーブル又はＭＩケーブルを使用する場合を除き、管その他の防護装置に収めて施設すること。

(3) 電気機械器具は、全閉型のものであること。

(4) ケーブルを電気機械器具に引き込むときは、引込口でケーブルが損傷するおそれがないように施設すること。

(5) 第175条第1項第1号ハ及びホの規定に準じて施設すること。

2 火薬庫内の電気設備に電気を供給する電路は、次の各号によること。

(1) 火薬庫以外の場所において、専用の開閉器及び過電流遮断器を各極（過電流遮断器にあっては、多線式電路の中性極を除く。）に、取扱者以外の者が容易に操作できないように施設すること。ただし、過電流遮断器が開閉機能を有するものである場合は、過電流遮断器のみとすることができる。（関連省令第56条、第63条）

(2) 電路に地絡を生じたときに自動的に電路を遮断し、又は警報する装置を設けること。（関連省令第64条）

(3) 第1号の規定により施設する開閉器又は過電流遮断器から火薬庫に至る配線にはケーブルを使用し、かつ、これを地中に施設すること。（関連省令第56条）

（特別低電圧照明回路の施設） （省令第5条、第56条第1項、第57条第1項、第2項、第59条第1項、第62条、第63条第1項）

第183条 特別低電圧照明回路（両端を造営材に固定した導体又は一端を造営材の下面に固

定し吊り下げた導体により支持された白熱電灯に電気を供給する回路であって、専用の電源装置に接続されるものをいう。以下この条において同じ。）は、次の各号によること。

(1) 屋内の乾燥した場所に施設すること。

(2) 大地から絶縁し、次のものと電気的に接続しないように施設すること。

　イ　当該特別低電圧照明回路の電路以外の電路

　ロ　低圧屋内配線工事に用いる金属製の管、ダクト、線ぴその他これらに類するもの

(3) 白熱電灯を支持する電線（以下この条において「支持導体」という。）は、次によること。

　イ　引張強さ784N以上のもの又は断面積4㎟以上の軟銅線であって、接続される全ての照明器具の重量に耐えるものであること。

　ロ　展開した場所に施設すること。

　ハ　簡易接触防護措置を施すこと。

　ニ　造営材と絶縁し、かつ、堅ろうに固定して施設すること。

　ホ　造営材を貫通しないこと。

　ヘ　他の電線、弱電流電線又は金属製の水管、ガス管若しくはこれらに類するものと接触しないように施設すること。

　ト　支持導体相互は、通常の使用状態及び揺動した場合又はねじれた場合において、直接接触しないように施設すること。ただし、支持導体の一端を造営材に固定して施設するものであって、支持導体のいずれか一線に被覆線を用いる場合にあっては、この限りでない。

(4) 専用の電源装置から支持導体に電気を供給する電線（以下この条において「接続線」という。）は、次によること。

　イ　断面積1.5㎟以上の被覆線であって、その部分を通じて供給される白熱電灯の定格電流の合計以上の許容電流のあるものであること。

　ロ　展開した場所又は点検できる隠ぺい場所に施設すること。ただし、接続線にケーブル又はキャブタイヤケーブルを使用する場合にあっては、この限りでない。

　ハ　接続線には張力が加わらないように施設すること。ただし、支持導体と同等以上の強さを有するものを用いる場合は、この限りでない。

　ニ　造営材を貫通する場合は、接続線がケーブル又はキャブタイヤケーブルである場合を除き、貫通部を絶縁性のあるもので保護すること。

　ホ　メタルラス張り、ワイヤラス張り又は金属張りの造営材を貫通する場合は、接続線を防護装置に収めて施設する場合及び接続線がキャブタイヤケーブル又はケーブルである場合を除き、第145条第1項の規定に準じて施設すること。

　ヘ　メタルラス張り、ワイヤラス張り又は金属板張りの木造の造営物に施設する場合において、次のいずれかに該当するときは、第145条第2項の規定に準じて施設すること。

　　(イ)　接続線を金属製の防護装置に収めて施設する場合

　　(ロ)　接続線が金属被覆を有するケーブルである場合

　ト　金属製の水管、ガス管その他これらに類するものと接触しないように施設すること。

　チ　他の電線又は弱電流電線と接触しないように施設すること。ただし、接続線にケーブル又はキャブタイヤケーブルを使用する場合にあっては、この限りでない。

296 資料

2　特別低電圧照明回路に電気を供給する専用の電源装置は、次の各号によること。

(1)　電源装置は、次に適合するものであること。

イ　日本産業規格 JIS C 61558-2-6（2012）「入力電圧1100 V 以下の変圧器、リアクトル、電源装置及びこれに類する装置の安全性」に適合する安全絶縁変圧器又は日本産業規格 JIS C 8147-2-2（2011）「ランプ制御装置－第 2 - 2 部：直流又は交流電源用低電圧電球用電子トランスの個別要求事項」に適合する独立形安全超低電圧電子トランスであること。

ロ　1 次側の対地電圧は300 V 以下、2 次側の使用電圧は24 V 以下であること。

ハ　2 次側電路の最大使用電流は、25 A 以下であること。

ニ　2 次側電路に短絡を生じた場合に自動的に当該電路を遮断する装置を設けること。ただし、定格 2 次短絡電流が、最大使用電流の値を超えるおそれがない場合にあっては、この限りでない。

(2)　屋内の乾燥し、かつ、展開した場所に施設すること。ただし、耐火性の外箱に収めたものである場合は、点検できる隠ぺい場所に施設することができる。

(3)　造営材に固定して施設すること。ただし、展開した場所に施設し、かつ、差込み接続器を介して屋内配線と接続する場合は、この限りでない。

3　特別低電圧照明回路に使用する白熱電灯及び附属品の金属製部分は、第 1 項第 2 号並びに第 3 号ハ及びへの規定に準じて施設すること。

4　特別低電圧照明回路並びにこれに接続する電源装置、白熱電灯及び附属品は、省令第70条及び第175条から第178条までに規定する場所に施設しないこと。（関連省令第68条、第69条、第70条）

（放電灯の施設）（省令第56条第 1 項、第57条第 1 項、第59条第 1 項、第63条第 1 項）

第185条　管灯回路の使用電圧が1,000 V 以下の放電灯（放電管にネオン放電管を使用するものを除く。以下この条において同じ。）は、次の各号によること。

(1)　放電灯に電気を供給する電路の対地電圧は、150 V 以下であること。ただし、住宅以外の場所において、次により放電灯を施設する場合は、300 V 以下とすることができる。

イ　放電灯及びこれに附属する電線には、接触防護措置を施すこと。

ロ　放電灯用安定器（放電灯用変圧器を含む。以下この条において同じ。）は、配線と直接接続して施設すること。

(2)　放電灯用安定器は、放電灯用電灯器具に収める場合を除き、堅ろうな耐火性の外箱に収めてあるものを使用し、外箱を造営材から 1 cm以上離して堅ろうに取り付け、かつ、容易に点検できるように施設すること。

(3)　管灯回路の使用電圧が300 V を超える場合は、放電灯用変圧器を使用すること。

(4)　前号の放電灯用変圧器は、絶縁変圧器であること。ただし、放電管を取り外したときに 1 次側電路を自動的に遮断するように施設する場合は、この限りでない。

(5)　放電灯用安定器の外箱及び放電灯用電灯器具の金属製部分には、185－1 表に規定する接地工事を施すこと。ただし、次のいずれかに該当する場合は、この限りでない。

（関連省令第10条、第11条）

185-1表

管灯回路の使用電圧の区分	放電灯用変圧器の2次短絡電流又は管灯回路の動作電流	接地工事
高圧	1Aを超える場合	A種接地工事
300Vを超える低圧	1Aを超える場合	C種接地工事
上記以外の場合		D種接地工事

　　イ　管灯回路の対地電圧が150V以下の放電灯を乾燥した場所に施設する場合

　　ロ　管灯回路の使用電圧が300V以下の放電灯を乾燥した場所に施設する場合において、簡易接触防護措置（金属製のものであって、防護措置を施す設備と電気的に接続するおそれがあるもので防護する方法を除く。）を施し、かつ、その放電灯用安定器の外箱及び放電灯用電灯器具の金属製部分が、金属製の造営材と電気的に接続しないように施設するとき

　　ハ　管灯回路の使用電圧が300V以下又は放電灯用変圧器の2次短絡電流若しくは管灯回路の動作電流が50mA以下の放電灯を施設する場合において、放電灯用安定器を外箱に収め、かつ、その外箱と放電灯用安定器を収める放電灯用電灯器具とを電気的に接続しないように施設するとき

　　ニ　放電灯を乾燥した場所に施設する木製のショウウィンドー又はショウケース内に施設する場合において、放電灯用安定器の外箱及びこれと電気的に接続する金属製部分に簡易接触防護措置（金属製のものであって、防護措置を施す設備と電気的に接続するおそれがあるもので防護する方法を除く。）を施すとき

　(6)　湿気の多い場所又は水気のある場所に施設する放電灯には適当な防湿装置を施すこと。

2　使用電圧が300V以下の管灯回路の配線（放電管にネオン放電管を使用するものは除く。）は、次の各号によること。

　(1)　電線は、けい光灯電線又は直径1.6mmの軟銅線と同等以上の強さ及び太さの絶縁電線（屋外用ビニル絶縁電線、引込用ビニル絶縁電線及び引込用ポリエチレン絶縁電線を除く。）、キャブタイヤケーブル又はケーブルであること。

　(2)　第156条から第165条まで（第164条第3項を除く。）、第167条及び第172条第1項の規定に準じて施設すること。

3　使用電圧が300Vを超え1,000V以下の管灯回路の配線（放電管にネオン放電管を使用するものは除く。）は、次の各号のいずれかによるとともに、第167条の規定に準じて施設すること。

　(1)　がいし引き工事により、次に適合するように施設すること。

　　イ　展開した場所又は点検できる隠ぺい場所に施設すること。

　　ロ　電線は、けい光灯電線であること。ただし、展開した場所において、管灯回路の使用電圧が600V以下の場合は、直径1.6mmの軟銅線と同等以上の強さ及び太さの絶縁電線（屋外用ビニル絶縁電線、引込用ビニル絶縁電線及び引込用ポリエチレン絶縁電線を除く。）を使用することができる。

　　ハ　第157条第1項第2号、第3号、第7号及び第9号の規定に準じて施設すること。

　　ニ　電線を造営材の表面に沿って取り付ける場合は、電線の支持点間の距離は、管灯回路の使用電圧が600V以下の場合は2m以下、600Vを超える場合は1m以下であること。

ホ　電線には簡易接触防護措置を施すこと。
⑵　合成樹脂管工事により、次に適合するように施設すること。
　　イ　前号ロの規定に準じること。
　　ロ　第158条（第1項第1号及び第3項第5号を除く。）の規定に準じて施設すること。
　　ハ　合成樹脂管を金属製のプルボックス又は第159条第4項第1号に規定する粉じん防爆型フレキシブルフィッチングに接続して使用する場合は、プルボックス又は粉じん防爆型フレキシブルフィッチングには、D種接地工事を施すこと。（関連省令第10条、第11条）
⑶　金属管工事により、次に適合するように施設すること。
　　イ　第1号ロの規定に準じること。
　　ロ　第159条（第1項第1号並びに第3項第4号及び第5号を除く。）の規定に準じて施設すること。
　　ハ　金属管には、D種接地工事を施すこと。ただし、管の長さ（2本以上の管を接続して使用する場合は、その全長。以下この条において同じ。）が4m以下のものを乾燥した場所に施設し、かつ、簡易接触防護措置（金属製のものであって、防護措置を施す管と電気的に接続するおそれがあるもので防護する方法を除く。）を施す場合は、この限りでない。（関連省令第10条、第11条）
⑷　金属可とう電線管工事により、次に適合するように施設すること。
　　イ　第1号ロの規定に準じること。
　　ロ　第160条（第1項第1号及び第3項第5号から第7号までを除く。）の規定に準じて施設すること。
　　ハ　1種金属製可とう電線管には、直径1.6mmの裸軟銅線を全長にわたって挿入又は添加して、その裸軟銅線と1種金属製可とう電線管とを両端において電気的に完全に接続すること。ただし、管の長さが4m以下のものに簡易接触防護措置（金属製のものであって、防護措置を施す管と電気的に接続するおそれがあるもので防護する方法を除く。）を施す場合は、この限りでない。
　　ニ　可とう電線管には、D種接地工事を施すこと。ただし、管の長さが4m以下のものに簡易接触防護措置（金属製のものであって、防護措置を施す管と電気的に接続するおそれがあるもので防護する方法を除く。）を施す場合は、この限りでない。（関連省令第10条、第11条）
⑸　金属線ぴ工事により、次に適合するように施設すること。
　　イ　展開した場所又は点検できる隠ぺい場所であって、かつ、乾燥した場所に施設すること。
　　ロ　第1号ロの規定に準じること。
　　ハ　第161条（第1項第1号及び第3項第2号を除く。）の規定に準じて施設すること。
　　ニ　金属線ぴには、D種接地工事を施すこと。ただし、線ぴの長さ（2本以上の管を接続して使用する場合は、その全長）が4m以下のものに簡易接触防護措置（金属製のものであって、防護措置を施す線ぴと電気的に接続するおそれがあるもので防護する方法を除く。）を施す場合は、この限りでない。（関連省令第10条、第11条）
⑹　ケーブル工事により、次に適合するように施設すること。
　　イ　第164条（第1項第4号及び第5号並びに第3項を除く。）の規定に準じて施設する

こと。

　ロ　管その他の電線を収める防護装置の金属製部分、金属製の電線接続箱及び電線の被覆に使用する金属体には、D種接地工事を施すこと。ただし、長さが４m以下の防護装置の金属製部分又は長さが４m以下の電線を、乾燥した場所に施設し、かつ、簡易接触防護措置（金属製のものであって、防護措置を施す設備と電気的に接続するおそれがあるもので防護する方法を除く。）を施す場合は、この限りでない。（関連省令第10条、第11条）

(7)　乾燥した場所に施設し、内部を乾燥した状態で使用するショウウィンドー又はショウケース内の管灯回路の配線を外部から見えやすい箇所において造営材に接触して施設する場合は、次によること。

　イ　電線は、けい光灯電線であること。

　ロ　電線には、放電灯用安定器の口出し線又は放電灯用ソケットの口出し線との接続点以外に接続点を設けないこと。

　ハ　電線の接続点を造営材から離して施設すること。

　ニ　第172条第１項第４号及び第５号の規定に準じて施設すること。

(8)　乾燥した場所に施設するエスカレーター内の管灯回路の配線（点検できる隠ぺい場所に施設するものに限る。）を軟質ビニルチューブに収めて施設する場合は、次によること。

　イ　電線は、けい光灯電線を使用するとともに、電線ごとにそれぞれ別個の軟質ビニルチューブに収めること。

　ロ　軟質ビニルチューブは、日本産業規格 JIS C 2415（1994）「電気絶縁用押出しチューブ」の「6 検査」に適合するものであること。

　ハ　電線には、放電灯用安定器の口出し線又は放電灯用ソケットの口出し線との接続点以外に接続点を設けないこと。

　ニ　電線と接触する金属製の造営材には、D種接地工事を施すこと。（関連省令第10条、第11条）

4　管灯回路の使用電圧が1,000Vを超える放電灯は、次の各号によること。

(1)　屋内において機械器具の内部に安全に施設する場合を除き、次によること。

　イ　管灯回路の使用電圧は、高圧であること。

　ロ　放電灯用変圧器は、次に適合する絶縁変圧器であること。

　　(イ)　直径2.6㎜の導体を取り付けることができる黄銅製の接地端子を設け、かつ、鉄心と電気的に完全に接続した金属製の外箱に収めたものであること。

　　(ロ)　巻線相互及び巻線と大地の間に最大使用電圧の1.5倍の交流電圧（500V未満となる場合は、500V）を連続して10分間加えたとき、これに耐える性能を有すること。

　ハ　放電灯に電気を供給する電路には、専用の開閉器及び過電流遮断器を各極（過電流遮断器にあっては、多線式電路の中性極を除く。）に施設すること。ただし、過電流遮断器が開閉機能を有するものである場合は、過電流遮断器のみとすることができる。（関連省令第14条）

　ニ　管灯回路の配線は、第111条、第120条から第125条まで、第129条、第130条及び第151条第１項の規定に準じて施設すること。

(2)　屋内に施設する場合は、次によること。

イ　第1項第1号の規定に準じること。

ロ　放電管に接触防護措置を施すこと。

(3)　屋側又は屋外に施設する場合は、次によること。

イ　放電灯に電気を供給する電路の使用電圧は、低圧又は高圧であること。

ロ　放電管は、金属製の堅ろうな器具に収めるとともに、次により施設すること。

(イ)　器具は、地表上4.5m以上の高さに施設すること。

(ロ)　器具と他の工作物（架空電線を除く。）又は植物との離隔距離は、0.6m以上であること。

ハ　放電灯には、適当な防水装置を施すこと。

5　管灯回路の使用電圧が300Vを超える放電灯は、省令第70条及び第175条から第178条までに規定する場所に施設しないこと。（関連省令第68条、第69条、第70条、第71条）

（ネオン放電灯の施設）（省令第56条第1項、第57条第1項、第59条第1項）

第186条　管灯回路の使用電圧が1,000V以下のネオン放電灯（放電管にネオン放電管を使用する放電灯をいう。以下、この条において同じ。）は、次の各号によること。

(1)　次のいずれかの場所に、危険のおそれがないように施設すること。

イ　一部が開放された看板（開放部は、看板を取り付ける造営材側の側面にあるものに限る。）の枠内

ロ　密閉された看板の枠内

(2)　簡易接触防護措置を施すこと。

(3)　屋内に施設する場合は、前条第1項第1号の規定に準じること。

(4)　放電灯用変圧器は、次のいずれかのものであること。

イ　電気用品安全法の適用を受けるネオン変圧器

ロ　電気用品安全法の適用を受ける蛍光灯用安定器であって、次に適合するもの

(イ)　定格2次短絡電流は、1回路あたり50mA以下であること。

(ロ)　絶縁変圧器を使用すること。

(ハ)　2次側に口出し線を有すること。

(5)　管灯回路の配線は、次によること。

イ　電線は、けい光灯電線又はネオン電線であること。

ロ　電線は、看板枠内の側面又は下面に取り付け、かつ、電線と看板枠とは直接接触しないように施設すること。

ハ　電線の支持点間の距離は、1m以下であること。

ニ　第167条の規定に準じて施設すること。

(6)　管灯回路の配線のうち放電管の管極間を接続する部分を次により施設する場合は、前号イからハまでの規定によらないことができる。

イ　電線は、厚さ1mm以上のガラス管に収めて施設すること。ただし、電線の長さが10cm以下の場合はこの限りでない。

ロ　ガラス管の支持点間の距離は、0.5m以下であること。

ハ　ガラス管の支持点間のうち最も管端に近いものは、管端から8cm以上であって12cm以下の部分に設けること。

ニ　ガラス管は、看板枠内に堅ろうに取り付けること。

(7)　管灯回路の配線又は放電管の管極部分が看板枠を貫通する場合は、その部分を難燃性

2 電気設備に係る基準(抜すい) 301

　　　及び耐水性のある堅ろうな絶縁管に収めること。

　(8)　放電管は、次によること。

　　イ　看板枠及び造営材と接触しないように施設すること。

　　ロ　放電管の管極部分と看板枠又は造営材との離隔距離は、2cm以上であること。

　(9)　放電灯用変圧器の外箱及び金属製の看板枠には、D種接地工事を施すこと。（関連省令第10条、第11条）

　(10)　湿気の多い場所又は水気のある場所に施設するネオン放電灯には適当な防湿装置を施すこと。

2　管灯回路の使用電圧が1,000Vを超えるネオン放電灯は、次の各号によること。

　(1)　簡易接触防護措置を施すとともに、危険のおそれがないように施設すること。

　(2)　屋内に施設する場合は、前条第1項第1号の規定に準じること。

　(3)　放電灯用変圧器は、電気用品安全法の適用を受けるネオン変圧器であること。

　(4)　管灯回路の配線は、次によること。

　　イ　展開した場所又は点検できる隠ぺい場所に施設すること。

　　ロ　がいし引き工事により、次に適合するように施設すること。

　　　(イ)　電線は、ネオン電線であること。

　　　(ロ)　電線は、造営材の側面又は下面に取り付けること。ただし、電線を展開した場所に施設する場合において、技術上やむを得ないときは、この限りでない。

　　　(ハ)　電線の支持点間の距離は、1m以下であること。

　　　(ニ)　電線相互の間隔は、6cm以上であること。

　　　(ホ)　電線と造営材との離隔距離は186-1表に規定する値以上であること。

186-1表

施設場所の区分	使用電圧の区分	離隔距離
展開した場所	6,000V以下	2cm
	6,000Vを超え9,000V以下	3cm
	9,000V超過	4cm
点検できる隠ぺい場所	－	6cm

　　　(ヘ)　がいしは、絶縁性、難燃性及び耐水性のあるものであること。

　　ハ　管灯回路の配線のうち放電管の管極間を接続する部分、放電管取付け枠内に施設する部分又は造営材に沿い施設する部分（放電管からの長さが2m以下の部分に限る。）を次により施設する場合は、ロ（イ）から（ニ）までの規定によらないことができる。

　　　(イ)　電線は、厚さ1mm以上のガラス管に収めて施設すること。ただし、電線の長さが10cm以下の場合は、この限りでない。

　　　(ロ)　ガラス管の支持点間の距離は、50cm以下であること。

　　　(ハ)　ガラス管の支持点のうち最も管端に近いものは、管端から8cm以上であって12cm以下の部分に設けること。

　　　(ニ)　ガラス管は、造営材に堅ろうに取り付けること。

　　ニ　第167条の規定に準じて施設すること。

　(5)　管灯回路の配線又は放電管の管極部分が造営材を貫通する場合は、その部分を難燃性及び耐水性のある堅ろうな絶縁管に収めること。

　(6)　放電管は、造営材と接触しないように施設し、かつ、放電管の管極部分と造営材との

302　資　料

離隔距離は、第4号ロ（ホ）の規定に準じること。

(7) ネオン変圧器の外箱には、D種接地工事を施すこと。（関連省令第10条、第11条）

(8) ネオン変圧器の2次側電路を接地する場合は、次によること。

イ　2次側電路に地絡が生じたときに自動的に当該電路を遮断する装置を施設すること。（関連省令第15条）

ロ　接地線には、引張強さ0.39kN以上の容易に腐食し難い金属線又は直径1.6mm以上の軟銅線であって、故障の際に流れる電流を安全に通じることができるものを使用すること。（関連省令第11条）

(9) 湿気の多い場所又は水気のある場所に施設するネオン放電灯には適当な防湿装置を施すこと。

3　管灯回路の使用電圧が300Vを超えるネオン放電灯は、省令第70条及び第175条から第178条までに規定する場所に施設しないこと。（関連省令第68条、第69条、第70条、第71条）

（電気集じん装置等の施設） （省令第56条第1項、第57条第1項、第59条第1項、第60条、第69条、第72条）

第191条　使用電圧が特別高圧の電気集じん装置、静電塗装装置、電気脱水装置、電気選別装置その他の電気集じん応用装置（特別高圧の電気で充電する部分が装置の外箱の外に出ないものを除く。以下この条において「電気集じん応用装置」という。）及びこれに特別高圧の電気を供給するための電気設備は、次の各号によること。

(1) 電気集じん応用装置に電気を供給するための変圧器の1次側電路には、当該変圧器に近い箇所であって、容易に開閉することができる箇所に開閉器を施設すること。

(2) 電気集じん応用装置に電気を供給するための変圧器、整流器及びこれに附属する特別高圧の電気設備並びに電気集じん応用装置は、取扱者以外の者が立ち入ることのできないように措置した場所に施設すること。ただし、充電部分に人が触れた場合に人に危険を及ぼすおそれがない電気集じん応用装置にあっては、この限りでない。

(3) 電気集じん応用装置に電気を供給するための変圧器は、第16条第1項の規定に適合するものであること。

(4) 変圧器から整流器に至る電線及び整流器から電気集じん応用装置に至る電線は、次によること。ただし、取扱者以外の者が立ち入ることができないように措置した場所に施設する場合は、この限りでない。

イ　電線は、ケーブルであること。

ロ　ケーブルは、損傷を受けるおそれがある場所に施設する場合は、適当な防護装置を施すこと。

ハ　ケーブルを収める防護装置の金属製部分及び防食ケーブル以外のケーブルの被覆に使用する金属体には、A種接地工事を施すこと。ただし、接触防護措置（金属製のものであって、防護措置を施す設備と電気的に接続するおそれがあるもので防護する方法を除く。）を施す場合は、D種接地工事によることができる。（関連省令第10条、第11条）

(5) 残留電荷により人に危険を及ぼすおそれがある場合は、変圧器の2次側電路に残留電荷を放電するための装置を設けること。

(6) 電気集じん応用装置及びこれに特別高圧の電気を供給するための電気設備は、屋内に施設すること。ただし、使用電圧が特別高圧の電気集じん装置及びこれに電気を供給するための整流器から電気集じん装置に至る電線を次により施設する場合は、この限りで

ない。

　イ　電気集じん装置は、その充電部分に接触防護措置を施すこと。

　ロ　整流器から電気集じん装置に至る電線は、次によること。

　　(イ)　屋側に施設するものは、第1項第4号ハ（ただし書を除く。）の規定に準じて施設すること。

　　(ロ)　屋外のうち、地中に施設するものにあっては第120条及び第123条、地上に施設するものにあっては第128条、電線路専用の橋に施設するものにあっては第130条の規定に準じて施設すること。

(7)　静電塗装装置及びこれに特別高圧の電気を供給するための電線を第176条に規定する場所に施設する場合は、可燃性ガス等（第176条第1項に規定するものをいう。以下この条において同じ。）に着火するおそれがある火花若しくはアークを発するおそれがないように、又は可燃性ガス等に触れる部分の温度が可燃性ガス等の発火点以上に上昇するおそれがないように施設すること。

(8)　移動電線は、充電部分に人が触れた場合に人に危険を及ぼすおそれがない電気集じん応用装置に附属するものに限ること。

2　石油精製の用に供する設備に生じる燃料油中の不純物を高電圧により帯電させ、燃料油と分離して、除去する装置（以下この条において「石油精製用不純物除去装置」という。）及びこれに電気を供給する設備を第176条に規定する場所に施設する場合は、次の各号によること。

(1)　第176条第1項及び前項（第4号ハ、第7号及び第8号を除く。）の規定に準じて、かつ、危険のおそれがないように施設すること。

(2)　管その他のケーブルを収める防護装置の金属製部分、金属製の電線接続箱及びケーブルの被覆に使用する金属体及び電気機械器具の金属製外箱にはA種接地工事を施すこと。（関連省令第10条、第11条）

(3)　充電部分は燃料油の槽内の液相部から露出するおそれがないように施設すること。

(4)　石油精製用不純物除去装置に電気を供給するための変圧器の1次側電路には、専用の過電流遮断器を施設すること。（関連省令第14条）

（電気さくの施設）（省令第67条、第74条）

第192条　電気さくは、次の各号に適合するものを除き施設しないこと。

(1)　田畑、牧場、その他これに類する場所において野獣の侵入又は家畜の脱出を防止するために施設するものであること。

(2)　電気さくを施設した場所には、人が見やすいように適当な間隔で危険である旨の表示をすること。

(3)　電気さくは、次のいずれかに適合する電気さく用電源装置から電気の供給を受けるものであること。

　イ　電気用品安全法の適用を受ける電気さく用電源装置

　ロ　感電により人に危険を及ぼすおそれのないように出力電流が制限される電気さく用電源装置であって、次のいずれかから電気の供給を受けるもの

　　(イ)　電気用品安全法の適用を受ける直流電源装置

　　(ロ)　蓄電池、太陽電池その他これらに類する直流の電源

(4)　電気さく用電源装置（直流電源装置を介して電気の供給を受けるものにあっては、直

流電源装置）が使用電圧30 V以上の電源から電気の供給を受けるものである場合において、人が容易に立ち入る場所に電気さくを施設するときは、当該電気さくに電気を供給する電路には次に適合する漏電遮断器を施設すること。

イ　電流動作型のものであること。

ロ　定格感度電流が15mA以下、動作時間が0.1秒以下のものであること。

(5)　電気さくに電気を供給する電路には、容易に開閉できる箇所に専用の開閉器を施設すること。

(6)　電気さく用電源装置のうち、衝撃電流を繰り返して発生するものは、その装置及びこれに接続する電路において発生する電波又は高周波電流が無線設備の機能に継続的かつ重大な障害を与えるおそれがある場所には、施設しないこと。

（電撃殺虫器の施設）（省令第56条第1項、第59条第1項、第67条、第75条）

第193条　電撃殺虫器は、次の各号によること。

(1)　電撃殺虫器を施設した場所には、危険である旨の表示をすること。

(2)　電撃殺虫器は、電気用品安全法の適用を受けるものであること。

(3)　電撃殺虫器の電撃格子は、地表上又は床面上3.5m以上の高さに施設すること。ただし、2次側開放電圧が7,000 V以下の絶縁変圧器を使用し、かつ、保護格子の内部に人が手を入れたとき、又は保護格子に人が触れたときに絶縁変圧器の1次側電路を自動的に遮断する保護装置を設ける場合は、地表上又は床面上1.8m以上の高さに施設することができる。

(4)　電撃殺虫器の電撃格子と他の工作物（架空電線を除く。）又は植物との離隔距離は、0.3m以上であること。

(5)　電撃殺虫器に電気を供給する電路には、専用の開閉器を電撃殺虫器に近い箇所において容易に開閉することができるように施設すること。

2　電撃殺虫器は、次の各号に掲げる場所には施設しないこと。

(1)　電撃殺虫器及びこれに接続する電路において発生する電波又は高周波電流が無線設備の機能に継続的かつ重大な障害を与えるおそれがある場所

(2)　省令第70条及び第175条から第178条までに規定する場所

（エックス線発生装置の施設）（省令第56条第1項、第57条第1項、第2項、第59条第1項、第62条、第75条）

第194条　エックス線発生装置（エックス線管、エックス線管用変圧器、陰極加熱用変圧器及びこれらの附属装置並びにエックス線管回路の配線をいう。以下この条において同じ。）は、次の各号によること。

(1)　変圧器及び特別高圧の電気で充電するその他の器具（エックス線管を除く。）は、人が容易に触れるおそれがないように、その周囲にさくを設け、又は箱に収める等適当な防護装置を設けること。ただし、取扱者以外の者が出入りできないように措置した場所に施設する場合は、この限りでない。

(2)　エックス線管及びエックス線管導線は、人が触れるおそれがないように適当な防護装置を設ける等危険のおそれがないように施設すること。ただし、取扱者以外の者が出入りできないように措置した場所に施設する場合は、この限りでない。

(3)　エックス線管導線には、金属被覆を施したケーブルを使用し、エックス線管及びエックス線回路の配線と完全に接続すること。ただし、エックス線管を人体に20cm以内に接近して使用する以外の場合において、次により施設するときは、十分な可とう性を有す

る断面積1.2㎜の軟銅より線を使用することができる。

　イ　エックス線管の移動等により電線にゆるみを生じることがないように巻取り車等適当な装置を設けること。

　ロ　エックス線管導線の露出する充電部分に1m以内に接近する金属体には、D種接地工事を施すこと。（関連省令第10条、第11条）

(4)　エックス線管導線の露出した充電部分と造営材、エックス線管を支持する金属体及び寝台の金属製部分との離隔距離は、エックス線管の最大使用電圧の波高値が100,000V以下の場合は15cm以上、100,000Vを超える場合は最大使用電圧の波高値と100,000Vの差を10,000Vで除した値（小数点以下を切り上げる。）に2cmを乗じたものを15cmに加えた値以上であること。ただし、相互の間に絶縁性の隔壁を堅ろうに取り付ける場合は、この限りでない。

(5)　エックス線管を人体に20cm以内に接近して使用する場合は、そのエックス線管に絶縁性被覆を施し、これを金属体で包むこと。

(6)　エックス線管回路の配線（エックス線管導線を除く。以下この条において同じ。）は、次のいずれかによること。

　イ　次に適合するエックス線用ケーブルを使用すること。
　　(イ)　構造は、日本産業規格 JIS C 3407（2003）「X線用高電圧ケーブル」の「5 材料、構造及び加工方法」に適合すること。
　　(ロ)　完成品は、日本産業規格 JIS C 3407（2003）「X線用高電圧ケーブル」の「4 特性」に適合すること。

　ロ　次に適合するように施設すること。
　　(イ)　電線の床上の高さは、194－1表に規定する値以上であること。ただし、取扱者以外の者が出入りできないように措置した場所に施設する場合は、この限りでない。
　　(ロ)　電線と造営材との離隔距離、電線相互の間隔、及び電線が低圧屋内電線、高圧屋内電線、管灯回路の配線、弱電流電線等又は水管、ガス管若しくはこれらに類するもの（以下この号において「低圧屋内電線等」という。）と接近又は交差する場合における電線とこれらのものとの離隔距離は、194－1表に規定する値以上であること。ただし、相互の間に絶縁性の隔壁を堅ろうに取り付け、又は電線を十分な長さの難燃性及び耐水性のある堅ろうな絶縁管に収めて施設する場合は、この限りでない。

194－1表

エックス線管の 最大使用電圧の区分	電線の床上の高さ	電線と造営材との 離隔距離	電線相互の間隔及び低圧 屋内電線等との離隔距離
100,000V以下	2.5m	0.3m	0.45m
100,000V超過	(2.5+c) m	(0.3+c) m	(0.45+c') m

（備考）
　1．エックス線管の最大使用電圧は、波高値で示す。
　2．cは、エックス線管の最大使用電圧と100,000Vの差を10,000Vで除した値（小数点以下を切り上げる。）に0.02を乗じたもの
　3．c'は、エックス線管の最大使用電圧と100,000Vの差を10,000Vで除した値（小数点以下を切り上げる。）に0.03を乗じたもの

(7)　エックス線管用変圧器及び陰極加熱変圧器の1次側電路には、開閉器を容易に開閉す

306 資　料

ることができるように施設すること。

(8) 1の特別高圧電気発生装置により2以上のエックス線管を使用する場合は、分岐点に近い箇所で、各エックス線管回路に開閉器を施設すること。

(9) 特別高圧電路に施設するコンデンサには、残留電荷を放電する装置を設けること。

(10) エックス線発生装置の次に掲げる部分には、D種接地工事を施すこと。(関連省令第10条、第11条)

イ　変圧器及びコンデンサの金属製外箱（大地から十分に絶縁して使用するものを除く。）

ロ　エックス線管導線に使用するケーブルの金属被覆

ハ　エックス線管を包む金属体

ニ　配線及びエックス線管を支持する金属体

(11) エックス線発生装置の特別高圧電路は、その最大使用電圧の波高値の1.05倍の試験電圧をエックス線管の端子間に連続して1分間加えたとき、これに耐える性能を有すること。(関連省令第5条第2項)

2　次の各号により施設する場合は、前項第1号から第5号までの規定によらないことができる。

(1) 取扱者以外の者が出入りできないように措置した場所及び床上の高さ2.5mを超える場所に施設する部分を除き、露出した充電部分がないように施設し、かつ、エックス線管に絶縁性被覆を施し、これを金属体で包むこと。

(2) エックス線管導線には、金属被覆を施したケーブルを使用し、エックス線管及びエックス線回路の配線と完全に接続すること。

3　エックス線発生装置は、省令第70条及び第175条から第178条までに規定する場所には施設しないこと。

（パイプライン等の電熱装置の施設）(省令第56条第1項、第57条第1項、第59条第1項、第63条第1項、第64条、第76条)

第197条　パイプライン等（導管及びその他の工作物により液体の輸送を行う施設の総体をいう。以下この条において同じ。）に発熱線を施設する場合（第4項の規定により施設する場合を除く。）は、次の各号によること。

(1) 発熱線に電気を供給する電路の使用電圧は、低圧であること。

(2) 発熱線は、次のいずれかのものであって、発生する熱に耐えるものであること。

イ　MIケーブル

ロ　露出して使用しないものにあっては、第195条第1項第2号イ及びロの規定に適合するもの

ハ　露出して使用するものにあっては、次に適合するもの

(イ) 日本産業規格 JIS C 3651（2014）「ヒーティング施設の施工方法」の「附属書A（規定）発熱線等」の「A.3性能」（「A.3.2外観」及び「A.3.3構造」を除く。）の第3種発熱線に係るものに適合すること。

(ロ) 日本産業規格 JIS C 3651（2014）「ヒーティング施設の施工方法」の「附属書A（規定）発熱線等」の「A.5.1外観」及び「A.5.2構造」の試験方法により試験したとき、「A.4構造及び材料」に適合すること。

(3) 発熱線に直接接続する電線は、MIケーブル、クロロプレン外装ケーブル（絶縁体が

2 電気設備に係る基準 (抜すい) 307

ブチルゴム混合物又はエチレンプロピレンゴム混合物のものに限る。）又はビニル外装
ケーブル（絶縁体がビニル混合物、架橋ポリエチレン混合物、ブチルゴム混合物又はエ
チレンプロピレンゴム混合物のものに限る。）であること。

(4) 発熱線は、次により施設すること。

イ　人が触れるおそれがなく、かつ、損傷を受けるおそれがないように、断熱材又は金
属製のボックス等の中に収めて施設すること。

ロ　発熱線の温度は、被加熱液体の発火温度の80%を超えないように施設すること。

ハ　発熱線は、他の電気設備、弱電流電線等、他のパイプライン等又はガス管若しくは
これに類するものに電気的、磁気的又は熱的な障害を及ぼさないように施設すること。

(5) 発熱線相互又は発熱線と電線とを接続する場合は、電流による接続部分の温度上昇が
接続部分以外の温度上昇より高くならないようにするとともに、次によること。

イ　接続部分には、接続管その他の器具を使用し、又はろう付けし、かつ、その部分を
発熱線の絶縁物と同等以上の絶縁効力のあるもので十分に被覆すること。

ロ　発熱線又は発熱線に直接接続する電線の被覆に使用する金属体相互を接続する場合
は、その接続部分の金属体を電気的に完全に接続すること。

(6) 発熱線及び発熱線に直接接続する電線の被覆に使用する金属体並びにパイプライン等
には、使用電圧が300 V以下のものにあってはD種接地工事、使用電圧が300 Vを超える
ものにあってはC種接地工事を施すこと。（関連省令第10条、第11条）

(7) 発熱線に電気を供給する電路は、次によること。

イ　専用の開閉器及び過電流遮断器を各極（過電流遮断器にあっては、多線式電路の中
性極を除く。）に施設すること。ただし、過電流遮断器が開閉機能を有するものであ
る場合は、過電流遮断器のみとすることができる。

ロ　電路に地絡を生じたときに自動的に電路を遮断する装置を施設すること。

(8) パイプライン等には、人が見やすい箇所に発熱線を施設してある旨を表示すること。

2　パイプライン等に電流を直接通じ、パイプライン等自体を発熱体とする装置（以下この
項において「直接加熱装置」という。）を施設する場合は、次の各号によること。

(1) 発熱体に電気を供給する電路の使用電圧は、交流（周波数が50Hz又は60Hzのものに
限る。）の低圧であること。

(2) 直接加熱装置に電気を供給する電路には、専用の絶縁変圧器を施設し、かつ、当該変
圧器の負荷側の電路は、非接地であること。

(3) 発熱体となるパイプライン等は、次に適合するものであること。

イ　導体部分の材料は、次のいずれかであること。

(イ) 日本産業規格 JIS G 3452（2019）「配管用炭素鋼鋼管」に規定する配管用炭素鋼
鋼管

(ロ) 日本産業規格 JIS G 3454（2017）「圧力配管用炭素鋼鋼管」（JIS G 3454（2019）
にて追補）に規定する圧力配管用炭素鋼鋼管

(ハ) 日本産業規格 JIS G 3456（2019）「高温配管用炭素鋼鋼管」に規定する高温配管
用炭素鋼鋼管

(ニ) 民間規格評価機関として日本電気技術規格委員会が承認した規格である「配管用
アーク溶接炭素鋼鋼管」に規定する配管用アーク溶接炭素鋼鋼管

(ホ) 民間規格評価機関として日本電気技術規格委員会が承認した規格である「配管用

ステンレス鋼鋼管」に規定する配管用ステンレス鋼鋼管

ロ　絶縁体（ハに規定するものを除く。）は、次に適合するものであること。

　（イ）材料は、次のいずれかであること。

　　①　民間規格評価機関として日本電気技術規格委員会が承認した規格である「電気用二軸配向ポリエチレンテレフタレートフィルム」に規定する電気用二軸配向ポリエチレンテレフタレートフィルム

　　②　日本産業規格 JIS C 2338（2012）「電気絶縁用ポリエステル粘着テープ」に規定する電気絶縁用ポリエステルフィルム粘着テープ

　　③　日本産業規格 JIS K 7137-1（2001）「プラスチック－ポリテトラフルオロエチレン（PTFE）素材－第1部：要求及び分類」に規定するFP3E3と同等以上のもの

　　④　電気用品の技術上の基準を定める省令の解釈別表第1附表第14に規定する試験を行ったとき、これに適合するポリエチレン混合物

　（ロ）厚さは0.5mm以上であること。

ハ　発熱体相互のフランジ接合部及び発熱体とベント管、ドレン管等の附属物との接続部分に挿入する絶縁体は、次に適合するものであること。

　（イ）材料は、次のいずれかであること。

　　①　日本産業規格 JIS K 6912（1995）「熱硬化性樹脂積層板」（JIS K 6912（2006）にて追補）に規定する熱硬化性樹脂積層板のうちガラス布基材けい素樹脂積層板、ガラス布基材エポキシ樹脂積層板又はガラスマット基材ポリエステル樹脂積層板

　　②　日本産業規格 JIS K 7137-1（2001）「プラスチック－ポリテトラフルオロエチレン（PTFE）素材－第1部：要求及び分類」に規定するSP3E3と同等以上のもの

　（ロ）厚さは、1mm以上であること。

ニ　完成品は、発熱体と外被（外被が金属製でない場合は、外被に取り付けた試験用金属板）との間に1,500Vの交流電圧を連続して1分間加えたとき、これに耐える性能を有すること。

⑷　発熱体は、次により施設すること。

イ　発熱体相互の接続は、溶接又はフランジ接合によること。

ロ　発熱体には、シューを直接取り付けないこと。

ハ　発熱体相互のフランジ接合部及び発熱体とベント管、ドレン管等の附属物との接続部分には、発熱体の発生する熱に十分耐える絶縁物を挿入すること。

ニ　発熱体は、人が触れるおそれがないように絶縁物で十分に被覆すること。

⑸　発熱体と電線とを接続する場合は、次によること。

イ　発熱体には、電線の絶縁が損なわれない十分な長さの端子をろう付け又は溶接すること。

ロ　端子は、発熱体の絶縁物と同等以上の絶縁効力のあるもので十分に被覆し、その上を堅ろうな非金属製の保護管で防護すること。

⑹　発熱体の断熱材の金属製外被及び発熱体と絶縁物を介したパイプライン等の金属製非充電部分には、使用電圧が300V以下のものにあってはD種接地工事、使用電圧が300Vを超えるものにあってはC種接地工事を施すこと。（関連省令第10条、第11条）

⑺　前項第4号ロ及びハ並びに第7号及び第8号の規定に準じて施設すること。

3　パイプライン等に表皮電流加熱装置を施設する場合は、次の各号によること。

(1) 発熱体に電気を供給する電路の使用電圧は、交流（周波数が50Hz又は60Hzのものに限る。）の低圧又は高圧であること。

(2) 表皮電流加熱装置に電気を供給する電路には、専用の絶縁変圧器を施設し、かつ、当該変圧器から発熱線に至る電路は、非接地であること。ただし、発熱線と小口径管とを電気的に接続しないものにあっては、この限りでない。

(3) 小口径管は、次によること。

　イ　小口径管は、日本産業規格 JIS G 3452（2019）「配管用炭素鋼鋼管」に規定する配管用炭素鋼鋼管に適合するものであること。

　ロ　小口径管に附属するボックスは、鋼板で堅ろうに製作したものであること。

　ハ　小口径管相互及び小口径管とボックスとの接続は、溶接によること。

　ニ　小口径管をパイプライン等に沿わせる場合は、ろう付け又は溶接により、発生する熱をパイプライン等に均一に伝えるようにすること。

(4) 発熱線は、第195条第4項第4号イからニまでの規定に適合するものであること。

(5) 小口径管又は発熱線に直接接続する電線は、発熱線と同等以上の絶縁効力及び耐熱性を有するものであること。

(6) 発熱線相互又は電線と発熱線若しくは小口径管（ボックスを含む。）とを接続する場合は、電流による接続部分の温度上昇が接続部分以外の温度上昇より高くならないようにするとともに、次によること。

　イ　接続部分には、接続管その他の器具を使用し、又はろう付けすること。

　ロ　接続部分には、鋼板で堅ろうに製作したボックスを使用すること。

　ハ　発熱線相互又は発熱線と電線との接続部分は、発熱線の絶縁物と同等以上の絶縁効力のあるもので十分に被覆すること。

(7) 小口径管（ボックスを含む。）には、使用電圧が300V以下のものにあってはD種接地工事、使用電圧が300Vを超える低圧のものにあってはC種接地工事、使用電圧が高圧のものにあってはA種接地工事を施すこと。（関連省令第10条、第11条）

(8) 第1項第4号ロ及びハ並びに第7号及び第8号の規定に準じて施設すること。

4　発熱線を送配水管又は水道管に固定して施設する場合（電気用品安全法の適用を受ける水道凍結防止器を使用する場合を除く。）は、第2項又は第3項のいずれかにより施設する場合を除き、次の各号によること。

(1) 発熱線に電気を供給する電路の使用電圧は、300V以下であること。

(2) 発熱線は、第1項第2号の規定に適合するものであること。

(3) 発熱線に直接接続する電線は、MIケーブル、クロロプレン外装ケーブル（絶縁体がブチルゴム混合物又はエチレンプロピレンゴム混合物のものに限る。）、ビニル外装ケーブル（絶縁体がビニル混合物、架橋ポリエチレン混合物、ブチルゴム混合物又はエチレンプロピレンゴム混合物のものに限る。）、又は第195条第1項第3号に適合する発熱線接続用ケーブルであること。

(4) 発熱線は、その温度が80℃を超えないように施設すること。

(5) 発熱線又は発熱線に直接接続する電線の被覆に使用する金属体には、D種接地工事を施すこと。（関連省令第10条、第11条）

(6) 第1項第4号イ及びハ並びに第5号及び第7号の規定に準じて施設すること。

310 資　料

労働安全衛生法 (昭和47年6月　法律第57号　最終改正　令和4年6月法律第68号)

（譲渡等の制限等）

第42条　特定機械等以外の機械等で、別表第2に掲げるものその他危険若しくは有害な作業を必要とするもの、危険な場所において使用するもの又は危険若しくは健康障害を防止するため使用するもののうち、政令で定めるものは、厚生労働大臣が定める規格又は安全装置を具備しなければ、譲渡し、貸与し、又は設置してはならない。

第43条の2　厚生労働大臣又は都道府県労働局長は、第42条の機械等を製造し、又は輸入した者が、当該機械等で、次の各号のいずれかに該当するものを譲渡し、又は貸与した場合には、その者に対し、当該機械等の回収又は改善を図ること、当該機械等を使用している者へ厚生労働省令で定める事項を通知することその他当該機械等が使用されることによる労働災害を防止するため必要な措置を講ずることを命ずることができる。

⑴　次条第5項の規定に違反して、同条第4項の表示が付され、又はこれと紛らわしい表示が付された機械等

⑵　第44条の2第3項に規定する型式検定に合格した型式の機械等で、第42条の厚生労働大臣が定める規格又は安全装置（第4号において「規格等」という。）を具備していないもの

⑶　第44条の2第6項の規定に違反して、同条第5項の表示が付され、又はこれと紛らわしい表示が付された機械等

⑷　第44条の2第1項の機械等以外の機械等で、規格等を具備していないもの

（型式検定）

第44条の2　第42条の機械等のうち、別表第4に掲げる機械等で政令で定めるものを製造し、又は輸入した者は、厚生労働省令で定めるところにより、厚生労働大臣の登録を受けた者（以下「登録型式検定機関」という。）が行う当該機械等の型式についての検定を受けなければならない。ただし、当該機械等のうち輸入された機械等で、その型式について次項の検定が行われた機械等に該当するものは、この限りでない。

2　前項に定めるもののほか、次に掲げる場合には、外国において同項本文の機械等を製造した者（以下この項及び第44条の4において「外国製造者」という。）は、厚生労働省令で定めるところにより、当該機械等の型式について、自ら登録型式検定機関が行う検定を受けることができる。

⑴　当該機械等を本邦に輸出しようとするとき。

⑵　当該機械等を輸入した者が外国製造者以外の者（以下この号において単に「他の者」という。）である場合において、当該外国製造者が当該他の者について前項の検定が行われることを希望しないとき。

3　登録型式検定機関は、前2項の検定（以下「型式検定」という。）を受けようとする者から申請があつた場合には、当該申請に係る型式の機械等の構造並びに当該機械等を製造し、及び検査する設備等が厚生労働省令で定める基準に適合していると認めるときでなければ、当該型式を型式検定に合格させてはならない。

4　登録型式検定機関は、型式検定に合格した型式について、型式検定合格証を申請者に交付する。

5　型式検定を受けた者は、当該型式検定に合格した型式の機械等を本邦において製造し、又は本邦に輸入したときは、当該機械等に、厚生労働省令で定めるところにより、型式検定に合格した型式の機械等である旨の表示を付さなければならない。型式検定に合格した

型式の機械等を本邦に輸入した者（当該型式検定を受けた者以外の者に限る。）についても、同様とする。

6 型式検定に合格した型式の機械等以外の機械等には、前項の表示を付し、又はこれと紛らわしい表示を付してはならない。

7 第1項本文の機械等で、第5項の表示が付されていないものは、使用してはならない。

別表第3（第44条関係）

1 ゴム、ゴム化合物又は合成樹脂を練るロール機の急停止装置のうち電気的制動方式のもの

2 第2種圧力容器

3 小型ボイラー

4 小型圧力容器

別表第4（第44条の2関係）

1 ゴム、ゴム化合物又は合成樹脂を練るロール機の急停止装置のうち電気的制動方式以外の制動方式のもの

2 プレス機械又はシャーの安全装置

3 防爆構造電気機械器具

4 クレーン又は移動式クレーンの過負荷防止装置

5 防じんマスク

6 防毒マスク

7 木材加工用丸のこ盤の歯の接触予防装置のうち可動式のもの

8 動力により駆動されるプレス機械のうちスライドによる危険を防止するための機構を有するもの

9 交流アーク溶接機用自動電撃防止装置

10 絶縁用保護具

11 絶縁用防具

12 保護帽

13 電動ファン付き呼吸用保護具

労働安全衛生法施行令（昭和47年8月 政令第318号 最終改正 令和5年9月政令第276号）

（厚生労働大臣が定める規格又は安全装置を具備すべき機械等）

第13条 法別表第2第2号の政令で定める圧力容器は、第2種圧力容器（船舶安全法の適用を受ける船舶に用いられるもの、自動車用燃料装置に用いられるもの及び電気事業法、高圧ガス保安法又はガス事業法の適用を受けるものを除く。）とする。

2 法別表第2第4号の政令で定める第1種圧力容器は、小型圧力容器（船舶安全法の適用を受ける船舶に用いられるもの、自動車用燃料装置に用いられるもの及び電気事業法、高圧ガス保安法又はガス事業法の適用を受けるものを除く。）とする。

（型式検定を受けるべき機械等）

第14条の2 法第44条の2第1項の政令で定める機械等は、次に掲げる機械等（本邦の地域内で使用されないことが明らかな場合を除く。）とする。

(1) ゴム、ゴム化合物又は合成樹脂を練るロール機の急停止装置のうち電気的制動方式以外の制動方式のもの

(2) プレス機械又はシャーの安全装置

(3) 防爆構造電気機械器具（船舶安全法の適用を受ける船舶に用いられるものを除く。）

(4) クレーン又は移動式クレーンの過負荷防止装置

(5) 防じんマスク（ろ過材及び面体を有するものに限る。）

(6) 防毒マスク（ハロゲンガス用又は有機ガス用のものその他厚生労働省令で定めるものに限る。）

(7) 木材加工用丸のこ盤の歯の接触予防装置のうち可動式のもの

(8) 動力により駆動されるプレス機械のうちスライドによる危険を防止するための機構を有するもの

(9) 交流アーク溶接機用自動電撃防止装置

(10) 絶縁用保護具（その電圧が、直流にあつては750ボルトを、交流にあつては300ボルトを超える充電電路について用いられるものに限る。）

(11) 絶縁用防具（その電圧が、直流にあつては750ボルトを、交流にあつては300ボルトを超える充電電路について用いられるものに限る。）

(12) 保護帽（物体の飛来若しくは落下又は墜落による危険を防止するためのものに限る。）

(13) 防じん機能を有する電動ファン付き呼吸用保護具

(14) 防毒機能を有する電動ファン付き呼吸用保護具（ハロゲンガス用又は有機ガス用のものその他厚生労働省令で定めるものに限る。）

労働安全衛生規則（昭和47年9月　労働省令第32号　最終改正　令和6年6月厚生労働省令第95号）

（規格に適合した機械等の使用）

第27条　事業者は、法別表第2に掲げる機械等及び令第13条第3項各号に掲げる機械等については、法第42条の厚生労働大臣が定める規格又は安全装置を具備したものでなければ、使用してはならない。

（通風等による爆発又は火災の防止）

第261条　事業者は、引火性の物の蒸気、可燃性ガス又は可燃性の粉じんが存在して爆発又は火災が生ずるおそれのある場所については、当該蒸気、ガス又は粉じんによる爆発又は火災を防止するため、通風、換気、除じん等の措置を講じなければならない。

（爆発の危険のある場所で使用する電気機械器具）

第280条　事業者は、第261条の場所のうち、同条の措置を講じても、なお、引火性の物の蒸気又は可燃性ガスが爆発の危険のある濃度に達するおそれのある箇所において電気機械器具（電動機、変圧器、コード接続器、開閉器、分電盤、配電盤等電気を通ずる機械、器具その他の設備のうち配線及び移動電線以外のものをいう。以下同じ。）を使用するときは、当該蒸気又はガスに対しその種類及び爆発の危険のある濃度に達するおそれに応じた防爆性能を有する防爆構造電気機械器具でなければ、使用してはならない。

2　労働者は、前項の箇所においては、同項の防爆構造電気機械器具以外の電気機械器具を使用してはならない。

第281条　事業者は、第261条の場所のうち、同条の措置を講じても、なお、可燃性の粉じん（マグネシウム粉、アルミニウム粉等爆燃性の粉じんを除く。）が爆発の危険のある濃度に達するおそれのある箇所において電気機械器具を使用するときは、当該粉じんに対し防爆性能を有する防爆構造電気機械器具でなければ、使用してはならない。

2 電気設備に係る基準（抜すい） 313

　2　労働者は、前項の箇所においては、同項の防爆構造電気機械器具以外の電気機械器具を使用してはならない。

第282条　事業者は、爆燃性の粉じんが存在して爆発の危険のある場所において電気機械器具を使用するときは、当該粉じんに対して防爆性能を有する防爆構造電気機械器具でなければ、使用してはならない。

　2　労働者は、前項の場所においては、同項の防爆構造電気機械器具以外の電気機械器具を使用してはならない。

機械等検定規則 （昭和47年9月　労働省令第45号　最終改正　令和5年3月厚生労働省令第29号）

（型式検定の基準）

第8条　法第44条の2第3項の厚生労働省令で定める基準は、次の各号に掲げるとおりとする。

　(1)　型式検定を受けようとする型式の機械等の構造が、法第42条の厚生労働大臣の定める規格に適合すること。

　(2)　型式検定を受けようとする者が、次に掲げる設備等を有すること。

　　イ　型式検定を受けようとする型式の機械等の製造に必要な製造のための設備及び別表第2の上欄に掲げる機械等の種類に応じて、それぞれ同表の下欄に掲げる要件に適合する検査のための設備

　　ロ　別表第3の上欄に掲げる機械等の種類に応じて、それぞれ同表の下欄に定める資格を有する工作責任者

　　ハ　型式検定を受けようとする型式の機械等が、法第42条の厚生労働大臣が定める規格を具備しているかどうかを検査することができる検査組織

　　ニ　型式検定を受けようとする型式の機械等に係る検査の基準、検査の方法その他検査に必要な事項について定めた規程

　2　型式検定を受けようとする者であつて、随時他の者の有する作動試験用のゴム、ゴム化合物若しくは合成樹脂を練るロール機、法別表第2第1号に掲げる機械等の作動試験機、作動試験用のプレス機械若しくはシャー（ポジティブクラッチ付きのものを除く。）、爆発試験設備、防じん試験設備、振動試験設備、加速度測定設備、作動試験用のジブクレーン、作動試験用の移動式クレーン、排気弁の作動気密試験設備、二酸化炭素濃度上昇値試験設備、騒音試験設備、漏れ率試験設備、ぬれ抵抗試験設備、面体の気密試験設備又は公称稼働時間試験設備を利用することができるものは、前項第2号イの規定の適用については、これらの設備を有する者とみなす。

　3　外国において製造された型式検定対象機械等の型式検定を受けようとする者（次項の者を除く。）については、当該機械等の製造者が第1項第2号イからニまでに掲げる設備等に相当する設備等を有する場合には、同号の規定は、適用しない。

　4　単品として製造された型式検定対象機械等の型式について型式検定を受けようとする者については、第1項第2号並びに第6条第1項第3号及び第4号の規定は、適用しない。

（型式検定合格証の有効期間）

第10条　法第44条の3第1項に規定する有効期間は、次の各号に掲げる機械等に係る型式ごとに、当該各号に定める期間とする。ただし、当該型式検定合格証に係る型式検定（当該型式検定合格証の有効期間が更新されたときにあつては、当該更新に係る法第44条の3第

２項の規定による型式検定（以下「更新検定」という。））の基準となつた第８条第１項第
１号の規格について変更が行われた場合は、当該規格が当該型式検定の基準として効力を
有することとされる間に限る。

(1)　令第14条の２第１号から第４号まで及び第７号から第12号までに掲げる機械等　３年

(2)　令第14条の２第５号、第６号、第13号及び第14号に掲げる機械等　５年

（型式検定合格標章）

第14条　法第44条の２第５項の規定による表示は、当該型式検定に合格した型式の機械等の
見やすい箇所（次の各号に掲げる機械等にあつては、当該各号に定める部分ごとにそれぞ
れの見やすい箇所）に、型式検定合格標章（様式第11号）を付すことにより行わなければ
ならない。

(1)　令第14条の２第５号の防じんマスクのうち、ろ過材の取替えができるもの（以下「取
替え式のもの」という。）であつて、吸気補助具が付いているもの（以下「吸気補助具付
きのもの」という。）で、かつ、吸気補助具が分離できるもの　吸気補助具、ろ過材及
び面体

(2)　令第14条の２第５号の防じんマスクのうち、吸気補助具付きのもので、かつ、吸気補
助具が分離できないもの　ろ過材及び面体

(3)　令第14条の２第５号の防じんマスクのうち、取替え式のものであつて、吸気補助具付
きのもの以外のもの　ろ過材及び面体

(4)　令第14条の２第５号の防じんマスクのうち、ろ過材の取替えができないもの（以下
「使い捨て式のもの」という。）　面体

(5)　令第14条の２第６号の防毒マスク　吸収缶（防じん機能を有する防毒マスクに具備さ
れるものであつて、ろ過材が分離できるものにあつては、ろ過材を分離した吸収缶及び
ろ過材）及び面体

(6)　令第14条の２第13号の防じん機能を有する電動ファン付き呼吸用保護具のうち、電動
ファンが分離できるもの　電動ファン、ろ過材及び面体等（面体、フード又はフェイス
シールドをいう。次号から第９号までにおいて同じ。）

(7)　令第14条の２第13号の防じん機能を有する電動ファン付き呼吸用保護具のうち、電動
ファンが分離できないもの　ろ過材及び面体等

(8)　令第14条の２第14号の防毒機能を有する電動ファン付き呼吸用保護具のうち、電動ファ
ンが分離できるもの　電動ファン、吸収缶（防毒機能を有する電動ファン付き呼吸用
保護具であつて防じん機能を有するものに具備されるもののうち、ろ過材が分離できる
ものにあつては、ろ過材を分離した吸収缶及びろ過材。次号において同じ。）及び面体
等

(9)　令第14条の２第14号の防毒機能を有する電動ファン付き呼吸用保護具のうち、電動ファ
ンが分離できないもの　吸収缶及び面体等

様式第11号(2)（第14条関係）

(防爆構造電気機械器具用型式検定合格標章)

備考
1 この型式検定合格標章は、次に定めるところによること。
　(1) 正方形とし、次に示す寸法のいずれかによること。
　　　　　　　　一辺の長さ（L）　　　ふちの幅（l）
　　　イ　1.3センチメートル　　　0.1センチメートル
　　　ロ　2.0センチメートル　　　0.1センチメートル
　　　ハ　3.2センチメートル　　　0.2センチメートル
　　　ニ　5.0センチメートル　　　0.2センチメートル
　　　ホ　8.0センチメートル　　　0.3センチメートル
　(2) 材質は、金属その他耐久性のあるものとすること。
　(3) 地色は黒色とし、字、ふち及び線は黄色又は淡黄色とすること。
2 「労（年月）検」の欄中（年月）は、型式検定に合格した年月又は更新検定に合格した年月を（昭48.4）のごとく表示すること。

電気機械器具防爆構造規格 （昭和44年4月　労働省告示第16号　最終改正　令和元年6月厚生労働省告示第48号）

第1章　総則

第1条　この告示において、次の各号に掲げる用語の意義は、それぞれ当該各号に定めるところによる。

(1) 容器　電気機械器具の外箱、外被、保護カバー等当該電気機械器具の防爆性能を保持するための包被部分をいう。

(2) 接合面　電気機械器具の部材の接合部分であつて、容器の内部から外部に通ずる隙間を有しているものにおける当該部材相互の相対する面をいう。

(3) 耐圧防爆構造　全閉構造であつて、可燃性のガス（以下「ガス」という。）又は引火性の物の蒸気（以下「蒸気」という。）が容器の内部に侵入して爆発を生じた場合に、当該容器が爆発圧力に耐え、かつ、爆発による火炎が当該容器の外部のガス又は蒸気に点火しないようにしたものをいう。

(4) 内圧防爆構造　容器の内部に空気、窒素、炭酸ガス等の保護ガスを送入し、又は封入することにより、当該容器の内部にガス又は蒸気が侵入しないようにした構造をいう。

(5) 安全増防爆構造　電気機械器具を構成する部分（電気を通じない部分を除く。）であつて、当該電気機械器具が正常に運転され、又は通電されている場合に、火花若しくはアークを発せず、又は高温となつて点火源となるおそれがないものについて、絶縁性能並びに温度の上昇による危険及び外部からの損傷等に対する安全性を高めた構造をいう。

(6) 油入防爆構造　電気機械器具を構成する部分であつて、火花若しくはアークを発し、又は高温となつて点火源となるおそれがあるものを絶縁油の中に収めることにより、ガス又は蒸気に点火しないようにした構造をいう。

(7) 本質安全防爆構造　電気機械器具を構成する部分の発生する火花、アーク又は熱が、ガス又は蒸気に点火するおそれがないことが点火試験等により確認された構造をいう。

(8) 樹脂充てん防爆構造　電気機械器具を構成する部分であつて、火花若しくはアークを発し、又は高温となつて点火源となるおそれがあるものを樹脂の中に囲むことにより、ガス又は蒸気に点火しないようにした構造をいう。

(9) 非点火防爆構造　電気機械器具を構成する部分が、火花若しくはアークを発せず、若しくは高温となつて点火源となるおそれがないようにした構造又は火花若しくはアークを発し、若しくは高温となつて点火源となるおそれがある部分を保護することにより、ガス若しくは蒸気に点火しないようにした構造（第3号から前号までに規定する防爆構造を除く。）をいう。

(10) 特殊防爆構造　第3号から前号までに規定する防爆構造以外の防爆構造であつて、ガス又は蒸気に対して防爆性能を有することが試験等により確認されたものをいう。

(11) 粉じん防爆普通防じん構造　接合面にパッキンを取り付けること、接合面の奥行きを長くすること等の方法により容器の内部に粉じんが侵入し難いようにし、かつ、当該容器の温度の上昇を当該容器の外部の可燃性の粉じん（爆燃性の粉じんを除く。）に着火しないように制限した構造をいう。

(12) 粉じん防爆特殊防じん構造　接合面にパッキンを取り付けること等により容器の内部に粉じんが侵入しないようにし、かつ、当該容器の温度の上昇を当該容器の外部の爆燃性の粉じんに着火しないように制限した構造をいう。

(13) スキ　耐圧防爆構造の電気機械器具の内部に圧力が加わつていない状態における容器の相対するはめあい部若しくは接合面の最大の隙間又は穴と軸若しくは棒との最大直径差をいう。

(14) スキの奥行き　スキが第7条第1項及び第8条に規定する許容値以下に保たれている場合における当該スキに対応する隙間の最小の長さをいう。

(15) 特別危険箇所　労働安全衛生規則（昭和47年労働省令第32号。以下「規則」という。）第280条第1項に規定する箇所のうち、連続し、長時間にわたり、又は頻繁に、ガス又は蒸気が爆発の危険のある濃度に達するものをいう。

(16) 第1類危険箇所　規則第280条第1項に規定する箇所のうち、通常の状態において、前号及び次号に該当しないものをいう。

(17) 第2類危険箇所　規則第280条第1項に規定する箇所のうち、通常の状態において、ガス又は蒸気が爆発の危険のある濃度に達するおそれが少なく、又は達している時間が短いものをいう。

(18) 爆発等級　試験器を用いてガス又は蒸気の爆発試験を行なつた場合に、火炎が外部に逸走するときの当該試験器の接合する面の隙間の最小の間隔（以下「火炎逸走限界」という。）により区分したガス又は蒸気の点火の危険性の程度をいう。

(19) 発火度　発火点の値により区分したガス又は蒸気の発火の危険性の程度をいう。

(20) 錠締め構造　電気機械器具に用いるネジ類を特殊な工具を用いなければゆるめることができないようにした構造をいう。

(21) 沿面距離　裸充電部分とこれと絶縁しなければならない他の部分との間の絶縁物の表面に沿つた最短距離をいう。

(22) 絶縁空間距離　裸充電部分とこれと絶縁しなければならない他の部分との間の空間の最短距離をいう。

(23) 耐トラッキング性　固体絶縁材料の表面に発生する導電路の形成が起こりにくいことの程度をいう。

第2条　規則第280条第1項に規定する電気機械器具の構造は、次の各号の区分に応じ、それぞれ当該各号に定める防爆構造でなければならない。

2 電気設備に係る基準（抜すい）　317

(1)　特別危険箇所　本質安全防爆構造（第43条第2項第1号に定める状態においてガス又は蒸気に点火するおそれがないものに限る。）、樹脂充てん防爆構造（第53条第1号に定める状態においてガス又は蒸気に点火するおそれがないものに限る。）又はこれらと同等以上の防爆性能を有する特殊防爆構造

(2)　第1類危険箇所　耐圧防爆構造、内圧防爆構造、安全増防爆構造、油入防爆構造、本質安全防爆構造、樹脂充てん防爆構造又はこれらと同等以上の防爆性能を有する特殊防爆構造

(3)　第2類危険箇所　耐圧防爆構造、内圧防爆構造、安全増防爆構造、油入防爆構造、本質安全防爆構造、樹脂充てん防爆構造、非点火防爆構造又は特殊防爆構造

2　規則第281条第1項に規定する電気機械器具の構造は、粉じん防爆普通防じん構造又は粉じん防爆特殊防じん構造でなければならない。

3　規則第282条第1項に規定する電気機械器具の構造は、粉じん防爆特殊防じん構造でなければならない。

第3条　電気機械器具は、容易に点検し、かつ、補修することができる構造とし、その材料は、電気的、機械的、熱的及び化学的に十分な耐久性を有するものでなければならない。

第4条　電気機械器具は、その見やすい箇所に、次の各号に掲げる事項を標示した銘板が取り付けられているものでなければならない。

(1)　防爆構造の種類。2種類以上の防爆構造の電気機械器具が組み合わされているものについては、取扱い上必要な場合又は安全性を保証するために必要な場合を除き、主体部分の電気機械器具の防爆構造の種類のみを標示することができる。

(2)　対象とするガス又は蒸気の爆発等級（耐圧防爆構造の電気機械器具に限る。）及び発火度。対象とするガス又は蒸気が特定されているときは、当該ガス又は蒸気の名称を標示することにより、爆発等級及び発火度の標示を省略することができる。

(3)　本質安全防爆構造又は特殊防爆構造の電気機械器具の回路の定格値及び使用条件の要点

2　前項に規定する防爆構造の種類、爆発等級及び発火度は、それぞれ次の各表に掲げる記号で表わすものとする。

(1)　防爆構造の種類

防　爆　構　造　の　種　類	記　　号
耐圧防爆構造	d
内圧防爆構造	f
安全増防爆構造	e
油入防爆構造	o
本質安全防爆構造 （第43条第2項第1号に定める状態においてガス又は蒸気に点火するおそれがないものに限る。）	ia
本質安全防爆構造 （第43条第2項第2号に定める状態においてガス又は蒸気に点火するおそれがないものに限る。）	ib
樹脂充てん防爆構造 （第53条第1号に定める状態においてガス又は蒸気に点火するおそれがないものに限る。）	ma
樹脂充てん防爆構造 （第53条第2号に定める状態においてガス又は蒸気に点火するおそれがないものに限る。）	mb
非点火防爆構造	n
特殊防爆構造	s
粉じん防爆普通防じん構造	DP
粉じん防爆特殊防じん構造	SDP

(2) 爆発等級

火炎逸走限界（単位　ミリメートル）	記　　　号
0.6をこえるもの	1
0.4をこえ0.6以下	2
0.4以下	3 { 3 a 3 b 3 c 3 n

3 aは水性ガス及び水素を、3 bは二硫化炭素を、3 cはアセチレンを、3 nはすべてのガス又は蒸気を対象とするものを示す。

(3) 発火度

発火点の値（単位　度）	記　　　号
450をこえるもの	G 1
300をこえ450以下	G 2
200をこえ300以下	G 3
135をこえ200以下	G 4
100をこえ135以下	G 5

3　前2項の規定にかかわらず、樹脂充てん防爆構造若しくは非点火防爆構造の電気機械器具又は次条の規定に基づき第2章（第8節を除く。）から第4章までに規定する規格に適合しているものとみなされる電気機械器具については、前2項の規定による表示方法に代えて厚生労働省労働基準局長が認める方法によることができる。

第5条　第2章（第8節を除く。）から第4章までに規定する規格（以下この条において「規格」という。）に適合しない電気機械器具のうち、特殊な材料が用いられており、若しくは特殊な形状であり、若しくは特殊な場所で用いられるものであり、又は規格と関連する国際規格等に基づき製造されたものであつて、規格に適合する電気機械器具と同等以上の防爆性能を有することが試験等により確認されたものは、規格に適合しているものとみなす。

13訂 ^図^解 **危険物施設基準の早わかり①**

平成 6 年 3 月 1 日	初　版　発　行
平成 6 年 9 月 5 日	2 訂 版 発 行
平成 7 年 9 月 5 日	3 訂 版 発 行
平成 9 年 5 月20日	4 訂 版 発 行
平成 9 年10月10日	5 訂 版 発 行
平成11年12月20日	6 訂 版 発 行
平成13年 7 月20日	7 訂 版 発 行
平成15年 3 月30日	8 訂 版 発 行
平成17年 7 月15日	9 訂 版 発 行
平成21年 8 月30日	10 訂 版 発 行
平成24年11月20日	11 訂 版 発 行
令和元年 9 月20日	12 訂 版 発 行
令和 6 年11月15日	13 訂 版 発 行（令和 6 年 8 月 1 日現在）

監　修／東京消防庁

編　著／危険物行政研究会

発行者／星沢　卓也

発行所／東京法令出版株式会社

112 - 0002	東京都文京区小石川 5 丁目17番 3 号	03 (5803) 3304
534 - 0024	大阪市都島区東野田町 1 丁目17番12号	06 (6355) 5226
062 - 0902	札幌市豊平区豊平 2 条 5 丁目 1 番27号	011 (822) 8811
980 - 0012	仙台市青葉区錦町 1 丁目 1 番10号	022 (216) 5871
460 - 0003	名古屋市中区錦 1 丁目 6 番34号	052 (218) 5552
730 - 0005	広島市中区西白島町 11 番 9 号	082 (212) 0888
810 - 0011	福岡市中央区高砂 2 丁目13番22号	092 (533) 1588
380 - 8688	長 野 市 南 千 歳 町 1005 番 地	

〔営業〕TEL 026 (224) 5411　FAX 026 (224) 5419
〔編集〕TEL 026 (224) 5412　FAX 026 (224) 5439
https://www.tokyo-horei.co.jp/

© Printed in Japan, 1994
　本書の全部又は一部の複写、複製及び磁気又は光記録媒体への入力等は、著作権法での例外を除き禁じられています。これらの許諾については、当社までご照会ください。
　落丁本・乱丁本はお取替えいたします。

ISBN978-4-8090-2559-4